左手咖啡，右手世界
一部咖啡的商业史

UNCOMMON GROUNDS
The History of Coffee and How It Transformed Our World

［美］马克·彭德格拉斯特 著 张瑞 译
Mark Pendergrast

机械工业出版社
China Machine Press

图书在版编目（CIP）数据

左手咖啡，右手世界：一部咖啡的商业史/（美）马克·彭德格拉斯特（Mark Pendergrast）著；张瑞译. —北京：机械工业出版社，2021.1（2025.5 重印）

书名原文：Uncommon Grounds: The History of Coffee and How It Transformed Our World

ISBN 978-7-111-66971-5

I. 左… II.① 马… ② 张… III. 咖啡–贸易史–世界 IV. F746.82

中国版本图书馆CIP数据核字（2020）第 256557 号

北京市版权局著作权合同登记　图字：01-2011-2316 号。

Mark Pendergrast. Uncommon Grounds: The History of Coffee and How It Transformed Our World.

Copyright © 2010 by Mark Pendergrast.

Simplified Chinese Translation Copyright © 2021 by China Machine Press.

Simplified Chinese translation rights arranged with Mark Pendergrast through Bardon-Chinese Media Agency. This edition is authorized for sale in the Chinese mainland (excluding Hong Kong SAR, Macao SAR and Taiwan).

No part of this book may be reproduced or transmitted in any form or by any means, electronic or mechanical, including photocopying, recording or any information storage and retrieval system, without permission, in writing, from the publisher.

All rights reserved.

本书中文简体字版由 Mark Pendergrast 通过 Bardon-Chinese Media Agency 授权机械工业出版社在中国大陆地区（不包括香港、澳门特别行政区及台湾地区）独家出版发行。未经出版者书面许可，不得以任何方式抄袭、复制或节录本书中的任何部分。

左手咖啡，右手世界：一部咖啡的商业史

出版发行：机械工业出版社（北京市西城区百万庄大街22号　邮政编码：100037）
责任编辑：顾　煦
责任校对：殷　虹
印　　刷：北京中科印刷有限公司
版　　次：2025年5月第1版第8次印刷
开　　本：147mm×210mm　1/32
印　　张：16.5
书　　号：ISBN 978-7-111-66971-5
定　　价：79.00元

客服电话：(010) 88361066　68326294

版权所有·侵权必究
封底无防伪标均为盗版

谨以此书纪念

至高无上的咖啡狂人

阿尔弗雷德·皮特（1920—2007）和

浓缩咖啡大师埃内斯托·伊利（1925—2008）

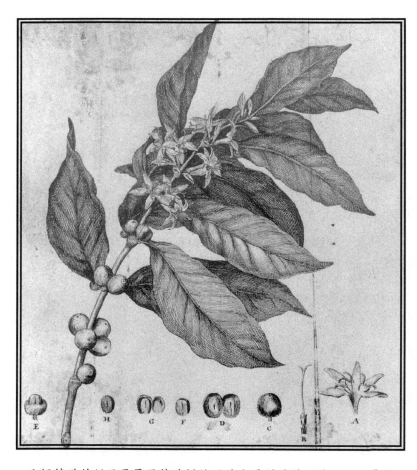

这幅精致的版画是最早精确描绘国外咖啡树种的画作之一,最早见于1716年出版的《阿拉伯万里海疆快乐行》(*Voyage de l'Arabie Heureuse*)

目 录

推荐序（刘苏里）

再序

序言

引子

第一部分 / 征服世界之种

第 1 章	咖啡席卷全球	2
第 2 章	咖啡王国	26
第 3 章	美式饮品	54
第 4 章	镀金时代的咖啡大战	75
第 5 章	赫尔曼·希尔肯的巴西咖啡价格稳定计划	91
第 6 章	毒性饮料	111

第二部分 / 新鲜咖啡淡出，速溶咖啡入市

- 第 7 章　成长的痛苦　　　　　　　　　134
- 第 8 章　让咖啡世界远离硝烟　　　　　167
- 第 9 章　爵士乐年代的咖啡形象大战　　179
- 第 10 章　焚烧咖啡，民不聊生　　　　 208
- 第 11 章　大萧条时期，演艺场卖咖啡　 220
- 第 12 章　美国大兵和咖啡　　　　　　 252

第三部分 / 苦咖啡当道

- 第 13 章　咖啡政治和速溶咖啡市场扩大　272
- 第 14 章　罗布斯塔豆大获成功　　　　 296

第四部分 / 咖啡豆的浪漫史

- 第 15 章　咖啡狂热者蔓延　　　　　　 332
- 第 16 章　霜冻降，咖啡殃　　　　　　 363
- 第 17 章　精品咖啡革命　　　　　　　 385
- 第 18 章　星巴克传奇　　　　　　　　 419
- 第 19 章　最后的战场　　　　　　　　 434

- 附录　完美咖啡冲煮之道　　　　　　　 482
- 致谢　　　　　　　　　　　　　　　　 485
- 参考文献　　　　　　　　　　　　　　 489
- 访谈名单　　　　　　　　　　　　　　 497
- 插图引用源　　　　　　　　　　　　　 501

巫毒教术士和他的还魂药粉在浓缩咖啡、卡布奇诺和摩卡咖啡面前，简直就微不足道。咖啡对人类的影响远大于世界上所有宗教影响的总和，甚至可能比人类灵魂本身的影响还大。

——马克·贺普林（Mark Helprin）《防虫箱里的回忆录》
（*Memoir from Antproof Case*，1995年）

咖啡烘焙的香气像一股香料的香气扑面而来……这是一种让人垂涎欲滴的香气，萃取出的咖啡像燃烧的沥青一样黑。不加糖，喝一口，略苦，滑过喉咙，后味回香，令人陶醉，轻闻一下，香气沁鼻，令人头脑清醒。咖啡就像鸦片一样，使人很容易上瘾。

——安东尼·卡佩拉（Anthony Capella）《咖啡百味》
（*The Various Flavors of Coffee*，2008年）

推荐序

咖啡商业史启示录

彭德格拉斯特的《左手咖啡,右手世界:一部咖啡的商业史》是一部好书,透过该作,除获得咖啡(豆)种植、制作、啜饮以及咖啡的商业史知识等,还能看到人性,看到因人的参与构成的世界,有着我们喝着咖啡而很难想象的另一层面貌。作者的意图,大约从书名中可窥一斑。

人类开天辟地以来,爱情之外,有三件事物与人类相伴至今:土地、贸易和宗教。土地的意义无须多言;宗教于不同的人群,有不同的意义;贸易在不同的历史时段,对各个人群有不同的意义。

贸易即商业。就人类生存层面而言,贸易区别于土地的关键,是其流动性,流动性与生机有关,与自由有关,进而与创造力和自治有关。换句话说,一个人群无论大小,其生机、自由状态,与贸易有着须臾不可分的关系。或者还可以这样说,无论过程多么艰辛乃至血腥,贸易之路都导向自由之路。本书作者虽未直接论证上述历史逻辑,潜台词却包含这层逻辑,所以我称之为"启示"。

启示首先来自咖啡传播地图。无论时间点,还是地理分布、商战激烈程度,以至于最后复归平衡(咖啡公平贸易协议),咖啡传播地图都极其接近近代以来的世界历史地图。被发现于埃塞俄比亚的咖啡,尽管很早就越过红海,但真正跨越千山万水,覆盖世界每个角落,其起点还是欧洲,尤其是荷兰和西欧诸国。伴随着地理大发现,欧洲人将咖啡豆带到了南美大陆,获得出奇的成功,咖啡与棉花等的种植在内,翻开了种植园经济史。奴隶制度的生成以及维护，其中也涉及咖啡种植。靠着南美大陆作为"北美（尤其是美国）后院"的优势，围绕咖啡贸易，以及加工制作、广告销售，北美上演了一场持续最久、过程惨烈、花样无奇不有的商战。因为19世纪末20世纪初以后，美国在全球经济地位提升，加之美国人"无厘头"地偏爱咖啡，导致近百年的咖啡商业史几乎就是美国咖啡进口、制造商与种植产地以及咖啡经营巨头间无休止的商战历史。两次世界大战，在改变世界历史地图的同时，也改变着咖啡商业版图。本书再现了此过程和状态，细致入微，精彩纷呈。

在将咖啡豆带到南美大陆的同时，欧洲人也将咖啡种子撒向南亚和东南亚殖民地。著名的爪哇豆、麝香猫屎豆都是这场殖民运动的遗存。几乎是美洲大陆的翻版，咖啡的传播在改变南亚、东南亚种植结构的同时，也改变了它们的历史进程，使之因咖啡种植和初加工而融入全球贸易进程。更有趣的是，因非洲独立运动兴起，咖啡豆种植回归故乡的故事。这一过程演绎的故事，因时代前行，其血腥程度远不如南美大陆，但同样和着血泪（跟血钻贸易类似），咖啡价格的跌宕起伏引发了非洲政局的潮起潮落。

用作者的话说，并非那么夸张，是咖啡贸易将世界卷入全球化进程。咖啡贸易，如同其他重要商品贸易，引发了无数抗议、阴谋和暴力，导致商贾巨头自杀，总统下台，甚至政权更迭。人类近代以来的历史，从来都伴随着权力对抗——从掠夺、杀戮、欺行霸市，走向谈判、契约和公平。这是咖啡贸易史给读者的另一个启示。转换的节点与人民掌握自己命运的程度有着密切关系。对不论来自商业还是政府权力的持续抵抗与制约，是咖啡贸易逐渐趋向公平的关键因素。作者说，进入20世纪80年代，咖啡公平贸易的曙光终于现于地平线，是谓人类自觉于历史的见证——希望中虽透着悲怆，然而前景可以期待。

刘苏里

万圣书园创始人

再序

自1999年以来，我先后到了德国、意大利、秘鲁、巴西、哥斯达黎加，还参加了美国精品咖啡大会，在全美做了多场报告，走进了精品咖啡烘焙厂，前往佛蒙特州参加咖啡行家们的聚会——咖啡大本营（Camp Coffee），甚至还去了马萨诸塞州，参观了精品咖啡的先驱乔治·豪厄尔（George Howell）专门用来保存咖啡生豆的冷藏库。我也一直在为一些咖啡杂志做自由撰稿人，比如《茶和咖啡贸易》（*Tea & Coffee Trade Journal*）、《一杯香咖啡》（*Fresh Cup*）、《咖啡大师》（*Barista*）和《葡萄酒观察家》（*Wine Spectator*）中的不定期专栏。

在咖啡之旅中，我见到了不少咖啡种植者，听他们分享了自己的故事、对咖啡的挚爱以及他们的沮丧和焦虑。我也见过热情的咖啡烘焙师和零售商，他们不仅制作和提供最好的咖啡，而且确保为自己供应咖啡的劳工们生计无忧，可以得到良好的医疗保障，他们还关心环境问题，采用荫生咖啡树促进物种的多样性，合理进行咖啡加工处理以防止水污染，并使用有机肥料。

我发现本书的内容几乎没什么需要修改的，不过我还是删掉了"咖啡是继石油之后，世界第二大最有价值的商品"这一论述。尽管咖啡界经常提及此论述，但事实并非如此。小麦、面粉、蔗糖、大豆的价值已经超过了咖啡生豆，更别说铜、铝这些金属了。然而，据联合国粮农组织的数据，咖啡确实是世界第四大最有价值的农产品。

我还是保留了"卡尔迪与羊群共舞"的传说，有谁知道呢，也许咖啡确实是这样发现的。书中还有其他故事：格奥尔格·弗朗茨·科奇斯基（Georg Franz Kolschitzky）创立了蓝瓶咖啡馆（Blue Bottle），这是开在维也纳的一家咖啡馆（也许并非维也纳的第一家）；加布里埃尔·马蒂厄·德·克利（Gabriel Mathieu de Clieu）把咖啡带到了法国殖民地马提尼克，美洲大部分咖啡树都是克利带去的那棵树的后代（其实，荷兰人和法国人已经把咖啡引到了拉丁美洲的其他地方）；巴西官员弗朗西斯科·德·梅洛·帕赫塔（Francisco Palheta）通过法国总督的妻子，顺利地把第一颗咖啡种子带到巴西（也许，这并非巴西的第一颗咖啡种子）。

本书参考了众多咖啡书籍、文献，以及与咖啡的社会、环境和经济影响相关的著作。这方面的书籍实在太多了，我无法一一列举，但是在参考文献中我尽可能地加入了其中一些。在此，我要特别感谢的书籍有马伊卡·伯哈特（Majka Burhardt）的《咖啡：真正的埃塞俄比亚》(*Coffee*: *Authentic Ethiopia*, 2010 年)，迈克尔·韦斯曼（Michaele Weissman）的《杯中乾坤》(*God in a Cup*, 2008 年)，丹尼尔·贾菲（Daniel Jaffe）的《咖啡正义》(*Brewing Justice*, 2007 年)，安东尼·怀尔德（Antony Wild）的《咖啡：黑色的历史》(*Coffee*: *A Dark History*, 2004 年)，约翰·塔尔博特（John Talbot）的《咖啡协议》(*Grounds for Agreements*, 2004 年)，贝内特·艾伦·温伯格（Bennett Alan Weinberg）和邦尼·K.比尔（Bonnie K. Bealer）合著的《咖啡因的世界》(*The World of Caffeine*, 2001 年)。我的这本书和其他书也已经用于大学咖啡课程的教学，这些开设咖啡课程的学校认为，咖啡课程是一门让学生进行跨领域、跨学科学习的课程。这些课程还会安排一些咖啡方面的纪录片，其中有两部非常值得一提。艾琳·安杰利科（Irene Angelico）导演的《黑咖啡》(*Black Coffee*)，这是一部时长 3 小时的加拿大纪录片，综合且较客观平和地展示了咖啡世界——或许我的看法略有偏颇，毕竟我有在片中出镜。请不要把此片跟尼克·弗朗西斯（Nick Francis）和马克·弗朗西斯（Marc

Francis)的《黑金》(*Black Gold*)混淆了,《黑金》作为一部英国纪录片,提出了一个老生常谈的重要问题,就是罪恶的烘焙商和可怜的咖啡农之间的对立。

为了让本书的篇幅适中,我非常谨慎地删除了其中一些内容,剩余的肯定都是非常精彩的咖啡故事。

1999年以来,咖啡界发生了很多事:1999~2004年灾难性的咖啡危机,让全世界的咖啡农变得更加贫困;公平交易咖啡的销售量和认知度提升;"杯测大赛"(Cup of Excellence)举办,咖啡品质学会(Coffee Quality Institute)成立以及质量品鉴分级咖啡师(Q graders)认证,这些构成了目前最流行的单品咖啡品测系统;气候变化对咖啡种植者的影响;第三轮咖啡热推动全球优质咖啡采购;手机和互联网让咖啡界开始变得扁平。越来越多的人开始关注咖啡变化多端而又复杂的历史和它引发的问题以及当下发生的各种咖啡的传奇故事。

这么看来,好消息是,公众对咖啡的关注超过了从前,各种各样的博客、网站和纸媒都在关注咖啡,越来越多的力量站出来指出全球经济中的不公平。然而,坏消息是,不公平仍然存在,而且将永远存在下去。读过本书第1版的朋友对咖啡危机并不会感到吃惊。这种人道主义灾难只不过是19世纪末就开始的兴衰循环的延续罢了,以后也将延续下去,除非我们真的从由古至今的历史中得到教训。

最后,我来说一说有些读者问到的关于本书副标题㊀——"咖啡如何改变世界"的问题。我在正文中从未明确总结过咖啡对世界造成的影响,但是这些影响在书中确实存在。咖啡入侵并且改变了热带地区的山坡,甚至在有些地方对环境造成了毁灭性的破坏。咖啡推动土著居民和非洲人遭受奴役与迫害。咖啡让欧洲的工人觉醒,咖啡馆成为社交场所,催生了新的艺术、企业

㊀ 此处指英文原书中的副标题,与中译本副标题不同。——译者注

机构和革命。咖啡和其他商品一起，孕育了国际贸易和期货交易。在拉丁美洲，咖啡带来巨大财富的同时，也酿成了极端的贫穷，导致军事独裁镇压、叛乱和大屠杀。今天，咖啡还在改变整个世界，可以参看本书第19章中关于公平交易咖啡和其他慈善组织的论述。

序言

是泥还是灵丹妙药

> 啊！咖啡啊！你赶走了我的一切烦恼，你是思考者梦寐以求的饮品。咖啡这种饮品简直堪称上帝之友。
> ——阿拉伯诗歌《咖啡颂》(*In Praise of Coffee*，1511 年)

> 我们的老公，究竟为何会头脑发热，既花时间又花钱，就为喝那么点儿又黑又浓、又臭又脏的泥水呢？
> ——《妇女反咖啡请愿书》(1674 年)

咖啡不过是一颗小小的果实，里面有两粒成对生长的种子。从你的视角或者按照你的身高来看，埃塞俄比亚雨林华盖下（那里就是咖啡的发源地）发现的咖啡树只不过是一棵小灌木而已，它长在高高的山坡上。咖啡树的叶子四季常青，呈现富有光泽的椭圆形，和种子一样，富含咖啡因。

可是，咖啡却成就了一个庞大的行业，也是全世界价值最高的农产品之一，更令人吃惊的是，咖啡中富含的咖啡因是全球使用最广泛的精神药品。咖啡已经从非洲原产地走出，绕着地球走了一圈，在南北回归线之间的平原和山地广泛种植。

咖啡豆经过烘焙、研磨，然后冲泡成热饮，最后呈现给人们的是一场甜苦交融的盛宴、一场信马由缰的思维竞赛以及一次舒适的社交体验。在各种不同的情况下，人们把咖啡当作催情药、灌肠剂、神经刺激剂，甚至长生不老药。

全球有 1.25 亿人以各种形式，靠咖啡为生。令人不可思议的是，咖啡这种作物竟然承载着如此密集的劳动力。咖啡农们用自己粗糙的手播撒咖啡种子，照料荫生树华盖下的咖啡幼苗，然后把长成的咖啡树移植到山坡上，一排排种植，接着修剪、施肥、喷洒杀虫剂、灌溉、收获，最后拖着 200 磅㊀重的咖啡果实，送到加工厂换钱。接着，加工厂的工人按照复杂的加工流程，去掉咖啡豆外的果肉和黏液，然后再把咖啡豆铺开来，晾晒好几天，或者放到鼓风机里加热烘干，咖啡豆上的种衣和银皮就会脱落，这就形成了咖啡生豆，包装成袋后，即可运输，行销全球，再进行烘焙、研磨，最后便可冲泡出一杯美味的咖啡饮品。

这些从事重复劳动的工人，虽然他们大部分人的工作环境都景色优美，但平均每天只能赚到 3 美元。他们大都生活贫困，缺乏最基本的水电、医疗设施，食物匮乏。然而他们生产出来的咖啡却出现在美国、欧洲、日本和其他发达国家或地区的早餐桌上、办公室里以及高消费的咖啡馆里，世界各地的消费者买一杯卡布奇诺的钱通常就是第三世界国家咖啡工人一天的工资。

咖啡出口商、进口商和烘焙商也通过咖啡赚钱，但是并不需要待在咖啡原产国。还有咖啡交易所里疯狂的交易者，他们在交易所里打各种手势、高声尖叫，他们甚至从未见过咖啡豆最初的样子，却为咖啡豆这种商品定价。还有专业的咖啡杯测师，就像品酒师一样，他们的时间都花在品评咖啡上，啜吸一口，然后让咖啡在口中流动，用舌尖品味，停留几秒后吐出，再看是否口有余香。除此之外，还有零售商、咖啡机供应商、市场营销人员、广告撰稿人和顾问。

咖啡品质的好坏首先取决于咖啡树种、土壤环境和种植的海拔高度。从种植到生产的各个环节都有可能遭到破坏。咖啡豆很容易吸收周围环境的气味和风味。湿度过高会导致咖啡发霉。烘焙度太轻会导致咖啡烘焙不足，味

㊀ 1 磅 =0.4536 千克。

道发苦；烘焙过度，咖啡喝起来又会像焦炭一样。烘焙过的咖啡如果未在一周之内饮用，很快就会变质失鲜。冲泡温度过高，或者把冲泡好的咖啡放在高温下加热，会影响一杯好咖啡的味道，使其喝起来像一杯黑苦水汁一样。

咖啡的品质到底应该如何评价呢？咖啡专家认为，四个基本要素结合起来，才能制作出一杯完美的咖啡，这四个要素是香味、醇厚度、酸度和风味。我们对咖啡的香味都不陌生，而且香味对咖啡至关重要，闻起来的香气往往比品尝起来的口味更能传达一杯咖啡的精髓。醇厚度指的是咖啡在口中、在舌尖滑以及落入喉中的一种感觉，或者是在口中时所感受的那种分量。酸度则是一种活力、明亮和强烈的口感，为一杯咖啡增色。最后一个要素就是风味，这是一种入口后非常细微的口感，转瞬即逝，却在味蕾上留下记忆，令人回味无穷。咖啡专家们在描述这些要素时会变成彻彻底底的诗人。比如，咖啡迷凯文·诺克斯（Kevin Knox）就曾写道："苏拉威西岛的咖啡，简直就是黄油焦糖的香甜、当地草本植物和沃土特有风味的完美组合。"

咖啡给人的味觉体验可能如诗般美妙，但是咖啡的历史却充满各种争议和政治色彩。在阿拉伯国家和欧洲，咖啡曾被作为煽动革命的始作俑者而遭禁。后来，既有人站出来抨击咖啡是世界上最厉害的健康杀手，也有人称赞咖啡是上帝给人类的一种恩惠。透过咖啡，可以看出危地马拉玛雅印第安人的腹地不断被占领，可以看出哥斯达黎加的民主传统，也可以看出荒芜的美国西部逐渐得到开发。乌干达独裁者伊迪·阿明残杀乌干达国民时，乌干达几乎所有的外汇都来源于咖啡，桑地诺民族解放阵线征占了尼加拉瓜独裁者索摩查的咖啡种植园后，才有足够的资金发动革命。

起初，咖啡是精英阶层提神醒脑的药用饮品，后来逐渐成为蓝领阶层休息时的一种时髦的提神饮品；中产阶级主妇们在厨房中讨论家长里短时，也少不了咖啡；咖啡还是热恋情侣浪漫的结合剂，同时也是失去自我的人唯一的苦命伴侣。咖啡馆为人们策划革命、写诗、做生意、会见友人提供了场所。咖啡成为西方文化中的本质元素，不知不觉地渗入很多流行歌曲中，比如"你如咖啡中的奶油一般甜美""跟我再喝一杯咖啡，再吃一块比萨吧""我爱咖啡，我爱喝茶，我爱爪哇摇摆舞，爪哇也爱我""就爱这口祖传下来的黑咖啡"。

现代咖啡业产生于19世纪末期，处于超级资本主义镀金时代的美国。美国南北战争末期，杰贝兹·伯恩斯（Jabez Burns）发明的热气式咖啡烘焙机可有效用于工业咖啡烘焙。铁路、电报和汽船改变了商品的运销与通信方式，报纸、杂志和平版印刷术的发展使大规模的广告宣传成为现实。美国的咖啡大亨趁机企图垄断咖啡市场，而巴西人疯狂地种植了数千英亩[一]咖啡树，最后导致咖啡价格暴跌。从此，世界咖啡市场开始了繁荣和萧条交替出现的模式。

20世纪初期，咖啡成为一种重要的消费品，广告遍布全美。20世纪二三十年代，标准品牌和通用食品这样的全国性公司不断抢购大品牌，并借助广播大做广告。20世纪50年代，咖啡成为美国中产阶级的首选饮料。

现代咖啡业还涉及更广阔的主题：广告的重要性、大规模生产流水线的发展、城市化、妇女问题、全国市场的集中和巩固、超市的兴起、汽车、广播、电视、"即时"满足、技术革新、跨国企业集团、市场细分、品控方案和准时化库存等。从咖啡的历史也可以看出整个咖啡业是如何失去其核心价值的，那些刚起步的小型咖啡烘焙商如何重塑咖啡品质，并获得利润，接着通过新一轮的整合和兼并，大公司吞并小公司，开启新一轮的兴衰交替。

咖啡业在全世界的经济、政治和社会结构中占据重要角色，甚至起到了一定的塑造作用。一方面，它的单一文化形象导致原住民遭到了压迫和驱逐，为了出口更多的咖啡，原住民不得不抛弃自己固有的温饱型农业模式，大规模种植咖啡，最后导致过度依赖国外市场、雨林遭到破坏、环境恶化

[一] 1英亩≈4046.856平方米。

等。另一方面，咖啡又为生活困难的农民家庭提供了必要的经济来源，成为国家工业化和现代化的基础，也是有机作物生产和公平交易的典范，还为候鸟提供了重要的栖息地。

咖啡的传奇故事是一幅惊人的社会全景图，包括文化的冲突与融合、廉价劳动者的悲歌、全国性品牌的兴起以及第二次世界大战（简称二战）后，价格战和优质产品的商品化如何最终牺牲了咖啡品质。在这幅全景图中，还有很多离经叛道的人物，他们对咖啡都充满无限的热情。凡是和咖啡有关的事情，都足以让很多咖啡业人士（包括越来越多在咖啡业立足的妇女）变得固执己见、争论不休，甚至成为偏执狂。这些咖啡业人士几乎否定一切，他们会争论到底埃塞俄比亚的哈拉尔咖啡和危地马拉的安提瓜咖啡哪个最棒，他们也争论最好的咖啡烘焙方法是什么，甚至对于到底是压滤壶还是滴滤壶能制作出最上乘的咖啡，他们都会争论不休。

如今，我们正见证一次全球范围的咖啡复兴：小型咖啡烘焙商重拾精致的咖啡混搭艺术，顾客重新开始欣赏新鲜烘焙、新鲜研磨的现煮咖啡，并且懂得品味世界各地优质咖啡制作而成的浓缩咖啡。为了解决世界咖啡贸易中的不平等问题，越来越多的人购买公平贸易组织和其他组织认证的咖啡。

全球的咖啡文化像宗教一般，传播广泛，不仅有关于咖啡的博客和新闻组，还有不计其数的网站，星巴克的门店跟其他咖啡馆和咖啡连锁店争夺市场，大有遍布每个街角的势头。

然而，这一切只不过都源于埃塞俄比亚一颗灌木的种子而已。

这就是咖啡。希望你享受咖啡的同时，也能从其复杂的历史中得到乐趣。

引 子

危地马拉奥里弗拉马种植园的收获

故事发生在危地马拉的圣马可地区。那是我第一次采摘咖啡果实（像樱桃一样），我费了很大劲儿，才能在陡峭的山坡上保持平衡。我在腰上绑一个采摘筐，然后就按照采摘师傅赫尔曼所要求的，只采摘已经成熟的红色果实，但有时候，也会不小心碰到尚未成熟的绿色果实，它们掉进我的采摘筐里，所以，采摘过后，我还得进行分拣。

我把成熟的咖啡果实放进嘴里，啪的一声咬开后，就能品尝到咖啡果甜甜的果肉。想要用舌尖碰到保护咖啡豆的种衣，却还要花点工夫。跟花生一样，咖啡豆通常成对生长。吐掉种衣，我终于剥出了咖啡豆，上面还覆盖着一层透明的银色种皮。如果种咖啡的土壤中缺乏硼元素，咖啡果中可能就只有一颗咖啡豆，叫作豌豆咖啡果，有些人认为，这种单颗的咖啡豆味道更浓。最终，我还是吐出了咖啡豆，因为咀嚼起来实在太苦了。

其他的采摘者通常都是一家人齐出动。采摘期间，我听到他们用西班牙语聊天的聊天，唱歌的唱歌。这是一年中最幸福的时光，整整一年，人们辛苦地忙着修剪、施肥、播种、看护，甚至维修公路和开凿水渠，全都是为了收获成熟的咖啡果。我也唱了一首歌，只有几句西班牙语："我的爱啊，我的心……"

采摘结束的时候，我听到一阵咯咯的笑声和掌声。没想到，我竟然吸引了一群孩子围观，当我发现他们以后，他们害羞地四散开来，继续采咖啡果，或者躲在父母的身后。这些孩子一般七八岁就开始帮忙收获咖啡果实。

危地马拉孩子们放假的季节和咖啡收获季一致,这绝不是巧合,虽然其他季节很多农夫也会以各种理由不让孩子去上学。

贝蒂·汉斯坦·亚当斯(Betty Hannstein Adams)的咖啡种植园奥里弗拉马地处海拔 4500 英尺^㊀之上。100 多年前,贝蒂的祖父伯恩哈德·汉斯坦(Bernhard Hannstein)来到危地马拉,他是引领该国咖啡生产的众多德国移民之一。奥里弗拉马种植园占地超过 400 英亩,仅有原来的一半,以前叫作拉巴斯种植园。

这里的咖啡树大多为卡杜拉(caturra)和卡杜艾(catuai),这些杂交品种更容易种植和收获,较之早期的波旁(bourbon)变种,这些新的杂交品种种植期较短,而且可以种得更密集。即便如此,要想拿到咖啡果,我还是要折弯一些树枝。大约半小时以后,我摘了半筐咖啡果,估计有 12 磅,经过去果肉、去黏液和去种衣的处理后,大约还剩 2 磅咖啡生豆。再经过烘焙,估计会再损失 20% 左右的重量。即便如此,也够煮几壶上好的咖啡了。对此我感到非常自豪,直到赫尔曼拿着一整筐咖啡果出现,他身高只有 5 英尺,体重约 100 磅,温柔地责备我动作太慢。

整个咖啡种植园美极了,遍布着咖啡树,绿色的树叶泛着光泽,路边用来防止风蚀的树蕨和丝兰久经时间的洗礼,繁盛茂密,山峦连绵起伏,采摘师傅们的劳动之歌此起彼伏,孩子的欢笑声不绝于耳,鸟儿叽叽喳喳地叫着,山坡上、泉水旁、溪水边点缀着高大的荫生树。和其他高海拔的咖啡种植区一样,这里的气温常年保持在 24℃。

眺望远方,能看到圣马利亚活火山,其他小型的圆锥形火山还冒着烟。1902 年,圣地亚哥火山的一侧喷发,奥里弗拉马咖啡种植园上覆盖了 1 英尺火山灰,所有的鸣禽都未能幸存。此后不久,贝蒂的祖母艾达·汉斯坦写道:"天哪,当时的景象太震撼了,目力所及一片死寂,简直就是一座巨大的墓地。"

㊀ 1 英尺 =0.3048 米。

如今，我们已经无法想象当时的场景。各种固氮荫生树——印加树、波罗树以及柏树、橡树和夏威夷坚果树的华盖，为生物多样性提供了丰富的基础，成为候鸟绝佳的栖息地。早餐时，我吃的甜瓜、奶油、蜂蜜，全都产自种植园，除此之外，还有黑豆、米饭，当然，最主要的还是咖啡。

下午 4 点，一天的采摘工作结束了，所有人都满载着鼓鼓囊囊的咖啡果袋，到咖啡加工厂过秤。在危地马拉的其他咖啡种植区，主要的咖啡采摘力量是玛雅印第安人，但在圣马可地区，主要的采摘劳动力则是拉迪诺人，他们是印第安人和西班牙后裔结合的人种。他们个头都很矮，也许是因为祖先长期营养不良造成的。很多人穿的都是二手美国 T 恤衫，其中一个人的 T 恤图案是肯尼迪航天中心，看起来和周围很不协调。

小个子的妇女背的袋子大得惊人，差不多是她们 80 磅体重的两倍。有些妇女胸前还用布兜挂着孩子。一个成年的采摘好手每天能摘 200 多磅咖啡果，可以赚到 8 美元，大约是危地马拉最低日薪的两倍多。

危地马拉的贫富差距非常明显。土地分配不均，从事最艰苦劳动的人根本得不到合理的报酬。而且，这种不公源于经济体系，一时间也难以解决，在山区，也没有什么其他可行的作物能够替代咖啡。然而，危地马拉劳工的满足感和成就感却比美国做同样工作的劳工要强很多，因为他们更注重传统和家庭生活。

眼看着采摘工人把收获的咖啡送到加工厂，我不禁想到，经过加工处理，这些咖啡都被运往数千英里[一]之外的地方，那里的人们可以尽情地享受咖啡带来的味觉美感，但是他们恐怕很难想到危地马拉这些辛苦的采摘工人。然而，在这种情况下，界定那些享受咖啡的人是罪魁祸首，而采摘者是受害者，显然很不公平。我意识到，对这种事不能简单地妄下结论。

我把自己采摘的那么点儿咖啡果送给了一个孩子，然后转身，再次眺

[一] 1 英里 =1609.344 米。

望远处的山谷和火山。回到美国后，我开始收集各种研究材料，它们已经堆满了我那间狭小的家庭工作室，而我将在这间工作室里撰写这部咖啡史。但即便是现在，那些经历和画面依然在我脑中栩栩如生，我敢说，这些经历和这本书改变了我以前的很多观点，我也希望，这些经历和这本书能引发你的思考。

第一部分

征服世界之种

民间传说，埃塞俄比亚牧羊人卡尔迪发现咖啡能让人快乐。当时他正在放羊，发现群羊吃了山上的一种浆果后变得兴奋活跃，开始跳起舞来，于是卡尔迪也吃了这种浆果，与羊共舞起来。

第 1 章

咖啡席卷全球

咖啡使人敏锐、深沉、冷静。
　　　　　　　　——英国作家乔纳森·斯威夫特
　　　　　　　　　（Jonathan Swift，1722 年）

（咖啡刺激）使大脑处于一种过度兴奋状态，在这种兴奋状态下，人通常会滔滔不绝，并且产生各种奇思妙想。在咖啡馆里，政治家一杯接一杯地喝咖啡之后，便会从咖啡中激发出对世界大事的各种深刻见解和大智慧。
　　　　　——德国药理学家刘易斯·卢因（Lewis Lewin）
　　　　　　　《植物幻想曲：尼古丁和兴奋剂》
　　　　（*Phantastica: Narcotic and Stimulating Drugs*，1931 年）

　　阿比西尼亚这片古老的土地是人类的发源地之一，如今叫作埃塞俄比亚，或许这里也是咖啡的发源地。已经无从考证到底是什么人在什么地方发现了咖啡，但是各种关于咖啡起源的传说中，最广为流传的就是羊群跳舞说了。卡尔迪是个埃塞俄比亚牧羊人，他天生就是个诗人，羊群上山寻找食物，走出一条条蜿蜒小路，卡尔迪就喜欢跟在羊群后面徜徉在山路中间。对卡尔迪来说，放羊根本就不费什么力气，他可以自由自在地编歌曲、吹笛子。傍晚时分，他用笛子吹起好听的旋律，羊群便停止吃草，从树林里跑出来跟他一起回家。

一天傍晚，羊群没有像往常一样听到笛声就跑出树林，于是卡尔迪又使劲吹了一阵笛子，但羊群还是没有跑回来。这时候，卡尔迪糊涂了，羊群到底跑哪儿去了呢？于是他便爬到高处，仔细倾听，最后他终于听到远处有羊群咩咩的叫声。

卡尔迪拐过一条狭窄的小路，终于看到了自己的羊群。茂盛的森林形成了天然华盖，阳光穿过树丛洒下点点光斑，羊群跳着舞嬉戏其中，还兴奋地咩咩叫个不停。卡尔迪看到这一切，不禁目瞪口呆，他在想，这些羊一定是中了邪。

他仔细观察后发现，羊儿一只接一只地咬食他从来没见过的树上生长的光滑绿叶和一颗颗红色浆果。于是他猜想一定是这棵树让他的羊群中了邪。这树有毒吗？羊儿会死掉吗？要真是这样的话，爸爸一定会气得想杀了他。

几个小时以后，羊群才跟着卡尔迪回家，但是一只羊也没有死。第二天，羊群直接跑回这片小树林，像前一天一样吃绿叶和红果，快乐地跳舞。这下，卡尔迪相信这种植物是无毒的，于是也加入羊群。一开始，他尝了几片叶子，有点苦。然而当他仔细咀嚼这些叶片的时候，他感到从舌头到肠胃慢慢地都有点兴奋，这种兴奋感最后蔓延到全身。接着，他又尝了尝红浆果，这小果子汁多味甜，果肉里还有两粒种子。最后，他连种子一并吞下，然后又吃了一颗浆果。

据说，不久卡尔迪就和他的羊群一起快乐地跳起舞来，还情不自禁地吟诗唱歌。卡尔迪感觉精神百倍，再也不会感到疲倦和难过了。卡尔迪把这棵树的神奇故事告诉了他的父亲。后来一传十，十传百，不久咖啡便成了埃塞俄比亚饮食文化的一部分。

据说，一开始人们很可能把咖啡树（即古人所称的"邦恩"（bunn））所结果实里的种子和咖啡叶嚼碎后直接食用，但是很快，埃塞俄比亚人就发明了各种更加先进的办法来获取咖啡因。他们把咖啡叶和咖啡果放在开水里煮，然后把煮好的水当作淡茶饮用。他们把咖啡豆捣碎，然后裹上动物脂肪，做成能快速补充能量的能量棒。他们把咖啡果肉发酵后用来酿酒。他们还会把红色的咖啡果子摘下晒干，将果肉内的咖啡豆丢弃不用，然后将文火浅烘焙过的咖啡果肉用热水泡煮，做成一种名叫"咖许"（qishr）的香甜饮料。如今这种饮料依旧盛行，名叫 kisher。

公元 10 世纪，波斯医生拉茨⊖（Rhazes，865—925）第一次以书面形式记载咖啡，在这之前，人工种植咖啡树的历史可能已经有几百年了。拉茨医生在一本现已遗失的医学文献中提到"邦恩"树和一种叫作"邦琼"（buncham）的饮料。公元 11 世纪前后，另一位阿拉伯医学家阿维森纳⊖（Avicenna）也记载了"邦琼"饮料，他认为"邦琼"是用"邦恩"树根熬煮而成的。他写道："邦琼可以增强体力、清洁肌肤，具有利尿祛湿之功效，还能让人全身飘香。"尽管拉茨和阿维森纳都或多或少提到了咖啡，但是他们都没有提过煮咖啡。大约到了 15 世纪，人们才开始烘焙、研磨、煮泡咖啡。没错，就是那时候我们熟知的咖啡才真正出现。

埃塞俄比亚人如今喝咖啡依旧遵循昔日的传统，过程精致复杂，经常要花上一小时才能喝上一杯咖啡。客人来了坐在三脚凳上聊天。这时候，主人在宾客面前放上一种特制的陶壶，然后添上温壶用的煤炭让壶的内部预热。男主人和客人聊天的时候，女主人就小心翼翼地清洗生咖啡，并去掉咖啡上的银皮。这些咖啡豆都是主人自家栽培，并且已经在阳光下曝晒过的，这样主人就能很容易地将已经晒干的咖啡果肉剥掉，然后留下咖啡豆。女主人先在炉火上撒上一点乳香类物质，让香气充满整个房间，然后把一个直径不到 1 英尺的平铁盘放在炉火上加热。接着把咖啡豆放在铁盘上烘焙，并用铁钩不断搅拌。几分钟以后，咖啡豆呈现出肉桂色，然后就

⊖ 拉茨的全名是 Abu Bakr Muhammad ibn Zakariya El Razi。
⊖ 阿维森纳的全名是 Abu Ali al-Husayn ibn Abd Allah ibn Sina。

会出现经典咖啡烘焙过程中的"第一爆"。之后咖啡豆变成金褐色,这时候女主人便将其倒入一个小研钵内,用研杵把咖啡磨成细粉,然后把咖啡粉末倒入陶壶中,放在炉火上煮沸,并加入豆蔻和肉桂等香料一起煮。

此时屋内香气宜人,让人陶醉。这时候女主人将第一泡咖啡倒入容量约 3 盎司⊖的无手柄小杯子中,再加入一勺糖,送到客人手里。每个人都会小口轻呷,然后赞不绝口。这种埃塞俄比亚咖啡很浓厚,未经过滤,因此可能会喝到一些悬浮粉末,但是大多数残渣还是会留在杯底。

还可以喝第二泡,这时候女主人只要在原来的陶壶中再添点水就行了。喝完第二泡之后,客人便纷纷离去。

咖啡传入阿拉伯

埃塞俄比亚人发现咖啡后,越过狭窄的曼德海峡通过和阿拉伯人的贸易往来使咖啡传入阿拉伯,就只是个时间问题了。公元 6 世纪,埃塞俄比亚人入侵并统治也门长达 50 年,很可能是在那时候埃塞俄比亚人把咖啡带到了也门,并开垦了咖啡种植园。于是阿拉伯人也开始饮用这种提神饮料。也门的阿拉伯人便开始在附近的山上种植咖啡树,并在山区建立水利设施引水灌溉。当时,阿拉伯人把咖啡称作"咖瓦"(qahwa),这本是一种阿拉伯美酒的意思,今日咖啡一词也是从这个词衍化而来的。另外一些人认为咖啡一词的来历如下:第一,来源于埃塞俄比亚地名卡法(Kaffa);第二,来源于阿拉伯语表示能量的词 quwwa;第三,来源于一种名叫"咖特"(khat)的草做成的"咖弗塔"(kafta)饮料。

一开始是苏菲派信徒为了在晚上的祈祷仪式上保持清醒而开始饮用咖啡。然而没过多久,咖啡就摆脱了药物和宗教用途,而进入老百姓的日常生活。有钱人家里还有自己的咖啡间,专供朋友相聚享用咖啡。而家里没

⊖ 1 美液盎司 = 29.5735 立方厘米。

有咖啡间的人则可以到咖啡馆去享受,当时的咖啡馆叫作 Kaveh Kanes,遍布大街小巷。到 15 世纪末,穆斯林已经把咖啡带到了整个伊斯兰世界,包括波斯(现伊朗)、埃及、土耳其、北非,而咖啡也成了一种赚钱的商品。

咖啡从埃塞俄比亚传到也门后,阿拉伯人就把喝咖啡当成了一种生活方式。这幅 18 世纪早期的画中是一位席地而坐的阿拉伯人,地上放着一个壶,里面盛满了煮好的咖啡,阿拉伯人从壶中倒出一杯咖啡,细细品尝。

16 世纪,咖啡大行其道的同时也成了麻烦的制造者。伊斯兰社会的统治者们认为民众在咖啡馆里过度放肆,于是决定关闭咖啡馆。拉尔夫·哈托克斯(Ralph Hattox,《咖啡与咖啡馆》(Coffee and Coffeehouses)作者)在他关于阿拉伯咖啡馆的书中写道:"咖啡馆里的人们沉溺于各种不当娱乐中。"

伊斯兰教圣地麦加的年轻总督凯尔发现社会上讽刺他的诗出自咖啡馆之后关闭了麦加所有的咖啡馆。他还说服宗教、法律和医学各界人士支持他的这一举动。就这样,1511 年,圣地麦加的所有咖啡馆全部被强行关闭。

麦加的咖啡馆一直关闭，然而开罗的穆斯林统治者苏丹本人却是个嗜咖啡如命的人，因此当他听说这一情况后，立刻下令撤销之前总督的咖啡馆关闭令。但是，整个16世纪，其他的阿拉伯统治者和宗教领袖也在不断地抨击咖啡的各种不是。例如，君士坦丁堡（伊斯坦布尔旧称）的大维齐尔库普瑞利担心战争期间咖啡馆里出现反动的煽动性言论，因此也关闭了市里的所有咖啡馆。一旦发现有人喝咖啡，则重刑伺候。发现再犯，则装进皮袋然后缝起来，扔到博斯普鲁斯海峡里去。即便惩罚制度如此严厉，仍然有很多人冒死偷喝咖啡，最后喝咖啡的禁令还是敌不过民意而不得不撤销。

为什么在早期的阿拉伯社会里，即使面对严刑峻法，人们依然执着于咖啡呢？当然，咖啡因会使人上瘾，这是原因之一，但是还有更多的原因。咖啡能够让人思绪敏锐、体力倍增而没有任何副作用。咖啡馆也为民众提供了一个聚在一起聊天、娱乐和谈生意的场所，这里可以促进商人达成合作协议，激发诗人的创作灵感，不管任何人都能够平等相处。16世纪，咖啡已经成为家庭的必需品，如果丈夫无法满足妻子对咖啡的需求，则女方可以以此为由提出离婚。

咖啡经走私和种植进入西方世界

1536年，奥斯曼土耳其帝国攻占也门，在此之后没多久，咖啡豆就成为整个土耳其帝国赚取出口暴利的重要商品。咖啡豆基本上都是从也门的摩卡港运送出口，摩卡咖啡便因此得名。咖啡豆从摩卡港运出，经过红海抵达埃及东北部城市苏伊士，然后再用骆驼运到亚历山大的仓库，继而法国和威尼斯商人在此取货，然后再运往欧洲。由于咖啡贸易收入已经成为土耳其人收入的主要来源，因此土耳其人小心翼翼地保护着自己对也门咖啡树的垄断权。土耳其严禁生豆出口，输出的咖啡豆必须要先经过沸水煮或者烘焙，让咖啡豆失去生命力，无法再繁衍生长。

然而，百密也有一疏。1600年，一个名叫巴巴·布丹（Baba Budan）的穆斯林把7颗咖啡种子贴在肚子上走私出土耳其，并成功地在印度南部的迈索尔山上试种成功。1616年，统治世界海上运输贸易的荷兰人顺利地把一棵咖啡树从也门南部港口城市亚丁运到荷兰。1658年，荷兰人又用这棵树的种子在锡兰（今斯里兰卡）种植咖啡树。1699年，另一个荷兰人把咖啡树从印度南部的马拉巴尔海岸运到印度尼西亚爪哇岛、苏门答腊岛、西里伯斯岛、巴厘岛，马来西亚帝汶岛以及东印度群岛的其他地方，并在这些地方成功种植，于是几年以后，东印度的咖啡产量大到直接决定了世界市场上的咖啡价格。

18世纪，爪哇咖啡和摩卡咖啡已经成为全世界最著名和最受欢迎的咖啡。直到今天，爪哇和摩卡还是黑咖啡的同义词，然而没想到如今爪哇基本上已经没有高品质咖啡了，而且随着1869年苏伊士运河的完工，摩卡港也丧失了港口的功能。

起初，欧洲人并不知道怎样形容这种奇怪的饮料。1610年，英国诗人乔治·桑迪斯（George Sandys）在旅行途中描写土耳其人时写道："土耳其人每天大部分时间都围着一种名为咖啡的饮料谈天说地，这种饮料像煤烟一样黑，喝起来也和煤烟差不多，但是据说，这种饮料能帮助消化，并且带给人快乐。"

最后欧洲人也爱上了咖啡，连教皇克莱门特八世也不例外。当时一些神父想要禁止咖啡，于是他们请教皇品尝一下这种饮品，没想到教皇喝了咖啡后兴奋地说："这种饮料也太好喝了吧，要是让异教徒独享这美味也太可悲了。我们不妨赐予这琼浆玉液一个好名字，让它成为正规的基督教饮品。"

17世纪上半叶，咖啡和糖、可可以及茶叶一样，还被人们视为奇异的饮品，起初还被当作贵重的药材仅供上层社会饮用。到了17世纪下半叶，欧洲人发现咖啡这种饮品不仅有医用价值，还对社交很有帮助。17世纪中期，意大利大街上的点心铺和柠檬水摊也沿街卖咖啡、可可和酒水。1683年，意大利首家咖啡馆在威尼斯开张。店名是根据卖的饮料来取的，也就是咖啡馆（caffè，在欧洲的其他地方咖啡馆叫作café），很快，咖啡馆就成了交际、聊天和美食的代名词。

法国虽然后来也成为一个对咖啡极度上瘾的国家，但是法国接受咖啡馆的时间却比意大利和英国晚很多。1669年，新上任的土耳其驻法大使索利曼将军在巴黎一场华丽的派对上，向宾客们介绍了咖啡。当时，男宾客们都盛装赴宴，舒舒服服地席地而坐，品尝起这种国外进口的奇异饮料。然而法国上流社会当时对咖啡反响一般，只是受好奇心的驱使而已。

当时咖啡在欧洲很盛行，欧洲的医生也在医学上支持咖啡，声称咖啡对人体有益。而1679年法国医生则在马塞毫无根据地对咖啡进行抨击，声称："我们惊讶地发现，咖啡这种异教徒的饮料将全面代替酒精，打破法国人钟爱葡萄酒的传统。"后来，一个年轻的内科医生也爆出一条纯粹的伪科学命题，以此抨击咖啡，他坚持认为："咖啡会耗尽脑脊髓液，损伤脑回，最终的结果就是使人精力枯竭，瘫痪并失去性能力。"6年以后，另一位法国内科医生菲利普·西尔维斯特·杜福尔专门写了一本书来大力支持咖啡。1696年，有一位巴黎医生把咖啡作为灌肠剂开给病人，来滋养病人的小肠，以使病人精神饱满。此后，法国人对咖啡才有了正确的认识，咖啡馆才得以开张。

1689年，意大利移民弗朗索瓦·普洛科普（François Procope）在法兰西喜剧院正对面开了一家名叫"普洛科普"（Café de Procope）的咖啡馆，这是法国最著名的一家咖啡馆，从此以后法国的咖啡馆开始生根发芽。没过多久，法国的演员、小说作家、剧作家和音乐家便经常不约而同地来这里喝咖啡、聊文学。接下来的18世纪，这家咖啡馆吸引了众多名流前往，包括伏尔泰、卢梭、狄德罗以及来访的本杰明·富兰克林。咖

啡同时养活了占卜家,他们声称可以用咖啡渣占卜。[一]

法国历史学家米歇莱特(Michelet)认为,咖啡的出现是"一场让这个时代繁荣昌盛的革命性事件,是这个时代的一件大事,此后形成了饮食习惯,甚至改变了法国人的性情"。显然,有了咖啡以后,法国人减少了对酒精的摄入,咖啡馆为各种思想的碰撞提供了一个大熔炉,最终推动了法国大革命的爆发。欧洲大陆的咖啡馆是人们平等交流、聚会的场所,正如美食作家玛格丽特·维瑟(Margaret Visser)所说:"男女在咖啡馆里可以自由交往,不用像往常那样感觉有什么不妥之处,他们可以在这个公开的场合见面聊天。"

起初人们是为了气氛到咖啡馆,后来人们来咖啡馆是为了喝到香醇的咖啡,法国人改良了咖啡制作方法,使咖啡不再像以往土耳其人做得那么粗糙,而变得精致起来。1710年,法国人发明了浸泡式咖啡,替代了传统的煮咖啡,把咖啡粉用小布袋包起来,挂在咖啡壶上,然后再用开水冲泡。[二]后来,法国人又发现了带有甜味的"奶咖"也很好喝。17世纪法国书信作家塞维涅侯爵夫人称赞这种奶咖是"世间极品",很多法国人都很喜欢这种欧蕾咖啡,特别是在早饭时间饮用。

但是法国作家巴尔扎克就不屑这种牛奶咖啡,他喜欢把烘焙过的咖啡豆研磨成细粉末,然后直接空腹吃下去,几乎不喝水。这很能激发灵感。他说:"喝了咖啡以后,浑身的细胞都被激活,思如泉涌,就像一支庞大军队中的士兵纷纷冲向自己的神圣战场,随后激战爆发。各种回忆不断闪现,就像战场上的彩旗高挂;各种比喻等修辞就像部署整齐的军队一样华丽地飞驰。"最终,巴尔扎克的创作灵感涌现,他写道:"正是因为每天晚

[一] 咖啡渣占卜,主要是在喝完咖啡之后,以所剩下的残渣形状或图案来预言吉凶。例如,剩下的残渣若呈半月形,则表示这是平顺稳定的一天,与人相处时能够适度地配合,按部就班地完成计划,这天也是一个小小的发财日。
[二] 就像现在的立顿等袋泡茶一样,也有人称之为挂耳式咖啡。

上有黑咖啡刺激我伏案写作，有咖啡粉来宣布笔下开战或停战，因此文章形式和人物性格才能在灵感的指引下，跃然纸上。"

科奇斯基和骆驼饲料

咖啡传到维也纳的时间要比传到法国稍微晚一些。1683 年 7 月，土耳其军队威胁要进攻欧洲，大批驻军长期包围并驻守在维也纳城外。负责维也纳军队的伯爵迫切地需要一个信使突破土耳其军队防线联系上附近的波兰军队，让波兰军队前来营救维也纳。在阿拉伯待过很多年的格奥尔格·弗朗茨·科奇斯基（Georg Franz Kolschitzky）穿上土耳其士兵的制服，乔装成土耳其士兵完成了伯爵授予的这项任务。9 月 12 日，经过最后一场决定性的战役，土耳其人撤兵。

逃走的土耳其人留下了很多东西，包括帐篷、牛、骆驼、羊、蜂蜜、大米、谷粒、金子，还有 5 大麻袋看着很诡异的豆子，当时维也纳人还以为这些豆子是骆驼饲料，于是准备放火烧掉这些豆子。科奇斯基闻到了一种他熟悉的味道，便立即阻止继续燃烧豆子。他大声喊道："我的天啊，你们烧的是咖啡啊！既然你们不知道这东西是什么，就把它给我吧，我能好好地利用这些豆子。"科奇斯基曾经仔细观察过土耳其人制作咖啡的方法，他知道烘焙、研磨和煮咖啡的原理，于是，很快他就用这些土耳其人留下的咖啡在维也纳开了一家蓝瓶咖啡馆，这是维也纳最早的咖啡店之一。⊖起初科奇斯基按照土耳其人的方法制作咖啡，只加入少量糖，但是为了迎合当地人的口味，他改进了咖啡制作的方法，把咖啡渣滤掉，并在

⊖ 毫无疑问，在科奇斯基开这家咖啡店之前，有些维也纳人就已经很熟悉咖啡了。1665 年土耳其人在维也纳建了大使馆，1685 年，约翰内斯·迪奥达托（Johannes Diodato）拿到了开咖啡店的许可证，因此很显然，他的咖啡店比科奇斯基的咖啡店要早。

咖啡中加入少量牛奶调味。[1]

短短几十年时间，咖啡已经成了维也纳知识分子生活的提神剂。17世纪早期，一位到维也纳旅行的人写道："维也纳城到处都是咖啡馆，小说家和专栏作家都喜欢在咖啡馆里见面。"咖啡馆和吵闹的酒馆不同，人们在咖啡馆里可以津津有味地聊天，而且可以集中注意力。

咖啡史学家伊恩·伯斯坦（Ian Bersten）认为阿拉伯人喜欢黑咖啡，而欧洲人和后来的美国人普遍习惯在咖啡中加牛奶饮用，这和基因有关。盎格鲁-撒克逊人对乳糖耐受度高，把牛奶当水喝也不会不舒服，而像阿拉伯人、希腊籍塞浦路斯人以及意大利南部人等地中海沿岸的人则不耐受乳糖，后者可能会引起消化不良。因此他们还是偏好不加奶的黑咖啡，只是偶尔会加糖饮用。伯斯坦写道："欧洲的南北两部最终发展出了两种截然不同的咖啡冲泡方法——北欧的滴滤式咖啡和南欧的加压浓缩不过滤咖啡。"正是因为南欧人不习惯牛奶，所以意大利浓缩咖啡加奶泡后形成的卡布奇诺咖啡在意大利比在北欧容量更小。

美味胜于千个香吻

17世纪70年代，咖啡和咖啡馆传入德国。1721年以前，德国主要的大城市就已经有咖啡馆了。很长一段时间内，喝咖啡只是德国上层社会所拥有的特权。德国的医生警告人们咖啡会导致不育和死胎。1732年，咖啡在德国流行的同时，也成为人们争论的焦点，正是这一点激发了约翰·塞巴斯蒂安·巴赫创作了诙谐的《咖啡康塔塔》（*Coffee Cantata*），唱词表达了女儿祈求严厉的父亲不要制止她对咖啡的嗜好：

父亲大人，
请别对我如此严厉，

---

[1] 这就是拿铁咖啡的最初版本。

如果我无法每天满上我小小的咖啡杯，

美美地喝上三次咖啡，

那我会像炙烤的羔羊般失去活力。

啊！多么甜美的咖啡啊！

比情人的一千个香吻还要甜蜜，

比麝香葡萄酒更醉人，

咖啡啊咖啡，我一定要喝，

如果有人要款待我，

就请为我满上咖啡杯吧！㊀

18 世纪晚期，喝咖啡上瘾的路德维希·范·贝多芬要用不多不少正好 60 颗咖啡豆才能研磨一杯咖啡。

1777 年，咖啡在德国太过火热，于是当时的普鲁士国王腓特烈大帝便发布了一项命令，提倡人们喝德国传统的黑啤饮料："看到全国人民对咖啡的需求量越来越大，国家用于进口咖啡的支出也越来越多，这让我很不高兴。普鲁士的国民只能喝啤酒，国王我就是喝着啤酒长大的，我的祖祖辈辈也都是喝着啤酒长大的。"四年后，腓特烈大帝下令除了政府建立的咖啡烘焙店以外，其他的咖啡烘焙业一律关闭，迫使穷人只能寻找咖啡的替代品，例如烤菊苣根、炸无花果、大麦、小麦或者玉米。其实民众也能弄到真正的咖啡豆，并偷偷进行烘焙，于是政府派出密探来搜索偷偷烘焙咖啡的人，并迫使他们不再喝咖啡，群众戏称这些政府派出来的密探为"咖啡嗅狗"（coffee smellers）。最终，这抵不过时代的潮流，咖啡在德国幸存下来。妇女尤其喜欢咖啡叙谈会，她们可以在冲泡咖啡的时候聊聊八卦，咖啡于是便蒙上了一层女性形象的面纱。

㊀ 一位现代词作者翻译的康塔塔版本是："啊，爸爸，别这样拉着我，如果我无法一天喝三次咖啡，我就去死！"

同一时期,欧洲其他所有国家也都发现了咖啡。经由荷兰商人之手,生咖啡豆传到荷兰。虽然如今斯堪的纳维亚人号称全球人均咖啡消耗量最高,但咖啡在斯堪的纳维亚国家盛行还是要比其他国家晚一些。然而,咖啡对任何国家的影响,都没有对英国的影响那么有力和迅速。

咖啡侵入英国

从1650年黎巴嫩犹太人雅各布在牛津大学为那些喜欢新鲜事物的人们开了一家咖啡馆后,咖啡就像黑色洪水一般席卷了整个英国。两年后,希腊人帕斯卡·罗希(Pasqua Rosée)在伦敦开了一家咖啡馆,并且刊登了第一份用于促销咖啡的广告,这个广告海报挂在路边,上面吹捧着"咖啡的神奇功效":

> 咖啡绝对是合法饮品,经过烘焙、研磨成粉、泉水煮泡即可饮用。饭前、饭后均可趁热喝上半品脱㊀。咖啡可以帮助消化,治疗头痛、咳嗽、疲劳过度、水肿、痛风、维生素C缺乏病(坏血病),并且能够预防流产。

后来,他提出了更切实际的宣传:

> 咖啡可以提神醒脑、消除睡意,对于需要值夜班的人来说简直就是饮用良品。咖啡可以使人保持三四个小时的无睡意状态,因此,除非你需要熬夜,否则千万别饭后喝咖啡。

据说1700年的时候,伦敦就已经拥有超过2000家咖啡馆,占地面积和租金居各行业之首。顾客只要花很少的钱就可以在咖啡馆买一杯咖啡,然后消磨几个小时,聆听各界人士的精辟言论,因此咖啡馆被誉为"便

㊀ 1美制湿量品脱 = 473.1765毫升。

士[一]大学"。1657 年,英国一报纸广告把咖啡馆称作"公众交流地"。每个咖啡馆针对不同的顾客群,有不同的经营主题。有的咖啡馆常有内科医生光顾,甚至可以当成诊所,而抗议者、天主教徒、犹太人、文人雅士、商人、投机者、纨绔子弟、辉格党人、保守党人、陆军军官、演员、律师、牧师以及才子们都有属于自己群体的咖啡馆。咖啡馆成为英国第一个倡导平等的场所,不管人们之前认识与否,在咖啡馆里都可以随意和同桌的人聊天。

爱德华·劳埃德(Edward Lloyd)开的咖啡馆主要服务于海员和商人,爱德华通常都会事先为保险员准备好"货运清单",方便他们在咖啡店里提供保险服务。就这样,爱德华·劳埃德创办了大名鼎鼎的劳埃德伦敦海上保险公司。其他一些咖啡馆也孕育了证券交易所、银行清算,以及如《闲谈者》(The Tattler)和《观察家》(The Spectator)这样的期刊。

在咖啡出现以前,英国人酗酒成性,经常喝得像福斯塔夫[二]似的——肥胖贪婪、语无伦次。英国一位时事评论员在 1624 年曾经抱怨说:"到处都是无节制的酒鬼,昏昏沉沉地涌到小酒馆里,眼看着自己的大脑被酒精吞噬,就这样消磨了自己的聪明才智。"50 年后,另一个评论员说道:"饮用咖啡使全国人民头脑清醒。以前那些学徒和办事员一大早就要喝麦芽酒、啤酒或者葡萄酒,然后开始头昏眼花,工作的时候就要出错,而现在他们每天早上喝上这么一杯让人清醒的文明咖啡,就都成了好员工。"

并非所有的咖啡馆都能让人精神振奋并且感到愉悦,有些咖啡馆很混乱,有些味道很难闻,有些让人精力充沛,有些则很有小资情调。当时有人记录道:"咖啡馆里一群乌合之众来来往往,让我想起一群老鼠在一个坏蛋糕里钻来钻去。一批来了一批又走了;有人在乱涂乱画,有人在聊天;有人在喝咖啡,有人在抽烟,有人在争论;整个咖啡馆发出难闻的烟草味,

---

[一] 便士是英镑国家货币的最小单位。
[二] 福斯塔夫是莎士比亚历史剧《亨利四世》中的人物,他是王子放浪形骸的酒友,既吹牛撒谎又幽默乐观,既无道德荣誉观念又无坏心,是一个成功的喜剧形象。——译者注

就像一艘船驶进一个小房子一样拥挤。"

英国妇女对伦敦咖啡馆的抨击最为猛烈,因为她们并不能像其他欧洲大陆的妇女一样进入咖啡馆(老板娘除外),她们被排除在这个全是男性的社会之外。1674 年,《妇女反咖啡请愿书》抗议说:"近来英国男子传统的威严已经消失……男人再也不穿大马裤,拿一点东西就上气不接下气,已经丧失了男子气概。这都是那些难闻、粗糙的咖啡惹的祸。就是咖啡阉割了我们的老公,让我们英勇的男人变得残疾……喝了咖啡以后,他们只会流鼻涕,除了僵硬的关节和竖着的耳朵以外,全身各个部位都蔫了。"

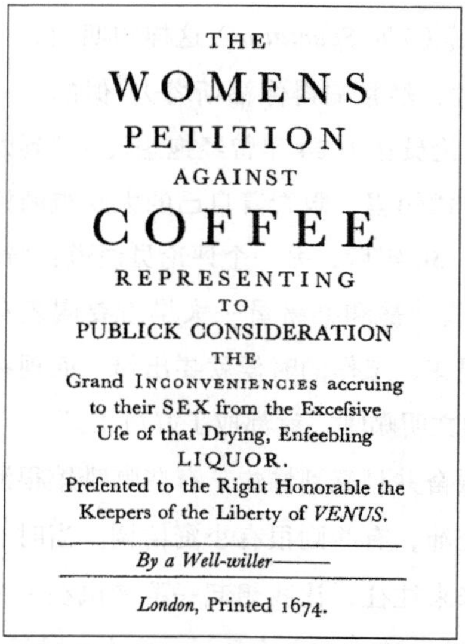

```
THE
WOMENS
PETITION
AGAINST
COFFEE
REPRESENTING
TO
PUBLICK CONSIDERATION
THE
Grand INCONVENIENCIES accruing
to their SEX from the Excefsive
Ufe of that Drying, Enfeebling
LIQUOR.
Prefented to the Right Honorable the
Keepers of the Liberty of VENUS.

By a Well-willer——
London, Printed 1674.
```

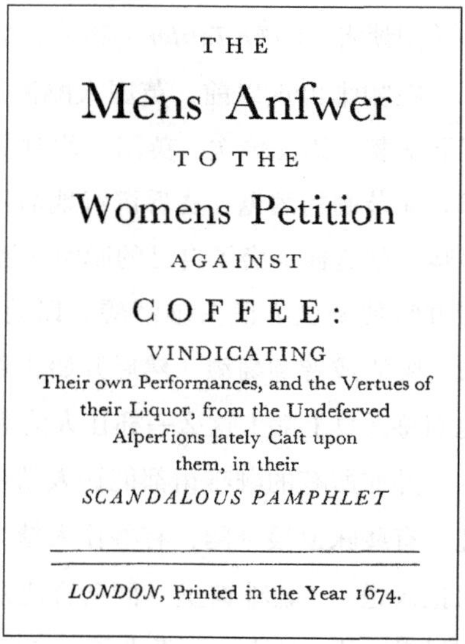

```
THE
Mens Anfwer
TO THE
Womens Petition
AGAINST
COFFEE:
VINDICATING
Their own Performances, and the Vertues of
their Liquor, from the Undeferved
Afperfions lately Caft upon
them, in their
SCANDALOUS PAMPHLET

LONDON, Printed in the Year 1674.
```

1674 年,伦敦咖啡馆风靡,但是妇女却不被允许驻足其中,因此,妇女制作了如图所示的小宣传册,对咖啡馆提出抗议,声称咖啡使她们的丈夫变成了性无能。而男人则为咖啡进行辩护,声称咖啡让他们勃起更有力。

f: long S(长 S)

妇女的请愿书揭示了男人一天的典型生活："早上在酒馆里喝到烂醉如泥，然后到咖啡馆里用咖啡把自己灌醒，然后再到酒馆里喝得只能摇摇晃晃回到咖啡馆再把自己灌醒。"然而，男人并不承认他们性无能。

1675年12月29日，查理二世国王发表了一份《咖啡馆取缔声明》。声明要求从1676年1月10日起，所有咖啡馆停止营业，声明中指出咖啡馆已经成了"闲散叛逆人群最大的聚集地"，商人进了咖啡馆也不务正业了。咖啡馆最严重的罪行是"蓄意编造谣言，恶意诽谤，传播对王室统治不利的言论，破坏国家和平稳定"。

声明刚发表，伦敦的各个角落立刻骚动起来。不到一周时间，君主制就差点再次被推翻，而且是被咖啡推翻。1月8日，也就是声明生效前两天，国王撤回了声明。

然而，具有讽刺意味的是，到了18世纪，英国人便自动开始以喝茶取代喝咖啡。到1730年，大部分咖啡馆都变成了私人会所或者廉价小吃店，与此同时，很多新的公共茶庄开张了，它们不仅吸引了男人前往，也吸引了妇女和孩子前往品茗。泡茶比泡咖啡容易很多，无须烘烤、研磨，现喝现煮。（为了获得可观的额外利润，掺假也更容易。）另外，英国人占领了印度，而印度盛产茶叶，很少种咖啡。当时声名显赫的英国东印度公司通过它在中国的垄断势力大力收购茶叶，通过走私降低茶叶价格。但是，咖啡并未完全消亡，英国咖啡的用量一直在稳定下降，直到近几年才有所好转。

波士顿倾茶事件

北美曾经是英国的殖民地，于是也掀起了一股咖啡热潮，美国第一家咖啡馆于1689年在波士顿开张。北美殖民地的酒馆和咖啡馆并没有明显的区别。比如，一家从1697年开到1832年名叫"波士顿青龙"（Boston's Green Dragon）的咖啡酒馆，就同时供应麦芽酒、啤酒、咖啡和茶。约翰·亚当斯（John Adams）、詹姆斯·奥蒂斯（James Otis）和保罗·里维尔（Paul Revere）就是在这里见面聊天，喝咖啡和酒，最后策动反抗的，因此丹尼尔·韦伯斯特（Daniel Webster，美国独立战争前的政治家）把这家咖啡酒馆称作"革命总部"。

众所周知，18世纪后期，英国人已经改喝茶了，而此时英国东印度公司也把茶叶引入到美洲殖民地。当时的英国统治者乔治国王想像出口其他产品一样通过向殖民地出口茶叶来赚钱，于是1765年英国议会通过了《印花税法案》，此举引发了举世闻名的殖民地大反抗，殖民地人民高喊"（我们）没有国会代表权（你们）就没有征税权"。后来，英国议会废除了除茶叶以外的所有税。美洲人为了抵制赋税，便购买从荷兰走私进来的茶叶。英国国会迅速做出反应，允许英国东印度公司直接运送大量茶叶到波士顿、纽约、费城和查尔斯顿。1773年，波士顿革命分子组成的反抗组织正式抗议，在船上捣毁货物，将茶叶倒入港口，这就是著名的"波士顿倾茶事件"。

从此之后，拒绝茶叶成为美洲爱国人士的爱国之举，咖啡馆于是从中受益。就像本杰明·伍兹·拉巴里（Benjamin Woods Labaree）的《波士顿倾茶事件》(*The Boston Tea Party*)一书中所述，接着出现了一股"反茶狂潮"，席卷了整个殖民地。大陆会议通过了一项抵制消费茶叶的决议。1774年，约翰·亚当斯给自己妻子的一封信中写道："一定要赶紧改掉喝茶的习惯，我自己也迟早要戒掉茶瘾。"殖民地咖啡的平均销量从1772年的人均0.19磅猛增到1799年的人均1.41磅——足足增长了6倍多。

当然，实际上北美人也体会到相较茶叶而言，他们的口味更适合咖啡，而且由于美国人后来从奴隶交易中获利，咖啡也更便宜一些。到了19世纪，美国直接从跟自己位于同一个半球的南美进口咖啡豆，开始逐渐习惯饮用咖啡。

咖啡进入拉丁美洲

1714年，荷兰人送给法国政府一株优质的咖啡幼苗，9年后，对咖啡非常着迷的法国海军军官加布里埃尔·马蒂厄·德·克利把咖啡的种植技术带到了法国殖民地马提尼克。德·克利通过和皇室的一番激烈斗争，从巴黎的咖啡种植暖房里拿到了一株咖啡幼苗（利用荷兰人送的咖啡幼苗栽培而成），并冒险横渡大西洋，仔细照料这株幼苗。后来他回忆道："当时我真的向这株幼苗倾注了无限的关怀。"德·克利的船只躲过了海盗和暴风雨后，终于辗转到风平浪静的赤道无风带，并在那里停留了一个多月。在整个航行过程中，为防止船上嫉妒他有咖啡幼苗的人把咖啡苗偷走，德·克利仔细保护着这株咖啡幼苗，他还用自己有限的饮用水来浇灌这株幼苗。最后这株幼苗终于在马提尼克岛生根发芽了。目前全世界大部分的咖啡供给都可以追溯到这株咖啡幼苗。㊀

1727年，一场小闹剧把咖啡引入巴西，并对未来产生了重大影响。当时，法属圭亚那和荷属圭亚那发生了边界纠纷，于是双方总督让中立的葡萄牙属地的一名巴西官员出面调停，该官员叫弗朗西斯科·德·梅洛·帕赫塔（Francisco de Melo Palheta）。帕赫塔欣然同意，因为任何政府官员都禁止出口咖啡种子，于是他希望自己通过此事能够以某种方式运出一些咖啡种子。这位调停者通过协商，不仅顺利达成了边境和解方案，还悄悄地和法国总督的妻子偷情。当帕赫塔准备离开的时候，法国总督的妻子为

㊀ 德·克利从荷兰人那里拿到的咖啡树种是我们现在所知道的铁毕卡咖啡（typica，是小果咖啡（Coffea Arabica，又称阿拉比卡种）系列中3个出现较早的亚种之一，其他两个是蓝山亚种（varietal Blue Mountain）和波旁亚种（varietal Bourbon）），尽管德·克利的咖啡树对后来的咖啡供给具有重要作用，但是德·克利并非第一个把咖啡带到加勒比海的人。法国人在其殖民地法属圭亚那种植咖啡树的时候，荷兰人也把咖啡引入它在南美洲的殖民地荷属圭亚那（今苏里南共和国）。法国人还贡献了另一种很重要的咖啡品种。1718年，法国人在波旁岛（也就是如今印度洋上的留尼汪岛）上成功地种植了从也门带来的咖啡种子，由此诞生了著名的波旁咖啡。

他献上了一束鲜花——花里面藏着新鲜饱满的咖啡种子。帕赫塔带着这些种子回国,种在了巴西北部的巴拉,咖啡很快就从这里传播到巴西南部,最终将巴西变成了如今全球最大的咖啡生产国。

1723年,法国海军军官加布里埃尔·马蒂厄·德·克利不远千里把咖啡的种植技术带到了法国殖民地马提尼克,一路上,他悉心呵护咖啡幼苗,甚至用自己的饮用水来浇灌幼苗。恐怕当今世界的不少咖啡都源自这株小小的幼苗。

咖啡和工业革命

工业革命时期,人们更喜欢喝咖啡,咖啡在一定程度上支持了这场革命。工业革命18世纪在英国爆发,19世纪初期蔓延到北美洲和欧洲其他国家。工厂制度的发展改变了人们的生活态度和饮食习惯。以前很多人都在家或者乡下的手工作坊劳作,人们会严格区分工作时间和生活时间,他们基本上也都是自己的老板,自己安排工作和生活。那时候人们从每天早上的汤开始,基本上一天吃五顿饭。

随着织造厂和钢铁厂的出现,越来越多的工人移居城市,工人阶层居住环境恶劣,令人触目惊心。随着妇女和儿童进入这一系统化的劳动力市场,妇女在家操持家务和做饭的时间越来越少。依旧在家做工谋生的人赚的钱越来越少。就这样,19世纪早期,欧洲的编织女工几乎全靠咖啡和面包维持生计。因为咖啡能提神,让人觉得精力充沛而且身上暖和,会造成一种营养充足的假象。

一位历史学家记录道:"这些编织女工为了能多挣一点点刚够糊口的钱,只能一直坐在织布机旁边织布,根本没有那么多时间准备午餐和晚餐,于是就只能靠不断地喝稀咖啡来刺激已经很虚弱的肠胃,至少能够暂时缓解一下饥饿带来的痛苦。"昔日贵族们的饮料已经成了广大人民群众必不可少的兴奋剂,与此同时,人们每天的早餐也从啤酒汤变成了早咖啡。

糖、咖啡和奴隶

1750 年之前,咖啡树已经遍植五大洲。咖啡成了社会底层工人的兴奋剂,也为工人提供了一个喘息的机会,咖啡俨然已经替代了很多营养品。此外,尽管有时人们对咖啡带来的影响颇有争议,但是咖啡所造成的影响还是相对有益的。咖啡在很大程度上帮助那些沉溺于酒精中的欧洲人清醒过来,也刺激欧洲社会和知识分子振奋起来。咖啡史学家威廉·乌克斯(William Ukers)在他的咖啡巨著《咖啡天下事》(*All about Coffee*)中写道:"每当一个国家引进咖啡,就会引起革命。咖啡是人间最激进的饮料,它总能引发人们思考。而老百姓一思考,就会反抗暴政和专制,对极权统治者构成威胁。"

恐怕的确如此。然而,随着欧洲的权贵逐渐把咖啡的种植引入殖民地,密集型劳动力的需求也越来越大,要有人种植、收获和处理这些咖啡,于是被贩入殖民地的奴隶便充当了这一角色。德·克利上尉尽管很喜欢他的那棵咖啡树,但是他也不可能亲自收获由这棵咖啡树繁衍的上百万棵咖啡树结的果实,而真正做这些事情的正是从非洲贩来的奴隶。

最初,奴隶是被贩卖到加勒比海收割蔗糖的,而糖和咖啡在历史上本来就紧密相连。正是这种廉价的甜味剂把苦涩的咖啡变得美味可口,使它拥有了大量的爱好者，并且在咖啡因刺激人兴奋的时候提供了快速的能量补充。糖和咖啡一样，都是由阿拉伯人传播开来的，17世纪下半叶，糖伴随着茶叶和咖啡的普及而盛行起来。因此，当法国殖民者1734年刚开始在圣多明各种植咖啡的时候，自然就会需要很多非洲奴隶来照料这些咖啡树。

令人意想不到的是，1788年之前，全世界一半的咖啡都产于圣多明各。正是这些受到野蛮压迫的奴隶种出的咖啡激发了伏尔泰和狄德罗无限的灵感。圣多明各的奴隶居住环境异常恶劣，他们住在没有窗户的棚屋里，食不果腹，做着超负荷的工作。18世纪晚期的一位法国旅行家写道："我不敢肯定糖和咖啡是否对欧洲人的快乐至关重要，但是我非常肯定这两样食品是由世界两大洲人民的痛苦换来的——美洲（或者加勒比海沿岸）为了能有更多的土地可以种植蔗糖和咖啡而削减人口，非洲人口被贩卖到美洲种植蔗糖和咖啡，于是非洲人口也减少了。"几年以后，一个曾经当过奴隶的人回忆起当年法国奴隶主是如何对待他的时候说："那些奴隶主把我们头朝地脚朝天地悬挂起来，装进麻袋扔到海里淹死，绑在厚木板上鞭打，活埋，扔进粉碎机粉碎，还会强迫我们吃屎。"

基于这些，1791年奴隶群起反抗的海地革命就一点儿也不奇怪了，这场为自由而战的反抗持续了整整12年之久，这也是人类历史上奴隶反抗进程中的一次巨大胜利。在这场革命中，大片的种植园被毁，很多种植园主被杀。1801年，海地黑人领袖杜桑·卢维图尔打算恢复咖啡的出口，那时的咖啡产量已经比1789年的时候降低了45%。卢维图尔创立了租种体系，这一体系实际上是将奴隶制度合法化。工人就像中世纪的农奴一样被限制在国有的种植园内，并且被迫超长时间干活，却只能拿到很少的报酬。但至少，他们已经不会受到经常性的虐待，并且能多少有一点医疗保障。然而，1801～1803年，拿破仑妄图派军收复海地，种植园的咖啡树又一次遭到了破坏。当拿破仑得知他的军队在1803年年末的最后一场战役中失利后，他破口大骂："该死的咖啡！该死的殖民地！"在此之后，过了很多年，海地咖啡才在世界咖啡市场上重拾一席之地，但是已经无法恢复往日的统治地位了。

荷兰人趁机供应爪哇咖啡，以弥补世界咖啡市场的缺口。尽管荷兰人并没有经常掠夺和折磨他们的咖啡劳动力，但是他们的确让这些人成了他们的奴隶。爪哇人民要忍受着闷热，在热带高温下修剪咖啡树和收获咖啡豆，但是据咖啡史学家海因里希·爱德华·雅各布（Heinrich Eduard Jacob）记载："爪哇岛上的白人庄园主每天只在种植园里随意走动几个小时而已。"

19世纪初期，奴隶制度并没有太大的改变。后来爱德华·道维斯·戴克尔（Eduard Douwes Dekker）到爪哇殖民政府任职，最终，他因对荷兰官员和爪哇贵族压迫爪哇人民感到不满而辞职，并以笔名穆尔塔图里（Multatuli）创作了小说《马格斯·哈弗拉尔》（*Max Havelaar*）。戴克尔在书中写道：

> 西方世界来到爪哇岛的侵略者把自己当成了爪哇的地主，强迫当地人为了一点可怜的工资辛苦地种植咖啡。是饥荒引起的吗？在肥沃富庶的爪哇会有饥荒？我亲爱的读者，没错，就是饥荒惹的祸。就在几年前，整个爪哇岛上的居民差点都死于饥荒。母亲为了获得食物而卖掉自己的亲生骨肉。有的母亲甚至会吃掉自己的孩子充饥。

戴克尔在书中痛斥了那些荷兰地主，他描述道："地主把劳动者从劳动者自己的土地上赶走，然后让他们在地主的土地上辛勤劳作，挥洒汗水，这样地主的土地就越来越肥沃。地主还克扣劳动者的工资，吃穷苦劳动人民的粮食。地主的富裕是在其他人贫穷的基础上建立起来的。"

纵观整个咖啡史，这些话听起来似乎很真实。但是也有一些小农场主及其家人（例如埃塞俄比亚人），他们在高地上耕耘自己的一小片土地，同样能以种植咖啡为生,因此并非所有以土地为生的咖啡工人都受到压迫。问题并不在于咖啡树或者咖啡的生长方式,而在于人们是如何对待那些耕耘和收获咖啡的劳动者的。

拿破仑体系:为现代化铺平道路

1806年,英法开战后的第三年,拿破仑对英国实行"大陆经济封锁政策",希望切断英国同欧洲各国的贸易往来以拖垮英国。拿破仑宣称:"以前要想富裕,就要有自己的殖民地,我们必须在印度、安德列斯群岛、中美洲、圣多明各建立自己的殖民地。这样的时代已经过去,我们现在必须要成为商品制造者。我们要拥有和掌控一切!"大陆封锁体系产生了很多重要的工业和农业创新。比如,拿破仑聘用的研究人员成功地从欧洲甜菜中提取了甜味剂,以此替代了对蔗糖的需求。

但是,欧洲人没办法做咖啡,于是便用菊苣根当作咖啡的替代品饮用。这种欧洲的菊苣根是苣荬菜的一种,烘焙和研磨以后就会产生一种看上去很像咖啡的物质。用热水冲煮这些物质后便形成了一种味苦的深色饮料,这种饮料没有煮咖啡后出现的浓厚香味,也没有咖啡因。就这样,法国人在拿破仑一世统治时期养成了饮用菊苣水的口味习惯,即使在1814年大陆封锁体系取消以后,法国人仍然继续把菊苣根和咖啡混煮饮用。后来,新奥尔良的克里奥尔法国人也沿用了这种咖啡口味。⊖

1814~1817年,阿姆斯特丹恢复它在咖啡贸易市场的中心地位,咖啡的价格是每磅16~20美分不等,比起1812年的每磅1.08美元要合理得多。随着欧洲和美国人对咖啡的需求越来越多,咖啡价格也上涨到每磅30美分,爪哇咖啡要更贵一些。于是,咖啡农便开始大量种植新咖啡树,

---

⊖ 早在1688年的时候,人们就已经把菊苣根加入咖啡中混煮,但是法国人养成这种习惯却是在拿破仑一世统治时期。

在巴西，人们砍掉热带雨林以开垦新的咖啡种植园。

几年后的 1823 年，这些新种植的咖啡树正要结果的时候，法国和西班牙的战争似乎也箭在弦上。整个欧洲的咖啡进口商蜂拥收购咖啡，就好像航线即将关闭似的。于是新鲜咖啡豆的价格不断飙升。但是战争并没有爆发，或者说至少没有立即爆发。历史学家海因里希·雅各布写道："战争没有来，四面八方来的咖啡却到处都是！"巴西也正好碰到有史以来最大的一次咖啡大丰收，于是咖啡价格大跌。伦敦、巴黎、法兰克福、柏林以及圣彼得堡的很多企业纷纷倒闭。一夜间，百万富翁一无所有，上百人自杀身亡。

从此以后，咖啡的价格行情会随着投机、政治、天气和战争等未知情况而大幅波动。咖啡已经成为一种国际化商品，19 世纪下半叶，拉丁美洲的经济、社会和政治也因为咖啡发生了彻底的改变。

第 2 章

咖啡王国

> 先生们,你们也许认为生产咖啡和砂糖是西印度的自然禀赋吧。二百年以前,跟贸易毫无关系的自然界在那里连一棵咖啡树、一株甘蔗也没有生长出来。
>
> ——卡尔·马克思

马克思说这番话的时候,西印度群岛的咖啡种植业就已经在走下坡路了。然而,就在西印度群岛咖啡种植业走下坡路的时候,1850~1900年,巴西、委内瑞拉等大部分中美洲本来不种咖啡的国家取代西印度群岛开始种植咖啡,还有相当一部分的印度国家,以及锡兰(今斯里兰卡)、爪哇和哥伦比亚也开始种植咖啡。咖啡豆在一定程度上重新确定了这些地区的法律规定和政府职能,拖延了这些地区奴隶制废除的步伐,加重了这些地区社会的不公平现象,破坏了当地的自然环境,但是却刺激了这些地区的经济增长,尤其是巴西,正是在这段时期一跃成为世界上最主要的咖啡强国,也是最大的咖啡出口国。咖啡历史学家史蒂文·托皮克(Steven Topik)说:"巴西不仅简单地满足世界咖啡市场的需求,还生产大量廉价咖啡供给北美和欧洲的工人阶级饮用。"

巴西和中美洲直到1821年和1822年才分别相继摆脱西班牙与葡萄牙的殖民统治,之后才开始重视咖啡种植业。1807年11月,拿破仑大军攻陷葡萄牙首都里斯本，迫使葡萄牙皇室集体逃亡到海上，乘坐英国船只到达巴西东南部城市里约热内卢，之后，葡萄牙当时的摄政王若昂六世定居里约热内卢。他在这里宣布巴西王国成立，并且大力推动农业发展，在里约热内卢的皇家植物园实验性地栽培种植咖啡新品种，还把咖啡种子分配给其他种植园主。1820年，葡萄牙国内波尔图起义爆发，若昂六世国王①即刻回国，把巴西交给了他的儿子佩德罗，封其为摄政王。

当时大部分拉丁美洲国家的人们不堪忍受殖民枷锁，纷纷起义。在委内瑞拉、哥伦比亚和墨西哥的带领下，中美洲也发动起义，最后，1822年，当时留在巴西的摄政王佩德罗自封为佩德罗一世皇帝。1831年，因为群众的巨大压力，他让位给自己年仅5岁的儿子。9年以后，经历了一系列的暴动和纷乱，14岁的佩德罗二世正式登基并解散了摄政委员会。在佩德罗二世的长期统治下，咖啡成为巴西最重要的产物。

巴西咖啡种植园

后来巴西咖啡种植园兴起和所发生的一切，也向人类证明：如果过度依赖某一种作物，那么在获得巨大利润的同时也要冒很大风险。咖啡既成就了现代化的巴西，也给人类和环境造成了巨大损害。

巴西拥有超过851万平方千米的国土面积，是世界上第五大国，北起赤道以南，几乎跨越半个南美洲。葡萄牙人发现、开发并征服了巴西，起初抵达巴西的葡萄牙人无一不迷恋巴西的迷人风光。1560年，一位神父写道："如果人间有天堂，那么这片天堂一定是在巴西。"

很可惜，自从葡萄牙人来到巴西以后，就开始不断破坏这片人间天堂。17、18世纪，巴西的欧洲殖民者大规模种植甘蔗，已经形成了巴西特有的大农场种植模式，与此同时，奴隶被迫在惨无人道的环境下超负荷劳

---

① 1816年，玛丽亚一世去世后，继承王位。

作,他们的平均劳动寿命只有 7 年。当时的奴隶主为了赚取更多利润,宁愿引进新的奴隶,也不愿意给生病的奴隶治病。就这样,不断扩张的甘蔗最终把东北部地区变成了一片荒原。

巴西的咖啡业是在非洲奴隶的背上建立起来的。

19 世纪 20 年代以后,蔗糖价格大跌,于是大量资金和劳动力向东南部转移,开始在帕拉伊巴山谷扩展咖啡种植。当时帕赫塔从法国总督妻子那里得到种子后,带回巴西北部靠近赤道的巴拉种植,效果一般;1774 年,比利时传教士在巴西偏南、气候较温和的里约热内卢附近的山上种植咖啡,大获丰收。从此以后,咖啡就主要在南部种植。18 世纪,巴西南部著名的红土地是主要的黄金和钻石开采区,因此从未耕种过,而一直是一片处女地。如今,这片土地上的稀有矿物已经枯竭,昔日运黄金的骡子如今沿着早已开发好的路把咖啡豆运到港口供出口,而那些从开采矿物中幸存下来的奴隶也转而种植和收获咖啡。随着咖啡种植业的进一步扩大,里约热内卢的奴隶进口数量激增,人数从 1825 年的 26 245 人增至 1828 年的 43 555 人。此时,整个巴西引进的奴隶数量已经超过 100 万,占巴西总人口的 1/3。

19 世纪初,英国宣布奴隶买卖非法,巴西政府为了讨好英国,1831 年也宣布进口奴隶非法,但是并不照此执行,依旧进口奴隶。在奴隶制度即将退出历史舞台之时，奴隶主趁着最后的一次机会，大量进口奴隶，仅1848年一年就进口奴隶6万人。

后来英国战舰开始在海上抓捕运送奴隶的船只，1850年，巴西立法机构才被迫严厉禁止奴隶进口。而已经在巴西的约200万奴隶还是奴隶身份，并没有获得解放。巴西巨大规模种植业的大庄园制度，使得当时奴隶的生活就像美国南北战争前美国南方奴隶的生活状态一样，他们过着非人的生活，而咖啡农场主则成为巴西最富裕的一群人。

后来一位去帕拉伊巴咖啡山谷的旅行者详细描述了奴隶一天的工作安排：

> 黑人奴隶被严密监管，每天像机器一样工作。凌晨4点，所有工人被叫起来唱祷文，然后就排队前往农场干活……晚上7点，这些工人才能拖着疲惫的身体回到庄园主家里……吃完饭后，庄园主又安排奴隶去干各种打扫或者研磨类的家务活，直到晚上9点才允许他们睡觉。男奴和女奴被安排在不同的营房，每天晚上能睡7个小时，这也是为了接下来的一天能几乎不间断地工作。

尽管有些庄园主对奴隶还不错，但也有些庄园主把奴隶当成泄欲的对象。殴打和杀害奴隶的现象依然存在，而且奴隶主不会受到公审。奴隶的孩子通常被卖到很远的地方，远离父母。庄园主害怕奴隶报复，通常都全副武装。奴隶报复的方式各种各样，他们会在庄园主的靴子里放毒蝎子，还会在庄园主喝的玉米粥里混入碎玻璃碴。奴隶主把奴隶看成次等人类。曾经有个奴隶主对他的儿子说："奴隶是介于我们人类和各种野兽之间的次等生物。"

在整个西半球，巴西奴隶制度的保留时间比其他任何国家都要长。1871年，早在30多年前就释放了自己的奴隶的佩德罗二世颁布了《胎儿自由法案》，规定此后奴隶的新生儿全部获得自由。这样，就保证了奴隶制度能逐年消亡。即便如此，庄园主和各种利益团体的政客们还在为反对废除奴隶制而挣扎。1880年，一位巴西议会成员说："巴西离不了咖啡，而咖啡离不了黑奴啊。"

争地之战

生态历史学家沃伦·迪恩（Warren Dean）在《斧头与火把毁灭巴西雨林》（*With Broadax and Firebrand: The Destruction of the Brazilian Atlantic Forest*）一书中记录了咖啡对巴西生态环境的破坏和影响。巴西5～7月是冬季，这时候，大批的伐木工人从山脚下开始砍树，他们通常会砍下茂密的树枝和粗壮的树干，只差连根拔起了。迪恩写道："伐木工头找出最高大粗壮的巨树，然后挥着斧头用力砍，最后巨树应声倒地，还会连带压倒周围其他树木。每倒一棵巨树，整座山都会发出巨大的山崩一样的响声，震得山中鹦鹉、犀鸟、百灵乱飞，尘土也漫天飞扬。"倒下的巨树就这样渐渐枯槁，几个星期以后，有人会来放把火烧掉这个巨树的枝叶和树干。正因为这样焚烧树木，整个山地的上空都会弥漫着黄色悬浮物，像一层幕布似的遮天蔽日，一直会持续到旱季结束。迪恩观察后发现："经过斧头和火把的洗礼，这片雨林就像是一座现代的杀戮战场，整个山地一片焦黑，阴森而荒凉。"

火烧山林之后，咖啡农会给这片刚"开垦"出来的处女地施上肥料，然后赶紧种上长了一年出芽的咖啡幼苗，这些咖啡幼苗都是手工播种并在大棚里用遮阴栽培法种出来的。之后，咖啡树直接暴晒，采用无遮阴栽培法，为了吸取养分榨干了土壤的腐殖层。咖啡树被沿着山坡一排一排地种植，咖啡农也很少施肥，于是土壤加速恶化。也正因如此，咖啡收成时好时坏。通常来说，咖啡树头年大丰收后，第二年就会歉收，以此休养生息，但是巴西的咖啡农破坏了这种自然规律。一旦巴西的咖啡农发现某片土地露出疲态，他们就简单粗暴地放弃这片土地，然后再去把新的雨林夷为平地并种植咖啡。这些热带雨林和北方乔木森林不同，一旦遭到破坏，通常需要几百年才能再生。

如何种植并收获巴西咖啡

巴西咖啡所采用的栽培法是最简单的、对咖啡呵护最少的方法。他们重视咖啡产量而不重视质量。他们基本继承了传统的咖啡栽培法。㊀

咖啡最适合在风化的火山岩土壤中栽种，火山岩土壤中含有大量腐化的植物养分，呈现出一种红色黏土状，当地人将这种土称为"红土"。咖啡树苗种下后四五年可以丰收。咖啡树种在巴西肥沃的土地上，每年可以开三四次美丽的白花，也就是可以收获三四次咖啡豆。（世界其他地区种植的咖啡树每年只能开一两次花。）只需要一场大雨，咖啡树的白花就会绽放，白花绽放的景象令人叹为观止，花香怡人，但是花期短暂。大部分咖啡树是自花授粉，不需要吸引蜜蜂传播花粉，所以很适合采用单一栽培法。

对于咖啡农来说，咖啡树首次结果之前的开花期至关重要，必须多加保护才行。一场狂风或者冰雹突袭，整批作物都有可能毁于一旦。19世纪末以前，人们只知道原产于埃塞俄比亚的阿拉比卡咖啡，这种咖啡最好种在海拔3000～6000英尺的山地，并且年平均气温保持在21℃左右，温度绝不能低于冰点，也绝不能高于27℃。高山种植的阿拉比卡咖啡由于海拔较高，生长缓慢，咖啡豆密度和口感都优于较低海拔种植的咖啡品种。

但是很不幸，巴西95%的地区海拔都在3000英尺以下，因此巴西的咖啡树多种在低海拔山地或者平地上，生产出来的咖啡果酸味也就偏淡，

㊀ 巴西咖啡收获时大部分采用的不是分批次的选择采摘，而是成片采摘。然而，如今咖啡栽培法还是有一些变化的，在平坦的巴西农场上，基本上采用的是机器采摘法，不同的树种如今都在同一片平原上生长，有些大庄园也让位给了较小的承包地。当然，巴西的精品咖啡业也能生产真正的精品咖啡豆。

咖啡豆密度也较低。⊖更糟糕的是，巴西常有周期性的霜冻和干旱，再加上大自然天然的屏障热带雨林遭到破坏，所以灾害频发，灾情也更加严重。咖啡树经受不起严重的霜冻侵袭，却需要充足的雨量，平均每年约 70 英寸⊜。巴西的咖啡收获期从每年 5 月雨季结束开始，大约持续半年时间。由于巴西咖啡采用无遮阴栽培法，因此咖啡树长得很快，但是土地的肥力也很容易耗尽，除非咖啡农肯花钱人工施肥。

一棵咖啡树旺盛的生产期通常会持续 15 年左右，当然也有一些树二三十年仍然硕果累累。咖啡树一失去结果能力，就会被就地砍倒，并铲除，以免和其他仍然健壮能结果的树争抢养分。咖啡产量跟咖啡树的种类和生长环境有关，一棵咖啡树平均一年可以生产 5 磅咖啡果实，最终可以收成大约 1 磅干咖啡豆。

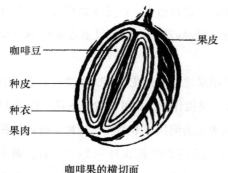

咖啡果的横切面

大自然为咖啡豆附上多层保护，如图中所示，从外到内依次是：红色的果皮、芳香的果肉、像纸一样的黏性种衣和精细的种皮。采用水洗咖啡生豆处理法时，咖啡果放入水洗桶中，果肉经过发酵，很容易和咖啡豆脱离开来。

当咖啡果从青绿色变成饱满的酒红色时，表示它已经成熟了，不过也有些奇怪的品种，成熟的咖啡果呈现黄色。咖啡果的外观像蔓越莓或者樱桃，但是形状更近椭圆。咖啡农通常通过拇指和食指捏咖啡果来判断咖啡果是否成熟。如果轻轻一捏咖啡豆就挤出来了，就证明这个咖啡果成熟

⊖ 密度较低的咖啡也就是业界所称的"软豆"，高海拔的阿拉比卡咖啡通常被称为"硬豆"。

⊜ 1 英寸 =0.0254 米。

了。咖啡豆挤出来后留在手里的成分是红色的果皮和果肉。挤出来的是种衣和黏附在其上的黏液。种衣里面就是半透明的银皮包裹着的两粒咖啡种子。

巴西咖啡农还是喜欢用传统的日晒干燥法去除咖啡果的层层包裹，取出咖啡豆。他们采摘咖啡果的方式很粗糙，在树下铺一块防水布，不管果实是否成熟，通通连着幼芽和树叶一起从树枝上剥下。然后再把这些果实铺在大天井上暴晒。每天要翻动几次，才能晾晒均匀。晚上还要收起来，以防露水导致咖啡果受潮，然后白天再次铺开晾晒。如果咖啡果干燥不均匀，里面就会发酵，发出难闻的气味。咖啡果暴晒到脱水干瘪、坚硬，而且接近黑色的时候，通过敲击就可以去掉咖啡果外壳，留下咖啡种子。最早的巴西咖啡是连同种衣一起出口的，直到19世纪末，机器取代人力剥掉咖啡壳、筛选咖啡大小，甚至还抛光咖啡豆，然后再出口。

太阳暴晒法的产出效果并不好，特别是在里约热内卢地区。由于成熟和未成熟的咖啡果被一起摘下并晒干，咖啡豆的味道一开始就遭到了破坏。再加上咖啡果长时间铺在地上，很容易发霉并吸收土壤中的其他味道，这就形成了独特的"里约味"，这种咖啡带有很重的化学碘味和咸臭的土腥味。○当然，也有些里约咖啡是手工采摘，并经过仔细挑选，只采摘熟的红果子，然后小心翼翼地剥去一层层的果肉和果衣。这种咖啡就是所谓的"黄金里约豆"，广受欢迎。

从奴隶到农民

19世纪末，里约的咖啡田已经枯竭。乌拉圭作家爱德华多·加莱亚诺（Eduardo Galeano）在《拉丁美洲被切开的血管》（*Open Veins of Latin America*）一书中写道："里约地区的土地很快就被咖啡树给毁了，当地咖

○ 但是也有些消费者习惯了这种"里约味"，甚至还夸赞其美味。

啡农采取了一种破坏性的方式来开垦咖啡田,他们把热带雨林夷为平地,造成自然资源枯竭,咖啡产业崛起的同时自然环境遭到了毁灭性的破坏。"因此,巴西主要的咖啡种植区转移到西南部的圣保罗高原,从此圣保罗高原成为巴西咖啡业生产和加工的重要基地。

1860～1870年,咖啡价格持续上涨,在高利润的驱使下,单一咖啡种植法蓬勃发展。㊀1867年,桑托斯港口到咖啡产区的第一条铁路修建完工,使咖啡外运更加便捷。19世纪70年代,圣保罗的保利斯塔人成了新的咖啡商人,他们大力推进咖啡产业的技术变革和创新,改进了咖啡的销售模式。1874年,欧洲架设的新型海底线缆更加方便了信息传输。第二年,驶进巴西港的船已有29%是蒸汽驱动的,昔日的帆船已日渐减少。

1874年,巴西铁路全长只有800英里,到1889年,巴西铁路全长已经达到6000英里。这些铁路从咖啡种植地直接通到桑托斯港口或者里约热内卢。铁路专供咖啡运输使用,而没有连通到全国各地,这也使得巴西对咖啡出口贸易更加依赖。

1850年以后,巴西禁止黑奴输入,咖啡庄园主开始尝试用其他劳工替代。起初,庄园主为那些愿意从欧洲移民到巴西的人提供交通费,还给他们房子住,然后分给他们特定数量的咖啡树照看打理,并且负责收获和加工咖啡果实,与此同时还给他们一小块土地来自给自足。然而天下没有免费的午餐,这些从欧洲远道而来的佃农日后必须靠栽培咖啡树来偿还庄园主预付的交通费和其他开销。巴西法律规定,移民在偿还清楚债务之前不得离开农场,而还清这些债务通常都需要几年时间,因此这种劳役偿债制度就等同于另一种形式的奴隶制。既然如此,那些瑞士和德国来到巴西的佃农1856年大造反也就不难理解了。

经过不懈的斗争,1884年,波利斯塔的农民终于取得了足够的政治影

㊀ 咖啡是作为出口作物进行单一栽培的。事实上,咖啡农会经常在咖啡树之间种些粮食作物。

响力，说服巴西政府同意支付移民的交通费，这样，新的劳工就不再一踏上巴西这片土地就债务缠身了。这些农奴大部分都是贫穷的意大利人，他们遍布圣保罗各大咖啡种植园。1884~1914年，超过100万欧洲人移民巴西咖啡庄园当农奴。其中也有一些人最后成功地买下自己的咖啡田，当起了庄园主。[⊖]其他人也只不过刚赚够钱返回自己的故乡。农奴的居住环境和工作环境都很恶劣，因此农场主为了防止农奴暴动反抗，大部分都配有全副武装的保卫人员。曾经有个名叫弗朗西斯科·奥古斯托·阿尔梅达·普拉多的庄园主，遭到农奴的憎恨，有一次他没带保卫人员巡视庄园，遭到农奴袭击，被砍成碎块。

巴西的咖啡遗产

咖啡庄园主经过仔细计算后发现，采用农奴制方式生产咖啡的成本比采用奴隶制方式生产咖啡的成本要低很多，于是也出来倡导废除奴隶制。当时年迈的佩德罗二世正巧出国访问，由他的女儿伊莎贝拉代位，后者于1888年5月13日签署了《黄金法案》(Golden Law)。当时巴西的奴隶还有100万，而该法案使其中3/4的人获得了自由。一年后，在咖啡庄园主的推动下，佩德罗二世被迫交出政权，巴西共和国宣告成立。此后的几年中，巴西政权一直掌握在圣保罗和邻近的米纳斯吉拉斯州的咖啡庄园主手里。

奴隶确实得到了解放，但是他们的生活状况并没有得到任何改善。庄园主明显更加青睐欧洲移民，在他们眼里，欧洲移民在血统上就优于非洲人后裔，因此，非洲人后裔在巴西越来越被边缘化。

农奴制咖啡种植引进后的几年间，咖啡产量暴增，年产量从1890年

⊖ 事实上，到19世纪80年代，一位名叫弗朗西斯科·施密特的德国移民已经拥有了20个巨大的种植园，园中有1600万棵咖啡树，铺设了一条私人铁路，建起了电话系统，有数千咖啡农在园中劳作。

的550万袋增长到1901年的1630万袋。奴隶制被废除，农奴制登台以后，巴西的咖啡树种植量翻了一倍，20世纪初，仅在圣保罗州就有超过5亿棵咖啡树。巴西咖啡充斥全世界。巴西过度依赖一种经济作物，直接影响了巴西人的幸福生活。一位当代作家指出："巴西人民所需要的普通食物本可以在巴西本土种植生产，但是咖啡占了大量土地，即便是像面粉这样的食物，也要依赖进口。由于过度发展咖啡种植业而忽略了人们日常所需农作物的种植与生产，如今的巴西正为此付出惨重代价。"

危地马拉和邻国：被压迫的劳工与带血的咖啡

巴西掀起咖啡热的同时，中美洲国家也开始以咖啡为经济作物，当然它们也得到了血淋淋的教训。除了哥斯达黎加的咖啡种植比较均匀有序以外，咖啡这种新作物在中美洲其他地方给当地居民带来了沉重灾难，同时也扩大了日益增长的咖啡寡头的地盘。危地马拉的咖啡种植史是整个咖啡种植区的一个缩影。

危地马拉没有巴西肥沃富足的土地，国土面积比美国田纳西州略小。危地马拉以"常春之地"著称于世，是全球风景最迷人的地方之一。1841年有位旅行者写道：

> 这里风景秀丽，令人陶醉。阿瓜火山基和山体长年绿色覆盖，清晨微风徐徐，带着一股清香，纯净而令人心旷神怡。我从未见过地球上还有比这里更美的地方，让人愿意花时间置身其中。

危地马拉虽然美丽，但是灾难不少。地壳运动剧烈，火山喷发或者地震时有发生。但是除了天灾，还有一些人祸，这都是19世纪末人们在此地区无节制地种植咖啡造成的恶果。

1821年，中美洲宣布脱离西班牙的殖民统治，并成立了一个不稳定的中美洲联盟临时政府，直到1838年，危地马拉的拉斐尔·卡雷拉策动了叛变，从此危地马拉永远从中美洲联盟中独立了出来。

卡雷拉有一半印第安血统，是土生土长的玛雅印第安人中成长起来的农民领袖，曾经遭受过马里亚诺"自由主义"政府的酷刑。㊀在中美洲，保守党支持天主教和西班牙后裔，对印第安人的保护采取一种家长式的方式。而自由主义更受日益发展起来的中产阶级欢迎，挑战教会的权威，并且试图教化印第安人。

在马里亚诺政权统治下，原本归当地村落共有的土地逐渐被没收，印第安人沦为农奴种植工人或者被迫劳役的工人。很多印第安人的孩子离开父母，被分配给所谓的"保护人"，而保护人通常把这些孩子当契约奴一般使唤。就是这些政策迫使玛雅人撤退到更高的山里或者土地便宜的高原地带生活。

卡雷拉在政治上站在保守派这边，从1839年起一直统治危地马拉，直到1865年去世。尽管卡雷拉是个独裁者，囤积了大量个人财富，但是他在当地群众中极受欢迎。他尊重当地文化，尽可能地保护印第安人，并且让印第安人尝试参与政府执政。

19世纪40年代，危地马拉出口主要靠胭脂虫，这是一种寄生在仙人掌上的染色虫。这种虫子晒干以后会呈现明亮的红色，在欧洲具有很大的市场。卡雷拉担心危地马拉过度依赖出口，想要发展国内农业自给自足，于是鼓励农业多元化发展。幸亏如此，1856年，欧洲人发明了复合苯胺染料，胭脂虫不再走俏。卡雷拉批准了咖啡种植，与此同时也鼓励棉花和蔗糖种植。㊁

㊀ 玛雅印第安人不是一个单一的群体，包含28个民族，如基切人（Quiche）、卡克奇克尔人（Cakchiquel）、凯克奇人（Kekchi）、伊西尔人（Ixil）和马姆人（Mam）等。尽管这些族群散落在危地马拉各处，但主要居住在西部高地上。

㊁ 由于当时用于运输咖啡的横帆船只能顺风行驶，因此咖啡在中美洲地区作为农作物出口的时间较晚。商贸船只可以随着大西洋的海风向西到达中美洲海岸，但是向东返回就很困难了。后来出现了高速帆船，可以逆风行驶，再后来出现了蒸汽船，才使咖啡出口运输方便起来。

卡雷拉总统去世之后，维森特·塞尔纳·桑多瓦尔（1865～1871年任总统）担任危地马拉总统，种植咖啡所获取的利润持续增长。事实证明，危地马拉的火山地非常适合种植咖啡，尤其是面临太平洋一面的火山。咖啡在这些陡峭的山坡上长势很好，但这些山坡曾经一文不值，大多被印第安人占领。最早在危地马拉种植咖啡的是拉迪诺人，他们想要政府出面帮他们拿到这些被印第安人占领的山坡，并提供廉价、充足的劳动力。㊀

1871年，自由党推翻了塞尔纳的统治，两年后，危地马拉西部成功的咖啡种植者胡斯托·鲁菲诺·巴里奥斯将军上台执政。巴里奥斯总统制定了一系列"自由改革"方案，方便了咖啡种植和出口。从此，危地马拉咖啡出口数量稳定增长，年出口量从1873年的1490万千克增长到1895年的6910万千克，1909年危地马拉咖啡出口突破1亿千克。不幸的是，这些"改革"所取得的成效是以牺牲印第安人和他们的土地为代价的。

这次，自由党人取得了整个中美洲和墨西哥的政权，势必要大干一场，想要模仿美国和欧洲，取得更大的进步，却全然不顾当地人的发展。英国小说家约瑟夫·康拉德（Joseph Conrad）在其1904年描写拉丁美洲的小说《诺斯特罗莫》（*Nostromo*）中写道："自由，这个人尽皆知的词，在危地马拉却如梦魇一般。自由、民主、爱国、政治这些词语，统统带有愚蠢和谋杀的色彩。"

危地马拉是苦难的殖民地吗

玛雅印第安人对私有财产毫无概念，他们虽然愿意共享农耕之地，但是他们并不愿意被驱逐出原居住地。巴里奥斯政府开始通过制定法律和实施各种暴力手段将印第安人驱逐出他们的土地，并将这些土地作为首要的

㊀ 拉迪诺人是指欧洲人和印第安人混血儿，也称mestizo（意为"混血儿"）。有时候纯血统的印第安人穿着西方服饰，遵循西方的生活方式，也可以称为拉迪诺人。

咖啡种植地。巴里奥斯政府为了安抚玛雅印第安人，会分配给他们一些贫瘠的土地。

自由政府为了鼓励农业发展，规定凡是没有种植咖啡、蔗糖、可可及牧草的土地都是闲散地，并借此宣称这些土地是国有财产。1873 年，危地马拉西部将近 20 万英亩的山麓地区被瓜分成 550 英亩一块，然后低价售出。任何形式的购地都剥夺了农民对土地的所有权。

和巴西一样，危地马拉也试图吸引劳动力移民，但是大多以失败告终。于是政府不得不依赖印第安人在种植园劳作，但是印第安人根本没有动力来给他们干活。㊀自由政府本打算实施"北美方案"，对"低等的"原住民实行净化政策，但是最终并没能这么做。这是因为自由政府需要这些原住民来充当奴隶进行劳作。但是玛雅印第安人本来过着自给自足的生活，所以他们大都不愿意工作，更别说这份工作也赚不到钱。

最终，自由政府通过强迫劳动和劳役偿债制度解决了这一问题。对于印第安人而言，要想摆脱奴役，不在农场工作，不去充军，不当筑路工人，唯一的办法就是逃跑。

很多印第安人逃跑了，有些逃到了墨西哥，有些躲进了深山里。为了维持社会秩序，自由政府甚至动用了大批驻军和国民兵。杰弗瑞·佩奇（Jeffrey Paige）在《咖啡与权力》（*Coffee and Power*）一书中写道："危地马拉士兵众多，像罪犯流放地一样，这些都是强制劳动造成的后果。"印第安人对凭借种植咖啡挣的钱建立的压抑人民的政权怒火中烧。印第安人有时也会起来反抗，但最后只会招致大规模的屠杀。于是，他们学会了用另一种方式来对抗这一体制，他们尽可能地少干活，同时从不同的农场主那里预领工资，然后逃跑。

㊀ 1890~1892 年，太平洋吉耳贝特群岛上的 1200 个劳动力被那些专门绑架土著人做奴隶的人带到危地马拉种植咖啡。行船中不到 800 人幸存下来，这些人中有 1/3 第一年就死了，最后的幸存者 1908 年返回了吉耳贝特群岛。

印第安人有时也会向当地的政治领袖求助。他们哀怨的呼吁令人心碎，即使百年之后想起来依旧让人觉得悲伤。一位印第安劳工曾经向当地政治领袖指控："唐·曼努埃尔是我雇主的哥哥，经常无缘无故打我，还有我的妻子和孩子，最后我的妻子和孩子都死于他的虐待之下。"还有一位年逾 80 岁的老人拖着病残的身躯，他写道："伴随着我那如花青春的是雇主对我的剥削，如今我获得了自由，却即将在田野里慢慢死去，就像那些动物一样，又老又没用。"

印第安人被迫从高原迁移到咖啡种植区，感染了流感和霍乱等疾病，并把这些疾病带到了他们的家乡，这些致命的流行病席卷了整个村庄。

而从咖啡庄园主的角度来看，想要有一个安全可靠的劳动力来源也是很困难的。印第安人都跑光了。有些咖啡庄园主甚至会偷别人的劳工。因此，危地马拉的咖啡经济和附近的萨尔瓦多、墨西哥及尼加拉瓜一样，因为各种原因令人失望。然而即便如此，这些咖啡经济还是以强迫劳动和当地土著的苦难为代价的。危地马拉已经有了这一不幸的基础，以后的不平等和暴力也接踵而来。

德国入侵

就在危地马拉一片混乱时，一批新的移民来到了这片土地，他们充满力量，满怀信心，甘愿发奋干活。1877 年，自由党通过了一项法律，以帮助外国人获得危地马拉的土地，免除 10 年的土地税，以及 6 年的进口劳动工具和机器关税。巴里奥斯政府和国外公司签订了重点建设和殖民化项目的各种合约。19 世纪初的 20 年，从德国俾斯麦军国主义中逃出来的很多雄心勃勃的德国人蜂拥到危地马拉以及中美洲其他地区。19 世纪 90 年代末，这些德国人占有了 40 个危地马拉咖啡农场，而且还在很多其他的农场里工作。不久，危地马拉上维拉帕斯地区的德国咖啡种植者联合起来，请求用德国的私人资本修建一条通往海边的铁路。这也开启了德国人将资本和现代化引入危地马拉咖啡种植业的大门。

1890年，也就是自由党执政危地马拉20年之际，危地马拉全国的大农场（超过100座）虽然只占全国咖啡农场总数的3.5%，但其咖啡产出量却占全国咖啡产出量的一半以上。尽管很多大型种植园都由外国人经营，其他的种植园却依然由最初的征服者的后代，也就是西班牙后裔掌管。

这些大规模的种植基本都由庄园主自己操持，他们有自己的加工机械，他们也能够自给自足。而那些只掌管几英亩贫瘠咖啡种植园的穷苦农民，基本没受过什么教育，不得不依靠大的农场来加工处理收获的咖啡。因此这些贫苦农民只能受制于大型的农场，并被迫成为苦力。有时候，那些大型农场还故意破坏周边的小农场，而有的土地经纪人则会烧毁农民的玉米地，或者破坏他们的咖啡树。

对于咖啡种植者来说，保证偿还债务通常是个大问题。一般来说，欧洲或者北美的银行以6%的利率放贷给咖啡进口公司。然后进口公司再以8%的利率放贷给出口公司，出口公司再以12%的利率放贷给那些大型咖啡种植庄园主或者咖啡加工处理工厂。最后小农民只能以14%~25%的利率来向大庄园主借款，具体的利率由预估风险决定。大部分承包人从开始种植咖啡到4年后咖啡成熟可以收获期间，欠债累累。这样一来，德国人的优势就很显著，他们经常能够带着资本前来，而且和德国的财产经纪公司始终保持联系，因为这些公司以很低的利率贷款给他们。德国人还可以依赖外交干预手段和其他国家控制的进出口公司保持密切联系。然而，拉丁美洲的咖啡业从来没有真正令人满意地解决过信用问题。

大部分来危地马拉靠咖啡掘金的德国人在刚来到这个国家的时候都不富裕。伯恩哈德·汉斯坦，1869年生于普鲁士帝国，后来离开德国，他是为了"躲避德国连年不断的战火，逃离脾气古怪的专制父亲，做一个自由人"而来到危地马拉的。1892年，汉斯坦在拉利伯塔德找到了一份工作。拉利伯塔德是危地马拉的大型咖啡种植园之一，曾经归前总统利桑德罗·巴里亚斯所有，汉斯坦每月可以从这个种植园得到 100 美元，外加免费食宿——一般来说，这待遇比印第安人的好。

显然，德国人和实际上是奴隶的印第安人相处没什么问题。汉斯坦在描述劳役偿债制度的时候，没有任何评头论足的情绪。"让印第安人好好工作的唯一方法就是多给他们钱，这样他们就会好好工作。他们经常逃跑，但是通常都会被抓回来，然后受到严厉的惩罚。"

汉斯坦最终成功爬上了咖啡种植园的顶端，成了"新世界"和其他几个咖啡种植园的庄园主。

在上维拉帕斯省北部，另一个德国人欧文·保罗·迪赛尔多夫（Erwin Paul Dieseldorff）拥有该地区最大的一个私人咖啡种植园。起初，迪赛尔多夫和印第安人住在一起，吃在一起，学习他们的语言和文化。后来，他成了一位玛雅考古学、民俗学和草药专家。只要印第安人听迪赛尔多夫的话，他就像父母对待自己的孩子一样善待印第安人。然而，他也只给印第安人支付微薄的工资，并且用劳役偿债制度把他们约束在自己的种植园里。经过观察，他总结了自己和其他德国人对待印第安人的方法——对付上维拉帕斯省印第安人最好的办法就是把他们当孩子一样对待。

如何种植并收获危地马拉的咖啡

经历了一些尝试和失败，中美洲形成了自己的咖啡种植传统。咖啡要种在各种大树的树荫下，防止太阳直射，促进咖啡树根的生长，还要防止咖啡树高产，以免过度消耗咖啡树本身和土壤。这些保护咖啡树的树荫每年都要进行修剪，以便适量的阳光穿过树荫照在咖啡树上，修剪下来的树枝可以用来做燃料。

中美洲的咖啡豆收获方法和巴西不同，采用了西印度群岛发明的"湿润"收获法，该收获法在锡兰（今斯里兰卡）和哥斯达黎加得到广泛推广。据大部分咖啡专家称，这种方法可以生产出劣豆更少的优质咖啡豆，煮出来的咖啡有一种清爽的酸味，口感饱满纯净。当然，这种收获方法需要更多的劳动力和更复杂的机器以及基础设施，而且每个咖啡处理工厂都需要充足的纯净水供给。危地马拉的群山可以提供充足的水资源，而德国的农民则带来了丰富的技术秘诀。

随着19世纪末咖啡业的迅速发展，咖啡进口商把咖啡分成了两类，一类是巴西咖啡，一类是清淡咖啡。巴西咖啡以低品质著称，当然并不是所有的巴西咖啡都是低品质的；其他的咖啡，特别是精加工的阿拉比卡咖啡以清淡著称，这种咖啡煮好后喝起来不像巴西咖啡那么浓烈。

收获咖啡之后，巴西的咖啡工人只是简单地剥掉咖啡豆的外皮，而危地马拉的咖啡收获工人只采摘成熟的咖啡果实，然后由机器剔出咖啡果，并把咖啡豆留在充满水的发酵槽中发酵长达48小时。在发酵过程中，随着咖啡果中黏液的不断分解，咖啡果实逐渐从内果皮中脱离出来，这一过程中会散发出一种淡淡的味道渗入咖啡豆中。从发酵槽中伸出一条长长的通道，咖啡豆被筛选出来，黏液和废水也同时被过滤掉。咖啡豆上还包裹着内果皮，在太阳下晒干，然后通过手工摇桶把晒干的内果皮成批地筛出来，同时混杂其中的煤炭颗粒、燃料粒以及树上掉下来的小树枝也都一并筛了出来。最后，妇女和孩子手工挑出干咖啡豆，剔除坏的、黑的、发霉的和过度发酵的咖啡豆。

由于最终留下的咖啡豆只占整个咖啡果重量的20%，因此整个处理过程会产生大量的废物。如果咖啡加工厂在农场上的话，成堆的废弃外果皮可以回收起来，做成肥料循环利用。由于咖啡加工厂流出来的水会流到下游，顺水而下的咖啡果肉也会引起严重的污染问题。

妇幼劳工

在旧社会，危地马拉和其他地区的妇女与小孩一般都做一些重复性的分拣工作，主要是因为通常来说，她们得到的报酬都比丈夫和父亲要少。尽管男人主要从事体力劳动，如清洁卫生、种植作物、修剪树木、挖掘灌溉沟渠等，但妇女和孩子也同样会做咖啡的收获工作。

左图摄于1915年的危地马拉，每逢收获季节，咖啡农往往是全家总动员进行咖啡采摘和收获。

对于一个好的农场来说，收获时节其实是段轻松、愉悦的时期。劳动报酬也许不是非常高，但收获时节的报酬确实是一年当中最高的，而且没人会在这个时节给孩子设置时间表来强迫他们工作。19世纪末，妇女和孩子也经常被迫和其他所有人一样长时间在田里干活。1899年一位目击者描写道："不论大人小孩，一群衣衫褴褛的父母带着只穿了很少衣服的孩子一路都在采摘咖啡果。"

孩子的父母会带着训练了几代人才有的那种尊敬向路过的你打招呼。之后，从密密麻麻的丛林里传出美妙的歌声，这歌声出自贫穷妇女，她们在某种程度上比男人懂得苦中作乐。小孩子会把那些他们的小手能采到的果实都收集起来。傍晚时分,累了一天的小孩子跌跌撞撞地回家,白天那些美妙的事儿都过去了,他们身心疲倦。还会经常看到那些背着睡着的孩子归来的母亲,他们除了要背睡着的孩子,还要满载白天收获的果实。

上图所示为1911年,美国妇女在咖啡工厂里从事包装工作;下图所示为1913年,中美洲的妇女正在对咖啡豆进行分拣处理。如今,在亚洲、非洲和拉丁美洲仍可拍到类似的场景。

但是,有时候,危地马拉妇女忘记了曾经贫穷的日子是多么开心,也在一定程度上克服了"被训练出来的尊敬"。有时候,男人会提前领到工资,这实际上也是他们的妻子和孩子用劳动换来的。危地马拉有些种族有把自己的孩子卖掉的惯例,胡安娜·多明戈(Juana Domingo)就被自己的父亲卖了,之后她强烈抵抗做苦力,于是被判入狱,在狱中她开始描写狱中生活，直到1909年成为韦韦特南戈（危地马拉西北部一个省份）的革命领袖。当地妇女通常都会遭到外国人的性侵犯。当一个农场管理人把抓捕强奸犯的花费算作受害妇女的债务时，人们的强烈不满终于爆发了。○

危地马拉的咖啡种植业产生了深远的影响，变化莫测的国外市场、不断增加的高压政策、社会和经济的极端不平等以及危地马拉原住民被迫成为奴隶，都和咖啡密切相关。咖啡的商业模式也固定下来。大型农场主要由拉迪诺人、德国人以及其他外国人掌管，他们在收成好的年头能赚取巨额利润，而在这些大型农场辛苦工作的却是被迫从附近高山上移居下来的当地居民。在接下来的几年当中，这种遗留下来的咖啡产业模式导致了接连不断的暴动、不满和流血事件。一位拉丁美洲史学家记载道："危地马拉政府采取的措施概括起来有以下几个方面——舆论审查、驱逐和关押反对者、大规模的警察武装控制、衰弱盲从的国家官僚制度，国家财政掌握在相互勾结的大型咖啡种植家族手里，这些家族唯外国公司马首是瞻。"

咖啡进军墨西哥、萨尔瓦多和尼加拉瓜

危地马拉形成的咖啡种植模式在邻国得到了传播，大型咖啡种植园纷纷效仿危地马拉的大型咖啡种植园模式，而小型的咖啡种植园则采用适合自己的方式。北方的墨西哥总统波菲里奥·迪亚斯吸引美国人来到他的自由国度（1877~1880年，1884~1911年，墨西哥由波菲里奥·迪亚斯统治）投资，在墨西哥从事蔗糖、橡胶、龙舌兰（用来做绳子的植物）、烟草和咖啡种植的劳工和奴隶相差无几。这里的劳务委托人被称为"下套人"，他们通过欺骗、贿赂收买以及公然绑架那些一不小心上当的人来做

○ 当然，并不是所有的农场主都虐待自己的劳工。在巴西、危地马拉和其他地方的种植园，开明的庄园主尽可能善待自己的劳工，支付高于平均水平的工资给他们，还提供医疗服务。然而，即便如此，印第安人依然是穷工人，没有任何改善空间可言，与此同时，庄园主过着相对富裕的生活。

苦力。犹加敦的龙舌兰农场和民族山谷臭名昭著的烟草种植园的死亡率高得吓人。墨西哥南部契亚帕斯山地的咖啡农场情况要好一些，迁移过来的劳工发现这里还是挺吸引人的，所以每年都会返回这里继续工作。

位于危地马拉南部太平洋海岸的萨尔瓦多人口密集，被剥夺了公民权利的印第安人更加暴力。在危地马拉，玛雅人主要住在咖啡种植区的山上，而在萨尔瓦多，大部分人就住在适合咖啡生长的地区。1879年萨尔瓦多政府开始进行土地征收，1881和1882年立法废除了共有土地和共同生活的原始体系。19世纪80年代，印第安人起义不断，他们放火焚烧咖啡种植园和咖啡加工厂。政府的对策就是组成了一支骑警队在咖啡厂巡逻，并且镇压叛乱。一个由14个家族组成的著名组织拥有萨尔瓦多大部分的咖啡种植园，这些家族分别姓梅嫩德斯（Menéndez）、雷加拉多（Regalado）、索拉（Sola）以及希尔（Hill）。通过组建一支训练有素的民兵组织，他们在自己的咖啡种植园内保持了一种不安分的平静，这份平静不时会受到不断变化的独裁军事政体的挑战。

图中这幅袒胸露乳的玛雅咖啡劳工照片摄于1875年，反映了中美洲各国政府对强迫使用玛雅劳动力的消极默许。

咖啡的种植和栽培虽然较早开始于萨尔瓦多和洪都拉斯南部的尼加拉瓜，但是咖啡在尼加拉瓜并不像危地马拉和萨尔瓦多那样主宰了经济命脉,而且尼加拉瓜的印第安人反抗力量并不容易破除。在尼加拉瓜,咖啡栽培真正开始于 19 世纪 60 年代的南部高地,从其他形式的商用农业发展到咖啡的过渡在这里进行得很平稳。但是,主要的咖啡种植区却在北部中央高地,印第安人占据着该地区的大部分土地,于是人们熟悉的剥夺公民权利的过程就在这里发生了。1881 年,几千名印第安人袭击了位于马塔加尔帕的政府总部,这里也是最主要的咖啡种植区,他们要求结束强迫劳动。国家军队最终武力镇压了这场反抗,杀死了上千印第安人。即便如此,1893 年,咖啡种植园主的儿子,自由党将领何塞·桑托斯·塞拉亚掌权,农民抵抗更加来势汹涌。他对尼加拉瓜的统治持续到 1909 年。在任期间,他组织了卓有成效的军队,成功促进了咖啡业的发展,尽管社会持续动荡,包括国内最大的咖啡种植园主遭到暗杀。

咖啡对哥斯达黎加民主的影响

拉丁美洲国家虽然盛产咖啡,但是经常爆发革命、压迫和流血事件。唯有哥斯达黎加能免于这些骚乱。罗伯特·威廉姆斯(Robert Williams)1994 年出版了一本发人深省的书——《国家和社会的发展:咖啡和中美洲各国崛起的关系》(*States and Social Evolution: Coffee and the Rise of National Governments in Central America*),他在书中写道,19 世纪末,中美洲各国社会形态的形成深受咖啡种植土地以及耕作其上的劳动力的影响,由此形成的社会形态延续至今。

> 咖啡业的扩张影响到社会的方方面面:贸易系统、国际金融关系、移民和投资模式以及国际政治关系,与此同时,咖啡也触及与日常生活密切相关的港口、首都、内陆商业中心以及乡村,改变了商人、财主、地主、业主、专业人士、各界官僚、城里的穷人以及乡下农民的活动。仔细观察咖啡这个商品,足以通过它审视中美洲

各国的构建思想。

咖啡的种植和栽培为哥斯达黎加带来了民主和平等的关系、小型农场以及缓慢稳定的发展。为什么同样是栽培咖啡树，中美洲各国的发展之路却如此不同呢？首要原因就是哥斯达黎加缺乏现成劳动力。哥斯达黎加的印第安人本来就不多，后来又被早期的西班牙殖民者杀害了很多，也有很多因为疾病而死。所以，19世纪30年代，哥斯达黎加开始正式种植咖啡的时候，已经没有那么多人来建立像后来在巴西和危地马拉建立的那种大规模庄园了。小型的家庭农场就成了普遍的咖啡种植模式。于是，哥斯达黎加的咖啡业逐步发展，不需要镇压式的政府干预。㊀

其次，哥斯达黎加的咖啡商业化开始于中部山谷的高山地带，就在圣何塞附近，并从圣何塞出口。在接下来的几年中，大片未开垦的土地可以供新的咖啡种植者使用。因此，咖啡农无须为了争抢土地而互相斗争。在收获季节，各个小农家庭之间互相帮助。小咖啡庄园主自己下地干体力活，他们和土地关系密切，热爱这片土地。一个相对平等的社会形态就这样形成了。

哥斯达黎加的冲突实际是小咖啡庄园主和咖啡加工场主之间的。由于咖啡庄园普遍很小，所以他们无力自己承担咖啡的湿加工处理。咖啡加工场主有很大权力自行定很低的收购价格，借此赚取巨额利润。这种不平等的确引来了社会的紧张，哥斯达黎加政府却从宏观上和平地解决了这一问题。哥斯达黎加这个中美洲的小国家虽然也有过变革和流血冲突事件，但是和他的邻国相比就小巫见大巫了。究其原因，主要和哥斯达黎加本国的

㊀ 哥斯达黎加从没有过种植靛青或者养殖染色虫的染色业，因为以前的西班牙殖民者不允许。正因为如此，哥斯达黎加才早于危地马拉想要尝试咖啡业，也是哥斯达黎加首先发明了新的咖啡种植和处理技术。但是，哥斯达黎加的奥罗西依然有印第安人，他们也和后来的危地马拉印第安人一样被迫放弃自己的土地。

咖啡发展模式有关。

英国人很早就主宰了哥斯达黎加的外贸，后来德国人也介入其中，因此，20世纪初期，英国和德国拥有哥斯达黎加很多咖啡加工场和大型咖啡庄园。依然不同于危地马拉，哥斯达黎加给当地努力工作的穷人提供进入上层社会的机会。胡里奥·桑切斯·乐佩茨（Julio Sanches Lepiz）就是从小庄园做起，通过不断的积累和在咖啡庄园上的投资，最后成为哥斯达黎加全国最大的咖啡出口商。尽管乐佩茨的成功非同凡响，但是其他相对贫穷的哥斯达黎加农民也拥有属于自己的、相当可观的财产。

印尼和印度的咖啡苦力

爪哇和苏门答腊像其他咖啡种植地区一样，拥有惊人的自然美景。这美丽的景色和当地原住民遭受的歧视和轻视形成了鲜明的对比。弗朗西斯·瑟伯（Francis Thurber）在其1881年的著作《咖啡：从种植园到杯中》（*Coffee: From Plantation to Cup*）一书中对此做了描述。每一户原住民需要种植并照料650棵咖啡树，并且要负责收获和加工，然后再上交给荷兰政府。瑟伯在书中写道："荷兰政府给当地原住民的报酬相当低廉，咖啡换得的巨额利润都被荷兰政府侵吞了。"由此荷兰人"坚持对其穷苦臣民的独裁，强迫他们借钱，否则就掠夺他们仅存的一点余钱，让他们永远贫穷"。

印度的情况也好不到哪里去。1886年，自己拥有咖啡庄园的英国人埃德温·莱斯特·阿诺德（Edwin Lester Arnold）在他的书——《咖啡的种植与盈利》（*Coffee: Its Cultivation and Profit*）中记录了如何得到劳动力。咖啡庄园主从高地下到农村的平地上去找工长或者工头，这些工头会事先收买一些苦力。然后工头们带着苦力进入丛林，"每批苦力走在最前面的都背着沉重的锅、当地居民穿的披肩、鱼干、咖喱等物品，他们还会跟欧洲人打招呼祝福平安"。到庄园以后，他们就盖起自己住的小屋，开始给庄园主干活偿还债务。瑟伯总结道："最好别对这些苦力太苛刻，否则他们会逃跑。"

瑟伯在书中写道，这些苦力一天的工作从早上 5 点开始，男人被派出去，带着斧头和铁锹砍伐并搬运原木以修建新的公路，妇女和孩子则被派去给咖啡除草。"这些苦力刚熟悉住处和丛林里蜿蜒的小路，就开始想尽一切办法逃跑"。男人每天的工资是 5 安那[⊖]（anna），而女人工作一天只能拿到 3 安那。"就连小孩子也知道低下他们剃光的头，笑着向那些白头发的欧洲人致敬，并且伸出他们棕褐色的手讨钱，这样每天也能赚来 1 个便士。"

与此同时，阿诺德满意地发现："优质的咖啡豆竟然能带来如此丰厚的利润，难怪咖啡庄园主竭尽所能防止任何对咖啡生长不利的因素。"然后阿诺德列举了各种咖啡害虫，包括大象、山上的水牛、家养牛、鹿、豹、猴子、咖啡鼠（幸好苦力们很喜欢吃椰树油炸咖啡鼠，他们觉得这就是一种美食），同时还有其他一些害虫需要对付：蛴螬、粉状臭虫、鳞状臭虫、螟虫以及象鼻虫。

"所有这些都会影响咖啡的繁荣生长，但是和碰不到看不见的病菌比起来，就小巫见大巫了。"阿诺德指的病菌就是咖啡驼孢锈菌，这是一种腐蚀咖啡叶的病菌，最初于 1870 年被发现于锡兰（今斯里兰卡），它几年内摧毁了东印度群岛的咖啡产业。讽刺的是，就在东印度群岛的咖啡遭到病菌侵袭的时候，拉丁美洲的咖啡豆开始进入市场。

咖啡驼孢锈菌的袭击

咖啡驼孢锈菌是一种植物患锈病，咖啡树刚染上这种病的时候，树叶背面会出现黄褐色的斑点，斑点颜色逐渐变深，最后变成深褐色锈斑。这

⊖ 印度和巴基斯坦的旧货币。

种病菌还会产生淡橘色粉末状孢子,脱落后会四处扩散。斑点慢慢变大,最后扩散到整个树叶,树叶就会脱落。最后,整棵树的树叶都脱落了,树变得光秃秃的,然后就会枯死。锡兰(今斯里兰卡)的咖啡庄园第一年出现患锈病以后,灾情惨重,后来逐渐消退,然后反反复复,时好时坏。世界各地的专家纷纷给为此烦恼的咖啡种植者提出各种建议。他们尝试过各种化学农药,尝试过砍掉染病的咖啡树枝,但最后都徒劳无功。

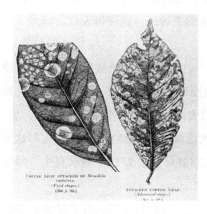

1870年,锡兰(今斯里兰卡)出现可怕的咖啡叶锈病——驼孢锈菌,几年时间内,这种病菌就摧毁了东印度群岛的整个咖啡业。100年后,拉丁美洲也出现了这种病菌。

专家学者也对此提出了各种理论依据。有的人认为这种病是由咖啡种植园普遍使用的一种用来做遮阳树荫的植物(刺桐,dadap)引起的,也有人认为是咖啡种植园内湿气太重引起的。实际上,真菌在潮湿的环境中的确会疯狂滋生。但是,罪魁祸首是单一种植。人类一旦干预自然生态,大量栽种某一种作物,大自然就会想办法应对,消灭多余的植物。咖啡树非常顽强。热带地区生长的植物都饱含能改变人精神的生物碱,例如咖啡因和可卡因等。实际上,热带雨林地区有这么多独特药物的原因就在于生存竞争激烈,根本就没有冬季能让各种生物从相互斗争以求生存中停下来休息片刻。因此植物中的药物成分就成了一种对植物本身的保护机制。咖啡树中的咖啡因成分可能就是从保护其不受侵蚀而自然产生的药物演变来的。尽管如此，几英亩几英亩地连着种植咖啡树，就不可避免地会有一些小虫子或者真菌滋生出来，专门嗜食这成片的咖啡树。

阿诺德1886年说道："迟早有一天爪哇的咖啡种植园会像锡兰（今斯里兰卡）那样毁于患锈病。爪哇很多咖啡种植园的咖啡树表面看上去硕果累累，绿意盎然，但已经有一部分叶子变黑而且脱落，这都是患锈病的症状。"阿诺德说的没错。没过几年，这片传统咖啡种植园就变成了茶庄。

患锈病爆发的一个巨大影响就是，人们开始努力寻找其他更能抵抗疾病的咖啡树种来替代风靡一时的阿拉比卡咖啡树。起初人们以为找到了一种产自利比里亚的大果咖啡（Coffea Liberica，又称利比里亚种），但是后来它也没能抵抗住患锈病，而且它的产量也低于小果咖啡，虽然味道还不错，但是依然没有流行起来。接着，比利时人在其殖民地比属刚果发现了一种乌干达人经常咀嚼的中果咖啡（Coffea Canephora，又称罗布斯塔种），并将其命名为"罗布斯塔豆"（Robusta），这种咖啡豆不仅能抵御患锈病，而且高产，生长在潮湿温暖的低海拔地区，但是这种抵抗力强的咖啡豆味道却不怎么好，咖啡因含量是阿拉比卡咖啡的两倍。即便如此，罗布斯塔咖啡日后在咖啡中还是占有一席之地。

美国人对咖啡的渴望

尽管患锈病给咖啡种植带来了严重的破坏，但是全世界的咖啡供应量依然在增加，这主要是受美国咖啡市场的刺激，美国人的咖啡杯永远空不了。英国人还喝茶，但是其殖民地上叛逆的美国人却嗜咖啡如命，咖啡进一步激发了美国超凡的企业家开拓精神。19世纪末期，美国人的咖啡消耗量占全世界近一半。

第 3 章

美式饮品

> 昔日英国在北美的殖民地弗吉尼亚州夏季的白天漫长而又炎热,我们不停地行军,多亏能有机会在路边煮上一杯咖啡,这大大增加了士兵们克服疲劳、维持队形的力量。
>
> ——R. K. 比彻姆上尉(Captain R. K. Beecham),
> 《葛底斯堡:美国内战的关键战役》
> (*Gettysburg: The Pivotal Battle of the Civil War*)

美国人慢慢才习惯喝咖啡,国家独立之初,放荡不羁的美国人更加嗜酒。《美国饮料》(*Drinking in America*)一书的作者写道:"殖民地的饮料通常都是功能型的,不管从个体来看,还是从团体来看,喝酒都是家常便饭。每家每户,吃饭的时候也总是喝上点儿啤酒和果汁……就连小孩晚餐的时候也一起喝啤酒。"很多早期的殖民地居民认为,咖啡和茶叶不足以替代浓烈的美酒。1775 年,大陆会议成立大陆军,当时军队配给的粮饷并没有咖啡,每日餐饮补贴中只有美酒和果汁。

然而,从"波士顿倾茶事件"起,咖啡慢慢在美国流行起来。1777 年,上百名暴怒的波士顿妇女为了咖啡把粮仓洗劫一空。美国独立战争期间,商人趁物资紧缺,大量囤积咖啡豆,并以高价卖出。阿比盖尔·亚当斯(Abigail Adams)是美国第一任副总统约翰·亚当斯的夫人,她对约翰说:

"蔗糖和咖啡极度短缺,这些都是妇女离不开的食物,而且人们怀疑商人趁着物资短缺,私藏了很多蔗糖和咖啡。"后来,阿比盖尔还给丈夫描述了妇女是如何洗劫仓库的,男人如何聚集在仓库外面震惊而又沉默地看着这一切的发生。

19世纪上半叶,美国人对咖啡的喜好持续升温,特别是1812年美国第二次独立战争之后,英国暂时停止对美国供应茶叶,美国刮起一阵法国风,像法国人一样喝咖啡成为一种时尚。那时候,巴西的咖啡产地离美国较近,而且价格较茶叶更为低廉——低廉的价格比政治形态和法国时尚更能吸引美国人选择这种富含咖啡因的饮料作为其最爱。1830年,咖啡的人均消费量增长到每年3磅;1850年,人均消费量达到5.5磅;1859年,8磅。尽管有城市咖啡馆,大部分美国人还是愿意自己在家喝咖啡,即使西进拓荒迁徙也不忘在篝火上煮杯咖啡喝。当时一位勘测员指出,到1849年,咖啡已经成了"西部草原的菜单上必不可少之物。拓荒者只要有咖啡和烟草,就能忍受任何艰辛;要是没了这两样东西,他们就会失去前进的动力,郁郁寡欢"。

当地土著一尝到这黑色的咖啡,就也开始上瘾了。苏族人把咖啡称为"黑药"。实际上,印第安人抢劫了很多货运列车,就是为了抢到咖啡、蔗糖、烟草以及威士忌酒。另一方面,白种商人也趁印第安人嗜好咖啡,拿一杯咖啡换一件牛皮大衣。

自家烘焙制作,破坏咖啡美味

19世纪中期,美国乡村的人们喜欢从当地的杂货店里大批量采购新鲜咖啡豆,这些咖啡豆主要是从东西印度群岛进口来的,他们把新鲜咖啡豆买回家以后,自己在家烘焙、研磨。他们把咖啡豆放在煎东西用的平底锅里,然后放在柴火炉上烘烤20分钟,并且不断搅拌,由于火候不好控制,咖啡豆经常受热不均匀。有钱人家里也有各种各样的咖啡烘焙机,不管是曲轴机械式烘焙机还是蒸汽式烘焙机,做出来的咖啡品质都不佳。烘焙好的咖啡豆用磨粉机磨成粉末,或者在自己家用研钵和研棒磨成咖啡粉。

然后,家庭主妇就直接把咖啡粉放在水里煮沸即可。为了过滤咖啡渣,或者让咖啡渣沉淀在杯底,美国人用了各种让人匪夷所思的添加物,包括鸡蛋、鱼肉还有鳗鱼皮。当时一本畅销的烹饪书中有一条食谱这样写道:"咖啡制作秘诀:满满两大勺咖啡粉,加入 1 品脱热水中,注意不能用沸水,然后加入蛋白、蛋黄和蛋壳一起煮 10 分钟,千万不能超过 10 分钟。"如果没有鸡蛋,富有创意的美国人还会用鳕鱼煮咖啡。虽然这种冲泡方法做出来的咖啡有一股难闻的鱼腥味,但是却盛行了很长时间,而且所谓"咖啡专家"也不断推荐这种冲泡方法。⊖

19 世纪上半叶,欧洲人热衷于发明各种新式咖啡冲泡法以获取专利,设计各种精巧的器皿,让热水充分浸泡咖啡粉以汲取精华。法国大革命时期,法国大主教让·巴蒂斯特·德·贝卢瓦(Jean Baptiste de Belloy)发明了一种双滤泡咖啡壶。

1809 年,聪明而且善于打破传统的美国人本杰明·汤普生(Benjamin Thompson,他更喜欢人们叫他康特·拉姆福德)远渡重洋来到法国,改进了德·贝卢瓦壶,发明了自己的咖啡冲泡壶。拉姆福德还提出了自己对咖啡冲泡法的正确见解:冲泡咖啡的水要新鲜,而且水温要接近沸点,即将沸腾为最好;咖啡粉和水千万不要一起煮,而且泡过的咖啡不要二次加热。很不幸,拉姆福德的咖啡壶和自己对咖啡冲泡的见解

⊖ 尽管如此,至少咖啡在美国流行的头几年,美国人还是采用新鲜烘焙法的。伊丽莎白·莱斯莉(Eliza Leslie)1837 年在一本烹饪书中写道:"想要喝到美味的咖啡,每次只烘焙当时要喝的量,咖啡豆一烘焙好,就煮来饮用。"另一位烹饪作家 1845 年建议:"采用冲泡的方式,不用煮开最好喝。"但是这种冲泡方法并不受欢迎。

并没有远渡大西洋传给美国消费者。拉姆福德咖啡壶也没有在法国和英国流行起来，因为那时候法国和英国主要用半真空吸入热水的方式来煮咖啡粉。

美国南北战争前的咖啡业

1823年，本来为了应对英国和西班牙战争而囤积的咖啡由于战争并未打响而供过于求，于是咖啡豆价格从1821年每磅21美分的高价骤降到1825年的每磅11美分。接下来的30年，咖啡价格持续偏低（普遍价格都低于10美分），主要是因为产量的增加远高于消费需求的增加。爪哇和锡兰（今斯里兰卡）的咖啡产量与巴西一样不断飙升。哥斯达黎加的咖啡也开始出口。与此同时，18世纪末之前重要的咖啡产区西印度群岛受到低价、政治骚乱以及劳动力短缺等因素的影响，在这场低价格战中逐渐隐退。西印度群岛上那些荒废的种植园杂草丛生，而低地的蔗糖种植却能产生丰厚的利润，并占据了西印度群岛的主要种植市场。

咖啡价格的持续走低，损害了咖啡生产国的利益，但是物美价廉的咖啡却受到了欧洲大陆和美国底层劳动人民的欢迎。1833年，詹姆斯·王尔德（James Wilde）从英国向纽约进口了第一批商用烘焙机。19世纪40年代中期，咖啡烘焙业至少在城市里发展起来了。在德国、英国和美国，各种大型商用咖啡烘焙机的发明专利源源不断。1846年由波士顿的詹姆斯·W.卡特发明的卡特抽取式烘焙机最受美国人欢迎。这种烘焙机的特点就是几个多孔的转筒在砖炉中不停转动以烘焙咖啡豆。咖啡豆烘焙好以后，工人就要把冒着黑烟的巨大转筒从砖炉中水平拉出，然后把咖啡豆倒进木盘中，以便工人用铲子翻动咖啡豆来散热冷却。1845年以前，纽约市的咖啡烘焙厂的产能就能满足整个英国的咖啡需求。

1846年，詹姆斯·W.卡特发明了抽取式咖啡烘焙机，这是美国取得专利的第一款商用咖啡烘焙机，图中所示为纽约一家咖啡烘焙厂内，在一排卡特抽取式咖啡烘焙机前，工人在浓烟中、压力下汗流浃背为烘焙咖啡豆忙碌着。

美国南北统一，咖啡也成为国饮

1861～1865年美国国内战争期间，北方联邦政府对进口咖啡豆征收4%的进口税，并封锁了南部港口，以此切断南方叛军的咖啡供给，因此美国内战期间咖啡价格大涨，咖啡总体消耗量有所降低。内战爆发之前，由于咖啡持续多年低价，因此咖啡生产逐年减少，但是也正因为咖啡价格低，消费者对咖啡的需求不断增加。内战爆发后咖啡价格暴涨，受此影响，咖啡生产商加倍努力生产。1861年，巴西咖啡豆价格涨至每磅14美分。随后，巴西咖啡豆价格逐年上涨，从每磅23美分，到每磅32美分，到最后每磅42美分，可是战后迅速回落至每磅18美分。由于美国陆军是咖啡最主要的消费者，因此，每次联军打胜仗都会刺激咖啡交易增加和价格上涨。1864年之前，联邦政府共计采购了4000万磅咖啡生豆。

美国内战让美国大兵从此养成了喝咖啡的习惯。每个联邦军官兵每天配给0.1磅咖啡生豆,算下来每个美国大兵一年就要喝掉36磅咖啡豆。曾经有位历史学家写道:"咖啡是美国内战期间最宝贵的军饷之一。不敢说是咖啡助北方联邦军取得战争胜利,但至少咖啡让联邦军更有耐力等待胜利。"前马萨诸塞州炮兵约翰·比林斯(John Billings)在其1887年出版的《硬饼干和咖啡》(*Hardtack and Coffee*)一书中描写了咖啡在军饷中不可或缺的重要性:

> 夜幕降临,星星点点的营火一点着,就迅速增加到几百处,神奇般地照亮了整个山川和平原,足有几英亩大。接着士兵们就会围着营火,不约而同地先开始煮咖啡,然后拖着白天打仗行军累得筋疲力尽的身体开始以硬饼干和咖啡当晚餐,吃完后裹着毯子休息。除非故意临时拉警报,不然半夜行军之前,士兵们一定要先喝一大壶咖啡再走……士兵们每餐必备咖啡,饭前饭后也要喝咖啡。夜晚站岗之前,或者下岗之后也必须来杯咖啡。

既然咖啡是如此重要的军饷之一,公平的分配机制(指咖啡磨好之后的分配机制)也就自然形成了。斯蒂芬·克兰(Stephen Crane)在一篇关于内战的短篇故事中写道:"中尉把橡胶毯铺在地上,然后把分配给自己连队的咖啡粉撒在橡胶毯上,接着用他的剑在铺满咖啡粉的橡胶毯上划上几道,把咖啡粉划分成大小惊人一致的几堆堆在橡胶毯上。"为了确保公平,负责分咖啡的长官会背过身去,然后另一个士兵指着任意一堆咖啡喊:"这堆归谁?"然后长官任意说出一个名字,就把这堆咖啡分给这个人。

由于磨好的咖啡不易存放,容易变味,士兵门宁愿背着咖啡豆和磨豆机出征,只有在需要煮咖啡之前才磨此次需要的咖啡豆。每个连队的厨师都会随身带一个便携式磨豆机,有些夏普斯卡宾枪(美国内战时发明的重要武器）还在枪尾设计了专门挂磨豆机的器件，这样士兵就可以随时随地随身携带磨豆机。

谢尔曼将军（威廉·特库姆塞·谢尔曼，美国南北战争中的联邦军将领）手下的一位老兵这样形容每天饮用的咖啡："浓厚得足以浮起铁块，不加炼乳就很够味。"咖啡除了提神以外，还有其他用途。每盒硬饼干的包装上都建议士兵把硬饼干掰碎放入煮开的咖啡中，撇去象鼻虫，然后连泡软的饼干一饮而尽。

与此同时，南方的同盟军只能喝咖啡的替代品，这些替代品是用栎树果实、蒲公英根、秋葵和菊苣混合而成的。南方既有战争，又有贫困，真正的咖啡在南方极其稀有，一磅咖啡在弗吉尼亚州首府里士满可以卖到5美元。当时有个亚特兰大珠宝商甚至在胸针上镶上咖啡豆取代钻石来售卖。

发明家杰贝兹·伯恩斯

美国内战期间，有两项发明对刚起步的美国咖啡业产生了革命性的影响，这两项发明都是为了更好地顺应战争时期的经济发展。第一项是1862年为了装花生而发明的纸袋，这种纸袋便宜、轻便而且耐用，没想到这种纸袋后来被用作咖啡豆包装袋。第二项是杰贝兹·伯恩斯于1864年发明的热气式咖啡烘焙机。伯恩斯十几岁就从英国移民到了美国，他是一位英国浸信会传教士的侄子。他从传教士身上继承了对烈性酒的排斥、无限的自信和自以为是以及对咖啡这种戒酒饮料的情有独钟。

勤劳年轻的杰贝兹·伯恩斯有一系列发明。他看到了战争期间咖啡业的无限商机，于是辞去了记账员的工作，到咖啡厂开始改进烘焙机。他自封为"发明家杰贝兹·伯恩斯"。伯恩斯巧妙地设计了一种双螺旋叶，当转筒转动的时候，锅炉里的咖啡豆在强劲的热风吹动下均匀地上下滚动。伯恩斯的发明最好的一点是：当烘焙师傅打开烘焙机口时，咖啡豆会整齐地自动滑进冷却盘。

在接下来的 15 年里，伯恩斯卖出了上百台自己发明的咖啡烘焙机，与此同时，依靠各种使用简便、大规模生产的产品，美国迅速成为一个以消费者为导向的社会。美国不管多大规模的城镇都有自己的烘焙机，由此引进了一种统一的咖啡烘焙方法，这也预示着一种新方式的出现。不久，匹兹堡一个名叫约翰·阿巴克尔（John Arbuckle）的杂货商就为新生的咖啡业带来了另一场革命，他以标准化、品牌化和市场化来低价销售咖啡。

阿巴克尔旗舰品牌成为百姓的咖啡

1860 年，年轻的两兄弟约翰·阿巴克尔和查尔斯·阿巴克尔（Charles Arbuckle）跟他们的舅舅邓肯·麦当劳（Duncan McDonald），还有另一位朋友威廉·罗斯堡（William Roseburg），一起在匹兹堡成立了麦当劳和阿巴克尔批发杂货店。他们的杂货店销售各种食品，但是 21 岁的约翰·阿巴克尔却专注于咖啡的销售，他很有远见地看到了咖啡的美好前景。4 年后，杰贝兹·伯恩斯发明了烘焙机后，约翰·阿巴克尔为自己在匹兹堡的咖啡工场购置了一台烘焙机。然后把烘焙好的咖啡豆以每磅一袋包装起来售卖。起初，咖啡业内人士都嘲笑约翰·阿巴克尔，把烘焙好的咖啡用纸袋包起来卖，就像是在卖花生一样。但是，阿巴克尔这种新颖的销售方式却迅速大获成功。㊀约翰·阿巴克尔雇了 50 个女工专门给烘焙好的咖啡进行包装和贴标签，后来他又买了一台自动包装机专门负责包装，一台包装机能顶替 500 个人的工作量。为了防止烘焙过的咖啡豆氧化受潮变味，约翰·阿巴克尔还用鸡蛋和糖调制成一层涂料，涂在咖啡豆上当保护膜，据说这样做也有助于煮好后的咖啡渣沉淀。

㊀ 实际上阿巴克尔并非第一个用纸袋包装销售熟咖啡的人。早在 1860 年，纽约的咖啡烘焙商路易斯·奥斯本（Lewis Osborn）就把著名的爪哇熟咖啡用纸袋包装后销售，但是由于战争期间恶劣的经济形势，他的店 3 年后就关门了。

约翰·阿巴克尔的确是个营销天才，他知道给消费者提供预先烘焙好的熟咖啡豆除了可以作为一种创新的概念卖点之外，最重要的就是品牌名称和标签。他尝试过用阿巴克尔（Arbuckle）、弗拉格尔（Fragar）、康波诺（Compono）这些名字，后来又想到了阿里奥萨（Ariosa）这个名字，最后该名字成为他的旗舰品牌。（"A"可能代表了阿巴克尔，"Rio"表示他的咖啡产于巴西里约热内卢，"Sa"代表巴西另一个咖啡输出港桑托斯或者是南美洲，也可能代表 Sociedade Anonima，即公司之意。）巴西里约产的咖啡一直以其陈腐味著称，尽管也有人喜欢这种咖啡，但它是业内人士最不喜欢的咖啡之一。桑托斯的咖啡名声则更好。

约翰·阿巴克尔还很善于给竞争者制造麻烦。他印制传单散布迪尔沃思兄弟咖啡工厂的负面消息。传单的版画中是各种虫子和脏东西在装咖啡的桶上乱爬的画面。画中一个人说："难怪我喝了他们的咖啡以后生病了。"旁边一个女人哭着说："我终于知道是什么害死了我的孩子。"这场恶性竞争差点导致双方对簿公堂。

1871年，匹兹堡的咖啡销售额暴涨，约翰·阿巴克尔离开他的兄弟查尔斯，在纽约开了一家新工场。美国内战之前，新奥尔良是美国最大的咖啡进口港。战争爆发后，新奥尔良港被封锁，纽约取而代之成为美国的咖啡交易中心。这时候，阿巴克尔兄弟的舅舅也去世了，于是他们把公司重新命名为"阿巴克尔兄弟"。

阿巴克尔纽约工场开业后的第二年，约翰印制了一批色彩亮丽的广告传单。传单中印着一个衣着凌乱的妇女站在木柴火炉旁边懊恼地说："哎，又把咖啡烤焦了。"坐在一旁穿着体面的客人建议说："像我一样去买阿巴克尔的熟豆吧，你就彻底轻松了。"另一位客人斩钉截铁地接着说："阿巴克尔的咖啡豆烘焙得非常均匀，你自己根本烤不出来这么好的咖啡。"

很快，阿巴克尔和他的咖啡品牌阿里奥萨就成了美国东海岸，乃至中西部地区家喻户晓的名字，与此同时约翰和查尔斯·阿巴克尔成了百万富翁。阿巴克尔已经表现出对各行各业都有浓厚的兴趣，于是他们添置了一台印刷机，除了印自己的商标外，也做起了其他公司的印刷生意。

19世纪80年代，约翰·阿巴克尔在堪萨斯城和芝加哥开设了分公司，还有上百个额外的仓库散布全美。他还投资在巴西的三大主要港口——里约、桑托斯和维多利亚港，设立专门负责生豆出口的办公室，墨西哥也有他的分公司。阿巴克尔还成立了自己的运输商船队。坐落在布鲁克林海边的阿巴克尔咖啡工厂占了十几条街区，还养了200多头驿马负责陆地运输。阿巴克尔开始做蔗糖生意以后，也开起了自己的木桶制造厂。制造木桶的原材料直接来自阿巴克尔自己在弗吉尼亚和北卡罗来纳的林地。布鲁克林的工厂有为员工专设的医院和餐厅。在"垂直整合发展模式"成为流行词之前，阿巴克尔已经成功运用了这一概念。

而在美国西部的广阔荒原上，煮好的味道浓烈的阿里奥萨咖啡已经成了牛仔们的不二选择。时常能听到威猛的牛仔喊："嘿，伙计，来一杯浓缩黑咖啡！就喜欢浓缩精华的黑咖啡。千万别给我来城里咖啡馆的那种没了咖啡味的东西。"

作为一个苏格兰移民的儿子，阿巴克尔务实的坏脾气中也有仁慈的一面。他固执而且独立，一直坚持自己明确的是非观。阿巴克尔如果认定自己是对的，就绝不会容忍与自己相左的意见。在接下来的几年中，为了要控制咖啡业，他陷入了一场巨大而持久的战争。

晚年，阿巴克尔投身慈善，他改造了3艘"穷人游艇"，免费招待纽约的穷人出海夜游。他曾经说这次的海上之旅"挽救了他的生命"。"在海上，我意识到对于拥挤的城市里那些汗流浃背、劳累过度的人来说，有凉爽而带有咸味的海风吹过简直就是莫大的恩惠。"后来，他又把一艘船改造成海边小屋，专供残疾儿童居住；他在纽约的新帕尔兹镇开辟了一块800英亩的农场度假区，供城里的孩子呼吸新鲜空气。再后来，他又为老年人开办了养老院。

蔡斯与桑伯恩

比阿巴克尔的咖啡世界更偏北的波士顿,还有另一个咖啡王国。在马萨诸塞州东南部的鳕鱼角长大的凯莱布·蔡斯(Caleb Chase)24 岁以前在父亲的杂货店里工作,后来他搬到波士顿,在一家一流的服装店工作。1864 年,32 岁的蔡斯和两个合作伙伴开始了自己的咖啡烘焙生意。1867 年,比蔡斯小 4 岁的詹姆斯·桑伯恩(James Sanborn)从自己的出生地缅因州搬到了波士顿。桑伯恩在机械厂打过工,后来靠卖花种子为生,最后自己创业做咖啡和香料。1878 年,蔡斯和桑伯恩合作,以"蔡斯和桑伯恩"(Chase & Sanborn)为品牌,专营咖啡和茶叶生意。

他们把咖啡密封到自己生产的锡罐子中然后再运输,以高品质"标准爪哇咖啡"(Standard Java)商标而闻名。1880 年,蔡斯和桑伯恩的生意扩张到芝加哥,两年后,他们在蒙特利尔开了加拿大分公司。到 1882 年的时候,位于波士顿宽街的 7 层高的工厂每月销售超过 10 万磅咖啡。他们雇用了大约 25 000 名当地销售代理人员,遍布美国南部和西部以及加拿大的几乎所有城镇,并且授予他们所在区域的独家销售权。随着快速扩张,公司利润增长很快,1880 年之后年利润一直高于 100 万美元。

蔡斯、桑伯恩以及他们后来的一个合作伙伴查尔斯·赛厄斯(Charles Sias),都是杰出的生意人和咖啡专家。蔡斯和桑伯恩率先使用密封罐子保存咖啡豆,以避免氧化,但并未成功,因为在密封咖啡豆的同时空气也进入了罐子。他们曾大力推广自己的标志品牌——"爪哇摩卡咖啡"(Seal Brand Java & Mocha),并以蔡斯家族的图章"脚踩 4 个十字架的雄狮"为商标,下面还有一行拉丁文——Ne cede malis,意为"面对邪恶,永不屈服"。

但是很多年后,一个资深员工揭露他们在利润面前屈服了。他们的"爪哇摩卡咖啡"几乎不含一点儿真正的爪哇或者摩卡咖啡豆。肉类供应巨头斯威夫特公司（Swift & Company）用"纯上等猪油"作为宣传语误导消费者而败诉后，蔡斯这位精明的波士顿咖啡烘焙商遂放弃使用地域名，简单地以"蔡斯和桑伯恩"作为商品名称。与此同时，蔡斯和桑伯恩的公司推出了各种各样二流和三流的咖啡，并且起了吸引人但不相关的名字：Sanrika、Crusade、Esplanade、Golden Glow、Good Fellow、Buffalo Brand、Bonita 和 Dinning Car Special 等。这些咖啡都用羊皮纸袋包装。

蔡斯和桑伯恩是最早使用奖励来吸引顾客、宣传自己咖啡的人之一。他们每年要在广告上花 2 万美元，大部分用于印制五颜六色的教育手册，比如《美国国旗的历史》《北美的鸟类》和《朝圣者祖先的故事》等。其他的赠品包括记事本、精美卡片、印有商标的小物件等。他们甚至还把巨大的咖啡壶装到运货马车上，马车一边跑咖啡壶的壶嘴一边喷热气。

蔡斯和桑伯恩意识到公司与客户的关系对咖啡销售至关重要后，便特别聘请了私下接触客户的销售人员，在客户生病的时候，蔡斯和桑伯恩公司的人就会致电问候客户。像 1927 年佛蒙特州洪水这样艰难的时期，蔡斯与桑伯恩为了赈灾，将所有客户欠款一笔勾销。当美国南部农民手头紧的时候，他们也同意用棉花来交换咖啡。他们的公司每逢节日，必定给每个客户送上贺卡。

1892 年蔡斯和桑伯恩公司的一个广告是这样的：一个慈祥的老奶奶认真地观察咖啡杯底，她的女儿和外孙女趴在一旁看。女儿问："妈妈，你在杯子里看到了什么啊？"老太太说："全世界都喝蔡斯和桑伯恩的咖啡与茶。"旁边一张卡片上注释着如何通过咖啡渣和茶渍占卜。同年，蔡斯和桑伯恩发行了一本名为"黄金条"（*Chunks of Gold*）的小册子，大肆渲染其咖啡有多好，并向人们推荐说："客户只买我们的茶叶和咖啡，就是因为我们的产品已经过验证是最棒的。"他们吹嘘其采购代理驻扎在原产国的战略要点，从私人种植园直接采购，保证了其咖啡和茶叶是客户"最明智的选择"。

这种夸张的广告手法来自年轻的查尔斯·赛厄斯，他是一个爱炫耀的合作伙伴，1882年加入蔡斯和桑伯恩公司。凯莱布·蔡斯和詹姆斯·桑伯恩用一种高贵的实用主义方式与冷幽默反映了当时保守的北方贵族人的性格。蔡斯经常问公司的同事每天的生意情况，他说这是为了方便他决定每天中午该吃牛排还是青豆。一天，一位妇女向桑伯恩请教如何能制作一杯最好的咖啡，这时桑伯恩显示出了他出色的交际能力。他问这个妇女是如何煮咖啡的，然后回答说："女士，我向您保证没有人比您更会煮咖啡了。"

这两位高层合作者很尊重客户的品位，他们的确对咖啡很有研究。他们费尽心思来确保自己的咖啡物有所值。他们通常先烘焙一把咖啡，作为抽样，然后把烘焙好的咖啡磨成细粉，仔细称量，然后和其他好口碑的咖啡对比，这样就能确保提供"最令人满意的咖啡"。其实，茶叶采购已经用这种"杯测"的方式试了很多年茶了。19世纪80年代初期，蔡斯和桑伯恩已经是咖啡界的领导者了，尽管他们发现这种品鉴咖啡的方式相对茶叶来说很少采用，但也说明那时也有其他人在用这种方式品鉴咖啡。他们补充道："要想成为一个咖啡专家，需要很多年的时间，来认真仔细地研究和适应各种咖啡的口味。"

詹姆斯·福尔杰和淘金热中的咖啡

跟蔡斯和桑伯恩同一时代的詹姆斯·福尔杰（James Folger）在旧金山创办了自己的咖啡王国，詹姆斯·福尔杰的咖啡之路很崎岖，他曾经是马萨诸塞州南塔克特岛捕鲸族的一员。美国小说家梅尔维尔（Melville）的代表作《白鲸》（*Moby-Dick*）中提到"福尔杰家族是捕鲸世家"。㊀小说中的白鲸实际是一头抹香鲸，而这种鲸在1842年之前就已经被捕杀至灭绝了。1849年，加利福尼亚州（简称加州）淘金热传到南塔克特岛之后，

㊀ 本杰明·富兰克林的母亲艾比娅·福尔杰就出身于该捕鱼世家。

满怀希望的年轻人不再冒着生命危险出海捕鲸，他们乘坐着14艘船驶向加利福尼亚，加入淘金者的队伍，寻找金光闪闪的金子。其中有一艘开往巴拿马的船上有3个福尔杰家族的男孩，分别是20岁的爱德华、16岁的亨利和14岁的詹姆斯。

经过漫长而痛苦的航行，他们最终于1850年5月成功抵达喧嚣繁华的旧金山。两年前，旧金山城只有800人。如今，40000人穿梭于这片曾经是街道、如今被挖得遍地是泥的土地上，他们将是未来的百万富翁。这座城市的主要营业场所就是酒吧、赌场和妓院，而一袋一袋的金子也能吸引女人前来。当詹姆斯的兄弟们投身于掘金事业的时候，年轻的詹姆斯加入了威廉·博韦（William Bovee）经营了27年之久的先锋蒸汽咖啡和香料工场（Pioneer Steam Coffee and Spice Mills），这在某种程度上表达了创办者的愿望，毕竟当时他们的公司还没有蒸汽机。烘焙师需要手动翻动咖啡，也许年仅14岁的詹姆斯也这样烘焙过咖啡。

当时的淘金者疯狂地淘金，以至于根本没时间仔细翻动在火上烘焙的咖啡豆，因此尽管烘焙过的咖啡煮的时候肯定没有生豆刚烘焙好就煮起来新鲜好喝，但是在淘金者中，烘焙好的咖啡却迅速走俏。1851年，博韦为工场购入了一台蒸汽咖啡烘焙机，并且扩大了工场。与此同时，詹姆斯·福尔杰的哥哥们也从并没有赚到钱的淘金潮中退出。二哥亨利打算回东部老家，而大哥爱德华则在詹姆斯的咖啡烘焙场旁边开了一家鲸油店。

后来，18岁的詹姆斯·福尔杰离开烘焙场，自己在一个叫洋基吉姆的地方开了一家商店，专门卖烘焙好的咖啡给淘金者。有一位淘金者在自己1852年的日记中记录道："从南塔克特岛来的男孩儿很有胆量，虽然只有小小年纪，但比我们很多人都有商业头脑。"很快，詹姆斯卖掉了自己的商店，重新加入博韦的工场，并到处推销博韦工场烘焙制作的咖啡。那位淘金者1858年的日记还记录道："詹姆斯一个人在旧金山向加利福尼亚的所有淘金者推销咖啡。"

这时候，24 岁的詹姆斯已经结婚，和艾拉·马登（Ira Marden）继续合伙经营马登从博韦手中买来的公司。有一段时间，他们生意兴隆。后来美国南北战争爆发，他们的公司也随之在全国性的经济萧条中垮掉。1865 年，公司破产，詹姆斯·福尔杰从合作伙伴手里买下公司，决心重建公司，并且偿还所有债务，这花了詹姆斯将近 10 年的时间。一位心怀感激的债权人在一张 1872 年的收据上对詹姆斯说："真没想到还能收回这笔账，我在此心怀感激地证明收到这位杰出商人詹姆斯的还款。"这张收据也帮詹姆斯找到了一个有钱的德国合作伙伴奥托·勋曼（Otto Schoemann），他向公司投资 10 000 美元。

公司更名为 J.A. 福尔杰公司（J.A. Folger & Co.），并在 19 世纪 70 年代蓬勃发展起来。1875 年，邓恩信用公司（Dun credit agent）报告称福尔杰已经还清了一半的债务，并且打算继续还清剩余债务："他们经营有道，而且盈利在望。"1877 年，福尔杰公司 27 岁的销售员奥古斯特·希林（August Schilling）买下了勋曼的股份，后来希林也创立了自己的咖啡公司。19 世纪 70 年代末，福尔杰公司开始往蒙大拿州、俄勒冈州以及华盛顿州外派咖啡销售员。

此时，类似詹姆斯·福尔杰这样成功闯荡咖啡界的故事，在美国和整个欧洲都屡见不鲜。大部分烘焙工场都是从杂货店做起的，那些独具慧眼的店主都看准了全心投入咖啡可以赚大钱。此时，各种咖啡出版物应运而生，各路咖啡专家纷纷出书警告、提醒和刺激咖啡界。

杰贝兹·伯恩斯当编辑：咖啡和女人各居其位

1878 年，杰贝兹·伯恩斯开始发行《香料工坊》（The Spice Mill），这是第一本以咖啡、茶叶和香料为内容的专业刊物，虽然大部分版面被咖啡占据。其中的主要文章都是伯恩斯自己写的咖啡经，这种刊物在当时实属罕见。他在创刊号上写道："我们要把咖啡制作过程中的趣味用一种刺激的方式呈现出来，所以这本刊物取名'香料工坊'。"⊖他还补充说，刊物的内容不局限于事实的记录和数据的引用，他还想把"咖啡习俗、制作诀窍和经常碰到的骗术也仔细分析并分享给读者听"。

杰贝兹·伯恩斯热衷于烘焙艺术。他写道："咖啡烘焙师用自己的技巧和判断把深藏在咖啡豆中的芳香发掘出来，整个过程就像毛毛虫变蝴蝶一般神奇。"他建议消费者在购买咖啡生豆之前先试烘焙一下同品种同品牌的样品豆，而不仅仅凭外观来选择和购买，这种看法实属首创。他认为咖啡应该大火快炒，不宜小火慢烘，他提醒大家"如果火不够大，即使用市面上最好的咖啡豆，香味也爆不出来，最后就变成了苦涩无味的烂豆"。咖啡经过烘焙以后，体积会扩大两倍，但是由于水分烘干重量会轻15%～20%。为了避免重量的损失，很多咖啡烘焙商只对咖啡豆进行浅烘焙，这样咖啡豆的味道因为发展不完全，煮出来便会又苦又涩。

当时咖啡界有很多人滥用水和各种化学合成物喷涂在咖啡豆上，让咖啡看起来色泽光亮，伯恩斯公然指责这一做法。而且还有一个惯例，咖啡烘焙好刚出炉，温度很高，立刻用清水喷洒，瞬间可使咖啡豆降温。如果喷洒的水量正好让咖啡豆停止烘焙，使咖啡豆冷却，水可以全部蒸发掉，这也无可厚非，但是有些烘焙商有时为了增加咖啡豆中的水量，让咖啡豆更加吃重，他们会过度喷洒水。还有些人用鸡蛋、蔗糖和黄油或者其他化学合成物搅拌起来涂在咖啡表面，以此保持咖啡豆的新鲜。这样做的出发点是好的，但是有些人滥用这些方法只是为了使咖啡豆更吃重或者从外观上遮盖咖啡豆上的瑕疵。

离开咖啡话题，伯恩斯就显得有些粗俗，不讨人喜欢了。他经常把种

⊖ 作者原文用 spice 表示刊物名中的"香料"和咖啡制作过程中的"趣味"，用 spicy 表示"刺激"，因此伯恩斯给刊物取名用了他想实现的目标中的关键字。——译者序

族笑话和对黑人的诋毁作为《香料工坊》的小插曲。他还在刊物中反对女权运动。他故作悲伤地说:"现代的女性不安于家事。"他号召商家不要雇用妇女,他说:"看到那些不守本分的女人实在是让人痛苦。"他声称这么做是为了保护妇女"不被粗鲁的陌生男人骚扰,免受不守规矩的男老板调戏,免于在工作场所被猥琐的人色眯眯地盯着看"。

也就是说,在他眼里,咖啡是男人的专利,女人不能随便碰。伯恩斯的这种看法在当时很普遍。纽约咖啡生豆的进口要塞前街(Front Street),多年来一直都是男人的地盘。在咖啡界做事的妇女都要经得住行内人的各种偏见与歧视。

伯恩斯在咖啡添加物的问题上和其他咖啡界人士的看法也不同。他认为咖啡中应该加的添加物是菊苣,反对其他人添加别的物质破坏咖啡口味。他认为:"市面上销售的加工过的咖啡经常混杂一些大家都知道的添加物,这样一来,味道和色泽都比纯咖啡豆本身好。只要消费者在购买之前知道这些情况,知道他们买的不是纯咖啡豆就行,知道这种掺杂过的咖啡豆价格要便宜很多,这就没什么问题。毕竟这是一个充满竞争的时代,竞争可以保证质量,每个杂货店主都会拿自己卖的咖啡和邻家的比较,优胜劣汰。"

但是,商界的竞争未必总是对普通大众有利。有些无良商人用黑麦面粉、葡萄糖和水混合起来伪造咖啡豆。当时的《科学美国人》(*Scientific American*)杂志报道:"零售商有时候也会被假咖啡豆所骗,但是十次有九次,正是这些零售商把掺假的做法带入了咖啡市场。咖啡粉造假很容易,只要把粉状物浸到熬煮过的咖啡浓缩液中浸泡,晒干后色泽和味道都能以假乱真。"就连咖啡浓缩液有时候也是假的,可能是用黑蜜糖、菊苣和少量咖啡混合提炼的。

1872 年,一位消费者抱怨说:"如今掺杂的咖啡随处可见,纯咖啡太稀有了,只有在自己家里,一家之主亲自煮泡的咖啡才有可能是地道的纯咖啡。"3 年后，《纽约时报》也撰文指出："真正的纯咖啡已经快要消失了。"弗朗西斯·瑟伯在他的经典著作《咖啡：从种植园到杯中》一书中写道："众所周知，掺杂质的咖啡已经泛滥。"因此，他建议每个家庭最好自己买咖啡豆，自己磨咖啡粉来煮泡。瑟伯和伯恩斯的意见不同，他反对在咖啡中添加菊苣等杂质，他经常乐此不疲地讲一个咖啡爱好者在餐厅的笑话：

"你们餐厅有菊苣吗？"

"先生，我们有。"

"那就给我上一些吧。"侍者拿来一小罐菊苣后，咖啡爱好者又问："你们就这么多吗？"

"我们还有些。"

"都给我拿来吧。"侍者又去拿来一罐。

"还有吗？"

"先生，就这么多了。"

"很好。现在请给我泡一杯咖啡吧。"⊖

菊苣并非唯一的咖啡掺杂物。可以做咖啡添加物的东西多得令人吃惊：杏仁、慈姑、龙须菜种子和茎、烤过的马肝、伏牛花、大麦谷子、山毛榉果实、甜菜根、黄杨木种子、龙头菜、谷皮、面包皮、酿酒残渣、砖粉、烧焦的破布、粗糙的木材、稻子豆、萝卜、鹰嘴豆、菊苣、菊花籽、煤灰、可可皮、聚合草根、蔓越莓、葡萄干、大丽花茎、蒲公英根、海枣籽、草芥、狗粮、接骨木果、无花果、黄瓜、鹅莓、山楂果、蔷薇果、冬青浆果、马栗子、耶路撒冷朝鲜蓟、杜松子、可乐果、扁豆、亚麻、羽扇豆、麦芽、豆科灌木、猴子坚果、桑葚、欧洲防风草、豌豆壳、南瓜子、

⊖ 掺杂质的咖啡在欧洲也风行一时。1878 年，马克·吐温全家去欧洲大陆旅行，他批判掺杂质的咖啡"之于真咖啡就像伪善之于神圣"。

奎克草根、大米、花楸浆果、大头菜、沙、黄樟、锯末、黑刺李、葵花籽、萝卜、野豌豆、小麦、乳清、木屑和其他东西，甚至泡过的咖啡渣也被用来做掺杂物。

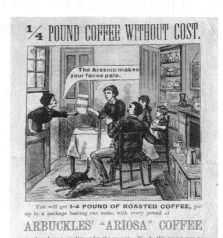

该图是一份阿巴克尔咖啡的广告，插图下面的文字写道："跟我们一起，把如今市场上大卖的那些有毒咖啡扫地出门。"这则广告主要针对当时其他咖啡厂家普遍使用有毒染色药剂而特别制作的。

至少上述各种掺杂物还不至于致死，有些咖啡商为了让咖啡色泽好看，竟然用致命的化学物质给咖啡上色。瑟伯在其作品中写道："咖啡商用有害的化学物质给咖啡上色，也是为了满足有些消费者对咖啡豆颜色的偏好，有些人想要亮黄的咖啡豆，有些人想要亮褐色的，有些人则喜欢橄榄绿的豆子。"1884 年《纽约时报》头条《每杯咖啡都有毒》对这种行为进行了披露。调查显示，危地马拉和委内瑞拉的咖啡生豆一运来，就"被送到布鲁克林的两座咖啡工厂，然后进行染色，让这些豆子看起来像正宗的爪哇豆。这种欺骗手段已经使用多年了"。染色物中含有剧毒的砷和铅。"经过仔细的化验，这些染色后在市面上标榜产自爪哇的咖啡豆，每杯含有 1/60 格令⊖亚酸，是一种致命的剧毒。"巴西里约咖啡豆也常被染成好看的青绿色，以遮盖掉难看的灰褐色。化学家称："当温度上升到白炽温度，也就是 1000 度以上时，砷才能被破坏，但铅依然存在。而实际上烘焙咖啡的温度也不过三四百度而已。"

擅长利用竞争对手的失误做广告的约翰·阿巴克尔在其主推产品阿里奥萨咖啡的广告上写道："去年（1883 年）一年，用砷、钴蓝和镀铬黄以及其他成分染色的有毒咖啡多达 300 万磅，我们要一起将这些有毒咖啡从市场上驱逐出去。"

巴西豆迅速盛行，由此可见当时有毒染色豆占据了多大的市场。由于巴西的气候和土壤环境，巴西豆的品质比传统的爪哇豆和摩卡豆略逊一筹，因此通常借助很大的折扣销售。这样一来，零售商就用巴西或者拉丁美洲其他地方的廉价豆来冒充也门或者印尼豆，甚至陈年爪哇豆。陈年爪哇豆是指荷兰政府把爪哇豆放在地窖或者仓库里，存放 7 年甚至更长时间的咖啡豆。在存放期间，咖啡豆发酵后口味更加沉厚，色泽变成更深的咖啡色。这种咖啡豆就像陈年老酒一样，价格更加昂贵，非常值得造假模仿。⊜

必不可少的饮料

据钱币和纪念币收藏家小罗伯特·休伊特（Robert Hewitt Jr.）回忆，19 世纪 70 年代，咖啡就已经成为美国市民和西方世界"不可或缺的饮料"，特别是美国人，其咖啡消耗量是欧洲人的 6 倍。休伊特在他 1872 年的著作《咖啡的历史、种植和用途》（*Coffee: Its History, Cultivation and*

⊖ 格令，grain，英美制最小重量单位，等于 0.0648 克，这里相当于 1.08 毫克。
⊜ 很少有人觉得陈年老豆口味更好。一般而言，陈年老豆的酸味会降低。因此，成熟期短而且成熟度高的中美洲咖啡豆和无味的巴西豆并不适合做陈年老豆，而苏门答腊和迈索尔的咖啡豆经过陈年发酵反而能变得更醇厚。

Uses）中写道："咖啡是世界上增长速度最快、各阶层接受度最高的商品。"同年，《时尚芭莎》（*Harper's Bazaar*）的评论员文章说："这个高度文明化的国家的子民，没有咖啡就无法快乐地生活……各国的社交生活全都得靠这不起眼儿的咖啡豆，咖啡豆也是各个世界强国商品交易的重要产品。"咖啡交易已经成了大买卖。瑟伯1881年说：

> 咖啡豆从离开种植园到进入消费者手里，经过了很多行业的参与，包括交通运输业、栽培国的银行家、负责将其运往海外的商船、进口国的海关、码头的装卸工人、货仓、保险公司和银行、验货和销售的中间公司、称重人员、整批采购的商人、运货工人、烘焙商、零售商人，最后才送到消费者手里。每年有12亿磅咖啡的生产按此流程运作，除了消费者，大约有1亿人直接或者间接从中受益。有些工厂靠制造栽培和处理咖啡的专用机械为生；有些工厂全年无休，赶着包装咖啡出货；价值百万的仓库为咖啡提供存储之处；上等的船只被制造出来，组成规模宏大的船队整装待发，负责咖啡的海上运输，陆地上则铺设铁轨以便运输。

1876年，美国每年进口3.4亿磅咖啡豆，占所有咖啡出口国出口咖啡总量的1/3。美国人喝掉的咖啡中有3/4产自巴西，然而，大约五六十年以前，咖啡在巴西并不算重要的经济作物。就在巴西咖啡豆大量涌入美国市场之时，美国咖啡业三巨头为了维护自己在咖啡市场的统治地位，展开了激烈的市场争夺战。

第 4 章

镀金时代的咖啡大战

> 投机就是设法预测未来,以便快速、尽可能多地获利,它形成一股潮流,在此之下人们与不可测的力量抗衡,最后冒险一试,虽然这种冒险经过了理性的推断预测,但结果未必成功。
>
> ——理查德·惠特利(Richard Wheatley)
> 《纽约市的咖啡交易》
> (*The Coffee Exchange of the City of New York,* 1891 年)

咖啡市场一直动荡不安。一旦谣传巴西霜冻,就有可能导致产量减少的猜测,价格就会狂升;一旦咖啡豆大丰收,价格就可能暴跌,与此同时咖啡农和咖啡苦力的日子就不好过了。市场的炒作,加上各种自然灾害和人类的贪婪,各种错综复杂的因素一直使咖啡市场周而复始地大起大落。由于咖啡树需要四五年才能成熟结果,因此已经形成惯例的种植方式就是,当咖啡价格上涨的时候,种植园主开辟新的土地,种植更多咖啡幼苗。最后,供大于求,咖啡价格下跌,咖啡农就只能倒霉地被困在多余的咖啡中。咖啡不同于小麦和玉米,是一种多年生植物;咖啡庄园需要大量的持续投资,且很难随意转投其他作物。因此,市场没过几年就会出现供大于求的局面。如果遇到病虫害、战争、政治动荡以及人为试图垄断控制市场,情况就变得复杂,更难以预料。

19世纪70年代，咖啡业蓬勃发展，大型生豆进口公司获取巨额利润的同时，也承担了很大的风险。美国一个辛迪加咖啡进口垄断组织控制了国内的咖啡市场，这个垄断组织有三巨头，分别是纽约B.G.阿诺德（B.G.Arnold）公司、纽约鲍伊·达什公司（Bowie Dash & Company of New York）和波士顿O.G.金博尔公司（O.G.Kimball & Company of Boston）。B.G.阿诺德是三巨头之首，被称为"咖啡业的拿破仑"，一位业内人士形容他是"天生的生意人、战略家、商业天才，是个精通政治、上知天文、下知地理的商人"。据当时的人称，十年来，阿诺德"像一位世袭君主主宰自己的王国一样完全主宰了美国的咖啡市场"。

R.G.邓恩公司（R.G.Dun）㊀负责评估美国"镀金时代"㊁的商业信用风险，它对阿诺德公司的评语预示了市场的不可测性：

> 1872年1月6日：该公司去年靠垄断咖啡交易，赚足100万美元……其生财之道全靠投机。

> 1875年6月5日：预计该公司又能赚150万美元。长期以来，该公司从咖啡交易中赚取的利润相当可观，但是市场迟早会反其道而行，恐怕它遭受重创后无法复原。

果然，1878年，巴西圣保罗咖啡产区大获丰收，咖啡豆低价倾销到美国。咖啡三巨头硬撑着保持其咖啡市场垄断地位，但是时代的潮流已经逆转。两年后，邓恩风险评估公司写道：

> 1880年11月20日：众所周知，该公司最近损失惨重，但是目前尚未受到严重影响。

B.G.阿诺德、鲍伊·达什和O.G.金博尔组成的三巨头多年来一直控

㊀ 该公司1933年与邓恩和布莱德斯特（Dun & Bradstreet）公司合并成为现在的邓白氏（Dun & Bradstreet）信用评估公司。

㊁ 指从南北战争结束到20世纪初。

制着爪哇豆的价格。当大量低价巴西豆涌入美国市场时，三巨头囤积的爪哇豆逐渐难以保持价格优势。尽管长期以来他们专做品质上佳的爪哇豆，但这次，他们不惜大量吃货以抬高咖啡价格。10月份，一家咖啡进口公司因为扩张过度而倒闭。同年11月25日，又有一家茶叶进口公司破产，前街顿时紧张起来，准备迎接下一轮的挑战。

因为咖啡而自杀吗

1880年12月4日星期六，三巨头之一O.G.金博尔在波士顿的家中暴毙。年仅42岁的金博尔身体健康，没什么疾病。他星期六当晚还和朋友一起玩牌，其中一位朋友说，"他当晚表现得格外愉快"。他晚上10点钟就睡下了，比妻子还早。一个小时后妻子发现他死在了床上。《纽约时报》一位记者在12月8日写道："实际上，金博尔的死让他的公司解散，这引起了其债权人的极大不安，他们迫切地想要知道公司的真相。与此同时，这也给B.G.阿诺德公司造成了很大打击。"当天，《纽约时报》指出金博尔死于肺充血，并且补充说是"过去几个月的紧张和市场波动加速了金博尔的死"。

坊间顿时流言四起，疯传金博尔是自杀身亡，尽管他的朋友们矢口否认，称金博尔是绝不会这样对待自己的。但是，金博尔的死也为三巨头的其他两位敲响了警钟。

12月8日，《纽约商报》报道了B.G.阿诺德公司全面停业的消息。记者写道："起初我们自己也不相信这是事实，毕竟阿诺德公司向来以财务稳健而著称，每笔交易都金额巨大。但是当天中午，阿诺德公司正式发表声明证实了此事。"之后人们发现，该公司债务达200万美元。

第二天，一位资深的咖啡业内人士艾布拉姆·韦克曼（Abram Wakeman）称："咖啡生意没法做了，大家都在怀疑隔壁的店是否会随时倒闭。"两天后，鲍伊·达什公司也停止了各项商业交易，债务多达140万美元。

1880年，美国咖啡业损失将近700万美元，第二年损失300多万美元。弗朗西斯·瑟伯在其书中写道："1880年的12个月，美国咖啡商的损失创下历史新高，其惨痛经历在美国咖啡交易史上前所未有。"

设立咖啡交易制度并非万全之策

1880年的咖啡行业使很多人遭受重创，于是人们决定建立新的咖啡交易制度。尽管新的交易制度执行起来很麻烦，但是新制度的理念的确很简单。买卖双方签订合同，约定在未来某一特定时间购买一定数量的咖啡豆。随着时间变化，根据市场各因素的变化，合约的价值也随之变化。大部分真正在咖啡行业里干的人都会把这份合同当成避免咖啡价格变化的保值措施，而那些投机者却提供必要的流动性，利用期货交易获取利润，毕竟每笔交易都要有买方和卖方才能成立。尽管投机者可能从中获取利润，他们也有可能会赔得精光。基本上来说，投机者给咖啡交易者提供了某种形式的价格风险保障。

艾布拉姆·韦克曼回忆说："要是当初有期货交易，咖啡业也不至于崩溃。而且咖啡烘焙商也可以通过购买咖啡期货来预测咖啡未来的价格。"另外，成立咖啡期货交易中心对纽约市也有好处。咖啡交易所可以仲裁咖啡买卖中的争端，监督日益增多的非法交易。赞成咖啡交易新制度的人们还指出，这样一来可以使咖啡豆等级标准化，咖啡业外人士和银行家也可能有兴趣投资其中，这样一来，他们手里就会有额外数量的咖啡豆，这对整个咖啡市场的活动是有帮助的。

反对咖啡交易新制度的人预计将来投机者有可能会排挤走真正的咖啡业内人士，这种观点被反复提出，但是，交易所很快就要于1881年12月7日正式启动了，这一天正好是B.G.阿诺德公司破产一周年。而且本杰明·阿诺德后来成为交易所创立人之一，并且是纽约咖啡交易所的主席。很长一段时间内，都没有人相信交易所真能帮上忙。据韦克曼说："纽约咖啡期货交易所已经成了业内的笑柄,基本上没生意可做。"但是,最后,交易所里挤满了买家、卖家和投机商,他们声嘶力竭地大声叫嚷着做买卖。新的交易制度不仅没有让努力建立这一制度的财团失望,没有让咖啡市场陷入困境,相反,新的交易制度为财团增加了新的点子,因为显示期货行情的电传打印机纸带打出的惊心动魄的价格符号成了关注的焦点。

1886~1887年,巴西咖啡庄园减产的消息传到纽约,交易所一片火爆。巴西、欧洲、新奥尔良、芝加哥和纽约的几个大型咖啡店在坦慕尼(Tammany)协会㊀老板约瑟夫·J.奥多诺休(Joseph J. O'Donohue)带领下联合发力,(通过人工提高咖啡进货价或期货价)来哄抬咖啡在市场上的价格,他们的目标是把咖啡12月交割价抬高到每磅25美分。奥多诺休在每磅17美分的时候,抛掉了手里持有的所有咖啡,大赚了一笔。但是以阿诺德为代表的巴西咖啡豆炒作辛迪加则继续哄抬咖啡价格,1887年6月,咖啡12月交割价收盘达到21美分。1887年6月13日,星期一,成百上千的人涌进咖啡交易所,见证了"空头屠宰多头"时刻,当时12月交割价大幅下挫至16美分。

当时的记者理查德·惠特利在其书中写道:"咖啡交易市场的崩盘是在所难免的,咖啡界瞬间一片恐慌。咖啡大量囤积,持有咖啡生豆的人不敢长期继续持有,将咖啡低价抛售或者干脆倒入水中冲走。"但是,空头很幸运地,以低价大量购进咖啡豆。坦慕尼协会的老板奥多诺休和W. H.克罗斯曼兄弟(W. H. Crossman & Brother)公司的赫尔曼·希尔肯(Hermann Sielcken)一起以低价购进10万袋咖啡生豆。两人的这一举动,"引起人们一片欢呼,纷纷赞扬两人英勇救市"。当然,实际上,两人在市场动荡时适时卖出买进,也赚了很多钱。希尔肯是个精明的德裔商人,很

㊀ 坦慕尼协会也称哥伦比亚团,1789年5月12日建立,最初是美国一个全国性的爱国慈善团体,致力于维护民主机构,后来成为纽约一地的政治机构,并且成为民主党的政治机器。——译者注

快就成了咖啡界的主力军——令很多业内人士敬畏和憎恨。但在咖啡市场萎靡之时，希尔肯出来救市，力挽狂澜，把咖啡价格拉到17美分，成了咖啡界的英雄。

全球最具投机性的生意

19世纪末，各种即时通信技术的广泛应用使得信息可以在全球范围内迅速传播。欧洲主要港口的咖啡交易情况可以及时、迅速地反馈到纽约咖啡期货交易中心。理查德·惠特利在1891年的《纽约市的咖啡交易》一书中写道："商业情报员灵活地记录下当天满载着咖啡离开里约和桑托斯的轮船数量，然后再通过埋在海底的线缆拍电报到美国，把这些咖啡的出口消息发布出去。纽约期货交易中心的交易员可以查询过去两年内，欧洲8大主要咖啡进口港每月的咖啡存货量。纽约的咖啡交易员掌握着全球每日、每月、每年的咖啡行情及其同期对比资料，这些决定了交易员对咖啡交易合同的预期和判断，也引起了期货交易市场的火爆。"尽管整套交易系统很复杂（或许正是因为如此），投机和企图炒作咖啡市场依然猖獗。

在接下来的几年中，由于生产过剩、生产不足、战争、病虫害以及人为炒作等传闻不断，变数不同的咖啡投机大戏反复上演。巴西咖啡农场不断扩大生产，特别是1894年以后，由于生产过量，咖啡价格连年下挫，1898年11月，巴西咖啡豆跌到每磅4.25美分。1899年，巴西爆发大规模的腺鼠疫，导致巴西咖啡豆须经过严格检疫才能出口。纽约咖啡市场立马空翻多，咖啡界人士纷纷看涨，对巴西的疫情幸灾乐祸，称之为"腺鼠疫行情"，每磅咖啡涨到8.25美分（暂时而已）。

咖啡界巨头约翰·阿巴克尔在1897年的一起反垄断案中出来作证："一旦巴西的咖啡生产出现问题，咖啡生豆价格就迅速上涨；一旦巴西咖啡大丰收，价格就大幅下跌。以我在咖啡业的经历来看，从1870年起，大约20位咖啡大亨因此破产……似乎咖啡业只能如此，也没有什么好的办法可以解决这一问题。咖啡业是全球最具投机性的行业。"

1904年，小说家赛勒斯·汤森·布雷迪（Cyrus Townsend Brady）写了一本小说《咖啡垄断》（*The Corner in Coffee*），小说围绕爱情、背叛、各种做空做多的人以及咖啡投机展开。他写这本小说前，做了很多研究工作，采访了多位咖啡商人和掮客，还有咖啡交易所的工作人员。布雷迪在小说序言中挖苦说："对于咖啡界的投机倒把我一清二楚，所以我郑重声明，我只会喝咖啡饮料，绝不碰咖啡生豆的投机生意。"小说中有一段情节是，垄断咖啡市场的真正主谋最后为了保住他女朋友的财产，决定扭转市场。书中最具戏剧性的情节就是，他出面协助打破了咖啡垄断局面：

图中是1904年的小说《咖啡垄断》中的插图，书中写道："一批又一批的掮客像一波又一波的人浪，在咖啡交易所里你进我退，此起彼伏，而咖啡交易所像战场一般，空气中弥漫着紧张的气氛，激发起人们空前的热情。"

垄断正在垮台，终于打破垄断啦！

他……强行挤过人群，走到咖啡交易所的交易大厅。咖啡交易场上混乱不堪。人们极端恼怒，事态急剧恶化，简直乱成了一团糨糊。低价抛售一轮接着一轮，咖啡市场价格不断下跌。跌，跌，跌！

人们在德鲁伊特面前焦躁不安地挥动着双手，嘶声尖叫，指望德鲁伊特能手下留情救救他们，而德鲁伊特就像当初大量建仓一样，冷静地抛售咖啡。德鲁伊特和卡特刚合作不久，一起经营德鲁伊特公司。交易市场完全陷入了喧闹中……人们相互撕扯，一个人摔倒了，被疯狂的人群踩踏在地上难以起身……每磅咖啡价格两小时内跌了 20 美分。

到了 20 世纪初，美国咖啡市场又涌入大量的咖啡生豆，操控咖啡价格越来越难。1901～1902 年，美国进口咖啡 1500 万袋，数量远远超过所有人的预计，由此全球咖啡市场又陷入一片混乱。韦克曼写道："咖啡生产国的处境令人怜悯，大量咖啡被毁，特别是远离运输口岸的淡味咖啡种植区，情况更加糟糕。"

咖啡与糖之战

19 世纪在一片喧闹的高潮中结束，咖啡大亨阿巴克尔和美国糖业巨头 H.O. 哈维迈耶（H.O. Havemeyer）也为利益爆发了冲突。阿巴克尔的咖啡用了涂在咖啡表面的防氧化层，其中含有大量提炼后的砂糖。起初，他只是简单地从美国砂糖提炼公司采购砂糖，该公司归制糖业托拉斯之王 H.O. 哈维迈耶所有。后来，阿巴克尔决定多元化经营，从咖啡业进军制糖业。为什么不能像卖咖啡一样，把提炼后的糖每磅一包袋装销售呢？

哈维迈耶一向以掠夺商人出名，他已经赶走了大部分同行业的竞争对手。他为人率直、粗暴、独裁，他认为以掠夺性的价格赶走竞争对手很合理，当然，只要咖啡大亨阿巴克尔愿意从他的制糖厂进货，他也能容忍阿巴克尔卖砂糖。

阿巴克尔一直试图实现垂直整合发展模式（控制某一行业生产过程中的各个环节），因此他决定建立自己的制糖厂，和哈维迈耶一争高下。1896年年底，哈维迈耶召见咖啡掮客赫尔曼·希尔肯。希尔肯说："他问我怎样抢占咖啡烘焙市场，我告诉他说，最好能有一个知名的品牌，最好是家庭主妇耳熟能详的品牌，因为通常都是由主妇采购咖啡。"希尔肯建议哈维迈耶直接买下俄亥俄州的伍尔森香料公司（Woolson Spice Company）旗下的狮子牌（Lion brand），伍尔森香料公司每年派发百分之百的股息，是家好公司。

哈维迈耶说他听闻传言说阿巴克尔要进军制糖业，于是想先发制人，等不到买下狮子牌再行动了。希尔肯说："如果阿巴克尔兄弟真要进军制糖业，哈维迈耶就一定要进军咖啡业。"后来，希尔肯秘密前往俄亥俄州的托莱多市，为哈维迈耶买下了伍尔森公司1800份股票中的1100份，后来，希尔肯又去了一次，买下除61股以外的所有股份，而这61股，伍尔森公司无论如何都不肯出售。

哈维迈耶刚进入咖啡市场，咖啡就供过于求，价格下滑。哈维迈耶决定采用杀低咖啡价格的手段把阿巴克尔赶出市场，他派希尔肯大量购入廉价巴西豆，以此拉低阿巴克尔的咖啡价格，即使赔钱也在所不惜。

约翰·阿巴克尔很清楚，"1897年年初的时候，无论我们的咖啡价格降到多低，哈维迈耶都会把他的价格降得更低，他就是要把我们赶出市场。而且回过头看，如果当时我们停止建造制糖厂，我觉得他也会退出咖啡烘焙界"。但是，当时阿巴克尔丝毫没打算让步，两位势均力敌的巨头正式开战。

血战到底

H.O.哈维迈耶托人转告,他想见见阿巴克尔。于是他们在哈维迈耶纽约的家中见面了。哈维迈耶跟阿巴克尔说:"我要买你制糖厂51%的股份。"阿巴克尔愤怒地驳回:"哈维迈耶先生,只要我活着一天,你就休想动我制糖厂哪怕1美元的股票。但是,全球市场其实足够我们分了。"

哈维迈耶回答说:"好吧,那我只好去找其他11 000个股票持有人,你走着瞧吧。"

阿巴克尔提醒他说:"只要你对别人仁慈一点,就已经是善待这些股东了。"会面以僵局结束,两人的大战继续。

阿巴克尔向蔗糖生产加大了投资力度,以此反击。"现在每天产量七八千桶,实际上我们可以每天生产8000桶。但是这么做可能无利可图。往往越是看重一件事,越是得不到满意的结果。"但是,阿巴克尔必须在这场激烈的价格战中竭尽全力,抗衡制糖业托拉斯哈维迈耶。"在这种情况下,我们会做亏本买卖。1898年,制糖厂开始生产,当年亏损;我预计第二年还会亏损,接下去便会盈利,但是接着市场争夺战展开——有时候,我们一分钱也赚不了。"

阿巴克尔一向采取"温和的竞争",但是他知道这对哈维迈耶行不通,从道德层面上根本影响不了哈维迈耶。最后,阿巴克尔表示:"我们只能针锋相对,血战到底。"

后来,哈维迈耶和希尔肯陷入了一场官司中,在这场官司中,哈维迈耶发现伍尔森公司没有卖给他们的61股由阿巴克尔的一位密友托马斯·库恩持有,而起诉他们的也正是托马斯·库恩。在诉讼中库恩声称制糖业托拉斯哈维迈耶买下伍尔森是为了"击垮阿巴克尔兄弟,并且迫使他们退出制糖业"。正因如此,所以伍尔森公司才不断降低咖啡价格。库恩作为股票持有者,声称伍尔森公司每天亏损1000美金,要求法庭对伍尔森公司颁发禁令。但是法庭裁决制糖托拉斯哈维迈耶胜诉,拒绝颁发禁令,并驳回库恩的上诉请求。

于是,约翰·阿巴克尔亲自出马起诉伍尔森香料公司,要求以股东的身份查看公司账目,并收回自己转让给哈维迈耶的股份。他要求知道为何哈维迈耶接手前每年派发丰厚的红利,而在哈维迈耶接手公司之后就一分钱分红都没有了。1901年2月18日,3位法官一致裁决伍尔森公司拒绝提交公司账目以供审查,藐视法庭罪名成立。制糖业托拉斯直到3月5日才向法庭提交认错陈情书。很快法庭就秘密和解此事,官司无疾而终。显然阿巴克尔再也看不到伍尔森公司的账目了。

与此同时,哈维迈耶和希尔肯又在俄亥俄州背后操刀设计阴谋。由于伍尔森香料公司对俄亥俄州的经济发展做出了巨大贡献,他们说服俄亥俄州乳品食品管理局局长约瑟夫 E. 布莱克本出面指责阿巴克尔的旗舰产品阿里奥萨咖啡是不明物质掺杂出来的,以此从法律上削弱阿巴克尔的客户基础。布莱克本公开发表声明称:

> "阿里奥萨"咖啡是低级咖啡豆上涂抹黏性混合物做成的,其目的何在,不用我赘述,但是很显然,这种黏性涂层掩盖了劣质咖啡豆的真相,而且让这种咖啡看起来卖相更好,更能卖上价钱。

1901年2月5日,布莱克本向杂货店主发布消息,说明"咖啡现状",声称目前只有一家公司一直拒绝接受整顿……这家公司就是纽约的阿巴克尔兄弟。

尽管布莱克本的声明还没有造成全国范围禁售阿里奥萨咖啡,但这的确已经严重破坏了阿巴克尔咖啡公司的声誉,并且激怒了阿巴克尔,他立即起诉,让布莱克本收回不实指控。阿巴克尔一直败诉,直到1902年高等法庭上,他才为自己打赢了一场漂亮仗。美国农业部化学检验室主任哈维·威利(Harvey Wiley)和全国最知名的消费者保护机构均出庭作证,称他们已经抽查过阿巴克尔的咖啡烘焙厂,发现阿巴克尔的工厂"的确竭尽所能生产最好的咖啡"。威利详细描述了阿巴克尔烘焙厂烘焙和涂层的全过程。他断言:"阿巴克尔的咖啡涂层绝对没有用来掩饰什么劣质咖啡豆的真相,更何况阿巴克尔的咖啡豆绝不是劣质产品,这些咖啡涂层也不是在好咖啡豆外涂上的劣质产品。相反,阿巴克尔的咖啡豆涂层是对人体有益的物质,可以帮助消化,还有助于咖啡煮好后迅速沉淀。另外,涂层能很好地保存咖啡香味,为防止咖啡豆长期暴露在空气中吸收湿气提供了保护膜。"

尽管证据确凿,法庭还是仅仅拒绝把阿里奥萨咖啡列为俄亥俄州的管制食品而已。阿里奥萨继续在俄亥俄州售卖,人们不再理会布莱克本的言论,这场官司反而帮阿巴克尔做了宣传,其市场份额有增无减。当时全美国咖啡消耗量大约是一年四五百万袋,而阿巴克尔一年就卖掉100万袋咖啡,占全美咖啡销售额的1/4之多。

阿巴克尔的签名

阿里奥萨咖啡的成功,除了品牌被人们高度认可、产品标准化以及可靠的生产线以外,还在于阿巴克尔的赠品促销项目,这在咖啡与糖之战开始之前刚刚启动。每包咖啡的包装袋上都清晰地印着"阿巴克尔兄弟"的字样,旁边还有标注称"此签名价值1美分"。消费者收集足够多的签名,就可以兑换阿巴克尔产品手册上种类繁多的奖品,比如牙刷、钟表挂袋、洗衣机、玩具枪和首饰。集满65个签名,女士就可以兑换窗帘;集满28个签名,男士就可以兑换一把刮胡刀。

阿巴克尔杂货部一年回收超过1亿个签名,兑换给消费者大约400万件奖品。该部门一位工作人员称:"我们也送过结婚戒指。如果送出的戒指都能达成目标,让人们都能走上婚姻的殿堂,那么阿巴克尔一年就要参加8万场婚礼。"后来,阿巴克尔公司又在每包阿里奥萨咖啡中送一根棒棒糖,而这些糖就来自它自己的制糖厂。

在激烈的市场竞争中,伍尔森公司的咖啡包装上印有雄狮图案,它声称,饮用狮子牌咖啡能令人威猛如狮子,阿巴克尔的销售员则随机应变,指着阿巴克尔咖啡上的天使标志,说:"天使强过雄狮。"

哈维迈耶也想用送赠品的方式对阿巴克尔进行反击,但最终也没能动摇阿巴克尔的咖啡销售。但是伍尔森香料公司的一次商标解释却给阿里奥萨咖啡带来了一些波折,伍尔森公司的一个推销员对新墨西哥州和亚利桑那州的印第安人说,伍尔森公司的包装上印有雄狮图案,饮用此咖啡可以让你威猛如狮。幸好,阿巴克尔驻新墨西哥州和亚利桑那州的销售员莫斯·德拉克曼(Mose Drachman)随机应变,把当地的印第安人酋长召集起来,解释说:你们可以看到我们的包装袋上印着守护天使。要知道一位天使可比1万头狮子威猛得多啊。就这样,德拉克曼轻松化解了雄狮商标对阿里奥萨咖啡的威胁。德拉克曼自豪地对他妻子说:"如果狮子牌咖啡想要打倒阿里奥萨的天使,恐怕他们只能印上帝作为商标了。"

左图是阿巴克尔出品的阿里奥萨咖啡，这款包装及其上飞舞的天使，已经成为19世纪末公认的咖啡商标。

阿里奥萨咖啡占据了西部的整个市场，消费者整箱购买咖啡，然后把运咖啡的木板条箱拆下来，可以盖成一栋栋建筑。纳瓦霍人（生活在新墨西哥州和亚利桑那州的印第安人）的小孩摇篮就是用阿巴克尔板条箱的木板做成的。一位印第安保留地的医生说："我经常看到很多人下葬的棺木竟然是用阿巴克尔装咖啡的木箱制成的，更不用说给死者的陪葬品了，其中肯定有几包咖啡陪伴着，以减轻通往极乐世界途中的苦难。"约翰·阿巴克尔多年来一直在咖啡袋里附上精美的版画卡片，还提供收集本，以便收集版画卡片并展示给别人看。阿里奥萨卡片的背面是咖啡及其鸡蛋白糖涂层的广告。还暗讽狮子牌咖啡，警告消费者："千万不要买包装不好的低级咖啡，不要买号称是摩卡、爪哇和里约豆烘焙的咖啡，这是制造商编造出来欺骗无知消费者的小伎俩。"

咖啡和糖休战

尽管约翰·阿巴克尔和H.O.哈维迈耶表面上争得不可开交，但在长期的较量中他们逐渐相互了解，进而惺惺相惜。尽管哈维迈耶"是一个非常争强好胜的人"，但是阿巴克尔也看到了他不为常人所知的另一面。"如果你到哈维迈耶的家，就会发现他是位品位优雅、谈吐不俗的绅士，也是位益友。"他还惊讶地发现，哈维迈耶还是位感情细腻、技艺娴熟的小提琴家。阿巴克尔对哈维迈耶说："你能演奏出如此美妙的乐曲，可见你并非外界所说的恶人。"阿巴克尔发现哈维迈耶爱他的家人,有好的品质,当然也有坏的一面。哈维迈耶很自豪地声称自己在第四十二大街以南没有朋友,也就是说在生意场上他没有朋友,整个商界都恨他。阿巴克尔说:"哈维迈耶对经商的理解有错,在他眼里做生意就是要和同行业所有人为敌——想要拥有全世界的人将什么也得不到。"

虽然阿巴克尔坚持声称永远不会和哈维迈耶休战,这场市场争夺战也的确从1897年一直打到1903年,但此后,哈维迈耶实际上就已经放弃了,他不再逼迫阿巴克尔离开咖啡和制糖业。阿巴克尔指出,他和哈维迈耶从来没有达成过正式的休战协议,但是从他的很多言论中可以看出,他一直很小心,在双方交战期间,极力避免被控"操控市场价格"。大概是在1903年的时候,阿巴克尔承认写过一封信给哈维迈耶,信中写道:"哈维迈耶先生,你比我更懂糖,我比你更精通咖啡。而我们现在这样互相争斗,两败俱伤都赔钱。"换句话说,阿巴克尔之意就是"我们别再这么不理智地斗下去了"。这封用情细腻、用词巧妙的和解信最后终止了这场价格战。阿巴克尔说:"价格战结束后,市场上气氛缓和了很多,这也正是我努力想要得到的。我知道不可能有任何形式的正式停战协议,但重要的永远都是和谐的市场氛围。世界市场之大,足够我们所有人一起分享。"

哈维迈耶打消把阿巴克尔逐出市场的念头时,他赔了1500万美元。而阿巴克尔兄弟则损失了125万美元,显然他们是这场商战的赢家,而哈维迈耶则输了这场商战。这么看来,阿巴克尔和哈维迈耶的这场商战在当时似乎是个例外,不贪婪的人在咖啡市场比较容易胜出,一个人口头承诺的信誉比签字更有力。约翰·阿巴克尔是当时咖啡人的典型代表:外表粗野,实际上诚实善良。

1905年,哈维迈耶试图为当时已经问题严重的伍尔森香料公司找到一个新的买主,但最终也是徒劳。10年前,伍尔森公司还是一家利润丰厚、蓬勃发展的公司,但是被哈维迈耶收购后又被带入咖啡价格战中,如今已经被他毁了。两年后，哈维迈耶去世了。1909年，赫尔曼·希尔肯以869 000美元低价买入伍尔森香料公司，这可捡了个大便宜，想当初1896年的时候，哈维迈耶可是花了200多万美元才买下伍尔森公司的。实际上，希尔肯不断从其他人的咖啡灾难中争取自己的咖啡利益。20世纪初期，希尔肯"挽救"了巴西咖啡工业，同时也从中多次获取百万富翁才可拥有的财富。

左图就是赫尔曼·希尔肯，这位傲慢的咖啡大亨利用巴西的咖啡价格稳定计划发了大财。

第 5 章

赫尔曼·希尔肯的巴西咖啡价格稳定计划

> 庄园主和生产加工商都认为这次市场危机和之前一样，经过一段时间总会结束，因此大家都很平静，并不担忧。
>
> ——1902 年第一届国际咖啡会议上萨尔瓦多代表发言

> 美国如果颁布法律禁止商人投机，就等于命令商人改做鞋匠或者裁缝，而美国的扩张显然不是靠鞋匠或者裁缝。
>
> ——赫尔曼·希尔肯

19 世纪与 20 世纪之交，咖啡业是一股既庞大又将全球市场紧密联系起来的经济势力。美国纽约、英国伦敦和德国汉堡的银行家格外关注巴西的咖啡收获情况和发展趋势，这样看来巴西的咖啡业会进一步扩大，恐怕全球都要陷入过量咖啡因的旋涡中了。咖啡业摇摇欲坠的金融结构，就要因为其自身太大太重而倒塌了，就在这危急时刻，赫尔曼·希尔肯紧急救市，并差点蒙受牢狱之灾。

这次咖啡危机来临之前，做咖啡生意就意味着成功。1888~1895 年，受到生活水平的提高和酷爱咖啡的移民的影响，咖啡消费量和生产量都大幅提高。大型咖啡销售商行为了防止霜冻或者干旱带来的低产，通常手中会有 200 万~400 万袋咖啡存货（每袋大约 132 磅）。商行存货一般都是现货，通常保存好几年，然后在低产、价格优势明显的时候，再高价售出。1895年以前，咖啡批发价居高不下，纽约交易市场上的价格在每磅14～18美分之间波动，因此咖啡种植面积也大幅增加。

1896年，巴西种植园的咖啡豆大量涌入世界市场。咖啡生豆平均价格降到了每磅不足10美分，并且在此价位保持了很多年，也就是从这时候开始，咖啡的盛衰循环持续至今。

1889年佩德罗二世被推翻以后，巴西新共和国政府的财政理念提倡多赚钱。巴西政府还动用媒体宣传这一理念。1890～1891年，这种通货膨胀政策短期内的确带来了巨大的经济繁荣。

尽管巴西货币密尔雷斯（milreis，1942年以前的巴西货币）不断贬值，对国内市场是一场灾难，但巴西的咖啡种植园主利用出口，趁这几年赚了一笔，他们用巴西本国货币支付种植咖啡所需要的原材料，而获得的收入则源自进口巴西咖啡的消费国。即使咖啡价格下跌，因为本国货币对外币汇率也会下降，庄园主也不会损失太多。

1897年，全球咖啡产量大幅增加至1600万袋，而价格却跌到每磅8美分。全球咖啡存货多达540万袋，这使得咖啡市场就像悬了一把由价格控制的达摩克利斯之剑一样，危机随时可能爆发。第二年，巴西新任财政大臣若阿金·穆尔蒂尼奥施行反通货膨胀政策。穆尔蒂尼奥发现巴西货币密尔雷斯越贬值，联邦政府就越难偿还外债。同时，由此导致的咖啡价格越低，国际贸易收支逆差越大。然而如果巴西货币密尔雷斯增值，咖啡庄园主的利润就会变少。

穆尔蒂尼奥认为，不管是在商界还是在咖啡界，都是适者生存。自由市场会带来最优化的结果，如果由此造成一些种植园倒闭，那么就任其发展。这样一来，该行业可以更好地重组，以应对变幻莫测的市场。

5年前扩大种植使得1901年巴西咖啡大丰收，全球咖啡产量激增到近2000万袋，其中约一半是通过桑托斯港口出口到世界各地。当年全球咖啡消费量大约 1500 万袋，剩余大约 500 万袋。咖啡存货一下多达 1130 万袋，竟然超过当年全球咖啡消费量的 2/3！咖啡价格跌到每磅 6 美分。

第一届国际咖啡会议

最终，拉丁美洲的所有咖啡生产国终于意识到了咖啡业的经济危机不会自己解除。于是 1902 年 10 月，拉丁美洲大部分咖啡生产国派代表前往纽约咖啡交易所，参加第一届国际咖啡生产暨消费研究会议，声称"咖啡生产国利润太低，价格破坏咖啡市场"。

参会国家各怀鬼胎，当然，咖啡生产国想让自己的咖啡卖出更高的价格，而消费国则想以尽可能低的价格买入咖啡。另外，生产国之间相互指责，反唇相讥，都不愿牺牲自己的利益。最后，与会代表通过一系列起不到实质作用的提案：禁止出口最低等级的咖啡豆，即要求对咖啡豆进行鉴别归类，也可以通过这种方法减少过量咖啡豆流出；降低欧洲咖啡进口税（美国 1873 年就免除了咖啡进口税）。㊀最后，双方找到一种限制咖啡出口的机制，让咖啡存货保持在相对合理的 300 万袋，这样一来咖啡价格也会回升，但是对于如何具体执行咖啡配额制，与会各国并未达成一致。

会议上的咖啡危机委员会提出，遇上大年，咖啡庄园主就大肆挥霍，"向银行贷巨额资金，大肆扩张咖啡种植，一旦危机降临，大部分人就债务累累"。这时候，为了获得更多现金，他们不惜低价抛售收获的咖啡豆，这样就会加剧供过于求，价格会进一步下跌。更严重的是，"咖啡辛迪加、

㊀ 波多黎各使减少咖啡进口税这件事一直未下定论。1898 年波多黎各成为美国的保护国后，其咖啡业遭受重创，不仅经历了 1899 年腺鼠疫毁灭性的打击，而且曾经的殖民者西班牙也取消了对波多黎各免征进口税的政策。多年来，波多黎各和夏威夷（1825 年开始种植咖啡）一直游说美国政府对其他咖啡进口国征收保护性关税，以此促进本国咖啡出口美国，但是它们的阴谋从未得逞过。

企业和通过投机赚取利润的掮客都非常乐意把投机的目标放在咖啡生豆上"。实际上，欧洲和北美咖啡消耗国的大型进出口公司同时扮演着很多角色，从向庄园主借款的银行家、大型港口的出口商、承运方，一直到最后的经销商。这其实就是所谓的垄断。

会议的最后一天，巴西代表 J.F. 德·阿西斯－布拉希尔概括性地提出了咖啡大小年循环理论。他说："每十年，咖啡价格会达到一次最高峰或者最低谷，预计 10 年后的 1912 年，咖啡豆价格可能会再创新高。为什么会如此循环呢？因为高价收购咖啡豆会诱惑庄园主非理性地扩大咖啡种植，接着就会生产过量，然后就会供过于求，于是咖啡价格又要下跌。庄园主无利可图或者破产，于是种植园荒废，咖啡收成下降，但是咖啡需求量却稳固增长。接着就会出现新一轮的咖啡短缺，刺激新的增长，于是循环周而复始下去。要想打破这种循环，只有利害相关国家政府联合起来共同努力才行。"

会议结束时，参会各国决定第二年在巴西圣保罗召开第二次更加具体的国际会议，但是最终此次约定的会议并未召开。

圣保罗港单枪匹马自救

第一届国际咖啡会议实际上未能给出解决方案，圣保罗的庄园主很失望，决定自救。在 1903 年 1 月的聚会上，圣保罗的咖啡庄园主谴责巴西政府对本国的咖啡业困境置之不理。巴西政府于是决定对所有新增咖啡种植园征收每英亩高达 180 美元的税，实际上就是 5 年内禁止扩张。1907 或 1908 年之前，这项新法规的效果基本察觉不到，但是，1902 年之前栽种的咖啡树 1907 年之前基本颗粒无收，也就是这 5 年巴西咖啡产量会锐减。

虽然咖啡庄园主困难重重，但是劳工受到的影响更加惨痛，庄园主减了附加的各项福利，收回从前分给劳工作为补贴伙食栽种的土地，还减少了支付的薪水。后来，巴西报纸报道："意大利劳工大批离开种植园，他们身无分文地回到祖国，当初的梦想也破灭了。"

1902年年末一场霜冻让巴西接下来3年咖啡大幅减产，存货也相应减少。然而，价格仍然保持在低位，危机还在持续。不少咖啡树死于霜冻，庄园主只能重新栽培幼苗。同时，巴西货币密尔雷斯继续升值，这也降低了庄园主的收入。

除了生产过量的影响以外，很多巴西庄园主将矛头指向进口国的咖啡垄断企业，指责那些做空者和投机者暗中勾结，压低咖啡生豆价格。虽然指控中所说的价格操控的确存在，但是进口国企业并不能完全对此次危机负责。20家大公司每年出口约90%的咖啡，其中5家巨头出口量就占了50%。最大的一家是汉堡特奥多尔·维勒公司，负责出口桑托斯港约1/5的咖啡。

1903年，巴西的意大利富商亚历山大·西西利亚诺（Alexandre Siciliano）提出了一个稳定价格的计划，由政府出面和大型私人企业、金融机构辛迪加签署长期合约，买下过剩的咖啡豆，保存起来，等到价格回升再售出。但是，该计划的成功主要取决于巴西咖啡豆在咖啡市场上的统治地位。当圣保罗政府回收过剩咖啡豆的时候，其他咖啡种植国是否会清仓出货填补空缺呢？这样一来，巴西会不会因此丧失在全球咖啡市场上的统治地位呢？

为了调查清楚这些情况，巴西农业部长1904～1905年派出奥古斯托·拉莫斯访问拉丁美洲其他的咖啡生产国，一探究竟。他所写的大量报告指出，巴西政府不必担心，这些国家在资金、效率和产能各方面都没法与巴西相比。这次咖啡业的危机，对拉丁美洲其他国家的影响太大了，它们损失都很惨重，根本无力扩大生产，更别说填补巴西回收剩余咖啡豆所造成的市场缺口。

1905年8月，巴西三大咖啡种植州圣保罗州、里约热内卢州和米纳斯吉拉斯州的代表与联邦官员商谈咖啡价格稳定计划的具体实施方案。秋天丰收的季节到了，显然又是个史无前例的大丰收。1906年2月25日，三大州的州长在圣保罗陶巴特召开会议，签署了一份文件，同意实施价格稳定计划的方案，吸收市场上的剩余咖啡豆，并储存起来，同时也要求巴西联邦政府拨款协助，他们还呼吁政府稳住巴西货币汇率。

但是联邦政府除了答应设法稳定汇率以外，拒绝过多参与。1906年8月1日，柏林贴现银行（Disconto Gesellschaft Bank of Berlin）通过它在巴西的分公司贷款100万英镑给圣保罗州政府，为期1年。为了吸收市场大量的剩余咖啡豆，圣保罗政府还需要更多的资金，时间也很紧迫。他们火速派出一位特使前往欧洲寻求帮助。但是当伦敦的罗斯柴尔德（Rothschilds）银行世家拒绝之后，保利斯塔人（巴西人）意识到大银行都不愿意对此负责，帮助巴西。于是，1906年的大丰收又会让咖啡价格下挫，可能会跌到每磅几美分。

赫尔曼·希尔肯出面救市

巴西人已经绝望了，没想到最后帮助他们的竟然是赫尔曼·希尔肯，此人一向以对竞争对手的冷酷无情著称，操控市场价格，还试图囤积咖啡搞垄断。

希尔肯是个很会"演戏"的商人，操着一口德国腔的流利英语，言谈不带一丝幽默和谦逊，留着一撇灰色的八字胡。当时的一篇文章说，他是"咖啡交易所里让人最害怕又最憎恨的人"。希尔肯的实力非常雄厚，"他操纵整个商界，还把势力范围扩张到了全世界"。

不到21岁的希尔肯1868年离开德国，在哥斯达黎加一家德国人的农场里干活。一年后，他去了美国加利福尼亚州，成为一名货物打包装运员。后来，他自学了英语，得到一份需要经常出差的羊毛采购工作。一次，他出差的时候，遇到一场火车事故，差点送命，后来就留下了轻微驼背的后遗症。

1876年，多亏了一位在哥斯达黎加时候认识的西班牙人，希尔肯受雇于W.H.克罗斯曼父子（W.H.Crossman & Son）公司，这是一家专门从咖啡买卖中抽取佣金的进出口公司。他冒险来到南美洲，成为一名很厉害的销售员，"不管斧头、铲子、铁锹还是银器，只要能赚钱，他无所不买"，为公司赚取了大笔佣金。半年来，希尔肯寄出的任何一封邮件都会为公司带来新的生意。

突然之间，所有的通信联系都中断了。几个月过去，也没有希尔肯的任何消息。克罗斯曼担心他南美洲的销售巨星感染了热带疾病而死。后来，突然有一天，希尔肯带着一个大包裹出现在克罗斯曼面前，他说："先生，这趟出行，我给您带回了一大笔生意，远远超过你的想象。"接着他从包里拿出更多的订单，说："先生，我认为像我这样努力工作的人，并且为公司带来了如此大的生意，应该得到公司的合伙权。"就这样，他成了该公司的小股东，后来又做到大股东，到1894年，公司已经更名为克罗斯曼和希尔肯公司。最后，希尔肯成为咖啡巨头，还投资钢铁和铁路生意，赚了大钱，高价购入德国西南部巴登地区的地产，包括4座别墅、给客人的专属浴池、栽有20 000株168个品种的玫瑰花园、1个兰花暖房以及由6位专职花匠和40个助手打理的精致园林。

1906年8月，希尔肯给巴西媒体写了一封公开信，支持价格稳定计划，于是巴西人向希尔肯求助。巴西政府派代表远赴德国巴登，求见希尔肯。希尔肯告诫巴西代表："巴西如果再来一次像今年这样的大丰收，从任何地方都得不到经济上的救助——世界其他地方的人不可能因为圣保罗咖啡大丰收，就彻夜不眠地拼命喝咖啡啊。"希尔肯确认了限制新咖啡栽种的政策会让咖啡产量逐渐下降后，才答应尽量帮助巴西。

希尔肯出面协调德国和英国的银行以及咖啡商人，组成咖啡价格稳定协会。1906年10月第一周，圣保罗政府和咖啡辛迪加授权该协会以每磅7美分的均价购入桑托斯市场上的咖啡豆。此次采购由以希尔肯为首的协会支付80%，剩下20%由圣保罗州政府出资。如果自由市场的咖啡价格能涨到每磅7美分以上，价格稳定协会就停止收购。这样的支付方式让以希尔肯为首的咖啡价格稳定协会可以用5.6美分每磅的价格购入咖啡（出资80%，购买7美分一磅的咖啡，因此相当于只支付了7美分的80%），有时价格甚至更低。不仅如此，巴西政府还会为该协会支付的咖啡采购资金支付6%的利息，而购入的咖啡就成了抵押保证。这些生豆被运到欧洲和纽约的仓库储存。圣保罗政府名义上仍然是这些咖啡豆的法定持有者，但是每年还要支付存储租金和一手买卖价格3%的佣金给价格稳定协会。

1906年年底，价格稳定协会购入了200万袋咖啡，每袋132磅。当年大丰收的咖啡总量达到2000万袋，因此，购入整个国际市场上仅仅200万袋咖啡，对国际市场的咖啡价格稳定基本上起不到什么作用。但是圣保罗政府已经财库一空，连当初约定好出资20%的钱都拿不出来。而且，之前100万英镑的欠款1907年8月也会到期。

12月14日，伦敦J. 亨利·施罗德公司（J. Henry Schroeder & Company of London）和纽约国民城市银行（National City Bank of New York）借给巴西300万英镑以帮其摆脱困境。赫尔曼·希尔肯代表美国银行，实际上是自己出资借款25万美元给巴西。圣保罗政府扣掉100万英镑的债务后，还有200万英镑继续买入过剩的咖啡豆。1907年年底，又有100多万袋过剩咖啡生豆储存在德国汉堡、比利时安特卫普、法国勒阿弗尔和美国纽约港，还有少量咖啡生豆存在不来梅、伦敦和鹿特丹这样较小的港口。这些存起来的咖啡豆一直在等待咖啡价格上涨，以便价格稳定协会可以获利然后脱手。与此同时，圣保罗政府还需要继续支付利息和储存费用。1907和1908年咖啡歉收，一部分存货得以卖出，但是圣保罗政府的财务状况依然不佳。

1908年年末，希尔肯又帮忙拿到1500万英镑的巨额贷款。这时候，价格稳定协会已经卖出了几百万袋库存的咖啡，仓库中还剩约700万袋。

这些生豆由价格稳定协会的 7 位成员掌控，其中只有一位代表圣保罗政府的利益。当然，希尔肯也是 7 位委员之一。就这样，圣保罗政府不知不觉地丢掉了对欧洲和美国仓库咖啡豆的控制权，但是该付的各种费用和利息还是照付不误。价格稳定协会其实成了另一种形式的咖啡辛迪加，一边掌控着大量存货，一边悄悄出货，成功地于无形中垄断了咖啡市场。几年后，希尔肯在美国国会的一场听证会上直言不讳地说："这是我所知道的所有贷款案中最划算的一个。"

价格稳定协会刚开始买进剩余咖啡豆的时候，咖啡价格仍旧保持在相对稳定的每磅 6～7 美分。但是 1910 年秋季，咖啡价格开始上浮。到 12 月份，价格就达到 12 美分每磅。1911 年，咖啡价格持续上涨，甚至超过了 14 美分。

咖啡价上涨，美国人哀怨

巴西政府限制新咖啡种植，价格稳定计划得以执行，辛迪加收购剩余咖啡，最后巴西咖啡价格总算回涨，但是美国消费者和政客却哀怨四起。美国人在咖啡危机的那些年从未关注过巴西咖啡农所遭受的苦难处境，突然间，每天早上必备的咖啡价格上涨了几美分，他们就愤愤不平地嚷闹起来。

美国国家档案馆位于华盛顿，至今还珍藏着由司法部保存的一大摞当年与价格稳定计划相关的书信和报告。这些档案按照编年方式，生动详细地记录了从 1910 年年末到 1913 年春天，美国司法部部长乔治·威克沙姆如何逐渐立案审查赫尔曼·希尔肯及其咖啡价格稳定计划，并写了为什么威克沙姆要这么做。档案中还记录了威克沙姆和当时国务卿菲兰德·C.诺克斯就此事的政治斗争，还有当时美国总统威廉·霍华德·塔夫脱就咖啡价格稳定计划所写的备忘录。

美国一个小咖啡烘焙商 1910 年写信给威克沙姆，信中说："巴西政府简直就是把自己的国家抵押给了以希尔肯为首的咖啡辛迪加，然后，以希尔肯为首的垄断组织就控制了大量生豆,伺机售出,今年他们卖掉了60万袋咖啡豆,价格比他们去年收购时每磅高了4美分之多。"

几个月后,也就是1911年3月,内布拉斯加州众议院议员乔治·W.诺里斯发动国会提出议案,要求司法部部长调查"咖啡业的垄断行为"。威克沙姆回复他说实际上已经就此事展开了的调查。

4月,诺里斯在众议院大肆抨击咖啡业托拉斯,总结价格稳定计划的放贷过程。他总结说:"价格稳定协会已经能够控制全世界的咖啡供应和销售。它们很能把握市场,抛售的咖啡数量还不至于破坏市场。"如果垄断某种产品的阴谋组织只涉及本国企业,那就是托拉斯,还有办法摧毁,但是该案件涉及巴西,就变得很棘手。"但如果托拉斯成为某个有权有势的主权国背后的组织,就荣升为'价格稳定协会'了,而实际上,这仍然是一些人联合起来的托拉斯。"

诺里斯建议美国政府向巴西所有进口产品征收重税(1910年美国从巴西进口产品总价值高达7000万美元),直到巴西不再支持价格稳定计划。他建议美国政府允许其他国家的咖啡自由进入美国,不征收关税。尽管诺里斯是改革的理想主义者,但是他经常与党内其他成员作对,树敌太多。因此,他对咖啡托拉斯的控告并未立即生效。

与此同时,美国媒体也开始关注这一案件。纽约州民主党党报《阿尔巴尼看守人报》(*Albany Argus*)炮轰道:"宁愿没有咖啡喝,也不要被巴西政府支持的托拉斯剥削。"另一位纽约的编辑也号召"华盛顿司法部该关注一下这帮强盗了"。1911年6月,威克沙姆收到公众写来的大量信件。其中一位俄亥俄州的商人写道:"咖啡一直是穷人们的饮料,如今价格几乎翻了一倍。"著名的自然主义者约翰·缪尔表示"对咖啡不合理的垄断非常愤慨","这简直就是一个独立主权国家和美国公民(指赫尔曼·希尔肯)暗中勾结的阴谋,为什么这样的托拉斯还不被铲除呢?"

限制性定量销售实际上是希尔肯和阿巴克尔所采用的一种销售机制,

是为了赚取利润而采取的手段之一。就是希尔肯和阿巴克尔的公司掌控了价格稳定计划中的绝大部分咖啡。为了能够高价售出，他们的咖啡通常直接卖给南方或者西部的烘焙厂，相互约定不会再转手买卖。他们通常会以略低于市场交易价的折扣价出售，因此很吸引烘焙商前来采购。但是他们这么做就避开了咖啡交易所的正常交易，破坏了市场秩序。除此之外，阿巴克尔兄弟还从咖啡交易所大量购入咖啡，哄抬价格，再高价售出；还有那些为稳定价格而收购的咖啡，在一些密谋的私人交易中被直接售出，交易双方互相约定不在交易所倒卖。而希尔肯和阿巴克尔这对宿敌也终于找到了共同的事业，那就是从价格稳定计划中牟取利润。

司法部部长委任威廉·T. 钱特兰德作为专员调查咖啡价格稳定计划案。钱特兰德建议起诉希尔肯，对于咖啡托拉斯而言，他的确是个顽强的对手。钱特兰德在 9 月份的备忘录中写道，美国人的咖啡消费量占了全球一半，而其中 80% 是巴西咖啡。因此，美国人受到价格稳定计划的影响比其他任何国家都严重。他写道："表面看来，这整项计划就像是为了挽救圣保罗和巴西的利益，但实际上，像赫尔曼·希尔肯这样的咖啡商以及银行却获得了巨大的光环和利润，价格稳定协会的投资人和协会成员现在正控制着市场的咖啡供应，以满足自己的利益，并借此大笔揽财。"

钱特兰德特意指出把希尔肯拎出来说："希尔肯是这项非法合约在我国交易的非法受托人和受益人，他必须为他们的所作所为负法律责任。"钱特兰德建议"立即没收并查禁流通到全美各州价格稳定计划中收购的咖啡豆"。

司法部部长威克沙姆受到乔治·诺里斯和钱特兰德的鼓励，于是决定起诉希尔肯及其咖啡托拉斯，并且把此消息散布给新闻媒体，以观察公众对此的态度。美国咖啡烘焙协会 1911 年 11 月召开首次大会，司法部部长的起诉就让协会分裂成了两派。烘焙商托马斯·J. 韦伯严厉抨击价格稳定计划就是"有史以来全球最大的贪污受贿阴谋"。然而大会主讲人希尔肯却为价格稳定计划辩护,坚持认为此计划绝非咖啡托拉斯,也不存在人为垄断行为。他声称自己掏腰包购入咖啡豆,然后合法转手卖掉。希尔肯说:"报纸就喜欢无事生非,唯恐天下不乱。报纸就喜欢把稀松平常的事情说得很神秘,喜欢把小事情渲染成了不起的大事,然后让老百姓觉得纽约商人和资本家都是无恶不作的。"

美国参议员乔治·诺里斯迎战他所谓的"咖啡业托拉斯",大肆抨击赫尔曼·希尔肯和巴西的咖啡价格稳定计划。图中,一位当代漫画家用《圣经》故事,把诺里斯描绘成迎战咖啡巨人哥利亚的大卫。

希尔肯嗤之以鼻

1912年5月6日,赫尔曼·希尔肯以第一证人的身份出席美国国会"金钱托拉斯调查"小组委员会的听证会。他依旧狂妄自大,毫无悔改之意,一步也不退让,声称价格稳定计划的收购和美国咖啡价格上涨没有丝毫的关系。

整场听证会上,希尔肯和委员会的律师塞缪尔·昂特迈耶历经多轮唇枪舌剑，激烈交锋。昂特迈耶问："价格稳定计划的目的是要把剩余咖啡豆从市场上撤回并封存起来，是吗？"希尔肯的回答令人难以置信："不是。我一直尽力想把咖啡豆卖掉，绝不是要从市场上把咖啡撤回并封存起来。"当希尔肯这位咖啡大亨厚颜无耻地说出这番荒谬的谎言后，昂特迈耶作为律师，已经无法保持镇定了。他继续追问，从希尔肯口中得知有400万袋已收购的咖啡存在美国和欧洲的仓库里。

昂特迈耶：咖啡目前的售价是大约每磅14美分，对吗？

希尔肯：是的。

昂特迈耶：比咖啡价格稳定计划刚刚奏效时还高大约两倍，对吗？

希尔肯：是的。

昂特迈耶：而您现在非常急于出手，卖掉手里的存货，对吗？

希尔肯：没错，我们一直急于卖掉咖啡。

昂特迈耶接着问："这样一来，我想，你们如此精心筹划的咖啡价格稳定计划就和限制咖啡供应量毫无关系了，对吗？"希尔肯回避了律师的问题，说："这项计划只是为了平衡咖啡供给，并不是为了操控市场。"其言外之意就是，为了"平衡"咖啡供给，所以要把一年剩余的咖啡存起来，第二年歉收再拿出来高价卖出，他显然就是在用"平衡"这个词玩文字游戏。

接着，希尔肯简直就是无法无天，在听证会上无礼地说："即使如今由于咖啡价格稳定计划囤积起来的咖啡明年再卖，对市场上的咖啡价格也不会有任何影响。"他还一边说，一边打着响指，一副满不在乎的样子。

昂特迈耶继续追问："照你这么说，美国市场上的咖啡价格从每磅5美分涨到每磅14美分，和你们囤积几百万袋咖啡，不放到市场上去，毫无关系？"

希尔肯继续打着响指，不在乎地回答："影响的确不大。"

后来，咖啡巨头希尔肯干脆直接教训调查委员会，说道："对于巴西政府的所作所为和价格稳定计划，我个人不愿意批评或者发表什么意见，我认为你们调查委员会对另一个独立国家的政府评头论足也不合适，对此，我们根本没有发言权。"昂特迈耶听此言论，咬牙切齿地对希尔肯说："我想调查委员会自会处理这些问题，美国政府也自有分寸。"

尽管希尔肯一开始闪烁其词，最后，他的表现还是比质问他的律师要更加聪明和理智一些。他解释说，如果没有价格稳定计划，圣保罗可能会爆发一场革命。昂特迈耶的回应则显得相当麻木不仁，他说："难道你觉得这会比在美国每磅咖啡 14 美分还糟糕吗？"

最后，就此问题，希尔肯被获准发表长篇辩解。他从巴西咖啡的价格及其演变历史说起，娓娓道来，很令人信服。从历史上来看，19 世纪 70 年代，巴西的咖啡价格是每磅 20 多美分，1886～1896 年平均 15 美分每磅，直到后来咖啡生产过剩之前，价格基本保持不变。希尔肯指出，即使巴西实施价格稳定计划后，4 年间咖啡价格实际上并没有大幅上涨，直到 1910 年咖啡生豆价格才开始飙升。希尔肯断言，即使价格开始飙升，也并非因为价格稳定计划，而是减产歉收所致。（准确地说，1902 年，第一届国际咖啡大会上，巴西代表德·阿西斯 - 布拉希尔预言"每十年，咖啡价格会达到一次最高峰或者最低谷，预计 10 年后的 1912 年，咖啡豆价格可能会再创新高。"而实际上，确实如布拉希尔所言，1912 年，咖啡豆价格达到最高点。）

希尔肯坚信，如果不是价格稳定计划，1912 年，咖啡价格肯定会更高。他解释说，1906～1907 年咖啡价格狂跌，种植咖啡的庄园主遭受重创，于是被迫放弃咖啡种植业，所以咖啡种植园越来越少，产量降低，但是需求未减，所以价格上涨。希尔肯说："如果没人在意咖啡种植园的情况，那么可能每年只能收获两三百万或者 400 万袋咖啡，那时候咖啡恐怕要 25 美分每磅了。"

希尔肯认为美国政府的态度很不公平，而且带有种族优越感。"我对美国批评或者将要调查另一个国家的行为恰当性提出质疑。假设，美国为了稳定南方的棉花价格而给予其一定的优待，这时候巴西派人来说'我要调查一下'。恐怕任何国家的政府或者政党胆敢来美国这样挑衅，美国政府都不会手下留情，必定将其驱逐出境。"希尔肯说美国现在的态度就像是对巴西人说："你们的咖啡只能低价出售，而我们的棉花就可以高价卖出。这就是只许州官放火，不许百姓点灯。如果美国政府只为了保护自己，那就是个大阴谋。我想请问，在座的司法部部长和每位律师，作为一个商人，接受委托买卖是否非法？如果是，那么我一定抗争到底。"

最后，希尔肯还是从这场听证会上安然无恙地出来了，即便他的确从咖啡稳定计划中赚取了暴利。希尔肯作为一名掮客，他完全可以自己买进咖啡，然后再转手卖出，任何赚钱的机会他都不会放过。在听证会上，希尔肯还说过："1911 年 4 月，咖啡价格涨到最高点，每磅 12.75 美分，当时我也曾买进并卖出。"昂特迈耶问："那你到底是为了价格稳定计划而卖出还是为了自己的利益买进呢？"希尔肯拒绝透露细节，只回答："在那场交易中，我确实赚了钱。"

起诉希尔肯

1912 年 5 月 17 日，也就是希尔肯在听证会自辩后的第二天，司法部长乔治·威克沙姆按照计划起诉希尔肯。后来，司法部部长威克沙姆申请了临时限制令，禁止纽约 90 万袋因价格稳定计划而囤积的咖啡豆在市场上流通，并对希尔肯、纽约码头公司和价格稳定委员会的国外成员发起正式指控。

这样一来，美国国务卿菲兰德·诺克斯陷入了两难的境地，一边是司法部部长的禁令，一边是和巴西政府的外交关系。巴西政府针对司法部部长的指控，抗议说纽约的咖啡仓库是巴西圣保罗州的财产，是当时价格稳定计划借款的抵押品，美国政府无权查收。5月29日，威廉·钱特兰德写信给美国司法部部长助理，信中说"司法部部长非常关注此案，决定要抗争到底"。两天后，威克沙姆给《纽约时报》编辑写了一封非公开发布的信，描述了此案的经过。他反对"国外政府与跨国银行家们合作"，他指出值得注意的是"咖啡价格每磅涨价1美分，全美国加起来就要多付1000万美元喝咖啡。也就是说，全美人民喝咖啡就要花掉7000万～8000万美元。"维克沙姆还专门就此案件写了一封备忘录给塔夫脱总统。

然而法院拒绝批准查收库存咖啡的临时禁令。美国政府决定把诉讼范围缩小，集中到赫尔曼·希尔肯身上。希尔曼及其律师克拉蒙德·肯尼迪和司法部部长威克沙姆开始就此进行谈判。威克沙姆要求希尔肯将仓库的90万袋咖啡投放市场，然后就撤销起诉，而希尔肯只承诺投放70万袋，即起诉开始时美国仓库的库存量。希尔肯在给他的律师的电报中指出，从他自己的利益角度来看，向市场投放越多咖啡对他越好，但他只是在尽力保护巴西政府的利益，所以才要限制投放市场的咖啡数量。6月份，希尔肯威胁说，如果判决延迟，"可能会破坏巴西政府良好的合作意愿及两国之间的贸易往来"。

1912年整整一个夏天，希尔肯和威克沙姆都在为到底是投放到市场上70万袋还是90万袋库存咖啡争执不休。后来，希尔肯承诺1913年4月之前卖掉70万袋库存咖啡豆，显然威克沙姆最后做出了一定的妥协。但是，威克沙姆9月份从参加的一个夏令营活动回来之后，听说"巴西政府不愿意执行之前商量好的解决措施"之后，勃然大怒，他坚持要把此案"上诉到大陪审团，并且坚信大陪审团会控告希尔肯，而且他的其他同伙也会一并被起诉"。

国务卿办公室的人曾试图说服威克沙姆，为了缓和国际关系，尽量平息或者延缓此案。因此，威克沙姆一再推迟听证会。1912年年末的时候，乔治·诺里斯提出议案，强迫价格稳定计划囤积咖啡豆进入市场买卖。美国咖啡烘焙协会对此做出回应，通过决议公开指责诺里斯提出的议案，声称这样做会"为市场带来不稳定和危险的因素"。其他咖啡商人写信给威克沙姆，向他保证，美国咖啡烘焙协会已经被"一些咖啡生豆利益团体掌控"，他们的意见并不能代表所有咖啡烘焙商的真正心声。

威廉·乌克斯是《茶和咖啡贸易》(*Tea & Coffee Trade Journal*，1901年创办，是《香料工坊》的竞争对手）杂志很有影响力的知名编辑，他曾写信给威克沙姆，说"价格稳定协会成立咖啡烘焙协会，其目的就是更方便地压制任何打算破坏它们计划的行动"。在《茶和咖啡贸易》中，乌克斯发表社论指出："就因为巴西人不动脑子，年复一年地种植多于市场需求的咖啡，凭什么我们美国消费者就要为此买单，喝掉他们的过剩咖啡呢？"诺里斯议员为了和这些财团斗争到底，都有可能政治前途不保。

希尔肯反击诺里斯的提案"意思含糊不清，无法理解"。他还嘲笑这位政治家多管闲事，插手自己合法的商业交易。他说："如果诺里斯先生的意思是要阻止咖啡价格继续上扬，那么他最好先立法禁止干旱、霜降以及其他所有人类无法干预的天灾。"

新的一年到了，1913年年初，希尔肯和巴西政府突然反悔，推翻之前商定好的在1913年4月之前出售70万袋咖啡，他们现在打算将售罄日期延迟到年底。威克沙姆指责他们违背诺言，不守信用。他在给诺克斯的信中要求即刻执行对希尔肯的起诉，但是诺克斯又一次回复威克沙姆，声称要保持和巴西的良好关系，以大局为重。

然而，1月21日，美国驻巴西外交大使告诉诺克斯，价格稳定计划囤积在美国的咖啡已经全部卖出，卖家一共8位，来自美国几个不同的州。威克沙姆不相信会发生这样的事儿，他说："我宁愿相信他们是在撒谎，他们这么做只是为了分散我们的注意力，让我们不再关注这些辛迪加操作的买卖。"司法部部长威克沙姆的怀疑不无道理，因为巴西政府拒绝透露咖啡买家的名字。但是，囤积的咖啡的确已经都卖掉了。

2月27日，威克沙姆灰心丧气地写信给众议院议员乔治·诺里斯："有那么几次，我都觉得可以把赫尔曼·希尔肯绳之以法，但是最后都被国际关系问题阻止了，恐怕在我卸任之前无法做到了。"

与此同时，巴西政府为了报复这起被一再延期的诉讼，取消了对进口美国面粉30%的特惠关税优待政策，这使得面粉出口商向议员投诉，责怪价格稳定诉讼案。民主党总统候选人威廉·詹宁斯·布莱恩经过评估，依然站在巴西政府这一边。

4月，美国新任司法部部长J.C.麦克雷诺兹上任。前任司法部长威克沙姆的得力助手威廉·钱特兰德给麦克雷诺兹写了一份言辞激烈的备忘录，告诉麦克雷诺兹，赫尔曼·希尔肯"为了自己的利益，操纵咖啡市场正常运营"，还敦促麦克雷诺兹不要放弃此案，除非希尔肯和巴西政府提供购入价格稳定计划咖啡的买家信息。麦克雷诺兹对钱特兰德的备忘录置之不理，根本不愿花时间在这起备受争议的价格稳定诉讼案上，4月就匆匆结案了。最后，希尔肯终于得以脱身。

咖啡稳定计划的第一阶段基本上完成了。大约310万袋咖啡还在欧洲仓库，1916年的时候全部售完。第一次世界大战（简称一战）开始之后卖掉200万袋，存在柏林银行的收益被德国政府没收征用。一战结束时签署了《凡尔赛和约》，巴西政府游说成功，拿到了赔款。1921年，德国人向巴西赔偿超过1.25亿德国马克，这场价格稳定计划的委托买卖完美落幕。

毫无疑问，价格稳定计划的受益人不仅仅是巴西的咖啡农和巴西政府，赫尔曼·希尔肯及其同党才是最大的受益者。但是，该计划确实有效制止了巴西咖啡农的大规模破产，也让他们的房屋得以保留，甚至还阻止了一场革命。不幸的是，其可观的成功收益让巴西人沾沾自喜，在接下来的几十年中，巴西政府继续实行各种各样的价格稳定计划。1912年，咖啡价格暴涨，人们欣喜若狂，巴西政府取消了对新种植咖啡树征税，结果又重蹈覆辙，几年后咖啡产量过剩。曾几何时，巴西根本就不用担心和其他咖啡种植国的竞争，20世纪初，巴西咖啡占据了80%的市场，但巴西政府实施的这一系列短视政策的最终结果就是，巴西在咖啡业的统治地位逐渐被减弱。

赫尔曼·希尔肯的晚年

赫尔曼·希尔肯进入了古稀之年后，似乎一切都很顺利。1913年年初，价格稳定诉讼案终于彻底了结，希尔肯的合伙人乔治·克罗斯曼去世，留给他100万美元的遗产。克罗斯曼和希尔肯年龄相当，两个人曾经打赌看谁更长寿，先去世的人就给另一个人留下100万美元的遗产（实际上克罗斯曼的儿子也只拿到30万美元遗产）。

希尔肯73岁时，他的妻子已去世7年，于是他又娶了比自己小40多岁的克拉拉·温多思。他们1914年10月乘船到德国，当时第一次世界大战刚刚爆发。即便希尔肯足智多谋，对国际贸易和巴西咖啡丰收料事如神，他也没能想到战争的爆发。

1915年，《纽约时报》报道，有传言说，希尔肯被德国政府扣押，后者企图勒索希尔肯一大笔钱财用于战争。但是，报道指出，希尔肯实际上一直很支持德国，纯属自愿为德国战争救济基金会捐款。1915年，他私下秘密斥资75万美元买下《纽约太阳晚报》(*Evening Sun*)，之后，《纽约太阳晚报》的立场马上转成支持德国。

1917年，希尔肯的身体每况愈下，他的资产也不断缩水。10月，就在希尔肯去世的前几天，他在美国拥有的300万美元资产被政府依照《外国侨民财产法案》没收。后来，希尔肯去世，他的遗孀用了4年时间才证明希尔肯是加入了美国国籍的合法公民，政府才归还此笔遗产。

希尔肯死后，两名曾经和他有染的女人找上门来，要瓜分希尔肯400多万美元的资产，此官司一直打了好多年，因此，希尔肯的名字也一直出现在美国媒体上。希尔肯生前掌管的伍尔森香料公司后来也被其他人接手。新的经理人查看了公司账务后，向遗产管理委员会索赔80万美元。事情是这样的，1913年，美国政府的诉讼给了希尔肯很大压力，于是他把价格稳定计划中的2300万磅咖啡以当时市场的高价抛售给伍尔森香料公司。此后不久，市场价格已经大跌，伍尔森公司接手的咖啡还是要卖掉，因此造成公司亏损。后来，希尔肯的遗产执行人庭外和解，支付给伍尔森公司25万美元了结此案。

反对咖啡因

19世纪和20世纪之交，很多饮食改革家认为，咖啡是一种毒品，过度饮用会导致精神失常，甚至死亡。因此，像约翰·哈维·凯洛格（John Harvey Kellogg）和查尔斯·威廉·波斯特（C.W.Post）这些倡导不含刺激的洁净食品的先驱，发明了所谓健康咖啡替代品，于是另一种形式的咖啡大战又拉开了序幕。

第 6 章

毒性饮料

> 咖啡中的兴奋剂成分咖啡因，会让您在夜晚应该睡觉的时候还保持清醒。既然您已经发现了咖啡这个让人恼火的问题（当然还有其他的），为什么还不放弃咖啡呢？一起来喝波斯敦吧。回归理性吧。
>
> ——1912 年波斯敦（Postum）饮料的广告

咖啡价格稳定计划引起咖啡价格上涨，查尔斯·威廉·波斯特却很高兴。查理·波斯特，也就是查尔斯·威廉·波斯特（他更喜欢人们对他正式的尊称），发明了深受美国人喜爱的咖啡替代品。每当咖啡价格飙升，人们寻求廉价替代饮料的时候，他就会大发一笔横财。波斯特利用美国人关注健康的观念，采用科学语言宣传，保证消费者只要喝了他的咖啡替代品——波斯敦饮料，就像进入"窈窕健身房"㊀一样神清气爽。波斯特宣传这一革命性的新兴市场所采用的方法虽然亲近百姓，但是也攻击了竞争对手，他把咖啡称作"毒性饮料"，让人们对咖啡业产生恐惧，然后购买他

㊀ 《窈窕男女》(The Road to Wellville) 是一部以 20 世纪初发明健康玉米片为背景的电影，以发明健康玉米片闻名全球的凯洛格医生经营着一家令信徒们为之疯狂的健身疗养院，他在院中提倡禁欲、素食、清肠等特别的健身法，又用军事化的管理带领大家唱歌做体操，使一对慕名前来的年轻夫妻大开眼界，分别经历了一段匪夷所思的奇遇。这里作者用"窈窕健身房"表示一种饮用波斯敦后的清爽状态。——译者注

的咖啡替代品。

波斯特的广告无处不在，宣扬自己的咖啡替代品货真价实，言辞夸张，还散布咖啡让神经系统兴奋的言论。波斯特简直让咖啡界痛恨不已，因此咖啡业内人士在《茶和咖啡贸易》的专栏里诋毁波斯特是"谷物垃圾饮料大王"，甚至还有更加恶劣的言论。1900年，密歇根州的巴特克里还有6家公司生产这种"健康的"咖啡替代品。价格稳定计划进行时期，也有几家别的谷物公司开始做咖啡替代品及其衍生品生意。然而，波斯敦是那时候最成功的咖啡替代品。价格稳定计划之前，波斯特就凭"提子坚果"⊖谷物早餐成了千万富翁。

波斯敦饮料的发明者查尔斯·威廉·波斯特是个营销天才，他才华横溢，但也容易暴怒，他把咖啡称为"有毒饮料"，广告结束语是"万事皆有因"。波斯特虽然声称自己发明的饮料是万灵药，但他自己却由于身体欠佳而自杀。

查尔斯·威廉·波斯特1854年生于伊利诺伊州首府斯普林菲尔德市，15岁辍学，但是他的发明热情和企业家精神弥补了上学时间短的不足。十几岁的时候，他就在堪萨斯州的独立城开了一家五金用品店，一年后卖掉还赚了一笔。后来，他当了一个推销员，在全国各地推销农用工具，他还自己发明并制造了农具，取得了一系列发明专利，包括播种机、畜力牵引

⊖ 名字虽然是提子坚果，实际上是使用大麦和小麦做成的混合谷物。——译者注

犁、耙子、堆草机和其他各种各样的耕耘机。除此之外，他还发明了无烟炊具和一种水利发电机。

然而，波斯特也为自己非凡的创造力付出了很大代价。1885年，他患上了神经衰弱症，这在当时是一种流行病。神经衰弱症是乔治·比尔德医生命名并且普及的，他认为该病和过度消耗人体"神经能量"有关。很多工作过度劳累的商人和上流社会过度敏感的妇女都深受此病困扰。后来，波斯特自己说："工作压力过大，加上兴奋剂和麻醉药，让神经系统彻底崩溃了。"

波斯特经过一段时间的恢复，1885年，他带着妻子埃拉和小女儿马乔里移居加利福尼亚州，接着又辗转到得克萨斯州，由于神经衰弱，他已经坐上了轮椅。即便如此，他还是不忘工作，经营着一家羊毛制造厂，做房地产生意，同时还是好几家电动机制造厂的销售代表。与此同时，他还发明了自动演奏的钢琴，改良了自行车，还发明了穿在大衣下面看不出来的"科学的吊裤带"。

尽管波斯特拥有企业家的热情，但是他的生活却不尽如人意。他财务拮据，吃饭不规律，导致后来消化系统紊乱，1890年又一次神经系统崩溃。于是他举家迁往密歇根州巴特克里市，在约翰·哈维·凯洛格医生著名的疗养院里接受治疗和调理。

凯洛格医生身材矮小、蓄着胡子、精力充沛，把自己当作健康潮流的引领者，最痛恨的就是咖啡，疗养院被他炒得全国上下趋之若鹜。他郑重其事地宣扬："喝茶叶和咖啡的习惯，是美国人健康的最大威胁，这些饮料会引起动脉硬化、布赖特氏症（两侧之弥漫性肾病）、心脏衰竭、中风和早衰。茶叶和咖啡就是毒品，应该立法禁止其出售和饮用。"他甚至宣称"精神失常与长期喝茶和咖啡的习惯有关"。

心理疗法和波斯敦饮料

波斯特在疗养院住了9个月，他的消化不良和神经系统失调仍未痊愈。凯洛格医生一本正经地通知波斯特的妻子埃拉："我想应该让你知道，查理的日子不长了，他好不了了。"埃拉绝望了，她开始跟表妹伊丽莎白·格雷戈里学习主张以精神力量治疗疾病的基督教科学。格雷戈里女士告诉被病痛折磨的波斯特，让他否定自己的疾病，其实所有的病痛都来自心理，想吃什么就吃什么。波斯特遵照格雷戈里女士的建议，感觉逐渐好了起来，他离开疗养院，携妻女搬到了新治疗指导师格雷戈里女士家里。

1892年，波斯特已经完全康复，他在巴特克里市开设了一家自己的凯洛格疗养院，他将其命名为"生命驿站"。格雷戈里仅收取一点额外费用，在这里给人们提供精神治疗。几年后，波斯特出了一本书，名为《现代疗法：顺其自然，科学疗养》(*The Modern Practice: Natural Suggestion, or, Scientia Vitae*)，第二年再版时，他给书改了个更容易记住、自命不凡的名字——《我康复啦！》(*I Am Well*!)。在书中，波斯特说自己和那些住在生命驿站的客人接受的心理治疗是一种奇迹治疗，他大力提倡"新思想"和"心理疗法"，所有疾病都是人类错误的思考方式引起的。

1895年，波斯特生产了第一批谷物做成的咖啡替代品——波斯敦，它极有可能是模仿凯洛格疗养院的"焦糖咖啡"制作的。⊖1896年10月，他从生命驿站拿出37 000美元，用作波斯敦咖啡替代品公司的启动资金。经营一段时间后，波斯特发现他的新式饮料利润丰厚，于是他放弃了生命驿站中的治疗理念，改变自己的观点，以吻合新产品的销售市场。在《我康复啦！》一书中，他写道，所有的疾病都根源于"心理冲突"，可以通过正确的思考方式治愈。但是，后来，他开始宣传一种更简单的办法："只要不再喝咖啡，不吃垃圾食品，开始饮用波斯敦谷物咖啡，你就可以摆脱

⊖ 凯洛格医生虽然痛恨咖啡，但是他更加憎恨波斯特的欺骗行为，他说："大部分咖啡替代品都包含某种形式的谷物、糖浆和烘焙味，这些替代品中的烘焙味源于与普通咖啡一样有毒的酚醛树脂和其他烘焙副产品。"后来，凯洛格医生投诉波斯特，说他靠廉价的糠麸和糖浆混合物牟取了上百万美元的暴利。

所有常见疾病。"⊖

波斯特天生就是个销售员。瘦高的身材、宽厚的肩膀、五官轮廓分明，他富有感召力和说服力的演讲给人们留下了深刻的印象。1895年，他带着一只便携式炉子和他的波斯敦饮料样品，去密歇根的各家杂货店给店主试喝。在每家店，他都一边按波斯敦配方将饮料煮上20分钟并亲自给店主试喝，一边吹嘘波斯敦饮料的药用价值和美味的口感。他对大家说："如果煮得恰到好处，波斯敦饮料就会呈现出和咖啡一样的深褐色，而口感之温和就像著名的爪哇豆一样。"

波斯特在密歇根州大急流城拜访的第一家杂货店并未被波斯特说动，因为它有大量凯洛格的焦糖咖啡存货，而这些存货后来逐渐由于销量下滑而变质。后来，波斯特说服杂货店老板，把波斯敦寄存在杂货店代售，他向店主保证他会登广告来开发人们的需求。之后，这位勤奋的企业家费尽心思拜访了《大急流晚报》的编辑，泡了一杯波斯敦饮料，请编辑试喝。起初，编辑还将信将疑，后来他发现了波斯特随身携带的信封，信封角上有一个红点，下面注释着"补血"。编辑还被波斯特的健康理论所打动，最后借给波斯特1万美元的广告额度。

截至1895年年中，波斯特每月在广告上要花1250美元。1897年，广告花费直线上升到每月2万美元。波斯特一生一共花了1200万美元来推广其产品，其中70%用于在当地报纸上登广告，剩下的用于在全国发行的杂志上刊登广告。波斯特一直深信，花费巨资在广告上绝对值得，可以扩大市场需求，促成大规模生产销售。虽然广告支出很大，但也间接扩大了产量，这样一来，生产规模增大，生产成本就会降低。

没几年时间，波斯特一开始制作波斯敦饮料的仓库经过粉刷，焕然

⊖ 波斯特在《我康复啦！》一书中写道："威士忌、吗啡、烟草、咖啡、过度纵欲和其他非自然状态"都会导致不健康。波斯特深知"纵欲"对身体的危害，1894年和1896年仅两年，他和妻子就育有两个孩子。

第6章 毒性饮料

一新，变成了纯白色的厂房，被誉为"洁白城市"。其中有一间厂房令人印象深刻，被一位记者誉为"宣传神殿"，波斯特雇用的广告人就是在这里绞尽脑汁，编写各种新的广告语，然后经过波斯特同意或者修改再发布出去。据一位作家称，这里是"当时世界上最标新立异、装修奢华的办公室"。

波斯特炮轰咖啡

波斯特认为，直接利用广告吸引客户要比依赖销售人员费尽心思说服杂货商和批发商囤积与采购他的商品要有效得多。波斯特就是采用这种"拉动"式的广告，让顾客自己觉得需要他的产品，从而主动购买。

左图所示为1910年的一幅波斯敦饮料广告，广告中用灯塔高亮突出，向人们宣告："咖啡毁人一生。"这本是提醒咖啡业内人士应采取积极有效的广告手段予以反击，结果，咖啡界人士只会大发雷霆。

波斯特强调他的波斯敦广告一定要"用简洁的词语、贴切生活的例子以及消费者所用的语言"。其中最有名的一句广告语是这样的："你的咖啡不合口味，就来喝波斯敦谷物咖啡吧。"这句广告词让咖啡商和语法学家都很崩溃，但是确实促进了波斯敦的销售。波斯特给每条广告都会附上一条标签："万事皆有因。"虽然没人知道这句话到底是什么意思，但它却和当时的流行文化找到了契合点，成为流行语。

1897年5月，波斯敦咖啡大卖，这主要归功于波斯特骇人听闻的广告策略，它们给人们描述了一幅喝咖啡以后烦躁而绝望的画面，驱散人们对咖啡因的依赖。广告警告人们喝咖啡会陷入诸如"咖啡心脏病""咖啡神经痛"和"脑疲劳"之类的危险，而戒掉咖啡，改喝波斯敦饮料则能治愈这些毛病。

一位记者对波斯特说："您的广告有一种发起挑战的感觉在其中，总是直接刺中对手的要害。"确实如此，有一条广告标题就是："喝咖啡会变成盲人。"另一条广告则写道："每3个喝咖啡的人当中肯定有1个患上了不同程度的疾病，咖啡中含有毒性的咖啡因，咖啡因和可卡因、吗啡、尼古丁以及士的宁属于同一种生物碱。"还有一条广告特写了咖啡从杯中流出的过程，同时打出警示词："咖啡滴可以穿石，小心你的胃可能已经被穿了孔，试试离开咖啡10天，来尝尝波斯敦谷物咖啡吧。"

波斯特有的广告则直接恐吓消费者。其中一条广告说："你的黄褐斑就是长期喝咖啡造成的吧？有没有发现，咖啡会降低工作效率、消磨你的精力、玷污你纯正的血统，让你沦为杂种，让你为金钱和声誉而付出的努力全都付诸东流。"

除了恐吓以外，他还讨好消费者，勾起他们的自我意识。他针对"头脑清醒的有识之士"专门策划了一条广告，告诉他们放弃损害神经系统的咖啡，改喝波斯敦，他们可以做得更好。波斯特告诉当时赶时髦的人们说，波斯敦是"一种科学的治疗法，可以修复大脑，重构大脑受损的神经组织"。咖啡不是有营养的食物，而是强力毒药。他宣称："如果长期饮用咖啡，迟早有一天，哪怕是最强壮的男女，其体内跟神经系统相连的胃、肠、心脏、肾、神经、大脑以及其他器官都会受损。"

波斯特堪称第一位通过号称自己的产品是专利药物来吸引顾客的人，

他夸大波斯敦饮料的保健功效，虚张声势，制造恐慌，还散布伪科学术语和谣言来扩大市场，为现代消费品广告开了先河。实际上，1886年，可口可乐上市，就以"大脑补药"为噱头来做宣传，大获成功，波斯特恐怕正是从可口可乐的营销广告中得到了启发，而且波斯特注定是咖啡史上的重要人物。

利用世纪末大恐慌

波斯特大肆宣传其咖啡替代品波斯敦的时候，正逢美国人遭遇世纪末大恐慌。随着电报、电力、铁路和自动收报机的发明以及经济的大起大落，美国社会经历了巨大的变化。而且，当时美国人的饮食习惯很重口味，大油大肉，肯定会导致消化不良，当时，美国最常见的病就是胃功能性消化不良。这些重口味的食物搭配着胡乱烹煮的咖啡被大口一饮而下。20世纪初期，美国每年人均喝掉12磅咖啡，的确无法和世界咖啡消耗量之冠荷兰人相比，荷兰人每年人均喝掉16磅咖啡，但是美国人的咖啡消耗量的确不小了。因此，美国人经常寻求含有麻醉剂的胃药来治疗他们的肠胃病。

波斯特新一轮的全国性广告宣传展开了，这些广告大量采用科学行话，夸大其产品的药物疗效，的确收到了很好的效果。除了大品牌阿里奥萨和狮子牌以外，全国各地的咖啡广告都无法和波斯特的广告抗衡。它们的广告中传递的信息都很老套，一般都是咖啡的香味和口感，根本无法和波斯特各种高调复杂的概念相较量。更糟糕的是，面对波斯敦的猛烈攻势，很多咖啡广告都开始自辩，宣称自己的咖啡和竞争对手的咖啡相比，不含有毒物质和丹宁酸，这简直就等于搬起石头砸自己的脚。

波斯特还直接写信给消费者，以煽动性的伪科学抹黑咖啡，这一做法激怒了咖啡商。他在信中写道："经常喝咖啡会引起消化不良，造成神经系统功能性障碍。咖啡因会破坏迷走神经[一]，引起全身瘫痪。咖啡中含有的生物碱会分解脑组织。"

实际上，虽然波斯特不断攻击咖啡，但他自己私下里却一直在喝咖啡。据他的女儿马乔里说："爸爸会连喝几天咖啡，然后就会感觉不舒服，于是就再喝几天波斯敦饮料，感觉好了以后，他就又会开始喝咖啡了。"他在公开场合也会喝咖啡。一位报社记者在晚餐时发现波斯特竟然也喝咖啡，惊异不已："哦，这简直吓到我了，倡导无咖啡的领袖人物波斯特，竟然也喝他所宣称的恐怖、损害神经的致命咖啡！"

波斯特发现波斯敦饮料的销售有一定的季节性，通常冬季是销售旺季，于是在1898年发明了适合全年饮用的"提子坚果"谷物，号称这是全世界最科学营养的食物。波斯敦的销售额继续膨胀，1900年，达到了425 196美元，其中有一半是净赚的利润。1908年，波斯敦年销售额超过150万美元，但那时候他的产品中占据销售榜高位的是"提子坚果"谷物和"波斯特吐司"玉米片。

僧侣专用饮品及其他销售策略

每盒波斯敦饮料的零售价是25美分，而每12盒为1箱给杂货店的批发价是每箱2美元，这样看来零售商的利润就很少，只有1美元。但是，波斯特的广告效果很好，产品需求量很大，所以零售商别无选择，只能批发波斯敦饮料。这样一来，竞争就不可避免，一时出现很多公司，以相当低的价格提供类似的咖啡替代品。波斯特为了应对这些竞争者带来的挑战，又发明了一种新的饮料——僧侣专用饮品，每袋售价仅为5美分，并且在竞争对手已经得手的城市里加大宣传力度。后来，僧侣专用饮品打败

[一] 第10对脑神经，是脑神经中最长、分布最广的一对，含有感觉、运动和副交感神经纤维。——译者注

了所有的竞争品牌，然后波斯特就将其从市场撤出。波斯特得意地笑称："跟风效仿的人已经彻底被摧毁了，这是我有史以来经历过的最彻底的一次大屠杀。"狡猾的波斯特回收了僧侣专用饮品后，重新包装，然后当作波斯敦重新投放市场销售——这的确是合法的，毕竟这两种产品其实完全一样。

尽管波斯特的财富不断累积，但他对自己的员工还是很吝啬。包装车间的女工每包装一个波斯敦饮料盒只能得到0.3美分的工费，但是一不小心损坏一个，就要按照每盒的批发价25美分进行赔偿。尽管工人的工资是按件计酬支付的，和工作时间没有关系，但是工人迟到还是要扣工资。除此之外，波斯特极度反对工会，他晚年的时候，花了很多时间和金钱，在报纸上发表和传播右翼诽谤言论，造谣中伤工会工人。

后来，波斯特把日复一日的生产工作交给了手下的经理人，然后自己开始追求一种漂泊不定的生活，来往于华盛顿、得克萨斯州、加利福尼亚州、纽约、伦敦以及已经结婚的女儿在康涅狄格州格林尼治的家中。他基本靠邮件来经营自己的公司。尽管波斯特的公司已经非常成功，他把大部分的事务委托给了手下，但是他自己依然很关注公司的广告文案。他经常在自己的兜里装一张纸，每天写上一笔，保证每个广告词都能有3000万以上的人读到。波斯特说："对于我自己的产品广告，我还没有找到任何人能比我写得好，也没能教会任何人按照我的方式来写广告。"㊀

看到波斯敦饮料的几十个竞争对手一一倒下，波斯特很是满意。从心理学角度切入，通过广告来表达自己想要突出的主题，波斯特在这方面的确是首屈一指的广告天才，他说："要制作出美味的纯正食物很容易，但是要卖出去就是另一回事儿了。这需要仔细观察消费者每天的一举一动，

㊀ 晚年，波斯特把研发新产品的工作交给了其他人。威利斯·波斯特（Willis Post）是他的侄子，负责远在英国的业务，1911年发明了速溶波斯敦咖啡，节省了煮咖啡的20分钟时间。

包括他们的习惯、好恶、所扮演的角色、愿望、令他们失望的事、他们勇于去做的事情、弱点,特别是要研究他们的需求是什么。"

波斯特通过在一些主流杂志上投放广告,并许诺会给杂志赞助很多钱,以此取得主流杂志的推荐信。然后,波斯特再从这些推荐信中挑出最好的,将其改写得更加有说服力。其中一份经过波斯特编辑的信中写道:"我曾经是个咖啡奴,每天都头痛。我戒掉咖啡,开始接受波斯敦饮料后,一切不适都烟消云散了。风湿病全好了,血液变纯了,神经系统也基本健康稳定了,消化系统完全正常,再不会头痛了,实在是不可思议啊。"

一位宾夕法尼亚州威尔克斯-巴里的护士写道:"我自己曾经也喝浓咖啡,然后备受煎熬。"当然,后来她改喝波斯敦饮料,"当然,自从我和我的病人都喝了波斯敦饮料以后,感觉前所未有地好,咖啡带来的不适一扫而空。很奇怪的是,刚生完孩子的妈妈们,喝了波斯敦以后,奶水分泌量也变多了。"

密苏里州圣约瑟夫的一个人为波斯敦作证:"大约两年前,我的膝盖开始僵硬,腿脚肿胀,我几乎已经无法走路了,最痛苦的是持续不断的疼痛一直折磨着我。"为什么会这样呢?咖啡惹的祸啊!治疗方案呢?波斯敦饮料啊!

波斯特一直靠自己做广告,最后炒掉了自己的广告经纪人,1903年,他创办了格兰丁广告公司,以负责广告策划的员工弗兰克·C.格兰丁的名字命名公司。格兰丁广告公司的客户只有波斯敦一家公司。没多久,波斯特又收购了巴特克里市的一家报纸,用来宣传自己各种离奇古怪的想法,同时也免费为波斯敦、提子坚果和波斯特吐司玉米片做广告。

咖啡界人士的反击

查尔斯·威廉·波斯特积累的财富比同时代的其他任何一个美国人都多。1895年年初,他才刚刚卖掉第一批波斯敦饮料,7年之后,他就已经成了百万富翁。

1906年,波斯敦的成功在咖啡界引起了一场轩然大波,咖啡商都很愤慨。《茶和咖啡贸易》的编辑威廉·乌克斯写了一篇很无聊的社论,评论波斯特的女儿马乔里·梅里韦瑟·波斯特。乌克斯写道:"说来也有意思,据说,波斯特这位温柔的父亲给女儿投资了200万美元,并且认真教她各种商业运作模式。而200万美元对波斯特而言又算得了什么呢?他每年仅仅在广告上的投资就有150万美元。天呐,美国老百姓的钱可真好骗!"

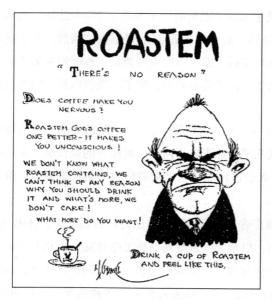

左图是一幅1910年的讽刺漫画,波斯敦的负面广告惹毛了咖啡界人士,于是他们开始反击。

当时的咖啡广告互相诋毁,造成了很多负面效应。其中一个广告是这样的:妻子给了丈夫一拳,丢掉一整包咖啡,呵斥丈夫说,"我叫你买的是阿巴克尔的咖啡,这些杂牌子哪敢乱喝啊"。旁边的广告语是,"真正叫人生气的是,如果买来的是质量不过关的替代品,怕是迟早会消化不良或者神经衰弱"。短期来看,这种强调单一品牌的广告可能对阿里奥萨咖啡的宣传和销售有利，但它也传达了另一种含义，那就是其他大部分咖啡都不利于身体健康。德恩咖啡（Dern Coffee）的一个广告也强调："喝了咖啡以后，如果神经系统和消化系统出现问题，那是因为你喝的咖啡不是新鲜烘焙的，没有彻底清洁和妥善保存。"广告的最后打出广告语："德恩咖啡为您提供不会损伤神经系统和消化系统、具有品质保证和香味的地道咖啡。"

还有很多为咖啡辩护的文章还没被宣传起来，就先起了反作用。1906年5月，《茶和咖啡贸易》上刊登了一篇约翰·G.凯普林格（John G. Keplinger）的文章，题目是"咖啡有益身体健康"，开篇就是"很多谬误一而再再而三地反复出现在人们面前，大家就会留下印象，便也信以为真了"。这显然是在说波斯特，但是凯普林格接着承认："毫无疑问，咖啡的确会引起一些身体不适，比如头痛、令人难过的胃痛、视力下降等。"这是为什么呢？据凯普林格所言，当咖啡和牛奶、糖混起来喝时，就会对身体有害，应该直接饮用黑咖啡。

凯普林格显然没有意识到他帮了倒忙，他还继续跟咖啡广告人建议咖啡广告要突出咖啡的积极作用，而不要相互诋毁，说自己的咖啡不会导致头痛、便秘、消化不良和神经衰弱等问题。接着，他还给广告人提供了一份他自己认可的示范广告。广告的第一句就是："咖啡对身体有害吗？"这简直就是不打自招。他的其他广告策略简直荒唐至极，盲目效仿当时专利药膏的宣传方法："咖啡具有治疗和预防疾病的作用，对流行性感冒、霍乱、猩红热和其他各种疟疾都很有效。"还有一则广告标题就是："好咖啡可以舒缓神经紧张。"原因是："经脉搏记录仪多次测试，咖啡是一种无副作用的兴奋剂，可以刺激大脑使之兴奋，是一种益智饮品。"

20世纪上半叶，支持咖啡者的惯用伎俩就是引用各种奇闻逸事来证明咖啡对人长寿的积极作用。例如，汉纳·兰女士92岁生日的时候，依然身体灵活地跳了一组当地舞蹈。"兰女士一直很骄傲，她一辈子没得过什么病——她唯一的健康法则就是每天喝4杯浓咖啡。"密歇根州艾恩伍德市赫定大街的克里斯蒂娜女士通过"一整天都不停地喝咖啡"的方式来庆祝她丈夫的生日，她平时每天要喝4~10杯咖啡。一位法国百岁老人听说他过量饮用的咖啡是毒药后，站出来说："如果咖啡是毒药，那么按照我的经历来看，咖啡就只能是药效很慢的慢性毒药。"⊖

为了抵制咖啡酿成健康隐患这种负面消息，咖啡界人士乐于寻找像左图所示的梅琳达·P.凯尔夫人这样的消费者，当时（1912年）凯尔夫人已经114岁高龄，她从14岁起就养成了每天喝3杯咖啡的习惯。

1906年7月，《茶和咖啡贸易》的编辑乌克斯就咖啡界的反抗写了一篇檄文：

全国各地的咖啡厂商和咖啡生意人现在都发现，咖啡替代饮料

⊖ 18世纪，瑞典一对双胞胎兄弟因谋杀罪被判死刑，国王古斯塔夫三世改判这对双胞胎兄弟为无期徒刑，就是为了研究当时备受争议的茶叶和咖啡对身体的不同影响。其中一个人每天喝大量的茶，另一个人每天喝大量咖啡，最终喝茶的先去世，享年83岁。

制造商已经从他们手里夺去了大片市场，现在是时候下定决心收复失地了。毫无疑问，波斯敦公司抓住了绝佳的商机，并且加以充分利用。但是国内的咖啡界人士对波斯敦侵占市场的计划束手无策。这种咖啡替代品广告毫不留情地抨击了咖啡，再加上高超的广告技巧，结果就是，上千个已经养成喝咖啡习惯的人也放弃了咖啡，改喝波斯敦饮料了。

咖啡界人士备感沮丧和困惑，甚至考虑秘密邀请波斯特给他们写广告词，然而考虑归考虑，该计划从未付诸实践。波斯特也说："我能像给波斯敦做广告那样，为咖啡广告想出超凡的点子吗？答案是不能，因为我坚信波斯敦饮料，而对咖啡丝毫没有这样的信任。"

咖啡界的广告人又花了一二十年才从波斯特身上学到了经验教训："塑造积极的产品形象和美味同样重要。"

《科利尔周刊》控告波斯特诽谤

全国知名的《科利尔周刊》（*Collier's Weekly*）1905年出版了塞缪尔·霍普金斯·亚当斯（Samuel Hopkins Adams）揭发专利药品黑幕的系列文章后，就断然拒绝刊登任何可能有问题的专利药品广告，文章言辞激烈地抨击了那些具有误导性的广告，并且在第二年促成了具有里程碑意义的食品立法的通过。然而，1905年年底，一位愤怒的读者提起控诉，《科利尔周刊》又开始刊登波斯特的广告，而波斯特的广告还是一如既往用其饮料的医用疗效来招揽客户。周刊的广告部经理斯图恩写信给波斯特，解释说他无法再刊登此类广告了。1907年，周刊发表了一篇社论，指责提子坚果广告中声称早餐谷物可以治疗阑尾炎的谬论，指出"这简直就是谎言，是赤裸裸的欺骗"。该社论认为由医生和健康专家出具的波斯敦饮料药用证书是伪造的。

波斯特立马开始恶意反击，掏出高达 18 000 美元在全国各大报纸载文声讨《科利尔周刊》上社论文章的作者，说他"走入了灰色地带"。波斯特竟然有胆量站出来说是因为他拒绝在《科利尔周刊》上刊登广告，所以周刊才撰文攻击他。他甚至还为广告的健康证书辩护说："我们至今从来没有说过，任何著名医生或者健康专家曾为波斯敦饮料或者提子坚果提供过健康证明，事实上，我们手里就没有这样的证明文件，《科利尔周刊》上的言论简直就是一派胡言。"

1907 年，《科利尔周刊》以诽谤罪对波斯特提起诉讼。3 年后此案才得以审理，波斯特不得不为自己早年出版的书进行辩护，因为他在《我康复啦！》一书中声称自己有奇迹般的治愈能力，其中包括治愈了一个臼齿脓肿病人和一个坐在轮椅上的病人。监控官质问波斯特："如今，你又说，靠精神暗示的力量减缓病痛不可行，而你的提子坚果和波斯敦饮料却可以对减轻痛苦起作用，每磅只要 15 美分，这不是自相矛盾吗？"波斯特回答："是的。"波斯特的律师让波斯特承认他确实重点关注了对产品有利的证明，因为他没有时间逐个调研是否所有的证明都是真实的。

在最终陈词中，原告律师突然指着波斯敦，请求陪审团："帮忙让他做个诚实的人吧。"陪审团同意了，以诽谤罪名成立，对波斯特判处 5 万美元罚款。最后，纽约上诉法庭又撤销了对此案的判决，但还是给了波斯特一个教训。从此以后，波斯敦的广告词有所节制，波斯敦广告几年内就从治疗大脑疲劳和阑尾炎变成了有利于治疗便秘。

威利医生左右为难

1906 年，《茶和咖啡贸易》的编辑威廉·乌克斯发表评论指出："如果有人把烘焙过的豆子和菊苣混合起来当作咖啡卖，并且被发现，一定会引起一片公愤。然而，当百万富翁波斯特开始把烘干的谷物当作咖啡替代品来卖的时候，却无人吱声。这个时候，威利医生到哪里去了呢？怎么也不吭声呢？"哈维·威利当时正在费尽心思为即将出台的纯净食品法游说，他已经成了食品广告和食品品牌方面相当有影响力的真理发言人。威利医生发起了一场反欺诈和恶习的道德改革运动。他说："政府一直没怎么关注食品给公众健康带来的危害，但是公众食品安全应该是最重要的问题。食品造假罪大恶极，是一种欺骗消费者的行为。"

相比健康问题，威利医生更关注解决欺骗问题，这一点在其宣传的立法上就能看出来。《纯净食品和药品法》并没有规定含有有毒物质的食品与药品非法，只是要求在标签中明确标识出来。咖啡因并不包括在有毒物质列表中，因此无须标识。美国无论男女老少，平均每年消费咖啡12磅，威利医生此结论一出，大部分喝咖啡的人都觉得自己相对来说安全多了，并希望威利医生能把注意力放到那些误导人们的产品上去，比如波斯敦饮料。

最后，威利确实要求波斯特从他的产品标签和广告中去掉"咖啡"这两个字。即便如此，《纯净食品和药品法》还是给咖啡界带来了不小的麻烦。如果政府相关人员在他们的咖啡里发现有菊苣或者其他咖啡替代品，他们就会被起诉。如果被发现咖啡中含有企图蒙混过关的次豆，即由于咖啡树枯萎或者处理不当而造成褪色或者发霉的豆子，那么就要停业。就这样，《纯净食品和药品法》颁布后的几年，该法案在咖啡业执行，彻底清理了咖啡和咖啡替代品市场。

《纯净食品和药品法》在肃清市场方面的执行效果很不错，但是相比较而言，在其他方面的执行就显得比较官僚、存心不良或者愚蠢了。巴西和中美洲的咖啡被普遍误当作爪哇咖啡豆来卖，但长期以来，爪哇豆确实不仅指来自爪哇岛本身的咖啡豆，也包括来自周边14座小岛所产的咖啡豆。然而，食品和药品检查委员会同年又规定，印度尼西亚西部的苏门答腊生产的咖啡豆必须标注成苏门答腊咖啡豆，而不能标注为爪哇豆。业界人士一直这样定义爪哇豆，从来没有什么问题，但是政府却不这么想。

自从哈维·威利成功推行《纯净食品和药品法》并帮助肃清咖啡界以后，乌克斯和其他咖啡专家都以为威利是站在他们一边的。但是，1910年，这位改革运动的先驱化学家又在报纸上得意忘形地发表言论："美国到处是喝茶和咖啡上瘾的醉鬼，国内最常见的麻醉药就是咖啡因。"

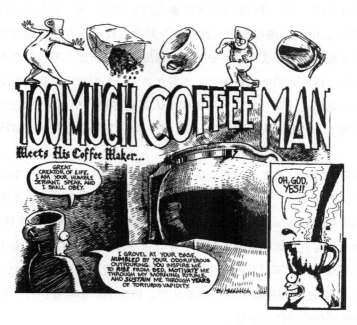

上图所示的"咖啡狂人"无法忍受没有咖啡的生活，在他眼里，没有咖啡生命就没有意义；现实中确实有人认为，所谓的咖啡上瘾确有其事，并非玩笑话。

《纯净食品和药品法》通过没多久，威利就开始攻击可口可乐。他虽然反对含有咖啡因的饮料，但是咖啡和茶叶合法，因为其中的咖啡因成分是天然存在的，就像桃子和杏天然就含有氢氰酸。而大人小孩定期饮用的可口可乐，却含有人为添加的咖啡因。因此，他勉强说服上级没收了佐治亚州和田纳西州交界的 40 大桶和 20 小桶可口可乐浓浆。

1911 年，没收的可口可乐浓浆被送到田纳西州查塔努加市进行检测，经过测试之后，政府根据《纯净食品和药品法》指控可口可乐中添加了有毒成分。最后，政府必须依法提供证据证明咖啡因是有毒成分，而且可口可乐公司故意添加咖啡因在饮料中。咖啡界人士对此案喜忧参半。一方面担忧专家作证指出咖啡因有毒，另一方面也意识到一旦证明可口可乐添加了有毒物质，就可以将可口可乐占据的市场拿回来。

尽管专家能提供重要的证据，但是大部分专家提供的证据都带有个人感情色彩，除了哈里（Harry）和莉塔·霍林沃思（Leta Hollingworth）具有开创性的双盲实验，即咖啡因对人类的影响实验。至今这一实验仍被记录在经典著作中。该实验表明，适量摄取咖啡因可以让身体更灵活，而对睡眠基本没有影响。㊀

最终，证据不足，可口可乐赢了这场官司。所有的证据经检验都和咖啡因有毒这一控诉毫无关系。桑福德法官要求陪审团做出对可口可乐有利的裁决。他并未裁决咖啡因是否有毒，只是依法判定咖啡因并非添加成分，从可口可乐被发明起，咖啡因就是其配方的一部分。当然，此判决也对威利医生造成了重创。他的上司也想找机会除掉牛脾气的威利，于是借机指控威利非法花大价钱收买证据。1912 年 3 月威利辞职，当时他在全国的声望达到顶峰。

当年，咖啡界希望能够得到威利医生的支持，付钱请他在全国咖啡烘焙大会上发表演讲，演讲标题是"咖啡是美国的饮料，好处多多"。这位威利医生一开场就言辞刻薄，说全国人民应该喝饮料，而不是咖啡。他的发言简直就是东拉西扯，宣泄了一番自己对可口可乐的怨恨，又抨击了咖啡和咖啡因，"可口可乐是南方的软饮，简直就是咖啡的人造翻版，可口

㊀ 关于咖啡对健康影响的评估，请参见第 19 章。

可乐里面添加的兴奋剂成分就是最初贵族往咖啡里加的兴奋剂咖啡因。我绝不会给我家孩子喝咖啡或者茶,否则,还不如毒死他算了"。

即便如此,威利医生和查尔斯·威廉·波斯特一样,也不得不承认他自己也喝咖啡,"我知道咖啡有害健康,经常会引起消化不良和烦躁以及成千上万种神经损伤,但是我每天早上还是要坐下来喝上一杯才行,我喜欢咖啡"。

低咖啡因咖啡问世

咖啡因遭到当时社会的极大质疑,所以咖啡业的企业家又开始想办法寻找不含咖啡因的天然咖啡树。4个品种的咖啡树经认定不含咖啡因,主要生长在非洲的马达加斯加。很可惜,这些不含咖啡因的咖啡豆经过烘焙后,又苦又涩,味道太差。著名农学家卢瑟·伯班克(Luther Burbank)认为可以通过杂交种植的方式培育出既不含咖啡因又口味绝佳的咖啡,但是需要在热带地区进行多年实验才行。他补充道:"但是,要让我大老远跑到这片气候如此炎热的鬼地方专注于咖啡观察实验多年,这根本不可能。而且,如果咖啡去掉了让人愉悦兴奋的咖啡因成分以后,还会有人喝咖啡吗?我觉得应该有人还会喝咖啡,但这要由消费者自己决定。"

没多久,伯班克就肯定了低咖啡因的市场。路德维希·罗塞利乌斯(Ludwig Roselius)是一位德国商人,他的父亲是一位专业咖啡鉴赏家,他认为自己的父亲就是因为摄入过量咖啡因才很早去世了,后来,罗塞利乌斯通过对生豆进行高温蒸汽加热,然后再把处理过的咖啡豆浸泡在溶解有苯成分的液体中,成功地从生咖啡豆中提取出了咖啡因成分。1906年,罗塞利乌斯为他的咖啡处理过程申请了专利并且成立了自己的公司。没几年,他发明的低咖啡因咖啡以"哈格咖啡"(Kaffee Hag)为名在德国上市;以"桑卡"(Sanka,Sans 在法语中是"没有"的意思)为名在法国上市;通过默克制药公司(Merck Drug Company)以"低咖啡"(Dekafa)

为名在美国上市。紧接着,在大西洋两岸的美国和欧洲,其他低咖啡因品牌咖啡纷纷入市。1911年,另一个德国人罗伯特·许布纳(Robert Hübner)把他自己的许布纳健康咖啡(Hübner Health Coffee)引入美国市场,声称其咖啡中的咖啡因成分是通过纯净水而非各种化学溶剂提取的。第二年,两款速溶咖啡诞生,也就是把研磨后的普通咖啡压缩成小颗粒,包装起来进行销售。㊀

波斯特的最后一战

低咖啡因咖啡和速溶咖啡的发明,并没有大幅减少人们对普通咖啡的消耗量,因此也没有给咖啡商带来很大困扰。不管怎样,这些咖啡始终还是咖啡,而不像波斯敦的广告那样故意诋毁咖啡。查尔斯·威廉·波斯特经常以咖啡敌人的身份出现在《茶和咖啡贸易》上。

1914年1月,波斯特深受精神和身体病痛的双重折磨。报纸上报道说,他带着私人医生和妻子躲到圣巴巴拉农场,以便充分休养。而在《茶和咖啡贸易》的报道中,编辑威廉·乌克斯还是忍不住讽刺了波斯特一番:当年,波斯特一直警告人们咖啡会伤害神经系统,如今他自己的神经系统却崩溃了。乌克斯在报道中写道:"面对波斯特的不幸,我们不能幸灾乐祸(其实乌克斯写这句话的时候就很得意)。实际上,不管长期饮用波斯敦饮料对波斯特这次倒下有多大影响,我们都深表同情,并且希望这位百万富翁早日康复。"他还建议护士"在波斯特恢复期间,时不时地悄悄给他一杯咖啡喝,以便他早日康复"。

3月,波斯特还被自己的私人医生诊断出患有阑尾炎,这实在是太讽刺了。就在4年前,波斯特在《科利尔周刊》案中还不断宣称他的提子坚果可以防止和治疗阑尾炎。波斯特曾经写道:"疾病和罪恶都是人类自己想出来的,只有在催眠状态下和非常态下人才会生病。"而现在,波斯特

㊀ 参见第5章关于早期最成功的乔治·华盛顿牌速溶咖啡的详细介绍。

却不得不承认自己需要进行手术治疗,这简直就是挑战他自己的信仰。

波斯特乘坐私人专列从加利福尼亚州出发到明尼苏达州的梅奥诊所,这是美国著名私人诊所,那里的医生将对他进行手术。经过一套例行程序,手术取得成功,波斯特回到圣巴巴拉市,情绪异常低落,很少离开床。波斯特曾说:"身体健康的时候,就能闻到天堂的味道,而生病的时候,却嗅到了地狱的味道。"1914年5月9日,波斯特让他的妻子去打点一些生意,并告诉自己的护士:"我神经虽然紧张,但是头脑非常清楚,可是我却控制不了自己的神经和情绪。"接着,这位百万富翁、健康专家——59岁的查尔斯·威廉·波斯特赶走了自己的护士,拿起一把猎枪放进自己嘴里,扣下了扳机,结束了自己的生命。

有些人说,比波斯特年轻近30岁的妻子对波斯特不忠,后来被波斯特发现,所以他才自杀的。但是,更有可能的是,这位身价2000万美元的富翁是因为自尊心严重受挫,所以才选择离开了这个世界。心理疗法、波斯敦饮料和提子坚果都没有像他的书中宣扬的那样能够治好他自己。波斯特去世了,但是他的财富、波斯敦饮料的反咖啡广告都让波斯特的名字永垂不朽。他的女儿,马乔里·梅里韦瑟·波斯特和他的第二任丈夫——投资家爱德华·F. 赫顿(Edward F. Hutton),打算继续经营波斯敦的生意,并且将其扩大化——他们成立了通用食品公司(General Foods)。同样讽刺的是,1928年,该公司收购了麦斯威尔咖啡(Maxwell House Coffee)。波斯特要是知道这些,有可能气得要从坟墓里爬出来了,也有可能会看着女儿从他曾经偷偷饮用的咖啡上赚大钱而高兴得合不拢嘴。

第二部分
新鲜咖啡淡出，速溶咖啡入市

上图是阿巴克尔咖啡的高级品牌——雨斑咖啡（Yuban）1916年的广告。本来雨斑咖啡能让陷入危机中的咖啡巨头阿巴克尔兄弟重振雄风，但是由于阿巴克尔不愿意花钱做全国性的广告宣传，所以阿巴克尔咖啡只能淡出市场，最终连雨斑品牌也卖给了通用食品公司。

第 7 章

成长的痛苦

> 1915年左右，随着新咖啡品牌的出现、商标和连锁店的普及，人们开始充分享受扩大消费带来的快感，形成了新的消费模式，这已经成为当代无论身在何处的美国人每天生活中共同的经历，物质主义成了美国主义的代名词。
> ——托马斯·J.施勒雷特
> 《胜利的美国：日常生活中的变革（1876～1915）》
> (*Transformation in Everyday Life*, 1876—1915)

尽管大部分消费品（象牙皂、可口可乐、李施德林漱口水等），利用迷惑人的广告策略取得了全国性市场，但是咖啡却很难占有广泛的销售市场。这主要是因为咖啡一旦经过烘焙就很难保存，很快就会失去其新鲜的口味，所以咖啡商就不敢对咖啡做很激进的全国性宣传广告。然而第一次世界大战开始之前，也有一些像福尔杰咖啡、希尔斯兄弟、麦斯威尔咖啡、蔡斯和桑伯恩以及阿巴克尔兄弟这样有远见卓识的咖啡公司，在其他上百家咖啡烘焙商还在为日益激烈的竞争和无法控制的市场焦头烂额的时候，就已经吸取了波斯敦广告的经验教训，先行一步。

咖啡品牌百花齐放

在第一次世界大战之前，咖啡的市场争夺战还仅限于地方层面，而非全美。即便如此，在相当短的时间内，随着印有商标的小包装品牌咖啡取代乡村商店里按大袋售卖的咖啡豆，一场咖啡市场的革命还是来到了。

1915 年，咖啡零售商 J.C. 里德（J.C. Reid）回顾其 30 年的咖啡销售生涯，感叹道："我眼看着，从前卖薄脆饼干、大米、无籽葡萄干、葡萄干、意大利细面条、通心粉、燕麦片、玉米粉、硼砂、小苏打、咖啡等，都是一箱一箱、一桶一桶、一大包一大包运来，散装出售，而现在却是装在印有商标品牌的包装里一小袋一小袋地卖。"他说的没错，如今，这两种包装销售方式平衡地共存。消费者用同样的价钱，购买的小袋商品只比按大袋购买的少一点点，但是由于小袋有防潮包装，所以算下来，消费者最终得到的却是同样的品质和数量。这样一来，不管是闻起来还是尝起来，咖啡都不再会有咖啡袋旁边的腌菜桶的味道了，每一小袋里的咖啡豆味道也基本一样了。㊀

很多杂货店老板对新的销售方式不满，因为顾客可以从和自己竞争的店里买到同一品牌的包装咖啡。其中一位老板跟里德说，他之所以推荐顾客买散装咖啡，是因为它可以从当地的咖啡烘焙商那里分批拿到新鲜出炉的咖啡豆，然后混合起来出售，以满足不同顾客的口味，这样勉强能赚 40% 的利润，这远远高于卖品牌咖啡的净利润。但是，这位杂货店老板也必须承认，他所卖掉的品牌咖啡比例在不断上涨。

然而，另一个同时代的杂货店老板却喜欢品牌咖啡，他曾写道："好咖啡自己会说话。在袋装或者易拉罐装的咖啡包装上印上好的广告词，就会卖得好。自从用了一个消费者喜欢的固定广告词以后，销量是原来的两倍。我们现在卖的咖啡已经标准统一了，只要找到一种消费者喜欢的混合

㊀ 杰拉尔德·卡森（Gerald Carson）在《古老的乡村商店》(*The Old Country Store*) 一书中写道："走进乡村商店，空气中浓烈的气味扑鼻而来，有干的药草味、奇异的酒味、浓烈的烟草味、生皮革味和人的体味"，而散装烘焙咖啡会吸收所有这些气味。

豆，我们就没什么麻烦，可以轻松买卖了。"

1915年，一份样本为5500名咖啡饮用者的调查报告表明，86%的人会买提前包装好的咖啡。与此同时，调查报告还列举了超过1000个不同的咖啡品牌。另一个由国家咖啡烘焙者协会发布的调查报告则指出美国有3500个不同的咖啡品牌。

无论买来的咖啡是否经过包装，美国咖啡消费者都要把咖啡煮过之后再饮用，这样就破坏了咖啡本身的口感。而如今，他们可以很方便地用渗滤壶来煮咖啡。顾名思义，渗滤壶就是指简单的滴滤法，北美的美式咖啡壶就是一种上面有个玻璃盖、中间有一根导管的壶。当壶中的水充分加热煮沸后，水位就会上升，水经过中央的导管直接接触壶顶的咖啡粉，然后已经萃取过的咖啡液又会流入下层，再经过导管，反复循环，这样煮出来的咖啡可能会萃取过度，味道大打折扣。20世纪初期，这种渗滤壶已经做成了电动的，并且成了美国厨房的标配家电。由于这种渗滤壶反复烹煮，又重新萃取已经萃取过的咖啡渣，所以会导致过度萃取，节约的家庭主妇可能很难掌握咖啡粉量和水量，所以煮出来的咖啡要么太浓，要么太淡，可能都会变成一杯苦咖啡。

1908年，德国家庭主妇梅莉塔·本茨（Melitta Bentz）开始改进咖啡冲调方法，她在锡纸杯的底部刺了很多小洞，然后在上面垫上儿子的吸墨纸，于是发明了高级的一次性萃取冲泡法，此法迅速在欧洲流行开来，并且开创了梅莉塔品牌时代。同年在美国，I.D.里奇海默尔（I.D.Richheimer）向人们介绍了在原来的渗滤壶中间加一层过滤的3层渗滤壶（Tricolator）；3年后，他又向人们介绍了带有中间过滤器的Tricolator咖啡壶。3年后，爱德华·阿博恩（Edward Aborn）又发明了一个名为"做好咖啡"的高级渗滤壶，但是这两种咖啡壶都没有得到广泛应用。大多数美国人还要花上20世纪后面的若干年来慢慢领会咖啡滴滤法的种种优点。

A&P 公司开创现磨自家咖啡

整体上来看,美国咖啡品牌数量大增,但是咖啡品牌之间也面临连锁店大减价和小商贩挨家挨户兜售的艰难竞争。[1]而到目前为止,最大的威胁则来自大西洋和太平洋大茶叶公司(Great Atlantic and Pacific Tea Company),简称 A&P 公司。该公司于 1859 年由乔治·弗朗西斯·吉尔曼(George Francis Gilman)创立,是靠卖兽皮起家的。几年后,公司的职员主任乔治·亨廷顿·哈特福德(George Huntington Hartford)入股,成为公司的合伙人,公司更名为"大美国茶叶公司"(Great American Tea Company),专门经营茶叶生意,仅曼哈顿地区就有超过 12 家店。接着,他们也开始经营咖啡生意。吉尔曼和哈特福德干脆跳过中间人,直接从码头上运送咖啡和茶叶的商船上进货。1869 年,大美国茶叶公司更名为大西洋和太平洋茶叶公司,号称是为了纪念当年横跨大陆的"联合太平洋铁路"竣工,这条铁路东起美国内布拉斯加州东部城市奥马哈,西至加利福尼亚州东部的萨克拉门托,将大西洋和太平洋通过美国大陆连接起来。这也表明该公司打算扩张市场,把生意做到美国东海岸以外的其他地方去。1871 年,芝加哥大火余波未定,公司就派出员工到中西部地区开店,并提供餐饮补助。

1878 年,吉尔曼退休,哈特福德正式接手公司事务。哈特福德继续扩张,1901 年,公司总共有 200 多家店铺,除此之外,还有 5000 多名上门推销人员,他们推着标准化的红黑相间的 A&P 公司特制手推车,直接送货上门。之后,乔治·H.哈特福德的两个儿子乔治·L.哈特福德和约翰·哈特福德逐渐接手公司事务,然后公司也开始销售其他食品。他们模仿阿巴克尔公司,也送赠品和商品印花来吸引客户。到 1907 年,A&P 公

---

[1] 咖啡邮购商店也对咖啡零售市场造成了冲击。比如,1897 年的《西尔斯商品目录》中就提供了咖啡生豆、整豆烘焙咖啡和研磨烘焙咖啡邮购服务。

司的年销售额就达到了 1500 万美元。

兄弟俩中，哥哥乔治比较保守，员工已经习惯称呼他为"乔治先生"，他主要负责公司账务。他每天下午 3 点都会亲自品尝咖啡和茶叶样品，这种习惯一直延续到他 90 多岁。而性格相对比较外向的弟弟"约翰先生"主要负责公司的市场扩展。比如，就是这位约翰先生出的主意，用闪闪发光的马具和镀金的铃铛给马装饰，然后装饰好的马儿每 8 匹组成一组，拉一辆红金色相间的马车沿街卖咖啡，再让当地居民来猜每支马车队伍所拉商品的重量，最接近正确结果的人将会获得价值 500 美元的金条。

1913 年，约翰·哈特福德推出了第一家"实惠商店"，这个店严格实行"现购自运"（cash-and-carry）的经营模式——不负责送货，不接受电话订单，也没有赠品。由于取消了批发环节，A&P 公司可以不用额外加价，以低价销售有品质保证的食品。约翰·哈特福德凭着不可思议的创业冲劲儿，于 1914~1916 年开了 7500 家这样的店，大约平均每天开 7 家店，虽然后来大约一半店铺都关门了。为了让这些店得到品牌认可，约翰将店铺的设计风格和布置予以标准化，据说这样，即使蒙上眼睛，约翰也可以在任何一家店里找到他所需要的咖啡。每家店只需要一个雇员经理。那时候，大多数城市居民奖金一半的工资会花在购买食品上，所以，A&P 公司的新经营模式获得了很大成功。○

A&P 公司和生产麦乳（Cream of Wheat）的公司发生了一点争执，如果 A&P 公司的连锁店以低于零售价的价格销售麦乳，该公司就拒绝把麦乳卖给 A&P 公司，所以约翰·哈特福德逐渐采用了自有品牌，例如安·佩奇系列产品。美国咖啡公司（American Coffee Corporation）是 A&P 公司的全资附属公司，约翰通过该公司在巴西、哥伦比亚和其他咖啡

○ A&P 的创业元老乔治·H. 哈特福德于 1917 年去世，享年 84 岁，乔治·吉尔曼则在 1901 年去世。

原产地安排自己的咖啡买家,直接从原产地采购,自己烘焙咖啡豆,然后在每家店铺配备磨豆机,售卖自己的八点钟咖啡(Eight O'Clock Coffee)以及高级的红圈(Red Circle)和波卡(Bokar)咖啡。

先品尝再购买

A&P 公司沿街叫卖的四轮马车逐渐被经济型的连锁店取代,然而上门推销的销售员,特别是宝石茶公司(Jewel Tea Company)的销售员在一定程度上对品牌咖啡发起了挑战。19 世纪末,很多生意规模较小的商人用四轮马车将大批量烘焙好的咖啡拉到顾客家门口推销,以弥补其规模小的不足,并维持生计。这些四轮马车销售员主要在大城市做生意,这样送货比较集中方便。1899 年,凭借 700 美元创业资金,弗兰克·斯基夫(Frank Skiff)辞去了普通销售员的工作,沿街叫卖茶叶、咖啡和各种香料。他只是为芝加哥及其郊区提供服务的几百个沿街叫卖的小商贩之一,然而他创立的宝石茶公司却非比寻常,他通过发放赠品来吸引客户,客户每次购买他的商品,就可以得到一定数额的赠品券,然后可以用这些赠品券兑换精选的家庭用品。

这幅漫画摘自宝石茶公司的简报,由此可见,为促销咖啡而派发的咖啡壶赠品格外吸引顾客的眼球。

宝石茶公司的四轮马车销售员挨家挨户地兜售咖啡,并送出高级礼券,吸引家庭主妇,促使她们将其产品纳入未来的采购计划。

第二年,斯基夫的妹夫弗兰克·罗斯(Frank Ross)也加入了宝石茶公司。1901年,雄心勃勃的罗斯碰到了斯坎农夫人,这件事将改变他的命运。当时罗斯上门推销产品,斯坎农夫人手里拿着热茶壶开了门,罗斯的推销开场白还没说完,斯坎农夫人就开口骂道:"赶紧从我家门口滚开,不然我烫瞎你的眼睛!"原来,斯卡农夫人为了换取梦寐以求的小地毯,攒了快一年的赠品券,没想到就在她快要攒齐的时候,向她推销的咖啡公司关门了。所以,她对这种销售策略极为反感。

罗斯迅速做出反应,为了安全起见,他站在人行道上喊道:"今天就给你这些精美的哈维兰瓷盘,你可以一边用,一边保证购买我一定量的产品,怎么样啊?"就这样,罗斯成功开启了先送赠品再买货的先河。1916年,也就是先送赠品实行15年后,宝石茶公司开始卖各种各样的家庭用品,并以1600万美元的股本上市。令公司引以为傲的是:它们有850辆红火的四轮马车,每天按照一定的线路为200万个家庭提供上门推销服务;他们在芝加哥拥有一个大型咖啡烘焙厂;还有他们煞费苦心的销售体系,该体系以前线的四轮马车销售员为基础,他们每两周就会上门拜访一次顾客。公司约一半的收入来自咖啡的销售。

宝石茶公司的成功激发了其他人的模仿和竞争对手的出现。在宝石茶公司向公众发行普通股之前，有 400 家同类的公司，其中的 1/10 像宝石茶公司一样，已经走向了全国市场。据《州际杂货》（*Interstate Grocer*）估计，1915 年，被零售商鄙夷地称为"小商小贩"的四轮马车销售员已经抢占了他们咖啡生意的 60%。

咖啡烘焙商和杂货商一样，对此都很不满意，因为宝石茶公司及其模仿者都自行烘焙咖啡，因此占了咖啡市场很大的份额。

机构咖啡市场

四轮马车销售员直接把咖啡卖给客户，赢得了广泛好评，而且抢走了杂货店和连锁店食品架的生意。但是其他专门为酒店、医院、餐厅、私人会所和轮船公司提供咖啡的区域性烘焙商却并未受到太大影响。这类烘焙商被称为机构烘焙商，他们也有很强的竞争力。例如，纽约的弗雷德里克·A. 科舒瓦（Frederic A. Cauchois）按照固定线路，骑着马车，将标有生产日期的新鲜出炉的私家庄园咖啡运往各大机构。已经卖给客户超过两周以上还没被喝完的咖啡豆，科舒瓦会收回，然后更换新鲜咖啡给客户。科舒瓦还向他的客户推广滴滤法煮咖啡，而且向客户提供精良的日本滤纸和咖啡壶，而且每周检查一次。1904 年，科舒瓦就已经在除了纽约之外的费城、华盛顿、匹兹堡和芝加哥建立了烘焙工场。

其他的机构烘焙商则通过销售各种等级的散装咖啡将利润最大化。东欧移民菲利普·韦克斯勒（Philip Wechsler）则向那些想要开餐厅、酒店、自助餐厅和小吃馆的人放贷吃回扣，大约收取贷款金额 6% 的佣金，然后再让这些新开张的各种餐厅和酒店买他的咖啡豆。

芝加哥的哈里·科恩（Harry Cohn）和雅各布·科恩（Jacob Cohn）是立陶宛移民，他们于 20 世纪上半叶建立了自己的咖啡公司。1908 年，哥哥哈里和他的表兄沃尔特·卡佐夫（Walter Katzoff）一起成立了优质茶叶和咖啡公司（Superior Tea & Coffee Company）。弟弟雅各布在该公司工作了一段时间以后，于1915年自己成立了大陆咖啡（Continental）公司。哥哥哈里专做家庭咖啡生意，所以弟弟雅各布就选择做机构咖啡，专门给普通餐厅和自助餐厅供应咖啡。雅各布实际上还把煮咖啡设备以成本价卖给餐厅，并且免费赠送茶壶袋和清洁器。最后，优质茶叶和咖啡公司也转向专做餐厅生意，兄弟俩的公司成了激烈的机构咖啡竞争对手，为了使相互之间的利益最大化，兄弟俩的生意从美国中部向外扩张。与此同时，加利福尼亚州的罗伊·法默（Roy Farmer）和弗兰克·法默（Frank Farmer）一起创立了法默兄弟公司（Farmer Brothers）。

咖啡广告也要走性感路线吗

不像宝石茶公司和波斯敦饮料那样，传统的咖啡商墨守成规，在学习各种眼花缭乱的推销方法方面步伐缓慢。1907年的时候，显然，广告和推销已经逐渐成为美国各行各业蓬勃发展的重要组成部分。《茶和咖啡贸易》刊登了一篇社论，讨论定位一个好销售员的诸多困难。文章指出："有的人就是具有一种令人难以形容的本事，他们凭着这种本事想卖出什么都可以，不管是金条还是肥皂，但是他们的这种本事确实没有什么外在的特征可以讨论。"

但是，几年后，该周刊又发表了另一篇文章，正好就是批判这种对自己所卖的产品一无所知的销售人员的。一个从前做过保险销售的人现在来卖咖啡，不得不说，此人深谙人性，他说："我一生从来没做过一杯咖啡——我所做的只不过就是卖品牌，卖各种存放咖啡和茶叶的小罐子，必须要特别强调我主要卖的不是咖啡。我会拿起一个商标，然后向人们灌输，此商标象征着美丽的事物和永远的快乐，当顾客相信以后，我就把他们的名字记在本子上，然后直接离开；如果买主胆敢提出要品尝的话，我就会委婉而坚决地暗示他，提出这样的要求，对于世界知名的老品牌简直就是一种冒犯。"

当然，对于真正的咖啡人而言，这种傲慢的态度实在让人反感。他们相信，没有足够好的产品，这种华而不实的销售方法不会带来忠实的客户。然而，在当时这个现代资本主义的萌芽时期，咖啡商要想卖出自己的咖啡豆，就必须运用这种自吹自擂的推销手段。

大部分咖啡烘焙商都努力理解新的市场规则。比如，他们发现，波斯敦的销售柜台上，如果是一个性感的年轻女子来负责倒牛奶，那么牛奶销量就会上涨。一本咖啡周刊报道："倒牛奶的小姑娘长相标致、身材丰满，拥有一头棕色的秀发和水灵灵的棕色大眼睛，肤色红润，连成熟的水蜜桃都要退让三分。"然而，咖啡是一种传统而端庄的饮料，所以几乎没有咖啡广告愿意尝试任何和性有关的推销形式。尽管如此，一家公司斗胆尝试，采用了令人尴尬的学生气风格，结果备受业界批评。1912 年的一份满意咖啡（Satisfaction Coffee）广告上画着一个罐子，罐子上画着一双女性正在逃跑的美腿，边上有一个男人在疯狂地追求。旁边文字写着："如此美丽，值得追求，纯纯咖啡，永不散售。"一份业内周刊认为，此广告的品位非常令人质疑。

1909 年，精神分析学家西格蒙德·弗洛伊德和卡尔·荣格一起到马萨诸塞州的克拉克大学演讲，他们的演讲对美国的心理学研究产生了深远的影响。不久，咖啡商就开始思考如何进入消费者的内心世界，影响他们的购买决策。5 年后，哈佛大学心理学教授雨果·明斯特伯格（Hugo Muensterberg）发表了《经商心理学》的演讲。他提出了新奇而且令人震撼的观点："商人将最终认识到，顾客仅仅是精神状态的集合，而且这种精神是一种机械装置，我们可以像在工厂中操控机器一样精确地影响它。"

可是，当行外的广告专家教导这些咖啡烘焙商该怎么做的时候，咖啡商却又听不进去。1915 年，销售专家顾问圣埃尔莫·刘易斯（St. Elmo

Lewis）在咖啡业例会上告诉咖啡商，消极防卫性的广告根本不起作用，不管如何跟消费者强调波斯特刊登的是虚假广告，再怎么反唇相讥，也起不到什么作用。相反，他希望咖啡商能联合起来，推动相互合作式的广告。他建议咖啡商设立一笔数目可观的广告基金，以此帮咖啡界走出"广告的石器时代"。

第二年，广告人 H.H. 克拉克（H.H.Clark）在一本咖啡业内周刊上发表了一篇文章。他在文中强调，咖啡界不再需要依靠咖啡零售商来宣传推广某品牌的咖啡了，"如今推销咖啡已经不需要靠站在柜台后面的营业员的一张嘴，而是要靠那些可能远在千里之外、坐在办公室里的广告人创作出来的广告策略"。克拉克指出，美国人均咖啡消耗量已经从 1901 年的每年人均 13 磅降到了不到 10 磅。他也劝告咖啡商团结起来推出合作广告。

克拉克以波斯敦饮料的成功为例。查尔斯·威廉·波斯特刚推出这款饮料的时候，形势对他很不利，因为他想要卖掉的咖啡替代品会被人们普遍误以为是 19 世纪 60 年代内战时期的"掺杂质咖啡"。但是，波斯特却靠着坚持不懈地做广告取得了成功。然后，克拉克为咖啡界规划出一份详细的营销计划，包括给某些品牌的咖啡贴上美国咖啡烘焙协会品质认证标签，每卖出 10 包含有此标签的咖啡就捐出 1 美分给合作广告基金，以供街头广告牌、有轨电车广告栏、经销商海报和报纸刊登广告与直接邮件广告之用。

只有那些有远见的较大型咖啡烘焙商，由于想要野心勃勃地占领全国市场，才会真正参与到这场广告营销计划中来。而像希尔斯兄弟、MJB、福尔杰、奇克和尼尔的麦斯威尔、蔡斯和桑伯恩以及阿巴克尔这样的大烘焙商及其品牌，注定会控制美国咖啡业。

希尔斯兄弟首创真空包装咖啡

当阿巴克尔掌控美国中西部的牛仔之乡和东部海岸时，另外三大品牌在旧金山崛起，相互争夺，企图控制太平洋海岸的咖啡市场。1849年，詹姆斯·福尔杰就率先开始在咖啡界打拼了，19世纪与20世纪之交，希尔斯兄弟和MJB咖啡才开始挑战他们的老前辈。

希尔斯兄弟和福尔杰兄弟一样，是从新英格兰来到旧金山的。希尔斯兄弟的父亲老奥斯汀·希尔斯1823年生于缅因州罗克兰，是造高速帆船的。1863年，他和缅因州的几个朋友一起去寻找传说中的加利福尼亚州黄金。淘金致富的梦想破灭后，他留在了旧金山，找了份造船公司领班的工作。他把妻子和两个儿子送回缅因州的家里，直到1873年才把他们接到旧金山，他的大儿子（跟他同名）奥斯汀·赫伯特·希尔斯（Austin Herbert Hills）当时22岁，小儿子鲁宾·威尔马斯·希尔斯（Reuben Wilmarth Hills）17岁。

3年后，兄弟俩合伙在旧金山的海湾地区市场街开办了希尔斯兄弟（Hills Brothers）公司，主要卖黄油、鸡蛋和乳酪。1881年，他们买下咖啡零售店阿拉伯咖啡与香料工坊。他们知道烘焙咖啡的场景及散发的香味会吸引顾客前来，所以他们就在店门口现场烘焙咖啡。第二年，他们开始印发传单，传单中号称自己的产品是"全世界最好喝的咖啡"，噱头是"我们在消费者面前烘豆，每天现场供应最好的咖啡"。除了咖啡以外，他们还卖茶叶、香料和其他调味料。鲁宾负责咖啡生意，哥哥奥斯汀继续掌管奶制品生意。

19世纪80年代，咖啡价格大涨，希尔斯兄弟大赚一笔，1884年，他们放弃零售经营模式，专做批发生意。1886年前后，旧金山的咖啡专家克拉伦斯·比克福德（Clarence Bickford）率先在太平洋海岸采用杯测法（cup testing）品鉴咖啡，鲁宾也立刻紧跟着采用杯测法。这和品尝红酒一样，品鉴人猛吸一口煮好的咖啡，然后让咖啡在口中流动并以舌头充分感受其稠度，在口中停留3～5秒后吐出，看是否还有余味和甘甜。这种咖啡杯测品尝法延续至今，已经成为咖啡业内一种严肃而有趣的惯例。

从19世纪末起,就有了咖啡杯测师,他们每天的工作就是品尝、享受和评论自己中意的咖啡,上图所示的场景发生在1909年,一场为品评咖啡稠度、香味和酸度而进行的仪式。

1897年,一位到处游历的画家在希尔斯兄弟的店门口停下来,鲁宾就趁机让画家为已经广为人知的阿拉伯烘焙咖啡作一幅画。结果画家画了一位身着长袍、裹着头巾、满脸大胡子的阿拉伯人,放弃了曾经备受喜爱的摩卡咖啡,正在津津有味地品尝希尔斯兄弟的咖啡。也门摩卡港的咖啡曾经的确是备受人们喜爱的品牌,19世纪与20世纪之交,其受欢迎程度已经衰退,希尔斯兄弟的咖啡豆大部分是从中美洲和巴西运来的。

1898年美西战争时期,希尔斯兄弟向美国军方出售黄油,供菲律宾战场上的美军使用。由于需要长时间的运输,希尔斯兄弟把黄油放在盐水中保存,结果黄油受到影响,口味不佳。1899年,鲁宾横跨美国大陆巡游,在芝加哥停留,拜访了专门为散装咖啡做零售包装的诺顿兄弟,并向他们请教了不损失黄油口味的包装方法。正巧,诺顿兄弟刚刚找到一种完美的真空包装法。这种方法非常有效,黄油再也不用浸盐保存了。

鲁宾知道,咖啡一经烘焙,由于暴露在空气中,鲜味很快就会丧失。

那么真空包装的方法对咖啡是否有效呢？经测试，真空包装确实可行。希尔斯兄弟立刻和诺顿兄弟协商，取得他们的真空处理方法在大西洋海岸一年的独家授权。大概 13 年以后，另一家旧金山公司才采用这种真空包装，而美国国内其他地方就要等到更久以后了。

首批希尔斯兄弟的真空包装咖啡于 1900 年 7 月上市，其广告夸张地宣传道：顶级爪哇和摩卡咖啡"只要包装不损坏，可以永远保鲜"。尽管有些言过其实，但是真空包装确实可以明显改进产品的质量和新鲜度。

有了真空包装，希尔斯兄弟的咖啡就可以更快更远地运往太平洋海岸的各个地区，此时正赶上加拿大育空河流域克朗代克地区另一轮淘金热。可以毫不夸张地说，希尔斯兄弟咖啡在短时间内就已经遍布落基山脉西部的各个地区了。

希尔斯兄弟很早就意识到了推销和广告的重要性。在 1898 年的旧金山"纯正食品"（pure food）展会上，鲁宾就在现场放了一台伯恩斯咖啡烘焙机，让员工现场烘豆，用咖啡香味吸引消费者。鲁宾和公司的首席广告总监斯奈尔先生一起策划了 1910 年的押韵广告海报，用来诱惑客户，广告声称他们的咖啡"采用稀有老豆，经过娴熟的混合技术精心烘焙，能够渗入味蕾深处，口感独特、回味深远"。鲁宾选了引人注目的红色，以吸引客人的注意力，并将其命名为红罐牌（Red Can Brand）咖啡，这也成为其最畅销的咖啡粉。1912 年，公司还包装了一些新的品牌，如 Caravan（摩卡）、Santola（摩卡替代品）、Timingo（东印度）和 Saxon（单一圆豆）。㊀在 1915 年的世界博览会上，希尔斯兄弟举办了一场令人印象深刻的展览，

㊀ 像大多数同时代的咖啡公司一样，希尔斯兄弟咖啡公司在每个利基市场寸土必争。Blue Can 采用无真空包装，选用的是低级咖啡豆。Mexomoka 则混合了墨西哥咖啡和谷物。Royal、Vienna、Solano、Pacific 和 Tremont 都是混合菊苣的咖啡的名字。有光泽的整体烘焙咖啡 Royal Roast 在市场上直接和阿巴克尔的阿里奥萨展开竞争。希尔斯兄弟公司也提供贴牌生产服务，它甚至把咖啡包进加利福尼亚州孩子的饭盒里。

参观者透过玻璃罩可以看到咖啡从烘焙、包装到抽真空的整个过程。

鲁宾为人谦逊、沉默寡言，他有强烈的使命感和责任感，一直鼓励员工发明更好的机器和包装方法。他相信自己的员工有工作的积极性，而且努力工作。可是，鲁宾也常受到周期性发作的抑郁症的折磨。曾经有一位积极乐观的员工对鲁宾说："咱们公司的发展蒸蒸日上，真是件好事。"可是，鲁宾却回答说："话说的没错，但是这也意味着我们必须要小心走好每一步，创业容易，守业难啊。"希尔斯也从来不会过分吹嘘自己的成就，他认为"事业的成功一半靠判断，一半靠合适的时机"。

MJB 的广告语"为什么？"

旧金山的第三家咖啡公司很快开张了，试图跟希尔斯兄弟和福尔杰一争高下。1850 年，17 岁的约瑟夫·布兰登斯坦（Joseph Brandenstein）为了逃避服兵役，离开德国，到加利福尼亚州追逐自己的淘金梦。没想到，还没淘到金，自己反而遭到抢劫，于是跟别人合伙卖烟草和雪茄，一路辗转到了旧金山。他一生一共生了 11 个孩子（都是他的妻子所生，而实际上，他还有个情妇）。1899 年，他的 3 个大儿子马克斯、曼尼和埃迪联合起来，成立了一家茶叶、咖啡和香料公司，后来弟弟查理也加入其中。公司以哥哥的名字 M.J. 布兰登斯坦命名，简称 MJB 公司。公司在曼尼精明的领导下，很快崭露头角，占领了加利福尼亚州咖啡市场。

布兰登斯坦的女儿鲁思形容曼尼"是超级销售员，健谈，而且很会演戏"。曼尼个头不高，身材偏瘦，头发早早就秃了，他在很多方面和 R. W. 希尔斯简直有着天壤之别。希尔斯的家族根源可以追溯到早期的英国朝圣者移民，而布兰登斯坦则是个大嗓门、傲慢无礼的第二代移民，当他激动的时候，假发都会滑偏到一边。但是，无论如何，两人都懂怎么卖咖啡。1913 年，继希尔斯兄弟之后，曼尼第一个采取真空罐包装咖啡。

布兰登斯坦将他的第一个咖啡品牌命名为高潮咖啡（Climax Coffee）。

大幅的四色海报中，一个性感女郎手里端着一杯早咖啡倚靠在床上，像花蕾一样娇艳欲滴的嘴角露出满足的笑容。海报的底端大胆地印着一个单词 CLIMAX。在到处都是邋遢的淘金客的时代，这种靠女人诱惑的方法本无可厚非，但是很快布兰登斯坦就觉得不妥，于是撤掉了这一广告。这样一来，他就不得不想点别的招数来吸引公众的注意力。布兰登斯坦从查尔斯·威廉·波斯特让人摸不着头脑但印象深刻的广告语"万事皆有因"中汲取到灵感，决定以更简单的一个词"为什么？"作为广告结语。布兰登斯坦的女儿问："为什么用'为什么'当广告语呢？"他回答说："只要人们提出疑问，这就对了，引起人们的好奇心，就可以好好做买卖了。"㊀

1906 年，布兰登斯坦用灯泡来装饰店铺橱窗，MJB 这几个字母被用灯泡拼了出来，并通过控制电流令其闪闪发光，旁边附上"Most Juvenating Blend"（最令人精神焕发的饮品）和"Most Joyous Breakfast"（最愉快的早餐），给简单的商标赋予了吸引人的内涵。1909 年，布兰登斯坦在全国咖啡行业周刊上登广告，强调 MJB 咖啡的特别之处就在于尽一切可能采用杯测法进口最好的咖啡。

1910 年 7 月 3 日，布兰登斯坦挑选了一位最能干的销售员——18 岁的桑迪·斯旺（Sandy Swann），与他一起到内华达州的里诺，观看一场备受瞩目的拳击比赛。这场比赛吸引了大批观众，他们都是前来一睹"白人的希望"——吉姆·杰弗里斯如何打败一夜成名的黑人选手詹姆斯·约翰逊的。7 月 4 日，决战前夜，布兰登斯坦和斯旺用白色的字在上百个日本扇子上写上"MJB 咖啡，为什么？"字样打算送给观众，然后到了深夜时分，他们在火车站通往拳击场的路上，画上绿色的大脚印，为拳击迷指引方向，脚印和脚印之间，则喷上巨大的白字"MJB？"。第二天的比赛

㊀ 曼尼还雇用了传奇人物阿尔伯特·拉斯克尔（Albert Lasker）来处理 MJB 的账目，并和他成了朋友。拉斯克尔是 Lord & Thomas 公司的总裁，同时也是受欢迎的"reason why"广告学校的倡导者。

令人大跌眼镜，黑人选手约翰逊轻松击败了不堪一击的白人选手杰弗里斯。但是，对于兰登斯坦来说，他是幸运的，当天天气奇热无比，观众们都摇着布兰登斯坦赠送的扇子，诧异于比赛结果，相互问"这是为什么呢"。

布兰登斯坦通常会为顾客提供 3 种等级的咖啡。他利用人们的逆反心理，把最贵的咖啡放在简单的托盘里，然后放在店里角落的架子上，然后把比较便宜的咖啡都放在好看的托盘里。布兰登斯坦对他的女儿解释说："我把最便宜的咖啡就放在顾客面前，然后指着他面前好看的托盘里的咖啡，告诉他这种咖啡价钱合适。"这时，顾客的目光立马就会转向其他托盘，然后就会指着贵的咖啡询问，这时候我就会告诉他那些是店里质量最好的咖啡，价格比较高，之后，可以肯定的是，顾客就会买那种最贵的咖啡。

曼尼·布兰登斯坦凭借其事业心、充沛的精力和吸引观众的技巧以及优质的产品，为 MJB 咖啡在美国西海岸咖啡界赢得了一席之地。

旧金山大地震

19 世纪 50 年代，尽管竞争激烈，旧金山的各大咖啡公司以詹姆斯·福尔杰为先驱继续蓬勃发展。1889 年，51 岁的福尔杰死于心肌梗死。他的儿子，26 岁的詹姆斯 A. 福尔杰二世此时已经在公司工作了 7 年，于是顺利接手了福尔杰的位置。在福尔杰二世的带领下，福尔杰咖啡公司专做散装烘焙咖啡，用麻布袋和圆桶把咖啡运到各个杂货店。

1898 年，福尔杰二世雇了弗兰克·P. 阿萨（Frank P. Atha），不久，阿萨就成了公司最好的销售员。1901 年，阿萨建议在得克萨斯州开一家福尔杰咖啡批发行，此时他所面临的困难是如何把当地人都不知道而且价格又相对高的产品推广出去。从西部到东部的运输费用也比其他费用要高很多,而阿巴克尔的阿里奥萨咖啡也已经在得克萨斯州占据了统治地位。阿萨决定推出其品质最高的金大门咖啡(Golden Gate Coffee),在每个地区找一家杂货店作为独家经销商。他利用了自己无法和阿巴克尔的赠品竞争这一事实,打出广告旗号:"虽无奖品、无赠券、无赠品,但包您满意的福尔杰金大门永相随。"阿萨高高在上地坐在送货车上,一边跟主妇聊天,一边免费送咖啡品尝小样。他还为杂货店经销商设计并安装了橱窗广告。在工作的第3年,阿萨自己又雇了两个销售员。

詹姆斯·福尔杰二世在旧金山码头附近建了一座5层楼的工厂。这座工厂坐落在刚刚建好的芳草湾,需要将很多根桩子,深深打入泥泞的海湾地,工厂1905年正式竣工。第二年,也就是1906年4月18日清晨,旧金山发生大地震,随后大火蔓延,福尔杰的这家咖啡工厂是当时咖啡工厂中唯一幸存下来的。由于旧金山的其他地方都在大火中被毁,所以美国海军将临时总部设在福尔杰的工厂中,从海湾抽水饮用。当时的账目显示,福尔杰咖啡在这场大火中以及大火之后也一直在积极开展业务。为了保持良好的信誉,詹姆斯·福尔杰维持原价不变,没有趁火打劫。

希尔斯兄弟和MJB咖啡就没有这么幸运了。他们的工厂都在大火中被烧成了平地,尽管他们很快就重建了工厂,并且又开始烘焙咖啡。旧金山当地有一家日本公司——上川兄弟(Kamikowa),在大火发生后的危难时期,向MJB公司支付了一笔1.5万美元的预付款,充分显示了这家公司对MJB咖啡的忠诚。他们在给MJB公司的电报中写道:"日本人最能理解地震的破坏。"

蔡斯和桑伯恩咖啡的马车

蔡斯和桑伯恩在东海岸继续积极推广其标志品牌。1899年,蔡斯和桑伯恩两人均年逾60岁,先后退休,把公司交给合伙人查尔斯·赛厄斯。

赛厄斯异常热爱咖啡占卜的巴纳姆效应㊀。他身材高大,坐一辆串联成两排的双轮单座轻马车去上班,这种马车被称为"tally-ho",他的紫色外套也跟着马车在风中舞动。后来,汽车规模化生产,取代了马车,赛厄斯便专门买进一批进口汽车,其中包括一辆配有侍从和司机的法国雷诺汽车。

1900年,赛厄斯又发布了一本名为《餐后小把戏和用标志性品牌咖啡猜谜》的小册子,其中收集了36个巧妙的脑筋急转弯。比如:饥饿的人空腹能吃几个煮熟的鸡蛋?答案是:只有一个,因为吃了一个鸡蛋以后,就不再是空腹了。这个小册子里还有张有点种族主义色彩的图,上面画了个黑人拿着一包蔡斯和桑伯恩咖啡,一只眼睛闭着,一只眼睛夸张地眨巴着,嘴巴一张一合地说:"这就是美国的贵族咖啡,口味醇厚,口感细滑,超过一切。"1898年的一幅漫画则更加夸张,上面画着一个黑人老头,咧着满口烂牙的嘴巴说:"我老婆哟,说这些年哟,都没好咖啡喝哟,自从喝了蔡斯和桑伯恩的标志咖啡(Seal Brand)哟,简直如获至宝哟。"

赛厄斯还控诉当时的性别歧视,其实这也是赛厄斯为他的咖啡定时代基调的手段而已。他称赞家庭主妇是餐桌上最迷人的,点亮了整个晚餐,而餐桌的主席位置要是能有一位可人的女性,那么任何一顿饭都是盛宴。要保证一顿饭获得至高无上的成功,就来一杯蔡斯和桑伯恩咖啡吧,"蔡斯和桑伯恩咖啡美味芳香,就像有一只看不见的香炉散发出来一种奇异的香气,弥漫在整个房间"。根据这一带有宗教气息的暗示,广告人夸大其词地把广告语写得像《圣经》中的话似的:"实际上,能为丈夫准备一桌愉悦晚餐的女人,不仅仅是个家庭主妇,也是能留住丈夫心的女人。"

蔡斯和桑伯恩咖啡在美国波士顿与芝加哥以及加拿大蒙特利尔已经开

㊀ 巴纳姆效应是由心理学家伯特伦·福勒于1948年通过试验证明的一种心理学现象,它主要表现为:每个人都会很容易相信一个笼统、一般性的人格描述特别适合他。即使这种描述十分空洞,他仍然认为它反映了自己的人格风貌。——译者注

了烘焙工场，20世纪前十几年，蔡斯和桑伯恩咖啡不靠赠送免费样品，也繁荣发展起来了。其销售额一半以上是靠廉价品牌挣来的。1906年，蔡斯和桑伯恩咖啡又打开了西部市场，这在一定程度上是因为爱喝咖啡的斯堪的纳维亚人涌入了美国西部。第二年，蔡斯和桑伯恩在蒙特利尔又建了一座新工厂，该工厂全靠电力运作。生意预计能翻两番。

乔尔·奇克创立麦斯威尔咖啡

1873年，乔尔·奥斯利·奇克（Joel Owsley Cheek）大学毕业后，前往田纳西州首府纳什维尔开创自己的事业。奇克受雇于当地一家杂货批发公司，成为一名旅行推销员，他回到自己的家乡肯塔基州开拓新的市场，基本上就是骑着马逐家杂货店地上门推销。

麦斯威尔咖啡的创始人乔尔·奇克深谙商品对顾客的吸引之道和广告。而且，他对待自己的员工非常好，他说："学会拥抱你的员工，跟他们聊天，让他们知道你感兴趣的不仅仅是他们为你赚的钱，你关心的是他们本身。"

年轻的奇克的第一笔生意是跟一位来向他咨询最好的咖啡的亲戚做

的。那时候，在乡下，人们还是买咖啡生豆，然后自己烘焙。一般的推销员只管推荐最贵的咖啡品种，根本不管他所卖出的咖啡相比其他咖啡而言有何优点。一天晚上，乔尔·奇克良心发现，于是他在母亲的灶台上烘焙了自己所推销的每一种咖啡，进行品尝，然后他发现比较便宜的咖啡中有一种味道格外可口。第二天，他就回到杂货店，解释当初为什么要推荐相对便宜的品种。

奇克经过反复品尝他所买的各种咖啡，发现有些品种黏稠度高，有些味道可口，有些酸度高。于是他把不同的咖啡混合起来，找到一种口感最好的混合咖啡。时光飞逝，在与世隔绝的肯塔基州山谷里，人们都很欢迎这位旅行推销员上门。1874年，乔尔结婚，生了8个儿子和1个女儿。

1884年，奇克一家搬到纳什维尔，这位成功的推销员成了公司的合伙人，公司更名为奇克和韦伯公司。奇克认识了英国咖啡掮客罗杰·诺利·史密斯（Roger Nolley Smith）并和他成了朋友。史密斯在巴西经营咖啡种植园，据说，他用鼻子闻一闻未经烘焙的咖啡豆，就能很轻松地区分出它是哥伦比亚豆、墨西哥豆还是巴西豆。奇克和史密斯一起，用这3个国家的咖啡豆制作混合咖啡，他们用便宜的巴西桑托斯咖啡豆做底，用其他两种温和的咖啡豆调节口味和酸度。

1892年，奇克认为自己发现了最完美的混搭咖啡。于是就和麦斯威尔酒店（Maxwell House）的食品采购员布莱德威尔先生洽谈生意，麦斯威尔酒店是纳什维尔一家很有名望的酒店。奇克说服布莱德威尔免费试用20磅的咖啡。没几天，赠送的免费咖啡就喝光了，酒店又用回以前的咖啡品牌。后来，布莱德威尔听到有顾客抱怨咖啡不好，就去问主厨冲泡方法可有变化。主厨告诉布莱德威尔，冲泡方法完全一样，奇克的混搭咖啡的确略胜一筹。从此之后，麦斯威尔酒店开始购买奇克的混搭咖啡豆，经过6个月的使用后，酒店同意授权酒店名麦斯威尔给奇克的混搭咖啡使用。

1893年，40岁的乔尔·奇克辞职，跟约翰·诺顿（John Norton）一起合伙开了家专做咖啡的杂货批发公司。1900年，肯塔基人约翰·尼尔（John Neal）加入，他曾经给奇克做过咖啡推销员。第二年，诺顿离开了公司。奇克和尼尔成立了纳什维尔咖啡制造公司，专供麦斯威尔咖啡。最后，他们又把公司名字改成了奇克-尼尔咖啡公司，并且在纳什维尔地区大获成功。1905年，他们在得克萨斯州休斯敦开了一家烘焙工场。5年后，他们又在佛罗里达州的杰克逊维尔开了一家新工厂，1916年，在弗吉尼亚首府里士满又开了一家工厂。而且，奇克的8个孩子中的6个也陆陆续续加入了公司。

奇克的大儿子的确是促销和广告界的天才，他强烈推荐要把他们的咖啡和社会公认的城市标志性地标结合起来推广。1907年起，他设计的咖啡广告用了大篇幅的空白，然后画上各种有品位的插图。其中一幅广告就特写了一杯咖啡上飘荡的热气，然后文字标注"高品质咖啡"。还有一份主流广告写道："每一个对咖啡价值有所了解的主妇都会欣赏麦斯威尔混搭咖啡的特有品质。麦斯威尔混搭咖啡用品质征服市场，以全球最完善的咖啡制作设施为保障。"这种高品质咖啡自诩具备的吸引力，很好地使麦斯威尔咖啡在南部从其他咖啡当中区分出来，因为里约劣质咖啡豆和谷物掺杂的混合咖啡当时在南部非常盛行。

同一年，总统西奥多·罗斯福访问了纳什维尔的名胜安德鲁·杰克逊故居（Hermitage），并且喝了一杯麦斯威尔咖啡，总统热情地称赞道："滴滴香浓，意犹未尽！"㊀几年后，乔尔·奇克就把总统的这句话当成了麦斯威尔咖啡的口号。1908年，纳什维尔城市指南中更新了西奥多·罗斯福总统在安德鲁·杰克逊故居的咖啡广告，声称曾经用麦斯威尔咖啡招待过总统当选人塔夫脱和上千个亚特兰大的客人。为了扩大麦斯威尔咖啡在国内

㊀ 西奥多·罗斯福也许从未说过这样的话，否则，为何1908年的这次广告没有用它呢？麦斯威尔酒店咖啡首次在广告中突出使用这句口号是在20世纪20年代，而可口可乐则在1908年就在它的产品宣传中用了这句话。

上层社会的知名度，奇克设计了一张巨幅海报，上面是一个穿着晚礼服的妇女，站在麦斯威尔酒店的顶楼，端着一个特大号杯子，给自己斟麦斯威尔咖啡。

奇克发现长相标致、身材丰满的姑娘能卖出去更多的牛奶，于是，在位于美国南北分界线的梅森－狄克森地区举行的全国展会上，他雇了说话声音温柔的南方美女埃德娜·莫斯利，来向人们展示麦斯威尔咖啡的种种优点和功效。《茶和咖啡贸易》写道："莫斯利小姐似乎有一种令人快乐的能力，可以让朋友和参展的顾客都聚集到她所在的展位上。"

跟其他竞争对手一样，奇克－尼尔咖啡公司也推出了50多种较低等级的咖啡，包括含菊苣的掺杂咖啡。1910年，法庭以咖啡中含有10%的菊苣为由，判定奇克－尼尔咖啡公司"掺杂假货和贴假商标"，并对其处以罚款。虽然它所售的咖啡瓶盖一周贴有一圈标签标明："黄金配比混搭，含咖啡和菊苣。"但是这种标志文字太小，而瓶子上却用大字写着"奇克和尼尔的高品质咖啡"。

这起法律赔偿造成的损失并没有对公司造成太大影响。1914年，61岁的乔尔·奇克已经相当富裕了。他被推举为全国咖啡烘焙者协会副主席。每年一度的年会上，人们的发言要么夸夸其谈，要么相互中伤，要么冗长啰唆，而乔尔·奇克则以激情和慷慨脱颖而出。奇克说自己很看重诚实守信，但是他著名的混搭咖啡并不能保证全都如此。他解释说："烘焙不同等级的咖啡可以在杯中产生不同的口感效果，能够降低生产成本，如果你对此一无所知，那就赶紧学习，如果不学，那么你的咖啡之路将布满荆棘。"

虽然奇克深信利润的驱动作用，但是他也强调不能为了利润强占别人的钱财。他说："我自己和伙计们之间的任何交易，如果从我这方面来说，对他没有什么道义上的好处，那么就是不道德的交易。"奇克通过给大家讲述他孤身一人在路上长达28年的坎坷经历，来告诉大家什么才是旅行推销员真正应该关心的。他说:"要学会宽容对待推销员的弱点和缺点,尽量地鼓励他们。我的两个最好的销售员都差点儿因为酗酒而误入歧途,我善意地挽救了他们,跟他们聊天,我恳求他们回头,在别人面前为他们辩护,我真的为那段时间的经历而自豪。"

在1915年的全国烘焙者协会年会上,奇克发表演讲,鼓励听众找到"自己那颗宽容博爱的心,帮助他人,不管是地下室的搬运工人,还是顶尖的咖啡烘焙协会会员"。他反复强调仅仅雇用人来工作是远远不够的。奇克号召大家"爱员工,爱员工的家人,和员工打成一片"。他说自己有史以来受到的最好赞赏莫过于一次会议上,一位员工站起来说:"我们没有老板,坐在会议桌那边的是我们的父亲,你们都懂的。"

尽管奇克免不了当时的家长式作风,但他却是当时咖啡界发言最真诚的。

阿巴克尔的新咖啡如何命名

1910年,阿巴克尔兄弟的阿里奥萨咖啡已经占了全美咖啡销量的1/7。但是老阿巴克尔和他的侄子威·贾米森(Will Jamison)发现,由于其他品牌日益增强的竞争,其市场份额正在萎缩。大多数竞争对手都直接效仿阿里奥萨咖啡,供应低价咖啡,而且把咖啡表面涂得很光滑。马车推销员也效仿阿巴克尔,为顾客提供奖品。而人们似乎也愿意购买预先磨好的咖啡粉,而不再批量购买咖啡豆。除此之外,全国上下的咖啡品位也提升了,人们都抛弃了像阿里奥萨这样含有里约味的咖啡。即便采用很强势的促销来重振阿里奥萨,也以失败而告终。

1912年3月,约翰·阿巴克尔逝世,享年74岁,留下价值2000万美元的财产。阿巴克尔曾经为无家可归的人建造"流动住所",建造新帕尔兹农场(New Paltz farm),为纽约市的孩子带去新鲜空气,计划为残疾人建避难所,还有不计其数的其他慈善事业。他去世后没有留下遗嘱,像他这样一个实际的人,这么做确实让人吃惊。他的生意和新帕尔兹农场最后一起被转交给了他的侄子威尔·贾米森和阿巴克尔的两个姐姐,罗伯特·贾米森夫人和克里斯蒂娜·阿巴克尔。⊖

左图是来自匹兹堡的杂货商约翰·阿巴克尔,他向人们展示了如何利用商标和市场营销大卖廉价产品,对早期的咖啡业进行了一场革命。阿巴克尔脾气粗暴,但是心地善良,他热心赞助了很多慈善事业,例如他为无家可归的人建造了"流动住所"。

贾米森认为,他必须做点什么来挽救阿里奥萨咖啡逐渐失去的市场份额。他推出磨好的咖啡粉进行销售,并且决定采取更激进的策略。像乔尔·奇克那样,贾米森打算制作高端咖啡,推出顶级品牌来吸引挑剔的高端口味。为了谨慎起见,阿巴克尔兄弟公司把新品牌命名和发布的事宜交给了一家专业的广告公司来做。在此之前,阿巴克尔兄弟的咖啡销售主要

⊖ 尽管纯属猜测,但阿巴尔克把大笔财富留给慈善事业并非不可能,而且他的遗嘱无缘无故丢失也并非不可能的事。后来,阿巴尔克的两个姐姐很快就搬到了他为无家可归者建造的"流动住所",毫不理会居住者们的真心申诉:"这是我们大部分人唯一的家,我们大都是孤儿啊!"

都是靠人们口口相传、低廉的价格以及赠送咖啡优惠券。

贾米森和公司管理人员 G.H. 艾斯瓦尔德（G.H. Eiswald）最后决定聘请智威汤逊广告公司（J. Walter Thompson Agency，JWT）为他们出谋划策。智威汤逊广告公司年轻、充满活力和创造力，他们要先进行一系列的调研和消费者心理学调查，然后给出"科学的"方案来做广告。1912 年，JWT 公司的斯坦利·里索（Stanley Resor）和他的首席广告文字撰稿人海伦·兰斯多恩（Helen Lansdowne）从公司的辛辛那提分公司前往纽约，接手曼哈顿的这项工作。他们的首要工作之一就是为新的阿巴克尔混搭咖啡做一场宣传推广活动。据他们所知，这款咖啡并不是全新的，而是约翰·阿巴克尔的私人珍藏，阿巴克尔曾经把这款混搭咖啡作为圣诞礼物送给过为数不多的一些熟人。

1912 年 11 月，里索写了一份长达 14 页的策划书，给出了 JWT 为阿巴克尔的新咖啡做推广活动的基本方案，这款新咖啡暂时叫作阿罗咖啡（Aro Coffee）。阿罗咖啡能像象牙皂（Ivory Soap）、克里斯科黄油罐头（Crisco）、皇家发酵粉（Royal Baking Powder）、尤尼达饼干（Uneeda Biscuit）、麦乳以及贝克巧克力（Baker's Chocolate）那样风靡全国一样，在咖啡市场上独占鳌头吗？这些品牌的特点是什么呢？里索列举了五个因素：①高品质；②统一规格化；③名字和商标好记；④批量生产，广泛分销；⑤最终使全国的客人无意识地购买，将购买产品当作一种习惯性行为。

对于前两点而言，新阿巴克尔咖啡显然毫无问题。尽管里索认为帕克和蒂尔福德（Park & Tilford）杂货店及 A&P 连锁店都是比较好的零售商，它们都会拒绝阿罗咖啡，因为它们要卖自己的品牌，但是阿巴克尔自己已经有了一套很优秀的分销网络。广告人提示说："客户对产品的大批量需求，才是克服经销商拒绝销售该产品的最有利的解决方案。"然而，尽管阿巴克尔提供的咖啡很好，但是产品本身从根本上来讲缺乏与众不同的特点。因此，广告至关重要，要靠广告来引导客户需求，而且广告要在情感上吸引人，理性的思维路线是行不通的。里索引用哲学家、心理学家威廉·詹姆斯的名言："我们对事物价值的判断，不是基于事物的大小，而是该事物在我们身上引起的感觉。"

里索认为，广告必须首先吸引妇女，因为一般是妇女负责购买食物和咖啡。要达到的一种效果就是："主妇还没有品尝这个咖啡，就已经觉得这是非同寻常的好咖啡，是她一直以来所苦苦找寻的，于是下定决心要买。"咖啡为这类广告提供了丰富的平台，里索说："事实上，除了那些真正的高成本咖啡和波斯敦轰动的广告效应带来的购买力，人们花在咖啡上的钱并不多，和他们的收入不成比例，而这一点，对阿罗咖啡而言的确是个好兆头。"

众所周知，人靠衣服马靠鞍，产品名和商标名至关重要，因此阿巴克尔的员工建议新品牌叫作"阿巴克尔的圣诞节"或者"阿巴克尔的礼物"，或者"阿巴克尔的贵宾咖啡"，但是里索和他的同事们说服大家，这种普通的名字并不能产生轰动市场的效应。况且，很少有人要买阿里奥萨咖啡，因为咖啡赠券上印的是"阿巴克尔兄弟"，大部分消费者看到"阿巴克尔"字样就会想到廉价品牌。JWT公司并不想影响阿里奥萨咖啡的销量，也不想被廉价低等形象所限制。他们最后到底是如何想出"雨斑"咖啡这个名字的我们并不知道。其中有一种说法是 Yuban 两字是 Yuletide Banquet（圣诞季宴会）的前几个字母拆分合成的。但是，更加有可能的是，这个名字只不过是简单创造出来的一个听起来像贵族发音的名字而已。

接着，里索描绘了装雨斑咖啡的容器的特点。它必须很吸引人的眼球，高贵典雅，而且令人难忘。"密封且有封条的包装，可以由主妇自己拆开，这样会给人一种感觉，容器内装的咖啡是绝对不会接触空气、不会被触碰污染的新鲜咖啡，"里索在计划书的最后几页升级了自己的提议，写道，"广告是一种经济的销售方法，已经发展到可以满足新的推销经营发展需求的阶段。仅仅在经销商的货架上展出产品可不是销售。"而且，报纸、杂志、广告牌、有轨电车和其他广告媒体也给广告提供了最直接的吸引客户的手段。各行各业的产品包装已经迅速发展起来，而且咖啡烘焙商们也时不时地刊登广告，可见开展一场全国性的咖啡宣传运动时机已经成熟。

1913年夏天，阿巴克尔的管理层评估了JWT公司的方案，同意拿出74 000美元，用于大都市纽约的市场宣传活动，主要在报纸、上下班的轨道交通沿线广告牌和地铁里刊登广告。感恩节期间，第一份合页版的广告登上了纽约、新泽西州和康涅狄格州的12家报纸。雨斑咖啡以"全国最棒的咖啡厂私家珍藏"为噱头招揽顾客，这款混搭咖啡以前的确是阿巴克尔自己喝或者当作圣诞礼物赠送的。阿巴克尔公司可以保证，雨斑咖啡不计代价，会挑选最精选的咖啡豆做出最美味的咖啡。广告结尾做出承诺，12月1日之前所有的杂货铺都会准备好供应这款著名咖啡。

JWT公司印了一份含有2500个已经同意供应雨斑咖啡的零售商店名单，以便公众可以轻松买到雨斑咖啡。任何一个经销商只要订购24磅新品咖啡，并且给JWT公司提供150个常来光顾的顾客名字和地址，JWT公司就会直接给顾客发送一份邮件来吸引顾客购买雨斑咖啡，并且在邮件中推荐这家零售店。25位训练有素的销售员分散出去，推销阿巴克尔待客专用的雨斑咖啡，通过其咖啡色的商标就可以识别出雨斑咖啡。为了专门推广，阿巴克尔公司允许经销商以每磅35美分的价格销售雨斑咖啡，相当于更高等级的散装咖啡价格。

不到10周，纽约的雨斑咖啡销量就超过了其他所有的袋装咖啡。1914年2月，JWT公司在纽约的报纸上刊出一份整版广告，声称纽约地区有5000家零售商店都有雨斑咖啡卖。广告里的插画描绘了3个上层社会的妇女，头戴鸵鸟羽毛做的帽子，坐在餐桌上品味咖啡。旁边写着："您的客人很快就会欣赏雨斑咖啡，其他所有的咖啡在它独有的汤色、芳香、口感面前都黯然失色。"广告中还说:"雨斑咖啡的味道就是人们想象多年、梦寐以求的味道。"JWT 公司很快又在芝加哥开展了一场类似的宣传活动,效果同样令人满意。

据报道,报纸、有轨电车和路边广告牌以及橱窗展示栏里的广告都是精心设计过的,要传达给人们雨斑咖啡精致和高级的感觉。然而,很快,这款用来吸引上层社会的产品,也在其他阶层风行起来。雨斑咖啡的第一款广告推出不到一周,纽约非洲裔黑人聚集的布鲁克林地区的杂货商,就把 35 美分 1 磅的袋装雨斑咖啡分成 10 美分一包的小袋销售,这样一来所有消费者都能买得起。

女性的崛起

雨斑咖啡的宣传推广活动非常成功,尽管斯坦利·里索因此获得了很大的殊荣,但是这场活动的企划并不是出自他手,而是海伦·兰斯多恩的成果。实际上,兰斯多恩是个充满想象力的年轻女孩儿,她回到辛辛那提以后写下了这场宣传活动的所有广告,而她的广告职业生涯也就是从这里开始的,那时候是 1904 年,她才 18 岁。里索为了这个活动,坚持要把兰斯多恩带到纽约来跟着他。多年后,兰斯多恩说:"我只是从女性的角度出发来看那些广告的思路、语言和插画是否对女性起作用。"1911 年,她成为第一位参加宝洁公司董事会议的女性,参与讨论克里斯科黄油罐头的市场策划。她认为:"JWT 公司的成功很大程度是由于专注并且擅长策划那些专门卖给女性消费群体的产品广告,在杂货店、百货公司和药店,卖给女性消费者的产品销售额往往非常高。"

1917 年,斯坦利·里索娶了海伦·兰斯多恩。根据 JWT 公司的广告撰写人詹姆斯·韦伯·扬(James Webb Young)所说,里索自己根本就没有广告才能,里索夫人才是首屈一指的广告人。里索夫人还聘请了鲁思·沃尔多(Ruth Waldo)、奥古斯塔·尼科尔(Augusta Nicoll)和阿明塔·卡塞雷斯（Aminta Casseres）这些女性来当 JWT 公司的广告撰写人。

一方面，广告界的这些女性通过抵抗当时社会对女性的性别歧视来谋生，她们告诉女性同胞，她们的社会地位和婚姻依赖于试用正确的咖啡品牌、试用合适的面霜，甚至和做饭用的食用油也有关系。另一方面，她们也代表了新一代的女性，注重维护自己的权利。里索夫人和 JWT 公司的其他几位女性一起参加了 1916 年的女性参政大游行。⊖

尽管兰斯多恩和她的同事们在咖啡广告业和咖啡营销上留下了大名，但是当时，女性成功进入咖啡业的步履依然非常缓慢，更别说那些超时工作、劳动报酬低、从事下人工作的女性了。然而，至少有两位女性成功进入了咖啡烘焙界。1911 年，总部设在印第安纳州首府印第安纳波利斯的罗勒夫人混搭咖啡，其包装上就印着萨拉·泰森·罗勒（Sarah Tyson Rorer）那张禁欲的中年妇女面庞。有很短的一段时间，她在行业期刊上大肆借广告宣传，声称："我们不希望你们用罗勒夫人混搭咖啡来替代其他咖啡，如果你现在还没开始卖咖啡，那么我们来告诉您怎样卖咖啡。"如果零售商决定推广这款咖啡，他们一定会发现有利可图。有一段时间，萨拉·罗勒的咖啡的确在东部和中西部地区取得了很不错的市场，但是没有阿巴克尔的市场影响力，她的合作计划失败了，所以很快她的咖啡也随之在市场上消失。

还有一位女性爱丽丝·福特·麦克杜格尔（Alice Foote MacDougall）也在咖啡业获得了财富和名誉，她坚持不懈地做咖啡烘焙师，最后开了一家自己的咖啡店。1888 年，她嫁给艾伦·麦克杜格尔（Allan MacDougall），艾伦·麦克杜格尔是纽约前街一位很有潜力的高级咖啡进口商，她为爱丽

⊖ 1913 年，"希克森的妇女权利咖啡"广告特写了一位靓丽的女子，旁边文字注释："我们将咖啡献给妇女权利运动，热切希望我们一直努力为妇女寻找的一切都是纯洁、高贵和令人振奋的，它们通过妇女权利运动将产生更广更深的影响。"

丝供应了 14 年的咖啡豆。他们结婚后 19 年，艾伦·麦克杜格尔因为喉癌去世，剩下爱丽丝这位 40 岁的母亲带着 3 个孩子，还有 38 美元的银行存款。

爱丽丝·福特·麦克杜格尔在男性主导的咖啡世界取得自己的一席之地，20 世纪 20 年代初，她在纽约建立起了自己的咖啡连锁店。她在自传中写道："努力，努力，不断地努力，直到成功为止。男人正是因为这种决心才能一代代地取得成功，所以，女性要想在商界取得成功，也必须拥有这种决心才行。"然而，她还是认为女性不需要有选举权。

爱丽丝不到 5 英尺高，经常被失眠折磨得痛苦不堪，且患有厌食症，她说自己经常歇斯底里、精神错乱，尽管如此，她由于对咖啡业有所了解，而且认为做咖啡是一门干净而且可以得到自尊的行当，所以决定在咖啡业加速前进。她在前街 129 号租了一间小办公室，在办公信纸上印上 A.F. 麦克杜格尔。她在 1928 年的自传中写道："要是用全名的签名，就表露了我是女性的身份，这样一来办事就会很不方便。"即便如此，她也无法在前街掩盖自己的女人身份，她在前街受到过别人的公然敌视。她联系的第一个咖啡进口商就拒绝卖咖啡给她。当然，后来她也承认："入侵这片特殊的地区，确实有一种很特别的乐趣，在这片区域，男人享有至高无上的统治权，而且工作的时候能清晰地感受到全世界咖啡界强有力的跳动的脉搏。"

最后，她得到了有保障的咖啡供应，制作了她自己的混搭咖啡，然后给朋友和亲戚一共写了500封信，解释她的困难，并且请求他们购买她的咖啡。慢慢地，她建立起了自己的生意，然后她每天又写出去100封新信来给自己找生意。麦克杜格尔经常早上六点钟就起来工作，晚上八点半还没回来，所以她的失眠症迟早都会复发。到1909年，她一年的净利润是20 000美元，但是每磅咖啡的净利润只有4美分。但她仍然坚持这么做，她在自传中写道："我相信，要想取得胜利，就一定要走到斗争最激烈的地方，然后坚持不懈地斗争，斗争，再斗争，直到胜利为止。男人们经历了很多代人的磨炼，已经有了这种战胜困难的决心，女人要想在商界中取得胜利也必须有这种决心。"

除了决心以外，她还需要鉴别咖啡的敏锐味蕾、生动的想象力以及销售直觉。麦克杜格尔决定训练自己的味觉，她开始试杯，并逐渐学会了鉴别桑托斯的扁平咖啡豆、圆粒咖啡豆、委内瑞拉马拉开波老豆和新豆、布克斯咖啡豆以及哥伦比亚波哥大咖啡豆等不同咖啡豆的味道，同时她也学会了通过咖啡生豆的外观来区别不同的咖啡品种。能去推销自己的Emceedee品牌咖啡，她非常开心（品牌名称中的辅音字母M、C、D取自她的姓MacDougall）。挑选供应商的时候，她常常会问："你对现在的供应商满意吗？这个供应商是为了给自己赚钱，还是要帮你保留你的品位？他供货的质量是否让人满意呢？我现在的供应商确实能做到这些。"她的咖啡基本按成本价出售，这是因为："既没有中间商，也没有提成。我直接在前街购买第一手的咖啡生豆，然后做好咖啡直接卖给客户。我知道怎样搭配咖啡，怎样烘焙出好的口味，怎样尽快送到顾客手里，这样才能以你愿意支付的价格供应可口的咖啡给你。"她还提供退货保证。

麦克杜格尔的私人顾客和邮件订货的顾客每年冬天要搬到南方，夏天要到欧洲度假，这令她非常沮丧，于是她也开始做俱乐部、酒店、医院和高校等机构的生意。在生意场上，她还得一而再再而三地避开那些好色之徒。曾经有一次，一个绅士俱乐部的管家把麦克杜格尔锁在自己的办公室里，空间太小了，他们的膝盖几乎要碰到一起了。麦克杜格尔非常生气，她回忆说："他的嘴角挂着一丝嘲讽的笑容，他的小黑眼睛闪着贼光，让人觉得难受，他问了我好几分钟问题，都是一些私人问题和很无礼的问题。"她要求签订咖啡订单并获得自由，最后，她确实做到了。

令人奇怪的是，这个不屈不挠的女性却自称"反男女平等主义者"。她认为妇女不应该有选举权。她给那些想要进入商界的女性的最终劝告是：不要做这一行，太辛苦了。她宣称："如果我做到了，那么所有女性都将是我的陪衬。"尽管如此，她还是决定利用妇女运动唤起女性这种平等意识，1912年，她开始用自己的全名。她的儿子艾伦也参与到她的生意中来，后来第一次世界大战爆发，儿子前去参战，她便雇了15名员工。

一战期间，全球做生意的态度和方式都发生了剧烈的变化。尽管战争并没有成功地让世界变得民主，但是加快了很多其他的变化，比如女性选举权、禁酒、工业化、自动化、公司合并等，这场战争也成了咖啡业变革的催化剂。

第 8 章

让咖啡世界远离硝烟

> 将精心搭配、浓郁芳香的咖啡豆仔细地煮泡之后,得到一杯醇厚可口、让人享受的饮料。如果把这杯咖啡递给一个喝咖啡的普通人,他会说:"这没什么好的啊。"还是同样的咖啡,重新煮一下,等到咖啡里那些不同的细微口味都消失了,这时候像一杯碱水一样的饮料就做好了,然后再给刚才那个人,他会欣然接受,然后惊呼:"太好了,这才是咖啡!"
>
> ——咖啡研究专家 查尔斯·特里格(Charles Trigg,1917 年)

第一次世界大战对咖啡界的主要影响是,人们把焦点转向了拉丁美洲的北部,把美国当成了最可靠的顾客。那一代的老兵们往往一想起咖啡饮料,就会想起不新鲜的劣质咖啡豆,这已经成了一种根深蒂固的思维定式。

战争爆发之前,德国汉堡和法国勒阿弗尔港口以及囤货量稍少的比利时安特卫普与荷兰阿姆斯特丹港口的咖啡交易量占了全球咖啡交易量的一半以上。这是因为德国的咖啡种植园主和出口商主宰了拉丁美洲的大部分咖啡产区,于是顺理成章,德国的咖啡进口商就能得到最好的咖啡。而且欧洲人也愿意把钱花在好咖啡上,就这样把较低等级的咖啡留给了美国人。

美国港口的咖啡都是被放在国外船只的底层运来的。实际上,一直以来都没有美国商船运输咖啡，本来有一项立法来支持美国本国商船运输咖啡事宜，可是后来也不了了之了，没办法，美国只能依靠其他国家的船只运输。德国入侵比利时后，英国向德国正式宣战，任何挂着参战国国旗的船只一旦出海，随时可能被击沉，所以只能滞留在港口。美国迅速通过临时立法，允许国外制造的商船在美国注册，悬挂美国国旗。像W.R.格雷斯公司这样从来没有运过咖啡的公司（该公司曾通过从拉丁美洲运鸟粪肥料大赚了一笔），这次也急着抓住机会挤进这个行业。

战争时期，经济混乱，纽约咖啡交易所被迫关闭了4个月。1914年9月，某咖啡贸易杂志上的一篇社论号召美国咖啡界行动起来。"南美的咖啡贸易之前主要被欧洲资本控制，然而，南美离我们美国最近，所以应该由我们来控制。现在，欧洲的大部分国家正在为国家领土完整和主权独立而斗争，它们已经无暇顾及已经在南美建立的商贸活动，所以我们要趁现在赶紧行动。"积极进取的美国销售员认为，入侵南美市场时机已经成熟。而且，这时候咖啡价格肯定要下跌，因为美国是当时唯一的咖啡消费市场。

1915年，一个银行家告诉美国的咖啡烘焙商说："纽约已经暂时成了全球金融和商贸中心。"英国也把全球商业票据交换所的位置让给了美国，花旗银行立即在阿根廷首都布宜诺斯艾利斯，乌拉圭首都蒙得维的亚，巴西里约热内卢、桑托斯、圣保罗以及古巴哈瓦那开设新的分公司。这样一来，美国取得了喜人的贸易差额。

拉丁美洲的咖啡种植者颇有抱怨，他们种的咖啡售价一直很低，但是战争开始以后，他们用来处理咖啡豆的设备和其他用品的价格却翻了一番。咖啡专家理查德·巴尔扎克（Richard Balzac）专门进口哥伦比亚咖啡，他强烈要求那些"有见地的咖啡商"一定要记得他们离不了拉丁美洲这片旺盛的咖啡种植园。巴西这时候已经陷入了金融危机，战争爆发以后，它还想向欧洲寻求2500万英镑的贷款。咖啡种植者们几乎绝望了，他们要求政府干预，再次出台价格稳定计划，直到战争结束前，这项计划也没起到什么作用。巴西人把一战时期称为"灾难的五年"。

咖啡进口商 J. 阿伦（J. Aron）在广告中高兴地说："战争颠覆了整个咖啡业，咖啡种植者被迫以低于生产成本的价格出售咖啡。这样就给了咖啡进口商一个预测咖啡需求，然后趁低价囤货的机会。"尽管巴西在战争期间基本一直保持中立，但是欧洲的咖啡消费量还是稳固下降。往欧洲运输像咖啡这样的非必需物资基本是不可能的。英国人已经把从拉丁美洲到欧洲的航线彻底封锁。战争爆发的第一年，咖啡价格就已经直线下跌了。

尽管如此，咖啡还是会被运往参战国，只不过大多通过美国中转而已。战前两年，美国转手出口的咖啡量不到 400 万磅，1915 年，美国进口咖啡再出口的数量高达 1000 万磅，几乎全部销往海外。

与此同时，越来越多的美国消费者开始喜欢口味香浓的危地马拉、哥伦比亚咖啡，还有拉丁美洲的淡味咖啡。1915 年 6 月，一个从危地马拉回来的记者说："危地马拉的咖啡种植者一度很绝望，因为一直以来德国都进口该国 2/3 左右的咖啡，战争爆发后，他们损失惨重。"然而，后来，美国加利福尼亚州却成了最大的危地马拉咖啡进口地。

对于很多在拉丁美洲生活的德国人而言，这场战争简直就是一场噩梦。巴西联邦政府镇压德语报纸和媒体，拘留了大批出色的德国人。当德国潜艇无差别攻击，对美国军舰造成威胁之后，美国取消中立国身份，于 1917 年 4 月加入战争。美国同意采购 100 万磅咖啡作为军饷以后，巴西也对德国宣战。

很快，美国就通过立法，要求征用外国侨民在本国的财产，并且用同样的手段向咖啡生产国施加压力。1918 年 2 月，危地马拉通过立法。战前，危地马拉的德国人拥有该国 10% 的咖啡种植园，收成占危地马拉咖啡收成的 40%，控制了该国 80% 的咖啡豆销量。立法通过以后，在美国的高压下，很多德国人占有的咖啡种植园都被收归于住在危地马拉的美国人丹尼尔·霍奇森（Daniel Hodgson）的名下。美国政府坚持认为近 2/3 德国人所有的种植园是帝国财产,于是危地马拉的独裁者埃斯特拉达·卡布雷拉借此机会大捞了一笔。

咖啡和美国步兵

美国加入战争以后,采取了强硬的外交政策,大肆宣传,很快就把公众心中的德国人变成了怪物。某咖啡贸易杂志的一位编辑说:"这是个庄严神圣的时刻,和每个人的命运息息相关。如今,独裁政治和民主政治之间的斗争已经扩展到世界范围,为了人类的自由和文明能够得以保存,这场斗争必须进行下去。"即便有如此高尚的情操,美国人也知道咖啡主要会被运往德国,然而美国的咖啡公司还是不会停止向斯堪的维亚地区的国家出口咖啡。就在美国总统伍德罗·威尔逊宣布他要为保卫世界民主而战的那一天,交易所的咖啡价格暴涨,就好像世界和平很快就要到来了一样,随后,欧洲新一轮的咖啡需求也刺激了咖啡价格进一步上涨。

战争虽然没有马上结束,但是却促进了咖啡需求量的增加,1917年,军需总司令部征收了2900万磅咖啡。当时的一位记者说:"咖啡是军营里最受欢迎的饮品,士兵们每顿饭后必饮。"

军营里的咖啡大多是低等级的桑托斯豆,在美国烘焙和研磨后,简单包装后就被运往军营。咖啡被运到部队以后,肯定已经变质了。而且,部队也有规定,每加仑水①只能冲泡5盎司②咖啡粉。冲泡壶里的咖啡渣还要留到下一顿饭,加了水以后,每加仑水中再加入3盎司咖啡粉。

军需总司令部指定了新罕布什尔的一个杂货商 E. F. 霍尔布鲁克(E. F. Holbrook),为其采购军用咖啡,霍尔布鲁克发誓要修正那些错误的军用咖啡冲煮方法,并且在前线烘焙咖啡。

---

① 1 美制加仑 =3.7854 升。
② 1 盎司 =0.0283 千克。

霍尔布鲁克开始游说军队，强调说运输生豆会节省很多空间，因为咖啡烘焙后会膨胀。约翰·J. 珀欣司令电报授权霍尔布鲁克把咖啡烘焙机、磨豆机以及专业咖啡烘焙师和咖啡生豆一起送往海外战场。战争结束前，美国军队每天要烘焙 75 万磅咖啡豆。

战争刚开始的时候，除了要求把锡制咖啡容器换成织布包装以外，战争对咖啡商没什么影响。直到后来，1918 年年初，棉花投机商进入了咖啡市场。赫伯特·胡佛当时负责美国食品管理局，他一看棉花投机商进入咖啡市场，非常恐慌，决定接管咖啡市场，稳定咖啡价格，以免咖啡市场发生投机。很多咖啡进口商都反对此举，声称战争期间其他消费品价格都上涨了，而咖啡价格实际一直在下跌。咖啡生豆行的人们一起写了封信给赫伯特·胡佛，信中说："食品管理局的价格管控如果不撤销，最终将毁灭整个咖啡业。"可是胡佛依然不为所动。

战士们喜爱的乔治咖啡

战争极大地促进了速溶咖啡的销量。1906 年，一个住在危地马拉，名叫乔治·华盛顿（从名字上来看，很有可能是美国第一任总统的非直系后代）的比利时人，想到从煮过的咖啡中提炼咖啡晶体的主意。⊖1910 年，华盛顿搬到纽约，成为美国公民，并很快推出了他的乔治·华盛顿精炼咖

⊖ 除了乔治·华盛顿，还有一些人也是速溶咖啡发明者的候选人。回到遥远的 1771 年，英国人就为"咖啡复合物"颁发过专利。19 世纪末，英国格拉斯哥的 R. Paterson & Son 公司就发明了露营咖啡，这种咖啡是一种液体咖啡精华。1900 年，东京化学家萨托利·加藤（Sartori Kato）向一群芝加哥的咖啡人介绍了他的速溶咖啡，这款咖啡在 1901 年的泛美博览会上出售过，并于 1903 年获得专利。1906 年前后，美国圣路易斯的咖啡烘焙商塞勒斯·F. 布兰克（Cyrus F. Blanke）坐在浮士德咖啡馆，突然发现他的咖啡杯盘中有一滴凝固的咖啡，随后，他据此发明了浮士德速溶咖啡。危地马拉裔费德里科·伦霍夫·怀尔德（Federico Lehnhoff Wyld）也独立发明了一款速溶咖啡，最终在第一次世界大战前做起了法国速溶咖啡生意，但后来不幸破产。

啡。尽管这种咖啡并不像现煮的新鲜烘焙出炉的咖啡豆那样香气馥郁、口感纯正浓厚，但是这种神奇的速溶咖啡却也的确像是咖啡，喝起来也暖洋洋的，而且含有咖啡因成分。经过坚持不懈的广告宣传和聪明的推销，速溶咖啡在美国参战之前就已经为人们所熟知了。

这就是第一个速溶咖啡 G. 华盛顿，一战时期相当流行，美国大兵非常喜欢这种咖啡。

1918 年夏天，美军征购了乔治·华盛顿生产的所有速溶咖啡，然后华盛顿公司迅速打出广告宣传："乔治·华盛顿精炼咖啡上战场啦！"速溶咖啡迅速取得了可观的客户群。1918 年，一名步兵在战壕里写道："战场上到处是老鼠，经常下大雨，满地泥泞，寒风呼啸，大炮轰鸣，手榴弹的爆炸声震耳欲聋，但是只需要一分钟，点着我的小燃油加热器，就能喝上一杯乔治·华盛顿咖啡，每天晚上我都祈祷能喝上一杯乔治·华盛顿咖啡，享受片刻的健康和幸福。"另一名战士写道："等我打倒德意志的皇帝，顺利回国，我首先要看的人就是布鲁克林的乔治·华盛顿，他是战士们的朋友。"相比较现煮咖啡，战士们更愿意喝上一杯速溶咖啡。

其他的咖啡烘焙商争先恐后地制作自己的速溶咖啡，也诞生了一批像美国速溶咖啡公司（Soluble Coffee Company of America）这样的新公司。1918年10月，军队每天需要37 000磅速溶咖啡，而当时全国速溶咖啡的产量只有6000磅。1918年11月战争结束，速溶咖啡市场需求骤降，很多速溶咖啡生产公司倒闭。乔治·华盛顿公司尽管得以幸存，但是并没有建成大型公司，还需要一场战争才能赚回速溶咖啡的钱。

战后和平为咖啡制造者提供了短暂的繁荣，但是美国的咖啡商却没有享受到。美国加入战争后，战争肯定会很快结束，所以巴西商人认准了这一点，预料到不久以后欧洲的咖啡需求会回升，于是把桑托斯咖啡豆的期货价炒到了空前的高度。与此同时，美国食品管理局却下令取消所有期货协议，以避免突发性的通货膨胀，这样一来，咖啡商们损失惨重，悲痛欲绝。他们给胡佛发了封电报说："生产国的咖啡价格飙升，我们商人当然不愿意这时候进口咖啡，因为没有给商品保值的自由市场。"他们要求自行签署完全不受限制合同的权力。胡佛又一次断然拒绝。

战争期间，美国远征军消耗了7500万磅咖啡，战后德国的美国驻军每天也要2500磅咖啡。战争让战士们染上了咖啡瘾。一个咖啡烘焙商得意地说："能喝上一杯好咖啡简直就是他们每天祈祷的重要内容之一，他们简直离不了咖啡，他们是我们这个爱咖啡的国家坚不可摧的战士。"㊀

重回中南美洲的种植园

战争为一些国家带来的恶果持续了几十年。巴西虽然仍是世界上最重要的咖啡生产国，但是却受到其他咖啡生产国更加猛烈的竞争，特别是中美洲和哥伦比亚咖啡的竞争。就在巴西经常因为低等级咖啡生产过剩而伤

㊀ 1918年年底一战结束时，一场可怕的流感疫情席卷全球，5000万人因此丧生。有些人认为咖啡可以治愈流感，但巴西里约热内卢港关闭，导致大量咖啡运输船滞留码头，因为就连饮用咖啡的码头搬运工人也不断因流感去世。

脑筋时，其他淡味咖啡生产国却在努力提高产量，这些咖啡的售价比巴西桑托斯的咖啡要贵得多。

战时咖啡价格大跌给巴西带来了巨大的损失，所以1917年巴西政府实施了第二轮价格稳定计划——持有300万袋咖啡，但不投放到市场上。战争结束后，传闻巴西遭遇严重霜冻，咖啡发货舱位不足，投机者借机炒作，加上美国食品管理局的禁令，所以咖啡价格飙涨。巴西政府迅速抛出第二轮价格稳定计划时囤积的咖啡，收入相当可观。

在此之前的整整40年，咖啡出口产值占巴西出口总产值的一半以上。而1918年，尽管有第二次价格稳定计划囤积咖啡带来的高额利润，咖啡的出口产值所占比例还是跌到了1/3，当然，像大豆、蔗糖和牛肉等其他同类必需农产品的出口量增加也是一个很重要的原因。除此之外，远远落后于美国的巴西工业受到战争的刺激，产值翻倍，1923年，工业产值达到战前的3倍。1915～1919年，大约有6000家新企业涌现出来，主要集中在食品业和纺织业。尽管这些企业的大部分资产都来源于圣保罗的咖啡种植者，但这也反映了一种趋势，那就是传统的咖啡种植大亨们绝对的政治统治地位在逐渐下降。

哥伦比亚咖啡的时代

第一次世界大战以后，哥伦比亚咖啡的出口才对世界咖啡市场产生了影响。当巴西咖啡生产过剩后，巴西政府时不时地采取稳定措施、囤积部分咖啡时，哥伦比亚咖啡不知道什么原因，很奇怪地就增产了。

尽管哥伦比亚的火山地确实很适合种植咖啡，但是哥伦比亚地形复杂，也让咖啡外运困难重重。实际上，哥伦比亚最好的咖啡种植地区除了通过水浅流急的马格达莱纳河出入外，别无他路可走。除此之外，哥伦比亚国内连年内战。1854年，1859～1861年，1876～1877年，1885年，

1895年的内战以及1899~1903年的千日战争，使哥伦比亚变成了一片废墟。一个哥伦比亚的咖啡种植者悲伤地说："我们一直在等待没有革命和战争的日子。"㊀

但是，一旦停战，哥伦比亚就开始大张旗鼓地种咖啡。有一句口号是："要么种咖啡，要么破产。"1912年和1913年，咖啡价格翻倍，一个哥伦比亚作家写道："这时候，一轮真正的咖啡种植热在哥伦比亚开始盛行。"当地人称为"大庄园"（haciendas）的大型咖啡种植园占据了马格达莱纳河上游的昆迪纳马卡省和托利马省，而那些身无分文、下定决心要种咖啡的农民则占领了西部的山区，集中在安提奥基亚和卡尔达斯地区。由于劳动力短缺，这些小农场主成了哥伦比亚咖啡最主要的种植者，在收获季节互相帮助。这种互相帮助的习俗被称为 la minga，在印第安人之间很常见，到别人家去帮忙干农活，就好像去别人家做客一样，白天主人要负责做饭招待来帮忙干活的客人，晚上要负责跟客人一起娱乐，等到客人家收获的时候，再调换角色就好。

马格达莱纳河上游的大庄园种了20 000多棵咖啡树，佃农住在向农场主租来的一小片地上，可以自己耕种，自给自足。尽管哥伦比亚的佃农生活状况比巴西、危地马拉和萨尔瓦多的佃农要好得多，但是他们很快就厌倦了大庄园里耕种的生活，开始产生冲突了。这些冲突主要集中在土地租用协议、工作环境以及买卖在租用土地上种植的农作物的权力上。于是，大型种植园逐渐减少，而小型的家庭式咖啡农场数量激增。基本上每个农场都自己去除咖啡果肉，晾晒咖啡豆，然后卖给大型加工工厂处理，剥除咖啡豆上的种花（即内果皮）。

㊀ 当然，哥伦比亚并非唯一频遭战争侵扰的国家。拉丁美洲的很多国家，特别是那些依靠咖啡创造了巨大财富的贫穷国家，也深受战争之害。1914年，曾有时事评论者写道："革命往往都在种植咖啡的国家孕育和酝酿。"实际上，他报道说，有时子弹甚至和咖啡装在一起出口，这绝非偶然。

咖啡种植发展迅猛，收益丰厚，所得利润用来修了不少新的公路，以便更好地种咖啡和运咖啡，但是大部分咖啡还是靠骡子通过遥远的山路运出来。随着1914年巴拿马运河的开通，咖啡还可以从哥伦比亚以前无法到达的太平洋海岸出口。

1905年，哥伦比亚出口的咖啡数量只有50万袋。10年之后，其咖啡出口量翻倍。接下来的几年中，当巴西还在为无法控制生产过剩而绝望时，哥伦比亚的咖啡产量稳步增长，而且哥伦比亚种植的高山咖啡美味可口，深受美国和欧洲消费者喜爱。

第一次世界大战让美国人了解了哥伦比亚、中美洲和其他地区的淡味咖啡，这些地区的咖啡在美国销量大增。1914年，美国进口咖啡中的3/4来自巴西，大约7.43亿磅，而1919年，美国进口咖啡中大约只有一半来自巴西，大约5.7亿磅。与此同时，美国的哥伦比亚咖啡进口量从9100万磅增长到1.21亿磅。据1920年的《周六晚间邮报》(*Saturday Evening Post*)记录，美国消费者已经习惯了上等咖啡。哥伦比亚咖啡以产地命名，有波哥大（Bogotá）、布卡拉曼加（Bucaramanga）、库库塔（Cúcuta）、圣玛尔塔（Santa Marta）、马尼萨莱斯（Manizales）、亚美尼亚城（Armenia）和麦德林（Medellin）等，这些咖啡在咖啡内行和普通消费者中都有很好的声誉。几年之后，美国的麦斯威尔咖啡也会在新的商业广告中特别提及布卡拉曼加和马尼萨莱斯咖啡。

在哥伦比亚咖啡崛起的同时，中美洲国家出口到美国的咖啡量也从4000万磅涨到了1.58亿磅。第一次世界大战以后，独裁者埃斯特拉达·卡布雷拉把战争期间没收的德国人的农场物归原主后，危地马拉的商业活动很快恢复正常，德国人恢复了他们对危地马拉咖啡业的统治地位。海地很久以前爆发的奴隶叛乱几乎毁掉了当地的咖啡业，第一次世界大战后，海地也使其部分恢复，战后出口到美国的咖啡量达到4800万磅，对于海地而言，这简直就是从零开始。就连荷属东印度群岛（主要是爪哇和苏门答腊

岛），也已经从叶锈病的灾难中恢复过来，足以增加对美国的出口。㊀

种罗布斯塔豆还是破产

1920年，爪哇咖啡作物所产的咖啡80%都是罗布斯塔豆，这种罗布斯塔豆是一种咖啡因含量高、抵御疾病能力强的咖啡品种，1898年，在叶锈病吞灭了整个东印度群岛的阿拉比卡豆时，在比属刚果（刚果的旧称）发现了新的咖啡品种。㊁罗布斯塔咖啡豆和口味精致的阿拉比卡豆不同，正如其名字一样，从海平面到海拔3000英尺的山地，它都可以茂盛地生长，结出的小果实也很丰满。而且罗布斯塔咖啡第二年就能结果，比阿拉比卡咖啡树3~5年才能结果要早很多。罗布斯塔豆的唯一缺点就是入口以后，即便是最好的罗布斯塔豆喝起来也会苦涩，口味平淡。罗布斯塔豆需要和阿拉比卡豆混搭起来冲煮，但是也会破坏阿拉比卡豆的口味。后来，荷兰人发现种在爪哇和苏门答腊岛上橡胶树中间的罗布斯塔豆另有一番风味，特别是在第一次世界大战期间，这种罗布斯塔豆在荷兰的销量超过了巴西的阿拉比卡豆。

1912年，纽约咖啡交易所派了一个3人组成的小组专门研究罗布斯塔咖啡豆。最后，他们得出结论，哪怕是和低等级的桑托斯豆相比，罗布斯塔豆也逊色很多，简直毫无价值，于是罗布斯塔豆被禁止交易。他们还担心爪哇人会把爪哇产的罗布斯塔豆标成爪哇豆来卖，而一般来说，爪哇豆意味着最好的阿拉比卡咖啡豆。

尽管没多久就有一些罗布斯塔咖啡树被运到了巴西，但是巴西政府很

㊀ 1919年，美国咖啡进口数据并不能代表其实际咖啡消费量，毕竟同年，美国再出口的咖啡量就有7800万磅。以前，海地咖啡公司就主要向法国再出口咖啡。

㊁ 1862年，西方咖啡出口商们就发现乌干达本土使用罗布斯塔豆，但当时并没有人考虑过要把这种咖啡豆广泛商用。乌干达部落成员还会把同一颗果实里的两个咖啡豆分别取出，粘上自己的鲜血，以此宣誓成为血盟结义兄弟。

快就禁止继续输入罗布斯塔豆,担心叶锈病会扩散到巴西,因为当时叶锈病已经扩散到了西半球的咖啡种植园。但是,在其他地方,特别是在那些被叶锈病侵袭的咖啡产地,由于荷兰人为这种咖啡豆提供了市场,所以罗布斯塔豆种植园大批涌现。在印度、锡兰(今斯里兰卡)和非洲那些废弃的茶叶或者咖啡庄园里以及别的咖啡无法生长的低热地区,也种上了这种容易生存的罗布斯塔豆。

南北回归线之间的咖啡种植

虽然埃塞俄比亚是咖啡的发源地,但是第一次世界大战之后其咖啡出口量几乎可以忽略,这主要是因为埃塞俄比亚国内上至孟尼利克国王,下至该国海关代理机构的各种贪污腐败造成的,当时也门的情况也差不多如此。埃塞俄比亚的哈拉尔和也门的摩卡港依然是世界上某些最好的咖啡豆产地,但是众所周知,这两个地方的咖啡质量时好时坏,不能保证。这时候,牙买加的蓝山咖啡则以其浓稠醇厚的口味闻名于世。尽管英国人大部分都喜欢喝茶,但是他们也很会品尝世界上各种高品质的咖啡,大部分的蓝山咖啡和高品质的哥斯达黎加咖啡都销往英国。美国人和欧洲人也很喜欢夏威夷本岛地区种植的口味偏甜、口感醇厚的咖啡。

后来,咖啡逐渐开始在南北回归线之间的山地上广泛种植。英国人也鼓励在其殖民地英属东非地区(也就是后来的肯尼亚和乌干达)种植咖啡。咖啡转了一大圈,最后又回到了非洲。尽管阿拉比卡咖啡豆起源于埃塞俄比亚附近地区,但是后来非洲种的阿拉比卡豆却是1901年由传教士从留尼汪岛带去的,随后又带去了牙买加的蓝山咖啡。即便1912年,叶锈病也传到了非洲,英属东非地区的咖啡出口量还是每年翻一番,直到第一次世界大战爆发,该地区的咖啡业发展才慢下来。战后,随着英国在该地区修建铁路,肯尼亚和乌干达的白人咖啡种植者继续扩展咖啡种植业。

无论如何,巴西依旧是世界咖啡界的霸主。

第 9 章

爵士乐年代的咖啡形象大战

> 普雷斯科特教授认为，咖啡带给人们的是一种相当快乐的感觉，它让那些从事体力劳动的人力量更大，让那些从事脑力劳动的人精神更加集中。在这样一个悲伤的世界，特别是像美国这样的国家，人们一直以来都有酗酒的习惯，而咖啡正好可以带给人们一种平静的快乐。
> ——《波士顿文摘》(*Boston Transcript*)，1923 年 10 月 18 日

在中美洲的各咖啡种植国还在争夺北美洲工业大国的咖啡市场时，热情洋溢的北美人民已经争相进入了一个黄金时代，商业、广告业和大众消费业是这个 10 年的标志。咖啡成为大众所喜爱的饮料，也在 19 世纪的这 10 年激发了人们的活力。

禁酒令和动荡的 19 世纪 20 年代

第一次世界大战时期，美国禁酒运动的大规模开展，说服国会相信把谷物用来酿酒不是爱国行为，而且是对食物的一种浪费。受到长期禁酒运动所带来的压力，1917 年国会被迫立法通过《宪法第十八修正案》，主要内容是禁止致醉酒类的酿造和销售。1919 年 1 月，美国各州认可该修正案，第二年，《宪法第十八修正案》和《沃尔斯特法案》（即禁酒法案）一起实施。咖啡界人士欢呼雀跃，以为咖啡可以在社交场合代替酒精，成为人们

喜爱的提神饮料。一位咖啡烘焙商如是说:"我认为,咖啡馆很可能接替酒吧成为社交文化中心。"

19世纪20年代,咖啡的消费量确实在缓慢增长。威廉·乌克斯在《茶和咖啡贸易》中写道:"禁酒令确实为咖啡消费量的增长创造了有利的环境,尽管卖咖啡的小馆子和便餐柜台也替代了上百家酒吧,但是专门的咖啡馆并没有像人们预期的那样快速扩张。"㊀改变饮食习惯也为咖啡消费量增长提供了很大的帮助,便餐店可以提供清淡的午餐,冷饮小卖部可以供应三明治和咖啡,有些工厂也开始供应免费咖啡以激励员工工作。随着美国的公路不断扩张,美国人的流动性越来越大,而咖啡也成了他们开车提神的饮料。公路边上的卡车司机休息点也是路边咖啡厅。乌克斯在文章中继续写道:"战争期间有200万士兵上前线,他们一日三餐后都会喝咖啡,因此也学会了品尝和鉴赏咖啡,他们打完仗回来过老百姓的生活之后,对咖啡更加依赖了。"

为咖啡带来最积极影响的可能要数第一次全国性的广告宣传活动了。当时巴西国内,每出口一袋咖啡都要收取出口税,然后巴西咖啡种植者用这些收入资助了这次咖啡宣传活动,而活动的执行者是美国一家广告公司——N. W. 艾尔广告(N. W. Ayer)公司。1919年,宣传活动在美国各大畅销刊物的广告版上全面展开。广告词五花八门:"山姆大叔给战士们喝咖啡,打胜仗!""知识分子就爱喝咖啡!"所有的咖啡广告结尾都标明:"咖啡是您居家出行必备饮品!"

自从纽约的一个咖啡烘焙商抱怨,此类咖啡广告"没骨气、老套,而且有损咖啡界尊严"后,咖啡广告就开始变得有点侵略性,积极反击波斯敦饮料和其他抨击咖啡的人。比如这样的广告:"人们很容易受到错误概念的影响,但是,无论如何,咖啡是绝对健康的。"广告不仅刊登在女性

㊀ 芝加哥一位记者曾写过一篇文章讽刺"咖啡馆里的面孔":"酒保从你抖动的双手和紧张的神态就能看出,你是来喝咖啡的。"

杂志上，医学期刊里也有咖啡广告。医生经常跟病人说："早餐时间不要喝咖啡。"于是，咖啡商就反问医生："难道医生每天干的活儿就是不管三七二十一，把咖啡从病人的饮食清单中剔除出去吗？"联合广告委员会还会制作一些通用广告模板，以便私人咖啡烘焙者使用，比如："好咖啡就是××牌咖啡，新鲜烘焙出炉，卫生有保障，口味精细浓郁，富含独有的芳香，您一定会喜欢！"

广告的内容虽然不是千变万化，但是出现频率和曝光度相当高，随处可见。至少最后掀起了一场全国性的咖啡广告热潮，即便是其他国家的种植者出资。第一年，巴西人为报纸杂志上的广告支付了25万美元的费用，而美国咖啡界的人只付了59 000美元，这些钱被用来拍了一部电影《天堂赠礼》，这是一部描述咖啡栽培和消费的电影，在全国200多家影院放映，而且还在大学和中学免费放映。广告商甚至还制作了一组片子，给小学四、五、六年级的学生观看，建议在地理课、历史课、食品烹饪课、校园集会，甚至英文写作课上播放这组片子，以便从小就给孩子们灌输咖啡的各种好处。咖啡俱乐部的月刊上也会列出最近受欢迎的咖啡新闻，旁边画着南方的商业大亨"科奈尔·科菲的丰功伟绩"系列漫画，科菲在漫画中说："生意人都一边喝咖啡一边谈生意，咖啡给我们灵感。"⊖

虽然这场全国性的咖啡广告宣传活动使咖啡名声大振，销量增加，但是巴西人开始提出反对意见，虽然他们为广告付了很多钱，但是广告中并没有提及任何桑托斯或者里约咖啡。从此之后，巴西开始收集宣传广告的副本以确定是否有提及巴西咖啡，即使巴西的咖啡基本上降低了混搭咖啡的整体质量。而且，美国的咖啡烘焙商基本上没有给这场广告推广活动掏过钱，但是他们却是最终的受益者。为了惩罚那些没有为宣传活动捐过钱

⊖ 《咖啡俱乐部》（*Coffee Club*）曾经就有过这样的插画。在1924年的封面上，三个一脸疲倦的年轻人身着职业套装，系着领带，端着咖啡杯，互相凝视，旁边文字注释说："耶鲁俱乐部的一角——咖啡聚会火热进行中。"

的烘焙商，报纸上的广告开始只在那些有烘焙商赞助的区域刊登。最后，到1921年的时候，只有36个州还有咖啡宣传广告。美国咖啡烘焙者协会的联合宣传委员会起草了一份控诉书，声讨那些让人憎恨的咖啡摊贩、连锁店和通过邮件下订单的咖啡公司，声称："你们和其他咖啡同行一样，也是这场咖啡宣传活动的受益者。"

这也是咖啡业在20世纪第一次利用科研机构来影响大众舆论。1921年，美国咖啡烘焙者协会聘请了麻省理工学院的塞缪尔·C.普雷斯科特（Samuel C. Prescott）教授来评估现有的咖啡对健康的影响，并且开展自己的实验。经过3年"公正、客观地研究大量咖啡方面的文献资料"以及"坚持不懈的研究"，毫无疑问，普雷斯科特得出结论："对于大部分成年人来说，咖啡是安全而且适宜的饮品。"普雷斯科特还表示："咖啡能够激发精神萎靡的人，而且提高人们的耐力。咖啡还可以被用来做防腐剂。"于是，咖啡烘焙者协会的联合宣传委员会开始在报纸广告中鼓吹普雷斯科特的结论（省略掉了咖啡利尿的作用），全国1500万读者看了这份宣传。全美的记者和食品书作者纷纷引用普雷斯科特得到的结论，还经常添油加醋地写一些评论。

从这20年来波斯敦饮料销售量的下降，也可以看出公众对咖啡态度的巨大改变。波斯特那些恶意的反咖啡传统广告也已经失效。1924年，波斯敦公司聘请了欧文·瓦齐广告公司（Erwin Wasey Agency）取代公司内部的广告部门，为其产品做广告策划。新的广告看点是容光焕发、身体健康、开开心心的人们在喝波斯敦饮料。1924年，波斯特公司在《周六晚间邮报》中发表声明说："波斯敦饮料不是仿造咖啡和其他产品，它有自己的专利，是很棒的饮料！"与此同时，波斯敦公司的客户主任约翰·奥尔·扬（John Orr Young）抛弃了"凡事必有因"这个过时且愚蠢的老口号。虽然这款新广告暂时阻止了波斯敦销售量的下跌，但是波斯敦饮料再也无法挑战咖啡至高无上的地位了。

咖啡馆复苏

由于禁酒令的颁布、积极的广告宣传，加上公众对社交的向往，20 世纪 20 年代，咖啡馆遍布美国各大城市。1923 年，《纽约时报》发表题为"咖啡醉纽约"的专题文章，副标题为"人们长期保持精神紧张、亢奋活跃之因"。咖啡从此正式进入（并帮助创造了）爵士时代。专题文章中说："不论男女，用咖啡代替早餐的人数在不断上涨，咖啡全天候供应，人们经历生意场上的压力之后，就会来一杯咖啡，当作兴奋剂。"

左图是 1921 年的一幅广告，宣称咖啡可以帮助工人们提神，帮他们度过艰难的一天。也有人批判道："咖啡是兴奋剂，不应该让其取代真正的休息。"

美国人均年咖啡消耗量常年保持在 10～11 磅，然而后来人均咖啡消费量上升到 13 磅，同年，美国咖啡消耗量达到了全球咖啡供应量的一半。1928 年的一首爱情歌曲里唱道："你像咖啡中的奶油一样，是我生命中不可或缺的部分，没有你，我的生命还有什么意义。"那时候，咖啡确实是美国人生活中的重要组成部分。

爱丽丝·福特·麦克杜格尔在全是男人的咖啡界克服万难、站稳脚跟之后,通过咖啡馆大赚了一笔。1919 年圣诞节前,她在大中央车站开了一家小咖啡店。起初,在这个 192 平方英尺大的小店里,她只卖整袋的咖啡豆。后来为了用咖啡香味吸引潜在的顾客,她添置了一套电动咖啡壶,在店里煮咖啡。为了把这个地方营造成一个让人们休息的美好之地,一个可以吸引劳累了一天的上班族前来坐一坐的避风港,麦克杜格尔在店里摆了一些小桌子,开始卖一杯杯冲泡好的咖啡。

1921 年 2 月的一天,狂风大作,麦克杜格尔突然冒出一个想法。"当我走进大中央车站,我发现巨大的走廊里到处都是可怜的人们在避风避雨。"于是,她回到家里,拿了烤华夫饼干的铁模和原材料做了一堆华夫软饼,然后在店里的橱窗上贴上"供应华夫"。那天,她免费赠送华夫,只收咖啡钱。接下来的周六,她又试了一次,不过这次,华夫也要花钱购买。"我们还没来得及反应过来,每天就开始既供应咖啡,又供应华夫饼,一整天客人都川流不息。"

1922 年,麦克杜格尔在第四十三大街开了第二家咖啡店,第一天就接待了 250 位顾客。她聘请了黑人妇女做华夫饼,端给每桌的客人,她这么做是为了让人们通过华夫饼和黑人保姆想起南方那种温馨的圆木小屋。㊀不久,店里也开始供应三明治和其他能想到的所有美食。

1923 年 3 月,麦克杜格尔的咖啡馆供应一日三餐,食客日日爆满,但是麦克杜格尔每天都要忙 18 个小时,心力交瘁,所以去欧洲旅行了一趟。麦克杜格尔回忆起那次欧洲之行,说道:"没多久,我就陶醉在意大利的美景和当地人温文尔雅的微笑中了,然后感觉到生活也焕然一新。"回到

㊀ 本书作者的母亲是亚特兰大本地人,她认为是爱丽丝·福特·麦克杜格尔咖啡馆救了自己一命。当时是 20 世纪 20 年代,作者的母亲还是个小女孩儿,跟着她的母亲来纽约,她说:"我非常害怕白人服务员,因为我从来没有见过白人当服务员,我只在有黑人服务员的咖啡馆里吃东西。"

纽约，麦克杜格尔在自己的第二家咖啡店旁边租了一家商铺，不到一年时间，这家店的规模就扩大了一倍。新的咖啡店空间狭长，有18英尺高。麦克杜格尔在意大利时，发现意大利的墙壁"布满裂纹和碎石块，充满年代的沧桑感，而且藤本植物就沿着裂缝生长，开出一朵朵小花，"于是，麦克杜格尔受到意大利墙艺的启发，把隔壁新租下来的高墙改造成意大利墙壁样式，把这块空间变成了一个小型意大利庭院，并以"庭院"命名新餐厅。麦克杜格尔把她的咖啡馆当作纽约的一个休息点，就像意大利带给她的那种灵魂复苏的经历那样。

20世纪20年代，爱丽丝·福特·麦克杜格尔去了趟意大利，灵感乍现，于是便将她在纽约的咖啡馆重新装修一番，做成精致的意大利风格。

1923年年底，麦克杜格尔的生意急速发展，在第四十三西街开了第三家咖啡店——小广场。这家咖啡店以意大利那不勒斯的一个小广场为原型设计而成。1925 年，她又在第四十六大街开了第四家咖啡馆——Firenze（意大利文，意为佛罗伦萨），这家店看名字就知道是模仿意大利佛罗伦萨的。1927 年，麦克杜格尔在第五十七西街开了第五家咖啡馆，也是她所开的咖啡馆中最大的一家——银色幻想，开店时她直接就签了一份 100 万美元的店铺租约（每年 5 万美元，一共 20 年）。1928 年，麦克道格尔出版自传的时候，她的咖啡馆一共雇了 700 多名员工，每天接待 6000 多位客户，每年可以赚 200 万美元。第二年，麦克杜格尔在仕女巷开了她最后的一家咖啡馆。麦克杜格尔在咖啡界的成绩确实非同凡响，这十年间，美国各大主要城市也开了很多其他咖啡馆。

滚石八点钟和钻石闪闪

20 世纪 20 年代，咖啡馆蓬勃发展的同时，以 A&P 公司为代表，直接面向客户的咖啡销售也发展起来。第一次世界大战期间，约翰·哈特福德开了上百家连锁店。战后的和平期，A&P 公司开店的步伐加快，上千家新店开张。整体销售额从 1919 年的 1.93 亿美元增长到 1925 年的 4.4 亿美元，1925 年的时候，全美一共有 14 000 家 A&P 商店。

A&P 公司一跃成为全球最大的连锁商店。哈特福德兄弟把公司分为 6 个大区，每个区有自己的总裁和员工组织结构。一个采购中心监管各个附属公司。贝伦特·约翰·弗里尔（Berent Johan Friele）负责经营美国咖啡公司，这是公司的咖啡采购部门。弗里尔是个受过德国教育的挪威人，在咖啡贸易世家长大。当他在巴西做咖啡出口工作时，就效力于 A&P 公司。1919 年 10 月，年仅 24 岁的弗里尔就受雇于 A&P 公司，负责监管该公司在巴西的采购工作。接下来的 20 年里，弗里尔成了全世界最有权利也最懂咖啡的采购员。1929 年，A&P 公司年销售额超过 10 亿美元，店内现磨现售的新鲜咖啡是最畅销的产品。

尽管第一次世界大战之后宝石茶公司差点破产，但是20世纪20年代，该公司却又东山再起。1916年，宝石茶公司开辟了850条马车销售路线，净利润比前一年多出140万美元。公司开启了一项全面扩张计划，四轮马车销售路线翻了一倍多，新开了3家咖啡烘焙工场。新泽西州的霍博肯工场本来打算专门为宝石茶公司供应咖啡，但是最后与美国作战部合作，工场被征用来生产战争物资。与此同时，大批年轻人都走上战争前线，宝石茶公司还面临着招聘销售人员的困难。

1918年，宝石茶公司的利润降到70万美元，1919年，公司又损失了180万美元。公司不断亏损，创始人弗兰克·斯基夫和弗兰克·罗斯也退休了，36岁的约翰·M.汉考克（John M. Hancock）曾经干过海军采购代理人，他带领宝石茶公司收紧财务预算，渡过难关。1922年，汉考克成为公司总裁，聘请了他的海军老战友莫里斯·H.卡克（Maurice H. Karker），担任宝石茶公司的总经理。

汉考克和卡克让公司员工备受鼓舞，人心振奋。1923年，公司净利润增长到62.4万美元，1924年达到85.5万美元。1924年，汉考克离开宝石茶公司，加入了雷曼兄弟（Lehman Brothers），卡克接任公司总裁。1926年，在卡克的带领下，公司利润达到120万美元，销售送货马车也升级为卡车。

20世纪20年代，汽车的大规模生产加剧了美国的人口流动，这对各行各业都有所影响，也造福了很多公司。宝石茶公司可能是受益最多的公司之一。以前只有公路附近的乡村才比较繁荣，如今，乡村都建在公路的汇合处。在这些新修的公路边上，涌现出了各种可以喝咖啡的地方，包括加油站、热狗售卖点、咖啡店、餐厅和大大小小的露营点。一国国民流动性越强，人们的活动范围越大，连锁店的竞争就越激烈，特价活动也会越多。尽管扩大活动范围，就意味着花更多的钱在油费上，但是便

捷的公路和逐渐涌现出来的市郊，却给宝石茶的销售汽车提供了更多的销售沃土。㊀

19世纪初，随着汽车的大规模生产，咖啡递送车也得到革新。

1929年，坐落在芝加哥附近乡村社区巴灵顿的宝石茶生产园区开始动工了，这里将作为宝石茶公司以后的总部。园区附近还计划修建一个生活社区，为宝石茶公司的员工提供低价的住所。20年代末，宝石茶公司已经重新崛起，资产总额达700万美元，拥有1200条咖啡输送线路、2400名员工以及将近100万忠实客户。霍博肯的咖啡烘焙工场每天能产出15万磅咖啡，公司营业额的一半多都来源于咖啡销售。很多忠实客户已经把喝宝石茶咖啡当成了自己每天的惯例，而且宝石茶公司的员工也都深信"宝石茶公司理念"，认同那些销售员所说的："如果有人说我是个典型的宝石茶公司员工，那对我来说简直就是莫大的荣幸。"

㊀ 汽车的兴起也影响了委内瑞拉的咖啡产业。位于南美洲的北部，哥伦比亚的东部，委内瑞拉的山脉为咖啡种植提供了理想的环境。1920年，咖啡占委内瑞拉出口总量的2/3，但是在石油蕴藏量丰富的那10年，显然石油更加有利可图，因此咖啡种植量也就减少了。

西海岸咖啡品牌东进

第一次世界大战以后，旧金山的希尔斯兄弟、福尔杰咖啡以及 MJB 公司都开始专做较高端，而且口味温和的哥伦比亚和中美洲咖啡也在互相竞争，试图垄断市场，并且都把销售区域向东部扩张。希尔斯兄弟采用真空包装咖啡后，MJB 和福尔杰咖啡也陆续采用真空包装，以便运输。福尔杰的金大门咖啡甚至开始模仿希尔斯兄弟，采用大红色包装盒以吸引眼球。1920 年，福尔杰给经销商的信中说道："这些红色的包装盒看起来非常显眼，能吸引人的注意力。"这封信也引起了希尔斯公司创始人 A.H. 希尔斯的儿子 H. 格雷·希尔斯的注意，他在这封信的页边批注了"真有胆量"字样，然后贴到了希尔斯兄弟公司的剪贴板上。

希尔斯兄弟已经成为遥遥领先的地区性咖啡公司。年迈的 A.H. 希尔斯和 R.W. 希尔斯还在掌管公司业务，但是他们的孩子也已经开始参与一些日常决策。第一次世界大战之前，希尔斯兄弟的红罐真空包装咖啡销售已经遍布西部的 7 个州以及蒙大拿州和阿拉斯加州部分地区。1920 年，希尔斯咖啡进驻新墨西哥州、科罗拉多州、怀俄明州和蒙大拿州的其他地区。进入 20 世纪 20 年代后，希尔斯公司稳固东移，系统性地规划渗透每个新地区，销售人员在当地的零售店开设销售专柜的同时，也在当地媒体上刊登广告。

詹姆斯·福尔杰的儿子詹姆斯·福尔杰二世继续管理旧金山的公司。1921 年 7 月 5 日，福尔杰二世和他的父亲一样，死于心脏病突发，享年 57 岁。他的弟弟欧内斯特·R. 福尔杰继任福尔杰公司总裁，管理堪萨斯城和旧金山的公司。1922 年，詹姆斯·A. 福尔杰三世（James A. Folger Ⅲ）拿到物理学和经济学学位后从耶鲁毕业，也加入了家族企业，管理广告部门。弗兰克·阿萨的儿子拉塞尔和约瑟夫也加入了堪萨斯城的公司。

福尔杰公司新一批的管理者上任以后，在报纸广告上扩大宣传，以直接从咖啡种植园采摘为噱头，号称"我们寻遍万里，只为一杯好咖啡"。广告还利用家庭主妇的担忧来做广告。对家庭主妇而言，晚餐后一杯咖啡的好坏意味着社会地位的高低。1922年，福尔杰在广告标牌上打出："女士们，一杯好咖啡对于男人而言至关重要，如果咖啡口味不好，不是您的错，是品牌没选对。福尔杰咖啡——给您品质的保证。"

曼尼去世以后，马克斯·布兰登斯坦掌管MJB咖啡，将公司定位为低端咖啡供应商。MJB公司打出广告："什么咖啡是最经济实惠的？只用一般低等级咖啡豆一半的用量，MJB咖啡就能冲泡出口味香浓的咖啡。"这样的广告看似荒唐可笑，只放一半的用量，泡出的咖啡肯定像白开水一样，但是广告一打出来，销量却立即上升。

希尔斯兄弟雇了N.W.艾尔来策划公司的广告宣传活动。1921年，公司在落基山脉以西的每趟电车上都打出红罐咖啡广告牌："红罐咖啡，采自最好的咖啡种植园，真空包装运输，保证到您口中时馥郁醇厚。"当年9月，R.W.希尔斯的儿子埃迪·希尔斯（Eddie Hills）给伯父写了一封信，信中说："这个月，公司销售业绩走强，两个星期以来，工厂每天都要加班到晚上10点钟才能供应上咖啡销售，而且没有纠纷发生，公司运转顺利。"㊀

然而不久，事情就变得复杂了。不断扩张的连锁店为了刺激销售，有时会以低于进货成本的价格销售品牌咖啡，而小型杂货店却无力跟风。为了保护传统的小型杂货店，希尔斯兄弟带领几家咖啡公司发起"限制最低销售价格运动"。1920年秋季开始，希尔斯兄弟公司要求零售店以至少高于批发价5美分的价格零售咖啡，否则就不供货给这些零售公司，这也意味着零售店大概要调高希尔斯咖啡零售价格11%，这也不过正好够杂货

㊀ 在埃迪·希尔斯的管理下，公司运营顺利，但是公司对员工的优厚和慷慨的待遇却每况愈下。1922年，据公司备忘录记录，"公司无偿向员工派送咖啡的政策"已经取消。

店支付一般的开支，再赚一小点儿利润罢了。此举遭到了迅速崛起的皮格利·威格利（Piggly Wiggly）连锁店的强烈反对，皮格利·威格利连锁店声称自己的特色就是销售减价商品，并在其广告头条打出："抵制希尔斯咖啡，拒绝涨价！消费者不是任人宰割的羔羊，坚决抵制希尔斯涨价！"广告中还说，希尔斯兄弟咖啡强迫连锁店给每磅咖啡涨价1美分，不然希尔斯就拒绝供货。

希尔斯兄弟立场坚定，立马成了小型零售商的英雄。加利福尼亚的商业周刊《零售商代言人》（Retail Grocers Advocate）敦促读者支持希尔斯兄弟，一日三餐都喝希尔斯咖啡。周刊编辑很赞赏希尔斯兄弟肯出面跟皮格利·威格利抗争到底。他还在周刊中严厉抨击MJB和福尔杰咖啡不执行"限制低价销售政策"，纵容皮格利·威格利低价竞争。希尔斯兄弟公司宣布"这不是斗争，而是一场正义之战"，还发誓将战斗到底。

皮格利·威格利连锁店虽然依然没有接受限制最低销售价格政策，但是最终却赢得了胜利。1914年，为了确保公平竞争，美国成立了联邦贸易委员会（FTC），讽刺的是，最后皮格利·威格利的胜利就是由该委员会裁决的。1925年，FTC指控希尔斯兄弟操控物价，阻碍贸易自由。希尔斯兄弟在辩护中称，限制最低销售价格政策是为了保护小型杂货店，以免其受到大型连锁店低价恶性竞争的吞噬，长远来看是有利于行业竞争的。但是，FTC并没有接受希尔斯兄弟的辩护，最终裁定禁止希尔斯兄弟的限制最低销售价格政策。

官司败诉，并没有阻止希尔斯兄弟东进的步伐。1925年，公司一半以上的咖啡是在加利福尼亚以外售出的，接下来的几年，加利福尼亚州以外的咖啡销售比例持续增加。希尔斯兄弟的咖啡广告强调其西部的粗犷风味，广告上画着骑在一匹西部平原的野马上的骑手，然后打出广告："粗犷豪爽的西部人民喜爱浓烈的口味！"另一幅广告则绘制了一幅美丽的山景，打出广告："高山峡谷，希尔斯红罐咖啡！"山景旁边还标注："大峡谷深不可测，让人眩晕，不愧为大峡谷，好咖啡自然也毋庸置疑！"

1926年，希尔斯兄弟在广告宣传上的花费大约是25万美元，广告主要刊登在加利福尼亚州、俄勒冈州、密苏里州和犹他州的报纸上。1927年，希尔斯兄弟公司在明尼苏达州的明尼阿波利斯开设销售分部，很快希尔斯兄弟就成了明尼阿波利斯和圣保罗的双城区领先的咖啡品牌。1927年12月，N.W.艾尔公司在中西部地区超过200个城镇进行了一次行业调研。调研报告显示，咖啡业也正在转型，进行一次大规模的广告宣传活动时机已经成熟。虽然，蔡斯和桑伯恩以及麦斯威尔咖啡，都是进行全国性广告宣传的公司，市场曝光率很高，但是却都没有成为领先品牌，通常来说还是各地区的咖啡占主导地位。通过对科罗拉多州的奥罗拉和伊利诺伊州的55家零售店的调查，艾尔公司发现市场上有8种不同的品牌。除此之外，在少部分商店，一些没有品牌的整装咖啡比品牌咖啡更为畅销。乡村地区的杂货商说，宝石茶公司沿街兜售的咖啡车抢走了他们20%的生意。

1928年，希尔斯兄弟公司在芝加哥设立办事处，为此，希尔斯兄弟准备了两年时间，在中西部城市做宣传，吸引客户。希尔斯兄弟在零售店悬挂广告牌，在当地报纸上打出整版广告的同时，还开展了试饮活动，在设定的目标城镇，给潜在客户免费赠送半磅装的罐装咖啡。当然，宣传结果很令人满意。1928年10月，宣传活动在威斯康星州密尔沃基市开始之初，该地区基本没人知道希尔斯兄弟咖啡，两个月以后，尽管A&P的私家八点钟咖啡品牌还是领先品牌，但是希尔斯咖啡已经成了密尔沃基最畅销的大众品牌。

分批次一炉一炉的烤咖啡已经无法满足市场供应，而且每批的口味不一，于是希尔斯兄弟公司的咖啡烘焙师们发明了一种很长的咖啡烘焙炉，然后把豆子源源不断地放到传送带上，送进烘焙炉。这种流水线的方式确实可以保证统一的烘焙，但是却牺牲了烘焙咖啡的过程中烘焙大师的微调艺术。传统的烘焙大师通常会根据每种不同的咖啡豆精心选择烘焙方式和烘焙时间，在烘焙的时候，还会时不时抽出一些咖啡豆看看烘焙情况，然后再微调火候，以最大化发挥该品种咖啡的特点。不过，希尔斯兄弟公司却把他们新发明的"控制式烘焙法"作为1929年的广告宣传点，还巧妙地把烤咖啡豆比喻成烹饪。广告插画是一位主妇看着一大块要烤的鱼不知如何是好，旁边的广告词是："对于一头鲸来说，吃掉100磅鱼绝不是问题，所以，只要烘焙机够大，多大量都没问题。"广告还向人们宣传："咖啡要同一时间进烘焙炉，火候一致，不断烘焙，品质才有保障。"这则广告用来糊弄那些不懂咖啡的人，听上去还是很有道理、可以行得通的。更何况，希尔斯兄弟公司的广告无所不在、深入人心，真假都不重要了。

20世纪20年代末，希尔斯兄弟公司已经成了一家经营非常出色的公司。尽管公司还是家族管理模式，但是已经是由第二代职业经理人以一种近乎军事化的方式细致入微地管理了。实际上，在销售广告中，用战争打比方已经屡见不鲜了。"子弹上好枪膛，战士们已经开火，周围子弹壳已经堆成了小山，战旗高高悬挂，希尔斯咖啡不到，战争不会熄火。"希尔斯兄弟公司的惯例是，员工要大声宣誓效忠希尔斯兄弟——A.H. 希尔斯和R.W. 希尔斯："尊敬的领导，我向你们致敬！我将衷心不渝地为公司服务，不断努力取得成功！红罐咖啡将流芳百世。"

阿巴克尔咖啡的衰落

1921年，阿巴克尔公司的管理者M. E. 戈廷杰（M. E. Goetzinger）写了一本阿巴克尔公司简史，里面写道："阿巴克尔公司是世界上最大的咖啡公司。"阿巴克尔公司坐落在布鲁克林港口的杰大街水运枢纽站，配备了自己的货运站、运输火车、运货拖船、蒸汽驳船、火车渡轮和运货艇。在陆地上，阿巴克尔公司配备了运货卡车和马车，还专门成立了生产咖啡包装纸和传单的大型印刷厂以及装咖啡的木桶工厂以及好几个大型咖啡烘焙场和蔗糖提炼工厂。戈廷杰夸张地说："很难想象世界上还会有比我们阿巴克尔设备还齐全的工厂。"阿巴克尔公司的员工遍布各行各业：医师、化学家、蒸汽船船长、普通汽车司机、卡车司机、四轮马车设计制作人、马车套具制作人、机械师、绘图美术家、铁匠、锡匠、铜匠、制桶匠、木匠、泥瓦匠、油漆匠、水管工、装配工、排字工、印刷工人、厨师和服务员等，而且还有各个方面的工程师：机械工程师、土木工程师、电气工程师、化学工程师和铁路工程师等。

1912 年，约翰·阿巴克尔去世以后，他的侄子威尔·贾米森在母亲凯瑟琳·阿巴克尔·贾米森夫人和姨妈克里斯蒂娜·阿巴克尔的赞助下，成功发布了高品质的雨斑咖啡。据戈廷杰说，阿巴克尔的两位年迈的姐姐对公司碰到的各种重大问题都很关切，而且提供帮助，但是她们从不直接参与公司管理。

1921 年，阿巴克尔兄弟公司做出了一个艰难的决定。智威汤逊广告公司对雨斑咖啡在纽约和芝加哥咖啡市场的统治地位垂涎不已，想要让雨斑咖啡变成全国性大品牌，于是它做了一份长达 33 页的调研报告，全面论证了"进行一场全国性的咖啡宣传活动时机已经成熟，没有一个咖啡品牌比雨斑咖啡更有利于做全国性的推广了"。智威汤逊广告公司建议在《周六晚间邮报》《家庭妇女杂志》（*Ladies' Home Journal*）和《画报评论》（*Pictorial Review*）上刊登整版广告，开展全国性的广告宣传活动。这项长达 5 年的宣传活动费用非常高昂，相当于花掉了每磅咖啡大约 1.5 美分的利润。

但是，阿巴克尔兄弟公司拒绝了智威汤逊广告公司的提案。智威汤逊广告公司的一份备忘录中简单提到了此事："阿巴克尔公司经过一番深思熟虑，还是觉得走向全国要付出的代价太大。"1912 年，威尔·贾米森亲自负责雨斑咖啡的宣传，取得了很大的成功，而这次他却没有认同智威汤逊公司广告宣传活动的价值，确实让人惊讶。人们推测，贾米森的母亲和姨妈才是公司的大股东，这场宣传活动对她们来说太过昂贵，而且要承担风险，所以投了反对票，而这并不是贾米森的决策。当然，这也仅仅是人们的猜测而已。

不管是什么原因阻止了这场全国宣传活动，反正从此阿巴克尔兄弟咖啡的销量增长停滞了。没几年，两位年迈的女股东去世了。1928年，威尔·贾米森也与世长辞，把阿巴克尔公司留给了他的两个妹妹——玛格丽特·贾米森和马莎·贾米森，她们俩都未婚，而且对咖啡生意并不感兴趣。20世纪20年代末，那些做过全国性宣传的咖啡品牌销量大增，阿巴克尔咖啡则大范围从商店货架上撤柜。智威汤逊广告公司对阿巴克尔公司失望透顶，于是放弃了阿巴克尔公司，开始寻找其他愿意在流行消费杂志上做广告宣传的客户。

大企业吞噬咖啡业

1929年夏天，几个月的时间之内，就先后诞生了两家大型企业，标志着大众消费品的生产进入了一个全新的时代，也宣告了家族生意的灭亡。2月，皇家发酵粉公司（Royal Baking Powder Company）收购了蔡斯和桑伯恩咖啡，当时蔡斯和桑伯恩公司每年的总销售额高达1200万美元。几个月后，弗莱希曼公司（Fleischman Company）又收购了皇家发酵粉公司及蔡斯和桑伯恩公司，合并重组成标准品牌公司（Standard Brands）。标准品牌公司本来每周就要给食品店送两次货，供应不易保存的发酵粉，收购了咖啡公司以后，它们在咖啡包装上也印上生产日期，然后把包装好的咖啡装上运发酵粉的卡车，然后一并送到食品店。标准品牌公司在广告中宣传："为了保证蔡斯和桑伯恩咖啡运到您手中时依然新鲜，咖啡包装上有出厂日期供您参考。"

1929年7月，波斯敦兼并了麦斯威尔咖啡，公司重新命名为通用食品公司。当时，麦斯威尔确实是个非常吸引人的兼并目标。在乔尔·奇克和新领导团队的带领下，20世纪20年代，麦斯威尔公司不断扩张。1921年，麦斯威尔进驻纽约市场，在布鲁克林地区建了一幢大型咖啡烘焙工场，广告上画着即将进入社交圈的少女端着考究的杯子，正在品尝咖啡，广告语是："滴滴香浓。"麦斯威尔只用了两年时间，销量就超过了雨斑咖啡，成为曼哈顿地区最畅销的品牌。

相传罗斯福总统曾说过麦斯威尔咖啡"滴滴香浓"，上图所示为1921年的广告，然而，可口可乐早就用过此广告词，可见，所谓罗斯福总统说，极有可能是广告人捏造的。

麦斯威尔作为南部的咖啡品牌，成功占据纽约市场，势必会引起智威汤逊广告公司的注意，毕竟，前一年，智威汤逊公司的全国性广告推广计划才被阿巴克尔兄弟拒绝，他们还在寻觅新的合作伙伴。1922年，智威汤逊公司的经理约翰·雷伯（John Reber）向麦斯威尔公司管理布鲁克林工厂的弗兰克·奇克（Frank Cheek）提议全国广告宣传计划，但是当时的智威汤逊还是一家不为人知的小广告公司，麦斯威尔咖啡并没有为之所动，于是，智威汤逊公司又派了其他经理人继续游说麦斯威尔，先是塞西尔，然后是巴雷托，最后塞西尔再次上阵游说。公司经过两年坚持不懈的努力游说，终于拿到了麦斯威尔咖啡的合作合同。这时候，麦斯威尔刚在洛杉矶建了一家新的烘焙厂。智威汤逊公司的备忘录中记载道:"我们和麦斯威尔的合作能够成功,其中一个重要原因就是麦斯威尔打算在加利福尼亚州建办公室。"

另一个重要因素恐怕要归功于智威汤逊公司通过一系列的调查和心理战术等复杂手段,逐渐掌控了潜在的消费者行为。1921年,智威汤逊公司聘请了知名的"行为主义之父"约翰·B.华生(John B. Watson)。行为心理学在当时是一门研究各种积极和消极因素是如何对人们造成刺激,从而形成某种行为规律的心理学新流派。据华生的研究,人类对恐惧、愤怒和爱的刺激反应最为激烈。在调查表中列出一些物品,(它们)分别会引起人们的恐惧、轻微的愤怒或者爱慕之情,那么任何人都会毫不犹豫地选择可以引起爱慕反应的物品。㊀华生试图通过熟练运用这些科学理论来塑造人,从他们一出生起,就用命令来纠正他们的行为,(使他们)成为想要的那样。

华生进入智威汤逊公司后,花了将近一年的时间开展广告界新人训练活动。华生在给朋友的信中写道:"要想击败雨斑咖啡,占领市场,确实是件艰苦的工作。我们早上6:30起床,7:45开会,8:15就已经在前往零售店的路上了。"1924年,智威汤逊公司终于勉强拿到麦斯威尔咖啡这个客户,此时华生已经升到了公司的副总裁,按照当时一个八卦杂志记者的说法,华生也已经成了广告界供奉的"首席陈列品"。

尽管华生的市场调研对麦斯威尔的全国性推广活动做出了很大贡献,但是这场活动却是由智威汤逊的另一位知名客户经理詹姆斯·韦伯·扬来

㊀ 约翰·华生并非唯一发现此行为心理学的人。1922年,小说家辛克莱·刘易斯(Sinclair Lewis)在他的代表作《巴比特》(*Babbitt*)一书中,创造了一个人物乔治·巴比特,反映了当时美国消费者的典型形象,"标准的广告商品……是其身份的象征,优秀的证明;为了快乐、激情和智慧,他首先看重的是商品代表了什么,然后是其替代品"。每天早上,毫无安全感的巴比特"都会大口喝下一杯咖啡,希望以此净化自己的肠胃和灵魂"。

主持管理的。扬是个充满活力的年轻人,曾经有过在南部上门推销《圣经》的经历。在当时的广告界,那些有宗教背景的广告撰写人非常能吸引非宗教的广告人士。《昨日往事》(*Only Yesterday*)是历史学家弗雷德里克·刘易斯·艾伦(Frederick Lewis Allen)写的一本关于20世纪20年代的一本经典书籍,艾伦在书中写道:"商业似乎已经成了全美上下的宗教信仰,商业培训频繁引用《圣经》,而教会的《圣经》讲解又频繁用商业活动举例,有时候真的很难判断,我们去教会到底是为了得到什么。"

扬给旧金山和芝加哥的家庭主妇赠送麦斯威尔咖啡,请她们品尝,并进行了市场调研。他在一份公司内部的备忘录中写道:"咖啡业是全球竞争最激烈的行业之一,麦斯威尔必须要面临竞争者激进的上门推销和广告促销,而且大部分竞争者都占据了东道主的优势。"扬的调查报告显示,87%的家庭主妇把口味作为选择咖啡品牌最重要的因素。然而,普通人恐怕很难区分咖啡的口味。所以,扬得出结论,尽管主妇觉得自己选择的是咖啡的口味,实际上,她们选的就是社会地位的象征。

扬以前当《圣经》推销员的时候,曾经在纳什维尔的老麦斯威尔酒店住过。他深知南方传统魅力的迷人之处,所以才创作出杰迈玛大婶(Aunt Jemima)这个黑人厨娘的形象,以此来推销烤薄饼。所以,这次,他派广告撰写员尤因·韦伯(Ewing Webb)前往纳什维尔,住在老麦斯威尔酒店,感受那里的气氛,以寻找创作灵感。因此,韦伯创作出了一个引人注目的广告,他把麦斯威尔咖啡塑造成老南方(指南北战争前的美国南方)的贵族饮料。于是,他们聘请了上层社会的插画家亨利·罗利(Henry Raleigh),请他在纳什维尔花了好几个星期来创作广告插画。

智威汤逊公司最终在《家庭妇女杂志》《家庭妇女之友》(*Woman's Home Companion*)、《好管家》(*Good Housekeeping*)以及《周六晚间邮报》上发布了这幅彩色广告——《热情好客的南方盛宴》。奇克-尼尔(Cheek-Neal)公司的推销员和烘焙厂经理都震惊了,毕竟麦斯威尔酒店已经破旧不堪，昔日的辉煌已经不复存在了。然而，事实并不重要，广告中的宣传画才最具说服力。广告歪曲了麦斯威尔咖啡的历史，让麦斯威尔咖啡看起来更加古老、珍贵。南北方人民通过麦斯威尔咖啡，共同庆祝南北统一的兄弟时代。实际上，1892年，乔尔·奇克才发明了麦斯威尔咖啡。相比前一年，1925年麦斯威尔咖啡的销售额非常令人满意，有些月份的增幅高达100%。后来，麦斯威尔咖啡供应全国其他有名望的酒店，也被用来做进一步的广告宣传。

对这场广告宣传活动的赞扬信从四面八方飘来。一位消费者写道："我准备去试试麦斯威尔咖啡到底怎么样，是不是真的像宣传的那么好。"显然，咖啡中所蕴含的寓意对智威汤逊公司的人而言更加重要。负责麦斯威尔广告的詹姆斯·韦伯·扬在备忘录中写道："的确可以只把咖啡当成一种满足味觉的饮料来宣传、做广告，但是我们也知道，对于女性而言，美、浪漫和社会声望几乎比其他一切都重要。而在女性眼里，那些顶尖的新潮酒店绝对是决定社交习俗好坏的裁判，对食品尤为如此。"按照约翰·华生的培训建议，智威汤逊的广告团队尽力完善自己的销售技巧，"子弹预先上膛，做好心理准备再上战场，瞄得更准，杀伤力更大"。智威汤逊的广告人在华生的三点刺激理论（恐惧、愤怒和爱）之上又加了第四点刺激——对社会声望的渴望。

迅速腾飞的20世纪20年代把广告业带到了一个新的时代。随着专业的企业管理人员和公共关系专员进入广告公司，广告商的科学管理时代已经到来。1926年，一个守旧的广告人抱怨说："广告界的变化太大了，简直让人震惊和困惑。其他行业的变化都没有这么快。现在广告都是根据实际的调查来做。"他还念念不忘以前的美好时光，继续感叹说："我们以前的广告，充满了各种冒险精神和浪漫主义情怀，而如今，无休止的研究数据已经破坏了广告的缤纷色彩。"

1927年，经过智威汤逊公司在芝加哥的调研和宣传活动，麦斯威尔咖啡在芝加哥也开了一家新的烘焙工厂。一架单翼飞机（麦斯威尔小姐号）从美国上空飞过，纽约时代广场新式电子标牌也闪烁着麦斯威尔咖啡的标语"滴滴香浓"。同年，乔尔·奇克的咖啡净利润高达270万美元，成了全国领先的咖啡品牌。麦斯威尔咖啡也吸引了爱德华·F.赫顿（Edward F. Hutton）的目光，赫顿被人们称为"幸运的内德"，他本来是个股票经纪人，后来娶了波斯特的女儿马乔里·梅里韦瑟·波斯特，成了老波斯特的第二任女婿，1923年，赫顿成了波斯敦谷物公司（Postum Cereal Company）的首席执行官。

波斯敦谷物公司由赫顿领导，马乔里·波斯特担任财政顾问，小科尔比·M.切斯特（Colby M. Chester Jr.）担任总经理，波斯敦的总部从密歇根州的巴特克里市搬到了纽约。波斯敦公司并没有违背C.W.波斯特当年设定的发展路线，公司还在不断地赚钱，只是没有扩张而已。赫顿、切斯特和其他管理人员列了一张清单，筛选出符合他们要求的30家公司，想要直接买入已经成功进行过广告宣传，得到了全国认可，而且有利可图的咖啡品牌。1925年，波斯敦公司先买入了果冻品牌，20年代的后面几年，又逐步并购了其他几家公司。

1928年，赫德做了一笔最大的并购，以4200万美元买入奇克-尼尔公司，一半现金支付，一半以股票形式支付。○乔尔·奇克把卖掉公司所得的钱分给自己的9个孩子和两个侄子，他们瞬间都变成了百万富翁。第二年，赫德将公司重组后，起名为通用食品公司。讽刺的是，波斯特创立的反咖啡公司最后成了全国最畅销的咖啡品牌供应商。

1928年，爱德华·F.赫德和马乔里·波斯特买入麦斯威尔咖啡的时

○ 1927年，为了扩大旗下的无咖啡因品牌桑卡咖啡的市场，波斯敦公司收购了一家低咖啡因咖啡公司。南方一家公司包装了这个品牌，使其商标看上去更好，以此从销售麦斯威尔咖啡的南方咖啡联盟中谋利。

候，美国的资本主义已经成熟。20世纪20年代之前，大部分成功的公司和企业主要还是以家族生意为主。到了这些家族起家后的第二代或者第三代人管理的时候，这些后辈则缺乏做企业的满腔热情，于是逐渐卖掉公司，而那些眼光独到的投资家、玩世不恭的广告人以及职业经理人便开始接手这些公司。调研报告和数据替代了做生意的直觉。而那些做公共关系的人，则不断进出公司，以他们有力的握手和始终挂在脸上的微笑，致力于帮助公司树立良好形象。

咖啡在股票市场大崩盘

整个20世纪20年代，为了阻止过量生产带来咖啡价格下跌，巴西的咖啡商囤积了上百万袋咖啡，阻止这些咖啡流入市场。1921年，他们策划了第三次价格稳定计划，以450万袋咖啡为抵押，向英美联合财团贷款900万英镑，这些抵押的咖啡分别囤放在巴西、伦敦和纽约。20世纪20年代中期，巴西人如愿以偿，咖啡价格翻倍，于是巴西人卖掉了囤积的大部分咖啡，还清了900万英镑的贷款。然而，与此前不一样的是，巴西的咖啡种植者和政客们也发现把咖啡囤积在海外会增加额外的开支。1922年，阿图尔·达席尔瓦·贝纳德斯当选巴西总统，他下令在圣保罗修建11个巨型仓库，这些仓库可以容纳350万袋咖啡。之后，他还规定，以后运往海外港口的咖啡数量只要满足当时的需求即可。咖啡种植者要自己负担存放咖啡的费用。

规定颁布后，咖啡出口商、进口商、贸易商、投机者和咖啡烘焙商等中间人都很有怨言，这样一来，他们根本无法掌握库存的咖啡量，也就无法哄抬咖啡价格了。1924年年初，咖啡价格上涨，进口商和咖啡烘焙商试图通过大批量买入咖啡吸引巴西囤积的过量咖啡投放市场，以此来破坏巴西总统的新政策，但是他们失败了。和以往一样，不断上涨的咖啡价格，最后在美国引起公愤。当年6月底，纽约的一个咖啡掮客埃米特·比森（Emmet Beeson）呼吁美国人多喝自己领地夏威夷和殖民地波多黎各种植的咖啡。通过最后的分析可以看出，巴西这次贪婪的战术促进了世界其他地区的咖啡种植，但是这些地区中的大部分最后也荒废了。

1925年，一个由美国咖啡烘焙者协会、连锁店、批发零售商以及A&P公司的贝伦特·弗里尔等咖啡界人士组成的代表团，要求当时的商务部部长赫伯特·胡佛在圣保罗设立永久性美国委员会，来监督巴西咖啡的生产和仓库咖啡存量。胡佛不能冒着和国外政府作对的风险来满足代表团的要求，但是，1926年1月，胡佛在国会上极力推进新的国际商品政策。他同意之前固定商品价格的做法对国际商贸和关系的威胁越来越大，而且固定商品价格的做法使政府对市场运作的干预范围过大。最后，9种原材料被纳入新的商品政策，不过关注重点是橡胶（橡胶价格影响了美国疯狂增长的汽车价格）和咖啡。

胡佛管理下的国内外商务局局长朱利叶斯·克莱因也出来为咖啡辩护，强调巴西建造仓库秘密囤货给咖啡市场造成的损失："巴西在圣保罗囤积了大量咖啡，一旦政治或者任何其他突发事件发生，这些囤积的咖啡就可能瞬间倾入市场，造成咖啡市场秩序混乱。"但是胡佛也承认，如果当初美国的利益团体都能对自己的合理利润满意的话，他就不用费这么大的力气去反对投机行为，但是他深谙垄断的本质，一旦放开市场，投机者就会不遗余力地把咖啡价格哄抬得虚高。

巴西政府对胡佛的新政策嗤之以鼻，立马向英国贷款400万英镑。英国的银行家迫不及待地向巴西提供贷款，公开发行的债券在5分钟之内就销售一空。后来，橡胶短缺的问题由于合成橡胶的发明得到了解决，但是咖啡是无法在实验室里复制出来的。

巴西人对胡佛的趾高气扬非常气愤。就在胡佛就此问题发言之后，巴西一位记者就提出抗议：美国人无权就巴西政府囤货问题发表评论，美国人自己的垄断五花八门,如"蔗糖托拉斯㊀、石油联盟、烟草垄断、金属采炼联盟、药品和冷饮垄断联盟、肉品包装垄断以及电影制片托拉斯",而且,美国的棉花和小麦种植者还有一套保税仓库囤货系统,为什么巴西人就不能囤积咖啡呢?更何况,咖啡主要的额外利润往往都是在出口以后才加上去的。这就是为什么美国人要花50美分去买本来进口价格只要20美分每磅的咖啡了。

圣保罗咖啡研究院用政府刚向英国借来的这笔钱和政府联合开办了圣保罗州银行,并开始以固定资产(主要是咖啡种植园)、仓库收据以及咖啡发货单为依据发放贷款。1926年,保利斯塔人华盛顿·路易斯·佩雷拉·德索萨在总统选举中胜出,确保了咖啡种植者能继续得到政府的支持。1926~1927年,尽管咖啡收成相对较差,咖啡研究院仍然决定继续大量囤积咖啡,以哄抬不断降低的咖啡价格。当时巴西仓库咖啡存量已经达到330万袋。第二年,咖啡大丰收,巴西咖啡库存多达3000万袋,让所有人都吃了一惊。1927年,圣保罗咖啡研究院跟巴西其他种植咖啡的州开过两次会,最后达成一致,其他种植咖啡的州也同意限制运往各大港口的咖啡出口量,加入了咖啡囤积计划。

1927年年底,事实证明,巴西咖啡研究院的决定是正确的,它们成功从伦敦拉扎德兄弟(Lazard Brothers)商业银行获得一年500万英镑的信用额度,随后,巴西国家银行又得到一笔价值500万英镑的黄金抵押贷款。即便遇到大丰收的年头,咖啡价格也在上涨。1928年,拉扎德银行把对巴西的贷款期又延长了20多年。

然而,巴西人基本都信心满满,沾沾自喜,很少有人担心1亿株新的咖啡树已经要开始结果,这将造成咖啡进一步过剩。而且,巴西总统也开

㊀ 美国蔗糖提炼公司(American Sugar Refining Company)控制了美国98%的蔗糖生产,被称为蔗糖托拉斯。——译者注

始有点担心赫伯特·胡佛有可能当选美国总统。[○]但是，总体来说，巴西的咖啡种植者们都对未来非常乐观。他们认为那些老咖啡树的产量在不断下降，而且世界市场的咖啡消费量在不断增加，这些都可以弥补新咖啡产量过大带来的问题。更何况，咖啡产量一般都分大小年，从来没有连年大丰收过。

20世纪20年代，消费市场活跃，经济看涨，很少有巴西人会对热带雨林不断遭到砍伐提出抗议。当时，圣保罗的热带雨林以每年3000平方千米的速度遭到砍伐和破坏。但是，大部分巴西人并不介意这些热带雨林被破坏。时事评论家说："人们肆无忌惮地砍伐雨林里的植物，来势汹汹，简直无法想象，一卡车一卡车的人开进雨林中，里面的人从车上下来，然后就开始大肆破坏这些疯狂生长的植物迷宫。"巴西植树节的时候，学生们通常都种植一些非巴西原产的咖啡树，而不去管被砍伐的热带雨林，这在愤世嫉俗者看来，简直就像是在一群野生动物面前赞颂一只小鸡是多么威猛一般。

赫伯特·胡佛成功当选美国新任总统后，提醒咖啡界的人们："巴西在为其他的咖啡生产国搭桥铺路，他们这样大量囤货，正好让其他咖啡生产国扩张，并且从巴西的花销中获利。"贝伦特·弗里尔出访圣保罗，敦促巴西政府向市场投放更多的咖啡，并且降低咖啡出口价格，提高出口美国的咖啡量。可是，巴西的咖啡种植者们生意兴旺，根本就不理会弗里尔和胡佛总统的劝告，也不管由此带来的各种麻烦。这样一来，其他国家收紧了对巴西的放贷，国外的银行都很担心美巴局势，于是拒绝向巴西注资。

○ 赫伯特·胡佛虽极力反对咖啡种植者制造的虚假繁荣，但他并未在由投机商大量买入股票而造就的膨胀的美国经济上看到类似的情况发生。在总统竞选的政治演说中，他说："今天，我们美国即将完全战胜贫困，这在任何地方都是前所未有的，不久，在上帝的帮助下，我们就会看到贫困将从我们国家彻底被驱逐出去。"

在巴西囤货政策的庇护下，中美洲的咖啡种植者获益匪浅。中美洲地区的政治稳定对北美的商人来说至关重要，而且美国对这些国家实行"美元外交政策"，并派美国海军进驻海地和尼加拉瓜，以确保美国在该地区的商业利益。㊀1929年，美国教授帕克·托马斯·穆恩（Parker Thomas Moon）控诉美国的帝国主义政策，反对美国习惯性地利用华尔街的"美元政策"和派遣海外驻军来迷惑人心，表现出无私的利他主义。两年后，退休的海军少将斯梅德利·巴特勒承认他在美国海军服役的30多年，实际上是给那些大企业当了30多年打手，他说："为了华尔街的经济利益，我确实帮他们一起掠夺了十几个中美洲的国家。"尽管美国企业几乎都不亲自经营咖啡种植园，但是很多美国银行却为这些咖啡种植园提供信用贷款。这么一来，巴特勒所说的"在为国民银行那伙人卖命"看来确实如此了。

不过，总体来看，美国对拉丁美洲的支持确实为该地区营造了很不错的商业环境，尤其是为咖啡种植者们提供了有利的市场。20世纪20年代，厄瓜多尔著名的"十四家族"（事实证明，其实不止14个家族，40个还差不多）以及危地马拉和哥斯达黎加的咖啡种植者们都迅速发展起来。一位历史学家记录道："这些国家的咖啡大亨们住在富丽堂皇的房子里，在曼哈顿的合唱舞蹈团挑选长相俊俏的金发美女，不久以后，这些美女的样子就被印在里维埃拉赌场的巴卡拉纸牌上了。"但是，除了这些咖啡农场主们自己生活富足以外，当地的工人们还是每天只能赚到15美分，他们的

㊀ 美国希望开发一条运河通过尼加拉瓜，并就此和尼加拉瓜总统何塞·桑托斯·萨拉亚磋商，这样尼加拉瓜才得到了美国政府的支持。但是1903年后，美国把运河的建设权利交给了巴拿马，尼加拉瓜总统萨拉亚对抗美国商贸利益更加困难。1909年，他被迫卸任。1909～1933年（除了非常短暂的1926～1927年），美国海军在尼加拉瓜设立了保护地，以此确保美国在尼加拉瓜的利益。美国控制了银行、军队和咖啡种植者。因此，与其中美洲的邻国相比，尼加拉瓜咖啡经济十分萧条。

生活依旧贫困潦倒。

在这些骚动背后，20年代的成功和繁荣还是崩溃了。1928～1929年，巴西的咖啡产量是1060万袋，比前一年小。尽管如此，仓库仍然充斥着囤积的咖啡。1929年7月，新咖啡树长势旺盛，繁花似锦，这就意味着，1930年如果没有突发性的自然灾害，咖啡将大丰收。1929年9月，咖啡种植者们终于开始担心了。有传言说，巴西很快将把100万袋咖啡运往海外市场，还将和贝伦特·弗里尔以及其他的美国咖啡买家签订1000万袋的咖啡收购合同，尽管如此，那些有经验的咖啡商还是对此表示怀疑，这么多咖啡同时涌向市场，必定会引起咖啡价格暴跌。

1929年7月，拉扎德投资银行更新了它与巴西的贷款协议，告知巴西政府它不会再向巴西放贷，900万英镑的贷款要求被驳回。这下巴西人乱了阵脚，又向欧洲的罗斯柴尔德家族寻求贷款帮助，还是失败了。巴西人要想在胡佛担任总统的时候从美国银行贷款，那就更加不可能了。

1929年10月11日，巴西咖啡交易中心（Santos Bolsa）照常营业，交易正常进行。整整一个上午，圣保罗咖啡研究院的经纪人都安静地坐在座位上，没人在意他。下午，他仍然无法买入咖啡期货，因为估价越来越低，低到了前所未有的价格。惊人的秘密终于曝光了。圣保罗咖啡研究院破产，咖啡价格直线下跌。巴西政府绝望了，为了赢得在纽约咖啡交易中心的信心，巴西驻美国总领事塞巴斯蒂昂·桑帕约谎称巴西没有外债，而且鼓吹巴西拥有大量的黄金储备。这样一来，咖啡市场暂时得到稳定。可是10月29日，纽约证券市场崩盘，所有的希望都随之破灭了。

咖啡市场比美国股市早两周崩盘并非巧合。当时，交易市场上的咖啡和国际贸易形势紧密联系，就像是"煤矿上的金丝雀"，煤矿稍有晃动，金丝雀就会先行飞走。巴西的咖啡生意一直在蓬勃发展，巴西的"咖啡皇帝"就像美国一样傲慢自大，认为成功的一方永远都不会失败。直到1929年10月17日，一位美国经济学教授还说，股价已经涨到了长久以来的稳定高位。同样，巴西人还在自欺欺人地以为自己是不可战胜的。当巴西人的库存咖啡能卖上好价钱的时候，他们就以此来担保，以获得更高的贷款，就像美国人买入股票保证金一样。最终，所有的繁荣都化为泡影，被一堆一堆的咖啡埋葬。20世纪30年代，全球范围的大萧条导致咖啡价格和其他商品价格一样连年走低，同时还伴随着大量失业人口的涌现。但是，即便如此，人们仍然没有停止饮用咖啡。

第 10 章

焚烧咖啡，民不聊生

> 种植咖啡，是我们国家的不幸。
> ——巴西咖啡种植者，1934 年

1929 年，纽约股市崩溃引起了美国各个经济环节的连锁反应。这次的经济大萧条对上百万的咖啡种植者、进口商和烘焙商造成的影响，是这场经济危机对全球经济影响的一个缩影。对有些人而言，危机为他们创造了新的商机，但是对于其他人而言，却意味着破产、绝望甚至死亡。但是无论如何，这场危机造成了巴西咖啡豆的大焚烧。

咖啡的地狱

这场经济危机标志着巴西老的共和体制和咖啡寡头对国家的控制走向终结。1930 年，政府暗箱操作，儒利奥·普列斯特斯当选巴西总统，可是同年 10 月，海陆军发动军事政变，儒利奥·普列斯特斯政府被推翻，巴西南部的另一位政治家热图利奥·瓦加斯当选总统。新上任的巴西总统也很希望进行变革，毕竟前一届的圣保罗州共和党政府摇摇欲坠，还未站稳脚跟就倒台了，更别说不惜一切代价恢复咖啡价格稳定计划了。咖啡价格从 1929 年的每磅 22.5 美分一路下挫到 1931 年的每磅 8 美分。1930 年，巴西的仓库里囤积了 2600 万袋咖啡，比前一年全球的咖啡消耗量还多 100

万袋。在这种危急时刻，任何变革似乎都可以尝试。

瓦加斯身材矮小敦实，律师出身，脸上总是挂着笑容，做事务实可靠，他是迄今为止在任时间最长的一位巴西总统。他嘴里总是叼着雪茄，一副深思熟虑的样子，看上去非常镇定，扮演着一位切实关心自己国家及其问题的友善的倾听者角色。瓦加斯和拉丁美洲其他的独裁者不同，他基本上行事温和，不用暴力恐吓。很快，他就下令禁止栽种新咖啡树。

瓦加斯还任命了一名军官管理圣保罗，这位军官上任后不久就下令给保利斯塔的驻军涨 5% 的工资，还分了一些土地给那些革命老兵。为了鼓励人们喝咖啡，瓦加斯下令每杯咖啡价格减半，这激怒了咖啡馆老板。为了安抚咖啡种植者和咖啡销售人员，瓦加斯任命保利斯塔专做咖啡贷款的银行家何塞·玛里亚·惠特克担任财政大臣。惠特克宣布："回归不受限制的自由贸易往来势在必行，但是首先要做的就是尽快消灭那些令人望而生畏的咖啡囤货。"政府打算大规模烧毁剩余咖啡，只有这样，市场才能回到从前，按照供求规律来自行运转。第一年，巴西烧毁了 700 万袋咖啡，价值超过 3000 万美元，即便如此，他们还有上百万袋咖啡囤积在仓库里。

20 世纪 30 年代前期，有一次，外国记者海因里希·雅各布（Heinrich Jacob）正好乘坐一架低飞的飞机飞过咖啡焚烧现场。他写道："飞机正在飞行，从底下飘来一股刺鼻的气味，逐渐渗入机舱，让人感觉到麻木，确实很痛苦——这时候，越来越难以忍受，机舱里的烟渗入耳膜，嗡嗡作响。浑身一点力气也没有了。"后来，雅各布认识了一个快要疯掉的人，他从前是个咖啡种植者，已经破产了，他对雅各布说："种咖啡，是我们国家的大不幸啊！"他拿出一个玻璃盖的小盒子，里面装着咖啡浆果蛀虫，10 年前，这种咖啡蛀虫就已经开始侵蚀咖啡豆了。他说："绝不应该消灭咖啡蛀虫，政府要是真想救国，就成批地空运这种昆虫来，然后撒满咖啡种植园。"

巴西人对过剩的咖啡简直绝望了。科学家和发明家们费尽心思地寻找可以利用过剩咖啡的替代方法。工程部部长授权进行一个项目,把这些咖啡豆压制成砖块,用来当火车燃料。而化学家则进行各种实验,试图从咖啡中萃取酒精、石油、燃气、咖啡因和纤维素等副产品。里约热内卢一家报纸还指出,研磨面粉的时候加入一些生咖啡豆,然后做出"味道佳、卖相好"的营养面包。酒商声称用咖啡果肉酿制的白酒味道也不错,而从碾碎的咖啡花朵中可以提炼香水。几年后,甚至还有一位科学家用咖啡豆做成了一种塑料类物质。

巴西政府也向其他国家提出了一些创新的咖啡用法,以减少囤积的咖啡数量。巴西政府甚至愿意在政治上向苏联妥协,用咖啡来交换苏联的小麦和兽皮。他们还打算远赴亚洲,开设上千家的巴西咖啡馆,为巴西咖啡豆开拓新的市场。他们想的办法确实不少,但是付诸实践的并不多,然而从1931年开始,巴西确实用咖啡豆向美国换取过产量过剩的小麦。[一]尽管巴西肥沃的土地本来足以供应国民对小麦的需求,但是,由于之前政府短视,全国上下都种植咖啡这种单一的农作物,导致巴西自己耕种的小麦只能满足国内消费量的1/8。

但是这种咖啡小麦互换的交易也带来一些问题。美国海运行业的人抱怨说,巴西的航运公司包揽了所有的小麦和咖啡运输业务,让他们无利可图。而曾经给巴西供应小麦的阿根廷人,现在没有生意做了,也提出反对。美国的咖啡业人士也不想让政府干预咖啡市场,通过小麦交易,引进大量廉价咖啡,可能会拉低咖啡价格,破坏市场行情。美国的面粉公司发现,自从美国和巴西政府进行咖啡小麦交换之后,巴西政府禁止进口小麦,于是美国面粉公司面向巴西的生意也黄了,它们对此很不满。

1932年7月,美国谷物价格稳定局开始出售之前用小麦换来的咖啡,

[一] 巴西人也在英国、法国、丹麦、苏联和日本开了咖啡馆。

此时失望透顶的保利斯塔咖啡大亨们群起反抗瓦加斯政府，要求恢复立宪体制。桑托斯港被迫封闭。8月份的一期《纽约时报》发表头条警告："当心早餐没有咖啡喝！"尽管里约港和维多利亚港已经立即做出反应，表示愿意负责运输出口更多的咖啡，但是美国人偏爱的来自圣保罗的高等级咖啡豆都还是只能缺货。虽然美国谷物价格稳定局手里持有 100 多万袋咖啡，但是根据当初小麦换咖啡的协议约定，每月只能出售 62 500 袋。所以，美国的咖啡还是有缺货的可能，但是 3 个月后，桑托斯的保利斯塔咖啡大亨们的叛变以失败落幕后，咖啡价格又再度下挫。

1932 年 11 月底，巴西政府发电报给美国，电报中说："圣保罗的仓库已经爆满，没有空间可以存放过剩的咖啡了，就连我们的地下室和房间也已经堆满了咖啡，局势实在无法控制，国内无法处理这些咖啡，我们别无选择，只能立即焚烧。"

中美洲独裁者和大屠杀

全球经济大萧条，咖啡行情萎靡不振，引发了中美洲国家的革命、独裁以及各种社会动乱。1929 年的经济危机已经让劳动者的生存状态恶化了，除了哥斯达黎加以外，受到威胁的寡头政治国家都纷纷任命手腕强硬的人担任领导，试图恢复"社会秩序和经济繁荣"。然而，每当国内爆发抗议的时候，所有的独裁者都依赖国外资本和美国的支持。1929 年经济危机爆发，引发了咖啡大亨们通过取消抵押品赎回权和购入的方式吞并了很多小农场，贫富差距进一步拉大。

在萨尔瓦多，1931 年年底，军部罢免了选举出来的总统，建立了马克西米亚诺·埃尔南德斯·马丁内斯军事独裁政权。接下来的整整 20 年中，他用残酷的手段和各种变态的政策统治着萨尔瓦多。人们把埃尔南德斯·马丁内斯看成巫术师，因为他自己相信通神论和魔法。他通过广播向民众传播他的观点，他说："小孩儿光脚走路很有好处，这样有利于他们吸收地球散发出来的有益物质,感受地表的凹凸不平。"他还声称自己被一支隐形的强大军团所保护,和美国总统有一种直接的心灵感应。他相信人可以转世,但是昆虫却不能转世,因此"杀死一只蚂蚁比杀死一个人的罪恶要重,因为人死了可以转世,但是蚂蚁却永远地死了"。

20世纪30年代,咖啡出口占了萨尔瓦多总出口产品的90%。印第安人每天工作10个小时,只能挣12美分,他们吃尽了苦头。当时一位加拿大评论员写道:"这些印第安人干各种脏活累活,收入很低,雇主完全不顾他们的死活,实际上跟很久以前的奴隶没什么差别。"

咖啡行情持续低迷,咖啡种植园主入不敷出,支付不起欠款,只能削减工资,延迟日常设备的维护,甚至解雇那些长期雇工。这样一来,咖啡树只能任其荒芜,无人收割。后来,咖啡工人跟记者说:"被咖啡园主解雇以后,我们既没有土地可以耕种,也没有工作收入,于是只能抛妻弃子,因为我根本买不起食物,更别说买衣服给妻儿、给孩子提供教育了。我根本不知道他们在哪儿,这场苦难让我妻离子散——于是我别无选择,只能投身革命行列,以求解脱。"

1932年1月22日,在革命领袖阿古斯丁·法拉本多·马蒂的鼓舞下,萨尔瓦多西部高地(这里也是主要的咖啡种植区)的印第安人杀了近100个外国人和独裁政府士兵。㊀这些印第安人组成的反独裁阵营只有棍棒、弹弓、大刀和几只步枪武装,根本无力对抗政府军队的子弹。赫尔南德斯·马丁内斯授权军队残酷地打击报复反独裁武装阵营,同时下令人民护卫队,主要保护上流社会的安全。

打击报复性的镇压继续进行,血流成河,已经发展成大屠杀。统治阶层受到惊吓,勃然大怒,授意军队大开杀戒,肆意虐杀。革命领袖法拉本

㊀ 尽管叛军确实犯下过一些暴行,但是却被政府无限夸大,这也使之后政府的军事大屠杀被无限弱化。

多·马蒂最后也遭枪决。

短短几周时间，3万人遭到屠杀。㊀萨尔瓦多的革命党被彻底铲除，任何反叛力量都一并被消灭了。这场大屠杀对20世纪萨尔瓦多的历史具有重大影响。萨尔瓦多的一个诗人写道："1932年，我们所有人都少了半条命。"

1932年7月，萨尔瓦多咖啡协会的刊物就这场大屠杀以及随后进行的各种杀戮发表评论："任何社会总有两个主要阶级组成，即统治阶级和被统治阶级，对于如今的萨尔瓦多而言，统治阶级就是富人，被统治阶级就是穷人。这两大阶级分裂是无法避免的，试图打破这种阶级制度，就是破坏社会平衡，只会造成人类社会的瓦解。"因此，萨尔瓦多的咖啡大亨们认为农民的贫穷和苦难是理所当然的事。埃尔南德斯·马丁内斯也认为工厂是滋生革命者的温床，于是通过立法规定不得推动工业化发展，咖啡更成为萨尔瓦多收入的主要来源。㊁

危地马拉、尼加拉瓜和洪都拉斯的独裁者也都是在大萧条时期掌权，并且以武力镇压任何有可能的农民反抗运动。1931年，豪尔赫·乌维科·卡斯塔涅达掌握危地马拉政权后，通过监禁、暗杀、枪决或者驱逐出境等各种方式来镇压反动势力。他意识到咖啡业的发展离不了咖啡工人，所以要安抚一下备受压迫的印第安咖啡工人，于是他废除了债务约束的奴役制，提出了换汤不换药的游民法案。该法案规定没有土地的人为游民，

㊀ 据估计，萨尔瓦多这场大屠杀的死亡人数在2000～50 000人。1971年，托马斯·安德森（Thomas Anderson）在他的经典著作《大屠杀》（*Matanza*）一书中采用的数据是10 000人，但目前大部分学者认为这场大屠杀造成约30 000人丧生。

㊁ 桑德拉·贝尼特斯（Sandra Benitez）的跨代小说《苦咖啡》（*Bitter Grounds*）一书中的故事发生地就是萨尔瓦多。这本书从1932年的大屠杀开始，然后随访了咖啡工人和种植园主的生活。书中一个人物写道："你说吧，除了对咖啡黄金般的渴望，哪还有人敢向前看。要我说，人们丰收之时，所收获的也只不过是苦咖啡而已。"

并且强迫他们在咖啡种植园干活。危地马拉农民糟糕贫苦的生活状态并没有因此而得到任何改善,危地马拉本国对外国资本和咖啡出口的依赖也没有改变。1933年以后,乌维科枪决了100名工会组织成员、学生和反对党领袖,随即颁布法令,允许咖啡和香蕉种植园主处决种植园工人,并且可以不受刑罚,从此咖啡工人再也不敢反抗了。

1934年,安纳斯塔西奥·索摩查·加西亚将军刺杀游击队领袖奥古斯托·塞萨尔·桑地诺后,成为尼加拉瓜的实际掌权人。㊀1936年,索摩查发动政变,正式成为尼加拉瓜的独裁者,他以此建立了自己家族的王朝,持有尼加拉瓜大部分咖啡产业,其中包括46座种植园。索摩查通过恐吓、威胁以及贿赂成为全国首富。同时,他也下令对怀疑是反叛者的人进行大屠杀。

大萧条时期,洪都拉斯的独裁者蒂武西奥·卡里亚斯·安迪诺并不像中美洲的其他几位独裁者那么残忍。他鼓励尼加拉瓜国内的咖啡种植,和其他中美洲国家一样成为咖啡大国,不过,香蕉仍然是洪都拉斯最主要的出口作物。

经济大萧条和咖啡豆价格持续走低也给哥斯达黎加和哥伦比亚带来不少问题,只不过这两个国家的政府是民主选举出来的,于是通过立法方面的让步和政府出面解决,问题并不算严重。哥斯达黎加的咖啡田主要是靠小农自己经营掌管,所以几乎没有劳资问题,但是咖啡农必须要把刚采摘下来的果实卖给集中的咖啡处理工厂,然后再进行去皮、晾晒和取豆等工作。只是在经济大萧条时期,集中咖啡处理厂收购咖啡豆的价格定得非常低,所以咖啡农很不满。1933年,哥斯达黎加政府介入,调节咖啡农和咖啡处理厂之间的矛盾,规定处理厂必须把咖啡果实的收购价提高,让咖啡

㊀ 奥古斯托·塞萨尔·桑地诺是一位富裕的咖啡种植园主和他的咖啡劳工所生的私生子,桑地诺领导了一场针对当时占领尼加拉瓜的美国海军的反抗行动,他把美国人称为"金发野兽"和"我们民族和语言的敌人"。

农能够接受。

哥伦比亚的咖啡农基本都是自己处理采摘回来的咖啡果实,他们的问题是银行贷款利息太高以及国外咖啡买家压低咖啡进口价格,哥伦比亚咖啡的主要买家是美国的 A&P 咖啡公司、哈德和兰德（Hard & Rand）公司以及 W. R. 格雷斯（W. R. Grace）公司。㊀咖啡种植园内的劳资纠纷逐渐加剧。佃农拒绝支付高额的债务,要求政府把未开发的土地分给他们耕种。而有土地的人则要求把未开垦的土地分给大庄园。最后哥伦比亚政府通过立法,把未开发的土地收归政府所用,以此来削减大型咖啡种植园。于是那些已经很富有的咖啡大亨们开始向多元化工业发展,投资水泥、制鞋厂、不动产以及交通运输行业。

即便如此,哥伦比亚咖啡的出口量还是持续增加。成立于 1927 年的哥伦比亚咖啡协会很快便在政坛取得了很大的影响力,成为"一个主权不全在人民的国中国"。哥伦比亚咖啡协会还在美国大登哥伦比亚咖啡广告,宣称哥伦比亚咖啡豆是"顶级淡味咖啡豆"。

巴西重开闸门

20 世纪 30 年代经济大萧条时期,每年美国人平均咖啡消耗量还是稳定在 13 磅,但是,随着大萧条的持续,咖啡豆的来源一直在变化。巴西焚烧的咖啡越多,哥伦比亚、委内瑞拉和其他中美洲咖啡生产国就越能在国际咖啡市场上占有更高的比例。巴西已经绝望了,于是做出最后一搏。1936 年,巴西在哥伦比亚首都波哥大召集了一场跨国会议。拉丁美洲各与会国家同意共同出资赞助泛美咖啡组织（Pan American Coffee Bureau, PACB）,促进北美的咖啡消费量。会议结束后,哥伦比亚和巴西的代表还

㊀ 1927 年前,仅 A&P 一家公司就购入哥伦比亚全国咖啡产量的 1/10,每周就要烘焙平均 4000 袋哥伦比亚咖啡豆。

达成一项售价稳定协议：哥伦比亚高品质的马尼萨莱斯咖啡每磅售价可以卖到12美分以上，而普通的巴西桑托斯咖啡豆价格定为每磅10.5美分，以此来定位不同的市场。

1937年，巴西做出了惊人的举动——一次性焚烧了1720万袋咖啡，而当年全球咖啡销量只有2640万袋。同年，巴西收获的咖啡只有30%运往了世界市场。然而，哥伦比亚却并没有坚守当初售价稳定协议达成的分级分市场销售原则，声称坚守协议负担太重，于是把马尼萨莱斯咖啡的售价调低到11.6美分。这样一来，哥伦比亚咖啡比巴西咖啡就高不了多少钱了，而哥伦比亚咖啡的品质又好很多，所以哥伦比亚咖啡就更容易卖出了。

哥伦比亚咖啡降价，巴西人勃然大怒，于1937年在古巴哈瓦那又召集了一次会议。巴西代表尤里科·彭特亚多在演讲中告诉其他咖啡种植国："波哥大会议达成的各事项几乎都没有切实执行，而当初达成的售价稳定协议更是荡然无存。巴西仍然坚持不出口劣质咖啡豆，但是其他国家却趁巴西减少出口之际，继续出口劣质咖啡豆，破坏市场行情。在保护咖啡价格这方面，现在就只剩下巴西一个国家来承担所有的负担了。"

大萧条刚开始的时候，美国的进口咖啡中65%是巴西豆。而1937年的时候，巴西咖啡只占美国进口咖啡比例的一半多，哥伦比亚咖啡却趁机崛起，占了美国咖啡市场25%的份额。然而与此同时，巴西经济对咖啡的依赖也有所减轻。1934年，咖啡占了巴西出口总量的61%，两年后，这一比例就降到了45%。因此，彭特亚多在会议上总结道："各位，焚烧咖啡豆是为了巴西的国家利益，但是我们已经尽了全力，为了国家利益，巴西不会永无止境地焚烧咖啡豆，我们不会再为此做出进一步的牺牲了。除非其他各国同意不再种植新咖啡，停止出口劣质廉价咖啡豆，并且支持价格稳定措施，否则，巴西将会放弃目前所实行的所有支持咖啡的计划及努力。"

然而，各个国家都不把巴西代表说的话当一回事儿，毕竟30年前巴西就开始实行各种价格稳定计划，不可能说停就停。而且，中美洲各国也不愿意停止出口劣质咖啡豆，毕竟就连廉价的非洲罗布斯塔豆在美国和欧洲也找到了属于自己的市场。1937年，美国一位咖啡专家说："几年前，美国咖啡进口商连尝一口罗布斯塔豆都不愿意，但是，后来经过反复试喝，倒也习惯了这种口味。"因此在哈瓦那会议上，中美洲各国的咖啡种植者也表示，很担心非洲的罗布斯塔豆会取代拉丁美洲低等级的咖啡豆。

实际上，拉丁美洲各国愿意考虑出口国配额问题，以互相制约的主要原因在于非洲殖民地出产的咖啡占领美国市场的份额与日俱增。经济大萧条期间，英国在非洲的殖民地肯尼亚盛产高品质的阿拉比卡咖啡豆，建立了咖啡协会和咖啡研究院。以前，英国掮客垄断了肯尼亚的咖啡贸易，大萧条时期，肯尼亚的咖啡种植者越过英国掮客设立的重重障碍，建立了自己的咖啡拍卖机制。20世纪30年代末，肯尼亚的咖啡种植园开始在美国贸易周刊上大规模地为肯尼亚咖啡做广告。10年间，非洲的咖啡产量翻了1倍，非洲超过亚洲成为世界第二大咖啡出口洲。难怪拉丁美洲的咖啡生产国断然拒绝非洲、印度以及亚洲的咖啡生产国参与它们的会议，中美洲国家已经清晰地认识到其竞争之激烈。㊀

㊀ 英国拥有三大主要咖啡殖民地：肯尼亚种植阿拉比卡豆，坦噶尼喀（坦桑尼亚的一部分）种植阿拉比卡豆和罗布斯塔豆，乌干达主要种植罗布斯塔豆。法国、葡萄牙和比利时占据了非洲种罗布斯塔豆的殖民地，包括法属赤道非洲、法属西非、索马里兰海岸、科特迪瓦、喀麦隆、马达加斯加、安哥拉和比属刚果。意大利人则占据了咖啡的发源地埃塞俄比亚。

尽管肯尼亚的咖啡种植者大都是白人,但是自从1937年,这个有种族特色的广告登出来以后,人们又开始重视咖啡原产地的咖啡——肯尼亚咖啡。

哈瓦那会议并没有解决生产过剩的问题,但是与会国同意从每袋咖啡的出口税中抽出5美分,用于资助中美洲咖啡在美国的广告宣传活动,第二年便开始实施。它们也勉强同意对某些低等级的咖啡进行出口管制。中美洲各与会国最后把复杂的价格区分和出口配额问题留给了纽约的泛美咖啡组织解决,并要求其在6天内给出解决方案。

由于问题太过复杂,泛美咖啡组织未能在规定期限内给出解决方案。于是1937年11月,巴西总统热图利奥·瓦加斯为了向世人宣称自己是一位仁慈的独裁者,宣布了震惊世界的"自由竞争"新政策,他发誓要打开咖啡闸门,不再焚烧咖啡,任咖啡自由流入市场,后来巴西代表尤里科·彭特亚多前往新奥尔良参加每年一度的美国咖啡协会会议时,也为自己的国家辩护:"巴西致力于稳定咖啡价格,但是其他国家却乘虚而入,抢占了巴西咖啡豆的市场份额。"美国媒体赞许巴西:"巴西为其他国家背负了咖啡重担,但是其他国家却不买账。"

起初,每袋咖啡减税两美元,就已经让受到重挫的巴西咖啡种植者们欣喜若狂了，这次新的自由贸易政策颁布后，圣保罗的一位咖啡种植者感叹道："这简直是漫漫长夜过后黎明前的一道霞光。"但是，巴西咖啡闸门大开后，咖啡价格下挫到每磅 6.5 美分，种植园主又开始发愁，搞不清楚状况了。他们逐渐对新政策也失去了信心，开始感到恐慌。咖啡焚烧计划又开始实行，不过焚烧数量并不多。1938 年，巴西出口到美国的咖啡总量比前一年多出了 3 亿磅，但是总收入却比前一年少了 315 万美元。

即便如此，为了长远利益，巴西仍然坚持放开咖啡闸门，让大量咖啡涌向市场，以便夺回市场占有率。而且，一旦国际咖啡组织为咖啡出产国确定了出口配额，也是会以近几年来各国咖啡的市场占有率为依据的。然而，仔细考虑一下过去 30 年巴西咖啡在世界市场上的发展，就会发现巴西咖啡命运并不顺利，已经到了一个瓶颈期。1906 年，巴西生产了超过 2000 万袋咖啡，而世界其他咖啡产区的产量总和也不过 360 万袋。到 1938 年的时候，巴西咖啡产量大约是 2200 万袋，但是其他咖啡生产国的生产总量达到了 1020 万袋，其他咖啡产区不仅产能增长快于巴西，咖啡豆品质也优于巴西咖啡豆。

当拉丁美洲各国在为不断下滑的微薄利润斗争时，大萧条却为美国咖啡烘焙商带去了新的销售机会，他们终于尝到了塑造成功的品牌形象带来的甜头了。

第 11 章

大萧条时期，演艺场卖咖啡

> 天边出现一道彩虹，
> 再来一杯咖啡吧，
> 再来一块派吧。
> ——美国作曲家、流行音乐作词家欧文·伯林
> （Irving Berlin），1932 年

经济大萧条时期，美国人确实吃了不少苦头，即便有些人需要排长队领取救济食物和咖啡，但是总体来说还算有吃有喝，不至于饿肚子。而且，当美国人闲在家里的时候，还有新奇的新式通信媒体——收音机以供娱乐，而收音机中播放的广播也提供了买咖啡的一种新方法。

广播不离身

20 世纪 20 年代初，广播刚刚问世，广告人担心在广播上直接做商业广告太过俗气，所以并没有空中直播宣传某一特定品牌。但是，他们采用了一种令人振奋、富于教育意义的广告基调。例如，1923 年，智威汤逊广告公司的广告人约翰·华生在 WEAF 广播电台畅谈"人体神秘的内分泌腺"。尽管节目一开始播音员就先播报"本节目由培贝科牙膏赞助播出"，但是华生在整个播音过程中都没有提及该牙膏品牌。他只是总结道："要想保持口腔腺体活跃健康，每顿饭后最好用牙膏刷牙，牙膏可以清洁牙

齿，但不会破坏牙釉质。"播音完毕后，华生发现这场广播对话简直就是空中广告的典型，主讲人不必提及产品名和品牌名，就能产生很好的广告效应。

于是，广告人渐渐变得越来越进取。1924 年，A&P 公司在"A&P 的吉卜赛民歌"广播剧中为其公司的 3 个品牌做广告。不久，商业广告赞助的节目越来越多，包括"日常时光""幸运节拍弦乐团""箭牌评论""宝石茶时光"以及"麦斯威尔时光"等。西部的福尔杰咖啡也赞助了"福尔杰利亚"节目，主要以马林巴琴演奏、幽默讽刺戏剧和音乐剧为主。美国广播电视历史学家埃里克·巴尔诺（Erik Barnouw）在广播历史中写道："广播中初期的广告简洁、谨慎，措辞尤其合适。"

1929 年，一切都变了。那一年，美国人向广播广告投入了 8.42 亿美元，比 7 年前多了 10 倍。1929 年年初，芝加哥的所有广播都锁定在广播情景剧《阿莫斯与安迪》上。这是一部讲述两个黑人被两个白人弗里曼·戈斯登和查尔斯·科雷尔愚弄的故事。5 月份一个闷热潮湿的晚上，洛德和托马斯广告公司年轻的广告人威廉·本顿（William Benton）走路回家，路边家家户户都开着窗户想要透点风，他说："我在街上就能听到《阿莫斯与安迪》广播剧生动的配音，于是我走回那条路，发现一共有 19 户人家在听收音机，其中有 17 户都在收听《阿莫斯与安迪》。"第二天一早，本顿就说服广告代理主任阿尔伯特·拉斯克（Albert Lasker），让培贝科牙膏在全国的广播电台赞助《阿莫斯与安迪》的播出。最后，这部情景剧在全国热播，异常火爆，而培贝科牙膏的销量也一飞冲天。戏剧演员鲍勃·霍普回忆道："当时全国的戏院 7 点半以前都要关门，就是因为大家都知道所有人都一定要听完广播剧《阿莫斯与安迪》以后才肯出门。"

本顿和鲍尔斯在大崩盘中幸存

1929 年 7 月 15 日，威廉·本顿和切斯特·鲍尔斯（Chester Bowles）在

纽约联手创业,开了一家新的广告公司。他们两个人都是耶鲁大学毕业的学生,一个 29 岁,一个 28 岁,都才华横溢,年轻有为,他们和通用食品公司的广告部员工查尔斯·莫蒂默(Charles Mortimer)是朋友,于是莫蒂默为他们安排了一次与通用食品公司广告部经理拉尔夫·斯塔尔·巴特勒(Ralph Starr Butler)的会面。巴特勒对他们印象非常好,将两个小生意——切尔托果胶和赫尔曼蛋黄酱交给他们来做。

这一对搭档感觉大萧条不会对食品和药品需求产生很大的影响,于是决定将精力集中在食品和药品上,事实证明,他们的决策很正确。1932 年 4 月 1 日,32 岁的本顿召开生日会,通用食品公司广告部拉尔夫·巴特勒和公司销售经理克拉伦斯·弗朗西斯(Clarence Francis)受邀参加,他们跟本顿提起目前由欧文·瓦齐广告公司负责宣传的麦斯威尔咖啡销售情况不佳,[一]希望本顿的广告公司能为通用食品宣传麦斯威尔咖啡、烘焙巧克力、宝氏烤面包、宝氏谷物麦片、水晶盐以及小木屋糖浆等产品。本顿诚实地跟通用食品公司的经理们说,自己的小广告公司暂时还接不了这么多项目。于是,通用食品公司建议本顿和鲍尔斯再找个合伙人,欧文·瓦齐公司倔强的客户经理阿瑟顿·霍布勒(Atherton Hobler)加入了他们。

本顿、鲍尔斯和霍布勒形成了很好的三方合作模式。霍布勒比本顿大 10 岁,把自己丰富的经验和积极进取、具有很强竞争力的行业优势都带到了公司。霍布勒常被人呼为霍布,他对自己和下属要求都很严格。很快,这 3 个合作伙伴就雇了一些新的员工,他们大多是从其他广告公司辞职,

---

[一] 1929 年,智威汤逊广告公司放弃了麦斯威尔,开始承接蔡斯和桑伯恩的咖啡广告业务,于是欧文·瓦齐广告公司接手了麦斯威尔咖啡的广告。20 年代,弗莱希曼酵母公司和麦斯威尔咖啡是智威汤逊广告公司最大的两个客户。后来,弗莱希曼公司吞并了蔡斯和桑伯恩咖啡,建立标准品牌咖啡,因此,如果智威汤逊还要继续做麦斯威尔咖啡的生意,那它就必须要在保留自己的大客户并转向咖啡客户和丢掉标准品牌旗下的所有生意之间做出选择。

然后满心欢喜地加入了这家年轻、充满朝气的公司。㊀

腐臭的石油和咖啡焦虑症

目前这些广告人最紧迫的事情就是要赶紧让麦斯威尔咖啡的销售额恢复到昔日的辉煌。经济大萧条之前，麦斯威尔咖啡一年的销量是 5000 万磅，净利润大约 300 万美元，经历经济大萧条后 3 年，麦斯威尔咖啡品牌的销量降到 3900 万磅，但是基本没什么利润。通用食品公司与本顿与鲍尔斯广告公司确定合作以后，立即划拨一笔 310 万美元的巨额款项给本顿和鲍尔斯公司，来大力宣传麦斯威尔咖啡。

20 世纪 20 年代的时候，麦斯威尔咖啡是唯一一个可以真正称得上畅销全国的咖啡品牌。后来，蔡斯和桑伯恩咖啡跟皇家烘焙粉公司合并成为标准品牌公司，其推销方式和广告模式都具有一定的攻击性，它们声称自己的咖啡比其他品牌的咖啡都要新鲜。蔡斯和桑伯恩的头条广告语是："过期咖啡有一股腐臭的石油味儿，消化不良、头痛以及失眠都是由于过期咖啡导致的。"他们向消费者宣称，只要不喝其他牌子的过期咖啡，一天喝 5 杯咖啡也没问题。标准品牌公司的副总裁特拉弗·史密斯（Traver Smith）说："这种强调要饮用新鲜咖啡的广告策略在一年多一点儿的时间内，就让销售额足足翻了 3 倍多。"

为了进一步扩大蔡斯和桑伯恩咖啡的影响力，斯坦利·里索的智威汤逊广告公司的广告人创造性地想出一个主意。1929 年开始，让蔡斯和桑伯恩咖啡赞助一个二十二重奏合唱乐队，1931 年，它们又开始赞助当时著名的喜剧演员及歌手埃迪·坎托（Eddie Cantor），在广播上播出"蔡斯和桑伯恩时光"，对咖啡的销售取得了很好的促进作用。

㊀ 小说家辛克莱·刘易斯也曾向本顿申请过工作，但被拒绝了，本顿对辛克莱说："我不想成为你下一部作品中的乔治·巴比特。"（乔治·巴比特是辛克莱的代表作《巴比特》一书中的人物。）

在咖啡包装方面，竞争对手们都发现了真空咖啡罐的好处，1900年，希尔斯兄弟已经率先开始采用真空罐包装咖啡了。1931年，通用食品公司引进了真空高保鲜包装线，据说能赶走包装中99%的空气，比希尔斯兄弟、MJB和福尔杰咖啡排除90%空气的真空包装要好很多。通用食品还出资在纽约时代广场安装了一个大型霓虹灯广告牌，这个广告牌是美国著名艺术家诺曼·罗克韦尔（Norman Rockwell）设计的，用了7000个电灯泡做成的，广告牌中是一个7英尺高的黑人管家正在服侍一位南方绅士喝咖啡，给来来往往的人留下深刻的印象。

《麦斯威尔剧场船》起航

尽管麦斯威尔采用了全新的真空包装罐，还在时代广场高调地打出广告霓虹灯，但是其市场份额仍在不断降低。1932年10月，阿瑟顿·霍布勒专程去见了通用食品公司的经理们，对他们实话实说：你们的麦斯威尔咖啡售价太贵，口味也不那么香醇，需要采用一种更加吸引人的戏剧性广告方法。同时，他还建议麦斯威尔改进咖啡配方，少用普通的巴西豆，多用高海拔的淡味咖啡豆，并将零售价降低5美分。除此之外，再把广告预算减少200万美元，降到110万美元，并且全部投在广播上。这是一场豪赌，麦斯威尔的销售额必须要增长20%才能让收支平衡，但是无论如何，通用食品公司已经无计可施，愿意进行任何尝试。当月底，本顿和鲍尔斯广告公司的三个好搭档就在电台制作了《麦斯威尔剧场船》节目，每周播出一集的成本是6500美元，创下当时的广告纪录。

《麦斯威尔剧场船》的灵感来自1927年美国作曲家杰罗姆·科恩（Jerome Kern）的音乐剧，而这部音乐剧则是根据埃德娜·费伯（Edna Ferber）的一部小说改编而成的。广播剧将其改编成了具有南方风味的爵士音乐主题，却毫不夸张地贯穿着铃声与笛声。㊀节目开始后，汽笛声响起，节目制作人廷尼·拉夫纳高声宣布："大家请上船，你们对麦斯威尔咖啡的矢志不渝的钟爱，就是你们的船票。"接下来幽默的亨利船长就带领大家在音乐、戏剧和喜剧的海洋中畅游一小时。

这幅以黑人为主角、颇有点种族主义特点的广告，画的是当时流行的《麦斯威尔剧场船》广播剧中的人物，该广告确实增加了麦斯威尔咖啡的销量。广播剧中的人物声音和表演都相当到位，以至于很多听众都对广播剧中船的存在性深信不疑，甚至跑到码头满怀期待地等候这艘神秘的"剧场船"出现。

这部广播剧迅速引起轰动，音响效果足以以假乱真，桨轮激起的水花声和甲板的咔嗒声让很多听众都相信麦斯威尔剧场的确是在船上播出的。甚至有一次，广播剧将场景设在新奥尔良码头，后来竟有 2000 多名听众聚集在码头等候，最后空等一场。

㊀ 起初，作曲家杰罗姆·科恩通过他的律师指控麦斯威尔，声称后者盗用了他的主题，但是本顿和鲍尔斯的律师则在 1933 年 5 月指出，科恩曾说自己是《麦斯威尔剧场船》节目的忠实听众，他不仅喜欢这个节目，而且觉得这是有史以来最棒的广播节目。

1933年年初,《麦斯威尔剧场船》荣登全美广播节目收听率排行榜榜首,一直持续了两年时间。在当年1月1日的节目上,廷尼·拉夫纳向观众宣布,麦斯威尔咖啡每袋降价5美分,并改进了配方。之后不到两个月,其销售额就增长了70%。蔡斯和桑伯恩咖啡为了竞争,4月份也调低了价格。当年底,麦斯威尔咖啡销售额增长了85%。在切斯特·鲍尔斯和阿瑟顿·霍布勒奇思妙想的制作下,这部广播剧有几点创新。这是最先邀请观众亲临现场的节目。在剧中配上倒咖啡和摇晃咖啡杯的声音以及品尝咖啡的啧啧称赞声,将麦斯威尔咖啡带给人们的愉悦感受融合在剧本中,抛弃了传统的独立式商业广告模式。而且剧中邀请了很多著名的明星客串,并且品尝麦斯威尔咖啡,包括喜剧演员鲍勃·霍普、幽默大师罗伯特·本奇利、女演员格洛丽亚·斯旺森、乔治·杰塞尔、贾克·柯根、艾米莉亚·埃尔哈特、戴尔·卡耐基、莉莲·吉许和格特鲁德·劳伦斯。⊖

《麦斯威尔剧场船》大获成功,本顿和鲍尔斯乘胜追击,很快就又加了两部新的广播剧《美丽的棕榄树之盒》和《弗雷德·艾伦的会堂之夜》。1934年,他们的3个广播剧稳居广播剧排名前四名。⊜尽管用广播做广告没有丰富多彩的视觉效果,但是,当时美国每20人中就有一个是文盲,广播剧能够被这些人和不识字的孩子所接受。如果一个人想要完整地听一个节目,就必须要听广告。

本顿和鲍尔斯公司的广告人借"剧场船"节目的知名度,推出以剧中人物为主角的特写广告,进一步将广播带给人们的幻觉现实化。1935年,麦斯威尔广告又出新招,把当天播出的广播剧做成连环画的小插图,送给客户。

⊖ 德尔蒙特咖啡(Del Moute Coffee)模仿《麦斯威尔剧场船》节目,制作了由多比斯船长(Captain Dobbsie)主演的《欢乐船》(Ship of Joy)节目。
⊜ 当年,本顿和博尔斯如果同意与达西广告公司合并的话,就可以拿到可口可乐这个大客户。可口可乐的老板罗伯特·伍德拉夫(Robert Woodruff)习惯了别人对他的立即服从,他曾提出过合并,却遭到了拒绝。

正如本顿后来所说的那样："麦斯威尔咖啡根本就不知道有经济危机。连锁店里卖的咖啡看上去和以前一样好，价格却降低了，但实际上咖啡品质的差别根本无法察觉。这时候，广告宣传为麦斯威尔咖啡增添了魅力，也注入了活力，让大家都以为麦斯威尔咖啡在品质上要更胜一筹，销量不断翻倍。"本顿当然也知道，咖啡因是会让人上瘾的东西，这也起了很重要的作用。他说："任何商人都想要一种消费者养成习惯使用的产品，也正因如此，香烟、可口可乐和咖啡才能经久不衰地畅销。"

本顿和他的伙伴在尽力说服美国公众多喝麦斯威尔咖啡时，富兰克林·D.罗斯福总统在大力推行他的新政，希望逐步建立民主国家。罗斯福认为禁酒令不得人心，也不切实际，于1933年批准废除禁酒令。但是咖啡并没有遭受合法饮酒带来的新一轮竞争，与此相反，就像以前在非法经营的酒吧里一样，咖啡仍然可以给那些饮酒过量、神志不清的人醒酒。

本顿和鲍尔斯公司得到的广告投资额，从1931年可怜的100万美元开始，一路飙升。1932年，他们成功拿到麦斯威尔这个大客户，通用食品公司为此支付了310万美元；第二年，他们的广告营业额达到450万美元；1934年，营业额710万美元；1935年，达到1000万美元，同年，公司员工已经达到174人。鲍尔斯和霍布勒买了巨型游艇，本顿则在康涅狄格州建了一座度假庄园。

正当本顿和鲍尔斯公司名声大噪之时，比尔·本顿在他的36岁生日上提出辞职，从事各种商业活动，通过买卖"背景音乐公司"（Muzak Corporation）大赚一笔，成了一个成功的商人。1941年，切斯特·鲍尔斯也离开了广告业，在物价管理局工作，踏入政坛，后来还当选了康涅狄格州的州长，最后出任美国驻印度大使。鲍尔斯担任康涅狄格州州长的时候，任命本顿担任参议院议员，并延长其任期，以便一起对付乔·麦卡锡议员对革命者的政治迫害。

阿瑟顿·霍布勒还依然坚守在广告业，和著名的本顿和鲍尔斯广告公司共命运，但是昔日广告业的合作伙伴却开始贬低广告业，这令他非常愤怒。比尔·本顿后来说道："麦斯威尔咖啡广告项目让我后悔了一辈子，这个广告创意改变了商业广告……从此以后，商业广告里总是载歌载舞，简直没完没了，已经泛滥了。"他还后悔万分地说道："我为自己创造出来的东西向大家道歉。"

阿巴克尔和麦克杜格尔退出市场

1932 年，贾米森姐妹聘请了能令公司"起死回生"的专家 C. 金·伍德布里奇（C.King Woodbridge）来管理阿巴克尔兄弟公司。在接下来的几年中，公司尝试了很多不同的策略，包括把雨斑咖啡品牌卖给其他公司来获得更多的流动资金。但是，由于没有进行全国性的广告宣传活动，阿巴克尔公司注定要走向灭亡。1937 年，伍德布里奇将公司卖给了通用食品公司，畅销多年的阿里奥萨咖啡品牌也宣布退出历史舞台。几年后，通用食品公司又买回雨斑咖啡的商标，将其打造为麦斯威尔咖啡的姐妹品牌。20 世纪 40 年代初，贾米森姐妹相继逝世，阿巴克尔遗留的巨额财产也不翼而飞。

当经济大萧条来临的时候，逍遥自在的人越来越少，人们已经无暇光顾爱丽丝·福特·麦克杜格尔装修精致豪华的意大利式咖啡馆了。1930 年，麦克杜格尔几乎已经不亲自管理咖啡馆的具体事务了，两年后，由于拖欠上百万的租金，麦克杜格尔的连锁店已近破产，进入了接管程序。这时候，已经 65 岁高龄的麦克杜格尔女士再次复出。不到 4 个月的时间，咖啡店业绩就上升了 50%，又重新买回"庭院"和"中央车站"的店铺，但是昔日的辉煌已经不复存在。1933 年，政府取消禁酒令，最后的救命稻草也没有了。经济大萧条时期，人们纷纷放弃了昔日富丽堂皇的意大利咖啡店，跑到简单的自动贩卖机和小咖啡馆里，去喝每杯不到 5 美分的咖啡了。

在芝加哥引爆手榴弹

虽然大萧条期间不少咖啡公司都遭到了重创,但是从总体上来看,美国咖啡业在经济大萧条期间并没有遭受太大损失,咖啡公司之间的整合和竞争更加激烈。过去丰厚的利润空间缩小了。享誉全国的大品牌市场份额继续增加,而那些地区性的小公司则挣扎着保持自己的地位,很多小咖啡烘焙场被迫倒闭。

1936年,全国咖啡协会会长赫伯特·德拉菲尔德(Herbert Delafield)伤心地说,咖啡生意一直以来都是有文化和教养的绅士从事的买卖,现在却被黄牛党抢去挣快钱,他们把咖啡当作最廉价的特销商品。这种把咖啡当作廉价特销商品的想法本来是为了以低价甚至赔本价来吸引顾客到商店里买东西,顾客一旦进入商店,就有可能买其他产品。地区性的咖啡烘焙商中得以生存下来的都是比较有创新意识的,他们通过巧妙的广告营销手段和忠诚的客户得以生存。他们主要做餐厅和一些办公机构的生意,因为这些机构还是需要一些地方关系和特别服务的。其他的地方烘焙商则生产自主打标签的咖啡,这样像连锁店这样的行业就可以用自己的店名来包装销售咖啡。另外,还有一些代工咖啡烘焙商,他们替别的厂家烘焙咖啡生豆,按磅收取一定的费用。

有两个地区性的咖啡烘焙商成功发布了自己的消费品牌。约瑟夫·马丁森(Joseph Martinson)在纽约建立的机构咖啡生意兴隆,他专门为高级酒店、餐厅和轮船公司供应其高等级的马丁森咖啡。20世纪20年代末,他进军袋装咖啡领域,只以高价供应最高等级的拼配咖啡,并且稳定地做广告宣传。马丁森最大的竞争对手就是萨姆·舍恩布鲁恩(Sam Schonbrunn),而纽约曼哈顿地区的华尔道夫·阿斯多里亚酒店特供的高品质咖啡——萨瓦林咖啡就是舍恩布鲁恩生产的。马丁森和舍恩布鲁恩向世人证明了,高品质咖啡可以在打价格战的商品化咖啡中屹立不倒,度过经济大萧条,这已经成为日后人们定期学习的榜样。

曾经活跃一时的国家咖啡烘焙者协会已经过时，并被四轮咖啡推销马车、连锁店和生豆进口商从侧翼包抄。1932 年，国家咖啡烘焙者协会勉强把其他咖啡界人士都聚集起来，组成美国咖啡相关产业协会，企图从宝石茶公司、A&P 公司、标准品牌公司以及通用食品公司榨取常规的咖啡推广基金。但是，没有一家咖啡生产公司愿意把自己的钱花在推广宣传其他品牌上，因此，协会出版的期刊发表评论说："每个人都只为自己打算。"

旧金山的家族企业希尔斯兄弟、福尔杰以及 MJB 公司都成功占领了密西西比河以西的咖啡市场，其中希尔斯兄弟占有的市场份额最高。1930 年，希尔斯兄弟声称手上有 500 万美元现金。为了迅速占领中西部地区 90 多个城镇的新市场，1930 年 9 月，希尔斯兄弟公司的销售团队立马像展开军事行动一般开始在芝加哥行动起来。短短几个月时间，芝加哥的杂货店就撒满了预告希尔斯咖啡推广活动的超大尺寸明信片。接着，1931 年 2 月开始，希尔斯兄弟请当纳利印刷公司邮寄半磅一包、真空包装的红罐咖啡样品给芝加哥的每个注册电话用户家里。同时，他们还给超过 1 万家独立杂货店寄去通知，向他们宣布了咖啡样品品尝计划。接下来的几个月，超过 50 万个家庭将会以邮件的方式收到希尔斯兄弟送出的咖啡礼品。不到一年时间，希尔斯兄弟就超过了麦斯威尔、蔡斯和桑伯恩咖啡，成为芝加哥最畅销的咖啡品牌。希尔斯兄弟在芝加哥的畅销冠军地位足足保持了 20 年之久。

希尔斯兄弟尽管在芝加哥大获成功，但是其全国整体销售额在大萧条的早期却不断滑落。初期，希尔斯兄弟的广告费用就超过了 100 万美元，但是整体销售额却从 3900 万磅跌到 3700 万磅。E. E. 希尔斯坚持家族的承诺，拒绝把公司卖给大公司。

但是，销量不断降低，1932 年，年销售量跌到了 2500 万磅。公司又开始采用以前的推广模式，着重宣传"一次只烘焙一点咖啡"的"可控烘焙原则"、真空包装以及高品质咖啡豆。即便如此，希尔斯兄弟咖啡的顾客还在不断减少，都被更便宜的促销咖啡吸引去了。1933年开始，希尔斯兄弟在广告上刊登的广告已经很少被人注意了，人们开始随意地拨动收音机旋钮，被其他咖啡品牌赞助的广播节目所吸引，当然，《麦斯威尔剧场船》的热度可能已经慢慢消退了。

轰下舞台和"吃禁果"

1935年，标准品牌推出蔡斯和桑伯恩咖啡冠名播出的《鲍斯少校的业余时光》广播秀。每周，主持人鲍斯都会在节目中和参赛者聊天，听他们表演。听到失败的表演时，鲍斯就会说"停，停，停"，然后鸣锣把参赛者赶下台，加几句嘲讽之词。不久，负责蔡斯和桑伯恩咖啡宣传的智威汤逊广告人就更正了节目中对参赛者的讽刺，着重强调表演秀中积极的一面，被鸣锣赶下台的有潜力的表演者越来越少。

《鲍斯少校的业余时光》在各个城市巡演，突出不同城市积极向上的地方表演特色，所到之处都吸引了人们对蔡斯和桑伯恩咖啡的特别关注。各地的表演丰富多彩，参赛者可以通过锯子、水壶、钟和牙刷等各种日常用品演奏音乐；踢踏舞演员在舞台上跳出动听的嗒嗒声；模仿达人生动地模仿罗斯福总统或者著名的电影演员。当时被人称为"瘦皮猴"的法兰克·辛纳屈（Frank Sinatra）还是个年轻人，他和其他3个人一起组成霍博肯四重唱参加比赛，赢得了大奖。这个选秀节目可以让听众来投票决定获胜的参赛者，广告则适时地打出来，鼓励人们多多购买蔡斯和桑伯恩咖啡，这样才能有更多的参赛者登上《鲍斯少校的业余时光》，成为明日之星。广告中用大标题写道："选手的命运在您手中！"紧接着广告中写道："购买蔡斯和桑伯恩印有生产日期的咖啡，就是帮助美国的年轻人出名致富。"于是，各类社会组织、零售商协会和其他组织团体都鼓励组织成员购买蔡斯和桑伯恩咖啡。当年年底，《鲍斯少校的业余时光》已经成为全美收听率最高的广播节目。

1937年5月，鲍斯为了克莱斯勒汽车公司开出的高薪，离开了《鲍斯少校的业余时光》节目，埃德加·伯根和他的口技模仿搭档查理·麦卡锡接下了蔡斯和桑伯恩咖啡赞助的节目，节目更名为《蔡斯和桑伯恩时间》，依然保持着全美收听率冠军的宝座。伯根出色的演技和智慧，让麦卡锡扮演的14岁木偶跟嘉宾唇枪舌剑时，听上去比主人伯根还栩栩如生。一个恼怒的评论家说他是"一个俗不可耐、厚颜无耻、咋咋呼呼、嬉皮笑脸的笨蛋"。但是麦卡锡并没有给蔡斯和桑伯恩这家赞助商惹麻烦，最后惹麻烦的是艳星梅·韦斯特。1937年12月12日，周日的节目邀请了性感天后梅·韦斯特，这位性感天后跟帅木偶调情，挑逗麦卡锡扮演的木偶。

播音室的观众一片哗然，很多听众都愤怒了。第二天，天主教的《箴言报》在社论控诉："梅·韦斯特玷污了传统的家庭。"天主教大学的莫里斯·希伊教授怒气冲冲地指责梅·韦斯特："这简直就是用性器官的化身来做低俗的隐喻，还用自己的性理论曲解《圣经》，太过分了。"还有一位政治家在国会议案中引入希伊的言论。另有一位参议员要求成立委员会，对"类似广播节目进行监管，以防类似事件再次发生"。美国联邦通信委员会主席弗兰克·麦克宁奇也抨击该节目"冒犯了大多数思想简单纯洁的美国人"。

标准品牌的管理人员赶紧出面为蔡斯和桑伯恩咖啡致歉。埃德加·伯根和愤怒的查理·麦卡锡经历了这场风波之后，还算逃过一劫，至少那次淫秽的节目之后，收听率一路飙升。蔡斯和桑伯恩咖啡继续大卖多年，调查显示，该节目的听众购买蔡斯和桑伯恩咖啡的人数是未收听该节目者的4倍。

其他大的咖啡公司也赞助了一些地方性的电台节目。福尔杰赞助的第一个节目是侦探系列，然后又赞助了一个白天的肥皂剧。速溶咖啡G.华盛顿赞助了《智慧教授及其头脑风暴》节目，专注于讨论解决一些日常生活中碰到的疑难问题。经济大萧条时期，咖啡公司赞助了各种各样的电台节目，再加上印刷广告的大力宣传，终于渡过了难关。1933 年，1500 位家庭主妇接受了一份市场调查，要求她们说出标有生产日期的产品名称，其中 69% 都会认出蔡斯和桑伯恩咖啡。

1937 年年底，埃德加·伯根和查理·麦卡锡主持的《蔡斯和桑伯恩时间》把《麦斯威尔剧场船》节目赶下了冠军宝座。1938 年，麦斯威尔咖啡赞助范妮·布莱斯主演《斯努克斯婴儿秀》，布莱斯在这场广播剧中扮演一个比自己年轻 40 多岁，而且很歇斯底里的淘气小姑娘，第一场演出中，同台出演的还有 22 位米高梅电影公司的当红明星，包括乔治·墨菲、巴迪·埃布森、苏菲·塔克、朱迪·加兰、珍妮特·麦克唐纳、阿伦·琼斯等。除了"滴滴香浓"的广告外，麦斯威尔还打出"口感舒适刺激"和"全方位烘焙"等吸引人的广告。

咖啡之争，头破血流

20 世纪 30 年代，各咖啡品牌之间通过攻击性的广告争夺市场占有率，形势越来越严峻。蔡斯和桑伯恩咖啡的广告攻击逐步升温，1934 年年底的一份广告中写道："过期咖啡的香味已经损失，而且容易让人焦躁易怒。"还有一份连环漫画画得非常生动，而且引人注目：早餐时，丈夫愁眉不展地坐在桌旁，一会儿就要出门上班，妻子走过来，递过一杯咖啡，说："亲爱的，你的咖啡！"丈夫闻了一下，咆哮起来："这是什么破咖啡，像一堆泥块儿一样。"然后就把热咖啡扔向妻子，大喊："你这次又给咖啡里加什么了？砖块还是火药啊？看看这都是什么破玩意儿！"妻子哭着说："啊，你真野蛮，对我这么凶，我已经被你打得青一块紫一块了。"连环漫画的最后两幅内容是，妻子穿着棒球接球手的面具，端着保护盾，给丈夫送上一杯蔡斯和桑伯恩咖啡，紧张地说："商店里的人说，丈夫一定不会乱扔保质期以内的咖啡，很快我就知道是否果真如此了。"丈夫喝了一口，喜欢至极，温柔地对妻子说："亲爱的，快把面具拿下来，这家商店的人懂咖啡，这咖啡很新鲜，而且滴滴香浓。"

这是1934年的一幅卡通广告（这里是一组中的一幅），从蔡斯和桑伯恩的这幅广告中我们可以清楚地看到，经济大萧条时期，公众似乎可以接受和理解虐待妻子的行为，特别是当丈夫对咖啡不满意的时候。蔡斯和桑伯恩公司希望，担惊受怕的妻子为了避免这种情况发生，就会因此广告而购买蔡斯和桑伯恩咖啡。

智威汤逊广告公司的人希望家庭主妇看了连环画以后，为了避免发生类似的情况，会主动购买蔡斯和桑伯恩咖啡；或者，这则广告吸引的是那些在大萧条时期失去男子气概和权力的人，他们至少在家里可以通过选择合适的咖啡，感到一丝舒适，并维护自己的尊严。㊀

希尔斯兄弟的咖啡广告就没有这么消极和暴力了，但也同样主张男性

㊀ 显然，经济大萧条时期，主妇的日子一点也不好过。1932年一个非常流行的广播节目评论员建议主妇"储备大量咖啡，这样就算能有所依靠，否则，总有一天你会彻底崩溃，坐在厨房中间歇斯底里地鬼哭狼嚎，觉得一切都毫无意义"。

至上。○1933 年的一份广告标题就是："让丈夫不再发牢骚！"广告中写道："如果您家的殿下，也就是您尊贵的丈夫，开始对咖啡喋喋不休地抱怨，那就赶紧购买希尔斯咖啡吧。"广告还向家庭主妇保证"只有送上一杯精美的、热气腾腾的希尔斯咖啡，才能抚慰男人那颗粗鲁暴躁的心。"○
为了吸引那些购买特价咖啡的消费者，希尔斯兄弟针对那些在不同品牌之间来回变化、购买特价咖啡的消费者，推出了一场广告宣传活动，广告中是一个丈夫对妻子大声嚷嚷："玛丽，你怎么老是胡乱换不同的咖啡，我实在受不了你了。"广告中写道："实际上，希尔斯兄弟咖啡比那些便宜品牌的咖啡更可口。"这样一来，主妇们就只能依赖希尔斯兄弟咖啡了。

为了防止销售额进一步下滑，尤其是在麦斯威尔咖啡降价 5 美分以后，1934 年，格雷·希尔斯才勉强同意在电台直播广告。希尔斯公司主要赞助两个节目，一个是《管弦乐队今日热点》，另一个节目讲述一个主妇总是不停地改变购买的咖啡品牌，是描写人性的滑稽短剧。同年，希尔斯公司进驻纽约，拿到一份商店里客户的名单，然后逐一赠送半磅希尔斯咖啡样品。但是，希尔斯公司这次在纽约的报纸以及其他媒体上的宣传力度并不像前一次在芝加哥那么大，红罐咖啡并没有拿下东海岸的市场。然而，当年的总体销量却攀升到超过 3000 万磅，而且在后面几年也不断增长。1939 年，希尔斯一年的咖啡销量超过了 6000 万磅。

通用食品收购的波斯敦饮料也重整旗鼓，推出广告。扬·罗比凯广告

○ 希尔斯兄弟咖啡的创始人奥斯汀·赫伯特·希尔斯和鲁宾·威尔马斯·希尔斯兄弟俩分别于 1933 年和 1934 年先后去世，他们的孩子雄心勃勃地继续拼搏。当时，福尔杰咖啡的第二代传人也相继去世。1935 年，弗兰克·阿萨去世，随后的 1936 年，欧内斯特·福尔杰去世，把生意交给了第三代的拉塞尔·阿萨及其兄弟彼得和詹姆斯·福尔杰三世。
○ 同样是在 1933 年，希尔斯兄弟抓住当时的拼图猜谜热潮，发放了 2 万份以卡通人物拿着大杯咖啡的拼图。同年，希尔斯兄弟还把自己的广告植入当年非常叫座的电影《爱斯基摩人》(*Eskimo*)，片中出现了在北极冰川上喝咖啡的场景。

公司的罗伊·惠蒂尔（Roy Whittier）创作了一组漫画，塑造了一位"咖啡焦虑症先生"。漫画中的"咖啡焦虑症先生"总是会惹出各种各样的麻烦，是个讨厌的家伙，这组漫画丑化了咖啡的形象，给波斯敦饮料带来了不少麻烦，所以后来波斯敦废掉了这组漫画。另一种健康饮料阿华田（Ovaltine）是用鸡蛋、大麦和麦芽糖提取物做成的，也在吸引咖啡饮用者，希望打入代咖啡市场。

这是经济大萧条时期的一幅卡通画广告，"咖啡焦虑症先生"总是制造各种麻烦，只有波斯敦代咖啡饮料才能让他恢复正常。

20世纪初德国人发明了两个主要的低因咖啡品牌——哈格咖啡和桑卡，逐渐在美国进行推广销售。哈格咖啡在美国的销售权归家乐氏公司所有，家乐氏为哈格咖啡创作了一幅漫画广告，漫画的主人公是女仆人阿特夫·安妮，她眼看着自己的女主人开车时手发抖，车开得横冲直撞，非常危险，于是，她对主人说："玛丽小姐，是咖啡让你变得这样神经质的！"在没有得到女主人同意的情况下，安妮用哈格咖啡替换了主人以前喝的咖啡。没想到，从此以后，玛丽小姐开车一路顺畅。同时，哈格咖啡的广告还警告人们说咖啡会造成心脏病、尿酸过多导致的痛风、神经炎以及失眠症等。广告还提醒人们："您是否心跳过速呢？如果是的话，赶紧去看医生吧，但是如果医生让你别再喝咖啡了，可一定要听话啊。"

通用食品公司旗下的桑卡咖啡并没有使用这些公开的恐吓广告手段，但是其广告也对普通咖啡很不利。其中一幅广告插图是一个苹果，旁边的广告语写道："每个苹果里面都有籽，但是没人会吃苹果籽，因为味道不好……这个是咖啡豆，里面也有咖啡因，同样，咖啡因之于咖啡，就像苹果籽之于苹果一样索然无味，所以，从桑卡咖啡里提取了咖啡因以后，咖啡的香醇口味丝毫不变。"1939 年，通用食品买下哈格咖啡，独占了美国低因咖啡市场。

《茶和咖啡贸易》向业内发出了一份问卷，询问业内人士面对不断增长的咖啡消费有何建议，超过一半的受访者认为，需要禁止错误和误导性的咖啡广告。其中一位受访者写道："这么大一家公司，竟然说了这么多咖啡的消极影响，以至于很多消费者都放弃咖啡，开始饮用其他饮料，实在是大错特错。"当然，这位受访者所说的大公司就是蔡斯和桑伯恩咖啡。

受访者所说的其他饮料其实就是软饮料。1936 年，《商业周刊》的一位记者说："实际上咖啡业人士最担心的竞争对手就是可口可乐。可口可乐已经成为美国南方早餐必备的饮料，而这股以可乐加小煎饼当早餐的旋风也正刮向纽约。"除此之外，1932 年的一份调查显示，咖啡销售也是季节性的，春夏季的咖啡销量下降非常厉害。在 1938 年的咖啡年度大会上，有人说："咖啡以前作为早茶和下午茶时间的必备饮料，已经完全被其他迅速增长起来的饮料代替了。"这虽然有些言过其实，但是其他饮料的影响确实不容忽视。

有得有失

真空罐咖啡越来越受欢迎，加上过期咖啡的诸多坏处广为散布，越来越多的消费者开始意识到，新鲜烘焙和新鲜研磨的咖啡才是真正的理想之选，所以买回来的咖啡要尽快喝掉，而且咖啡务必要放在阴凉通风的地方保存。更重要的是，美国人冲泡咖啡的方式也有所改变，以前需要经过多次冲泡的美式咖啡壶，已经逐渐被滴滤式和新流行起来的虹吸式咖啡壶所取代。石英玻璃制成的虹吸式咖啡壶开始出现在高档餐厅和高级厨房。这种虹吸式咖啡冲泡法要保证虹吸式咖啡壶半真空，加热下壶中的水，产生水蒸气，赶走上壶中的空气，然后下壶中的水就会被推至上壶，咖啡在上壶中得到萃取后，停止下壶加热，冷却后，萃取咖啡后的水就会被吸回下壶，这种咖啡冲泡法确实能够吸引美国桥牌俱乐部等上流社会的人。㊀

经济大萧条时期的社会调查还显示，越来越多的家庭从以往的沸煮咖啡冲泡法，转向滴滤法和虹吸法。仍然还有40%的受访家庭放的咖啡粉不足，也不在意所采用的咖啡冲泡方法。包括麦斯威尔咖啡在内的很多咖啡烘焙商都趁机打广告，宣传不同研磨程度的咖啡要采用不同的咖啡冲煮方法，例如粗研磨采用冲煮法，中度研磨采用滴滤法，细研磨采取虹吸法，而希尔斯兄弟等咖啡烘焙商则宣称自己的咖啡研磨度适中，任何冲泡方法皆可。

广告撰写人海伦·伍德沃德（Helen Woodward）认为，商家频繁推出新的咖啡冲泡方法仅仅是为了迷惑消费者。伍德沃德1937年写道："家庭主妇不仅尝试过咖啡渗滤壶，也尝试过滴滤壶和虹吸壶，但是大部分时候，煮出来的咖啡还是不尽如人意，各种广告宣传的新包装、新品牌彻底打败了主妇，让她们困惑不已。"

㊀ 1909年，美国马萨诸塞州塞勒姆有两姐妹，根据19世纪40年代瓦瑟女士发明的法式真空壶发明了石英玻璃虹吸壶。玻璃虹吸壶采用防火耐热的派热克斯玻璃，非常耐用，不久就增加了电加热元件向市场供应。

总体而言，经济大萧条对美国的咖啡品质反而具有较好的影响。由于咖啡豆价格降低，咖啡广告宣传做得好，消费者开始慢慢学会品尝像哥伦比亚和肯尼亚等地方的优质咖啡。而且，他们也更加注意防止咖啡变质，懂得选用合适的研磨方法，并随之选择滴滤或者虹吸壶冲泡咖啡。然而，与此同时，由于激烈的竞争，一些咖啡烘焙商为了降低成本，偷工减料。他们掺杂劣质咖啡豆，甚至在烘焙之后，把烘焙过程中产生的咖啡皮混入咖啡中一起研磨，以增加重量。

打击连锁店

大萧条期间，宝石茶公司和 A&P 等其他连锁店也不断成长壮大。由于宝石茶公司做的是直接送货上门的生意，通过赠品和优惠券留住了顾客，所以宝石茶公司除了在自己定期发行的简报《宝石茶新闻》(Jewet News) 中做广告以外，基本上不做其他广告。所以，大萧条时期，当各品牌打出的消极广告之战达到巅峰时，宝石茶在接受芝加哥媒体采访时，不禁夸耀起来："我们宝石茶公司从来就没有加入过这场咖啡口水战，坦白地说，我们从来没听说过有什么咖啡差劲到会让人抛妻弃子、让丈夫打老婆或者开枪打秘书，这简直太离谱了。当然，宝石茶咖啡肯定给您全新的感受，让您知道怎样才是一杯好咖啡。"

20 世纪 30 年代早期，宝石茶公司确实碰到了麻烦，零售商和咖啡烘焙商不断游说各个地区的议员制定法规，禁止四轮马车推销员直接拿着咖啡进社区推销，抢走他们的生意。怀俄明州的格林河率先规定禁止四轮马车出城招揽生意，后来该法案还写进了《格林河条例》(Green River Ordinances) 中。所谓"上有政策，下有对策"，公司设法让客户主动要求宝石茶公司的推销员到家里拜访，生意照做不误。同时，宝石茶公司也开始担心四轮马车的销售方式以后可能确实要被废除，所以，1932 年，其总裁莫里斯·卡克开始走多元化发展路线，他在芝加哥地区买下了77家罗布劳零售商店（Loblaw，加拿大连锁商店）以及4家其他公司的连锁商店。之后逐年增加更多的直营店和新命名的宝石茶连锁店。

最后，宝石茶公司在法庭上占尽上风，最终禁止四轮马车出城推销的《格林河条例》未获通过。于是，公司又在圣安东尼、休斯敦和萨克拉门托开设分店，扩大四轮马车行销队伍。1936年，宝石茶公司送货上门的车已多达1500辆，能为美国6000个社区的100万位客户提供定期的送咖啡豆服务。宝石茶公司的推销员每隔两周为客户送一次咖啡，总是在当周固定的某一天的固定时间送去，非常准时。

宝石茶公司的一个主管人员对四轮马车推销员说："我们根本没必要担心广告品牌的竞争会对我们造成影响，因为羊毛出在羊身上，那些巨额的广告费用还是客户自己支付的，而这些广告纸最后还是丢入垃圾桶中；那些真空包装一类的花样，最终也是被丢尽小巷的废旧品回收站；至于咖啡的香味，他们在大肆宣传的时候，那些咖啡早就已经在货架上变质变味了，而我们宝石茶公司则以同样的售价派专人为客户送上最新鲜的咖啡，还附送赠品，显然很有竞争力。"

尽管宝石茶公司业绩不错，但是对于麦斯威尔及蔡斯和桑伯恩这样的全国性咖啡品牌，最大的竞争对手还是A&P连锁店，A&P旗下的3个咖啡品牌——八点钟咖啡、红圈咖啡和波卡，品质按顺序提升，合起来占了美国咖啡总消费量的15%之多。波卡确实是咖啡中的上成品，全部来自高山种植的咖啡豆，味道浓厚香醇。A&P店内打出标语："新鲜出炉的咖啡豆，就在您面前研磨。"而且，所有A&P旗下的品牌咖啡，每磅价格都比那些打广告的咖啡便宜12～20美分不等。A&P公司还赞助了一档15分钟的《咖啡时间》节目，每周播出3次，由著名歌手凯特·史密斯为听众介绍自己煮咖啡的小窍门，并且在当地报纸上打出广告宣传该节目。其实，A&P公司每年600万美元的广告支出费用光靠店内货架上代售其他品牌咖啡的补贴就够了。而实际上，A&P 公司有自己的销售店铺且产品价格低廉，根本就没必要做广告宣传。

1929 年，A&P 公司销售额首次超过 10 亿美元，公司所拥有现金和政府债券就有 4100 万美元。即使在 1929～1932 年，也就是经济大萧条最困难的时期，A&P 公司净赚的税后利润也超过 1 亿美元。

然而，自 20 世纪 30 年代中期开始，哈特福德兄弟开始注意其产品销量下滑，主要是因为大型超市的兴起。1930 年，从 A&P 公司出来的管理人员迈克尔·卡伦（Michael Cullen）在纽约长岛皇后区的牙买加小镇开了一家大型食品商店——金卡伦，人称"价格杀手"。1933 年，大熊连锁超市在一个五层楼高的废弃工厂上开张，以成本价出售各种杂货，吸引消费者到超市的其他部门消费，比如面包专柜、熟食专柜、汽车零配件部、修鞋专柜，甚至理发专柜。其他零售机构立刻纷纷效仿，就连匹兹堡的流线型简化市场也不例外。

新型的超级市场给 A&P、克罗格（Kroger）和西夫韦（Safeway）等连锁店带来了很大的挑战。老式连锁店为了留住顾客，大打折扣，却无法提供送货上门服务，但是超市在减价的同时，还为前来购物的顾客提供手推车和购物篮，以便顾客自己选购所需要的物品。超级市场还为开车前来的顾客提供免费的停车服务。1936 年，A&P 公司的销售额降到 8 亿美元，于是总裁约翰·哈特福德说服了保守的弟弟乔治，开始关闭规模小、不盈利的连锁店，同时开了 100 家新的大型自助或超级市场。1938 年，A&P 公司已经开了超过 1100 家超市，而且每家超市的定位目标都是要占领该地区零售市场 25% 的份额，与此同时，其连锁店也从 16 000 家左右骤减到了 10 800 家。

然而，A&P 和其他连锁店又遭到从另一个方向袭来的危机。早在 20 世纪二三十年代，大规模出现的连锁店就遭到了杂货店和药店老板的抗议。一个印第安纳州的立法人员谴责连锁店："吸干了一个个繁荣社区原本充足的元气，然后就像吉卜赛游艺团一样赚满了钱包扬长而去。"另一个蒙大拿州议员则预言："美国迟早要沦为财阀统治，权利由少数的富人所拥有。"1931年之后，反连锁店的立法运动风靡美国各州，美国最高法院裁定对连锁店征收额外的赋税合法，仅1933年，就有13个州决定对连锁店加税。

A&P公司在兴盛的20世纪20年代迅猛发展，成为行业老大，然而在经济大萧条洗礼后的30年代，却遭受重挫。一场声势浩大的消费者运动又开始了。1933年，《1亿只实验鼠》（*100 000 000 Guinea Pigs*）成为畅销书，书中写道："尽管小本经营的生意人已经发出了抗议的呐喊声，但是政府仍然没有采取任何切实行动，来阻止A&P、伍尔沃斯（Woolworth）等其他连锁店取代小零售店。"20世纪30年代中期，就连一向替商人说话的《商业周刊》也撰文写道："经济危机爆发以来，这6年经济的畸形发展，已经动摇了人们对大财团企业和个人的钦佩。"

为了对抗这场"反大企业运动"，1935年，在一位克罗格前管理人员的带领下，连锁店和百货商场组成"美国零售业联盟"。这一新联盟刚开始反击，就被称作支持连锁店的"超级游说团"；接着，国会组成委员会，专门调查连锁店的运作情况。得克萨斯州的调查委员会主席赖特·帕特曼策划了一场反连锁店游行，持续了30年。在美国咖啡协会的演讲中，帕特曼说连锁店是"财富和权势相互勾结的邪恶联盟"。

帕特曼所进行的国会调查揭露了A&P公司的内幕，A&P公司承认每年要向厂商收取高达800万美元的上架费和广告补贴费。通用食品公司为了保障其产品在A&P连锁店取得较好的摆设位置，每年要支付36万美元，至于麦斯威尔要花多少钱才能得到一个好位置，调查报告并没有透露。标准品牌每年也要为蔡斯和桑伯恩咖啡支付10万美元的广告补贴费。调查得到的证据显示，A&P在它已经得到的批发折扣基础上，还要向厂商

榨取 5% 的折扣。○

1936 年,《罗宾逊-帕特曼法案》(Robinson-Patman Act) 出台,禁止连锁店收取上架费、广告补贴费等形式的不公平收费,但是事实证明,这一法案执行起来困难重重。约翰·哈特福德的律师仔细研究了这部法律后指出,该法案用词含糊不清,并告诉哈特福德可以放心继续收取上架费和广告补贴费。另外,哈特福德开始重点销售自己公司旗下的咖啡品牌,并且开始酝酿新的计划,打算在广告费上大赚一笔。1937 年,A&P 公司发行了《健康之友》(Woman's Day) 月刊,麦斯威尔咖啡的广告费一页就超过 1000 美元。

不过,小企业和反垄断联盟继续游说议员,1935 年,加利福尼亚州立法通过了一部反连锁法案。要阻止这项法案的执行,只有全州民众重新投票,而重新投票则需要拥有超过 115 000 人签名的请愿书或者 5% 有投票权的公民的联名上书才行。于是,连锁店团结起来,聘请了洛德和托马斯广告公司来做广告进行动员,利用广播节目、报纸、小宣传册、海报、演讲以及写作比赛,向市民传播该法案的第 22 条提案——向连锁店征收重税,告诉市民这样征收重税只会提高食品的零售价格。"第 22 项条款要向你课税"的标语已经成为这场反抗运动的口号。最终,1936 年,这项法案以微弱的优势被否决。

赖特·帕特曼仍然坚持不懈,1938 年,他提出一项更严厉的联邦反连锁店立法提案。他提议向 A&P 公司征收总计 47 100 万美元的重税,这一金额已经超过了该公司当年 900 万美元的盈利,因此被媒体喻为"死刑条款"。帕特曼为此课税提案努力地奔走宣传,试图抢走约翰·哈特福德和乔治·哈特福德两兄弟聚积起来的财富。

哈特福德兄弟聘请了卡尔·拜奥尔(Carl Byoir)公关公司反击。1939

○ 这种惯例现在依然很普遍,咖啡公司需要向超市支付上架补贴。

年，A&P 公司在全国 1300 家报纸上刊登了一篇占两幅页面的"公共政策声明"广告，文中，哈特福德兄弟俩声情并茂地说："如果连锁店关门，我们个人完全可以退休，我们又没有经济困难，可以不愁吃不愁穿地安享晚年，但是 85 000 多 A&P 员工就会失业，消费者也无法以低于一般小型商店 25% 的价格买东西了。这就意味着数百万家庭每周要少吃一天的肉，更别说喝上昂贵的咖啡了。除此之外，还有 800 万农村家庭会深受其害，他们耕种的作物 30% 是通过连锁店进行销售的。"

最后，这场反击运动大获全胜。在 A&P 的赞助下，卡尔·拜奥尔公司虚构了两个组织——国家消费者赋税委员会和商业产权委员会。公关公司还安排了一场有农民、制造业者、工人、市场营销代表和消费者代表等 150 人组成的声势浩大的游行队伍，出席国会的听证会，提出有利于连锁店的证词。1940 年，帕特曼提出的议案最终遭到否决。

欧洲咖啡市场情况

20 世纪二三十年代，欧洲咖啡业和美国齐头并进，但欧洲咖啡业发展的集中化程度和行销花样远不如美国，也没有像美国那么激烈的价格战。德国、瑞典、挪威、丹麦和芬兰等北欧国家，人均咖啡消耗量和对咖啡品质的要求比美国人要高很多，而法国、意大利、葡萄牙和西班牙等国家的人则偏好深度烘焙的咖啡豆，因为他们在阿拉比卡豆中加入了口味较苦的罗布斯塔豆，深度烘焙可以去除罗布斯塔豆的苦涩味儿。在欧洲，越是往南，人们越喜欢深度烘焙的咖啡豆，因此，在意大利南部，人们往往把咖啡烘焙得像烧炭似的，而意大利北部的人则比较喜欢中度烘焙的淡味咖啡豆。整体来看，欧洲大部分人还是喜欢滴滤式冲泡方法。欧洲还有很多主妇依然在家自己烤咖啡生豆。

20 世纪 30 年代，用气加压煮出来的浓缩咖啡在意大利和法国部分地区迅速风靡起来。浓缩咖啡是用很高的压力使热水透过细研磨的咖啡粉，在 30 秒内萃取而成的，其色深、有光泽、味浓、口感丰富醇厚，液面上浮着一层浅褐色的细泡沫，香味十足。

1901 年，路易吉·贝泽拉（Luigi Bezzera）发明了第一台商用浓缩咖啡机，这是一台相当好看、令人印象深刻的复杂装置，上面有各种各样的龙头、手柄和计量器，顶部装饰着一只璀璨的金鹰。㊀迪塞德里奥·帕沃尼（Desiderio Pavoni）买下贝泽拉的咖啡机专利，和特雷西奥·阿尔杜伊诺（Teresio Arduino）等其他发明家一起，发明了蒸汽压力的浓缩咖啡机，一小时能做出 1000 杯咖啡。1930 年之前，这种浓缩咖啡机已经遍布欧洲咖啡馆，美国的意大利餐厅也有这种浓缩咖啡机。这种快速萃取的浓缩咖啡机有一个好处，就是可以掩盖劣质咖啡豆的味道。实际上，便宜的罗布斯塔豆确实可以产生更加浓厚的泡沫。

不管是路边咖啡馆、精致餐厅，还是烟雾缭绕的地下咖啡馆，抑或是餐厅和厨房里，欧洲大陆的人都喜欢在这些地方喝上一杯咖啡。不管是什么都不加的黑咖啡，还是加入不同分量牛奶、打出来的奶泡、香料、糖或者酒的咖啡，他们都很喜爱。从维也纳到阿姆斯特丹，人们经常光顾自己喜爱的咖啡馆，在咖啡馆里看报、下棋，或者简单地坐在那里，透过咖啡杯的边缘观察人生百态。

欧洲上千个区域性的咖啡烘焙商都是代代相传的家族事业，为整个欧洲大陆供应咖啡豆，几乎没有哪家咖啡烘焙商像美国那样走集团化路线。但是，也有几家占据较大的市场份额。挪威的咖啡烘焙商 B.Friele & Sons 1800 年就成立了，1938 年，它在挪威西南部的卑尔根市开了一个 7 层高的工厂，生产电烘焙机和其他现代化提炼设备。1753 年起，荷兰的杜威·埃格伯茨（Douwe Egberts）咖啡公司就一直由同一个家族经营和传承。1853 年，维克托·西奥多·恩格沃（Victor Theodor Engwall）还是

㊀ 早期的压滤壶是 19 世纪在欧洲发明的。

个年轻人,便开始在瑞典的耶夫勒市挨家挨户地上门推销咖啡生豆,由此起家,最后创立耶瓦利亚(Gevalia)咖啡烘焙公司,专为皇室家族供应咖啡。20世纪初,古斯塔夫·保利希(Gustav Paulig)开设了芬兰第一家咖啡烘焙厂。

1895年,约翰·雅各布斯(Johann Jacobs)在德国开了一家小咖啡馆,接着开始自己烘焙咖啡。1930年,雅各布斯的侄子瓦尔特·雅各布斯刚从美国留学归来,他在美国已经领会到了广告的价值所在。瓦尔特加入雅各布斯的公司后,采用积极进取的推销方式,产品使用耀眼的包装,再配上这样的广告标语——"雅各布斯咖啡,包您颗颗满意!"雅各布斯公司在希特勒统治时期的纳粹德国规模进一步扩大。意大利也有很多历史悠久的咖啡公司,比如,1882年成立的佛纳诺咖啡(Caffé Vergnano),1895年在都灵成立的乐维萨(Lavazza)咖啡,乐维萨咖啡的创始人路易吉·拉瓦萨(Luigi Lavazza)先生1936年退休,但是他的儿子继承了父亲的事业,目前该品牌仍然是全球知名的意大利咖啡品牌。

除此之外,还有一些欧洲的咖啡公司也在20世纪30年代以后陆续创立。1933年,弗朗西斯科·意利(Francesco Illy)在的里雅斯特创立意利咖啡(illycaffé)。两年后,他改进了浓缩咖啡机,不让蒸汽推动下的水穿透磨好的咖啡粉,有效防止了咖啡粉萃取过度。他还发明了一种圆罐,通过加压的方式向圆罐内注入惰性气体,以便保鲜存放仅由阿拉比卡豆搭配的咖啡豆。⊖

1924年,就在雅各布斯咖啡的故乡——德国的不来梅,爱德华·舍普夫(Eduard Schopf)创立了爱杜秀咖啡(Eduscho,爱德华·舍普夫姓和名的组合),主要通过邮件来接咖啡订单,这在当时也是唯一可以行销全国的销售方法。20世纪30年代末,爱杜秀咖啡已经成为德国最大的咖啡

⊖ 意利咖啡创始人的儿子欧内斯特·意利是搞科学研究的,第二次世界大战后,他接管了公司生意。现在,意利咖啡公司仍由第三代传人经营。

烘焙公司。

随着战争的一步步临近，欧洲的咖啡生意越来越让人担心。1938年，为了备战，作为限制物品进口计划的一部分，希特勒下令停止一切咖啡广告宣传活动。1939年1月，德国咖啡进口量下降了40%，战争打响之前，纳粹党将国内所有囤积咖啡没收，作为军饷使用。

20世纪30年代末，一家已经成立很久的欧洲公司转向咖啡市场，后来成为全球知名公司，这就是雀巢。1867年，德国化学家亨利·内斯特莱（Henri Nestlé）当时住在瑞士韦威，他为那些无法哺乳的妇女发明了一种婴儿食品。1900年之前，他已经在包括美国在内的好几个国家建厂，生产这种婴儿食品，同时还生产浓缩牛奶。在接下来的30年里，雀巢成为全球性饮料公司，开始生产巧克力和糖果等，同时也在全球建立生产工厂和采购分部。

1938年，经过8年的实验，雀巢推出改良版粉末状速溶雀巢咖啡，打算改变人们喝咖啡的习惯。过去的速溶咖啡是以蒸煮的方式将咖啡液凝固成晶体，而雀巢则是把咖啡液体泼洒到高温塔上，一小滴一小滴的咖啡瞬间变成粉末。然后再添加适量的碳水化合物（主要成分是葡聚糖、葡萄糖和麦芽糖），以保持咖啡的芳香。第二年，雀巢咖啡便打入美国市场，进行各种营销活动。

世界的未来

随着20世纪30年代和经济危机的结束，美国人对未来充满信心，比拉丁美洲和欧洲人都要乐观。1939年，世界博览会在纽约开幕，这一届世博会的主题是"建设美好明天"。1941年，富兰克林·罗斯福第三次连任总统，他代表了美国的稳定发展和对未来的信心。

在纽约世界博览会上，标准品牌公司做了一个全球最长的咖啡吧，专门为参观博览会的人供应蔡斯和桑伯恩咖啡，咖啡吧旁边还建有一个咖啡烘焙厂的模型展示区，咖啡豆就直接在这里现烘现磨。参观者还可以走进一个露天剧院，欣赏埃德加·伯根和查理·麦卡锡的现场秀，尽情欢笑，同时也会留意到蔡斯和桑伯恩咖啡的广告。其中一个广告里画了一个女孩被自己的舞伴抛到高空，下面文字标注着："博览会上新流行的舞曲确实优美动听，但是，跳舞时千万别转得太快哦。蔡斯和桑伯恩咖啡确实很流行，令人激动的是，送货也很快哦。"纽约世界博览会还把当年8月31日定为这场博览会的咖啡日。

从经济大萧条走出来以后，蔡斯和桑伯恩咖啡在1939年纽约世界博览会上将自己的品牌和吉特巴舞放在一起。

在旧金山的金门国际博览会上，希尔斯兄弟专门开设了一个咖啡博览剧院，放映希尔斯咖啡的宣传片——《咖啡背后的故事》，同时，这里还有描绘希尔斯咖啡历史发展的精美壁画,参观者可以一边欣赏这些丰富多彩的壁画,一边品尝咖啡。希尔斯兄弟咖啡的广告和博览会紧密联系,广告标题是:"女人,每天都是博览会。"广告插画是一个女人在照镜子。广告中写道:"哪个女人路过一面镜子,会径直走下去,而不在镜中打量一下自己,以确保妆容完美呢?那么,您的咖啡呢?是否总是令人满意呢?"⊖

1939年,6个拉丁美洲国家组成的泛美咖啡组织⊜出资35 000美元,赞助了一场全国性的咖啡宣传活动,向美国推广冰咖啡,促进夏日的咖啡消费,甚至还举办了一场选美活动,选出丰满的泳装佳丽,让其担任冰咖啡小姐。他们还举行了一场秋冬营销活动,通过在报刊中夹送的方式,向2500万家庭寄送了一份他们自己编写的是非选择题答案集,来消除公众对咖啡的不良印象,其中的题目类似于"咖啡让您体力更好"(对)、"咖啡有助于思考"(对)等。泛美咖啡组织还编印了一本名为"咖啡的真相和人们的幻想"(*Coffee Facts and Fantasies*)的小册子,来反驳那些"健康狂热分子"把咖啡称为"毒品"的言论。小册子中讲到一个由芝加哥大学做的实验,该实验把大学生分成两组,一组学生喝牛奶,一组学生喝咖啡。结果,喝咖啡的一组学生反映自己的睡眠受到影响,而喝牛奶的一组则睡眠正常。其实,给学生喝的咖啡是低因咖啡,已经去除了咖啡因成分,而实验用的牛奶中则加入了咖啡因。因此,小册子从实验中得出结论,咖啡给人们带来的反应,并非咖啡所造成的生理问题,而是人们的心理造成的。

⊖ 希尔斯兄弟制作的性感广告非常合时宜。当时,人们普遍认为女性不理智、爱慕虚荣、缺乏安全感,而且容易被操控。1937年,在智威汤逊广告公司的一本刊物上,玛格丽特·韦斯尔(Margaret Weishaar)说道:"女人比丈夫更依赖于购物,购买力更强。购物就是她们的支柱,购物支撑起她们的勇气,让她们保持美貌。"

⊜ 泛美咖啡组织的6个成员是巴西、哥伦比亚、古巴、萨尔瓦多、尼加拉瓜和委内瑞拉。

G. 华盛顿为美国四大客运航空公司之一的东方航空运输航班供应咖啡，并以此做广告宣传："能登上这十八座班机的咖啡，杯杯都是佳品。"而且只需搅拌 3 秒，咖啡粉就能融化。泛美航空公司也不甘落后，做了一项公众参与的"科学实验"来证明自己飞机上供应的咖啡也非常令人满意。

20 世纪 30 年代，飞机上开始供应咖啡。

专门为美国咖啡生产咖啡包装真空罐的美国制罐公司（The American Can Company）成立了内部的家庭服务部门，向学生灌输咖啡世界的奇妙。该公司聘请著名摄影师玛格丽特·伯尔克-怀特前往巴西一个月，拍摄咖啡种植和收获的照片，然后编辑成图文并茂的教学材料，送给 70 多万学生。㊀ 由于这些材料不是咖啡公司送的，而且免费，所以学校很乐意接收。

㊀ 1936 年，伯尔克-怀特拍摄的巴西黑人咖啡劳工肖像摄影作品震撼人心，也让她发现了自己的社会良知。她从拉丁美洲回来以后，又和厄斯金·考德威尔（Erskine Caldwell）合作拍摄了美国南方的人物肖像作品，名为"你曾见过这些面孔"（*You Have Seen Their Faces*）。

后来，上千个小学生把咖啡作为诗歌的素材。有位小学生通过观察自己的父母，写下一首诗："咖啡是早餐的提神剂，咖啡是晚上的兴奋剂。如果忘了喝咖啡，你就要和疲倦战斗。"

一份全美调查显示，美国98%的家庭都有喝咖啡的习惯，6～16岁的小孩中超过15%喝咖啡，6岁以下就已经有4%的小孩喝咖啡。调查还发现，A&P咖啡品牌在全美市场占有率最高，达到15%，其次是麦斯威尔，占13%，蔡斯和桑伯恩占11%。剩下的市场则由其他5000多个咖啡品牌瓜分，而这5000多个品牌也成功度过了经济危机。美国人均年咖啡消耗量也达到了14磅。《时代》为此解释说："强势的广告加上低廉的售价，拉动了咖啡消费，美国人快速的生活节奏也起了重要作用。而且时逢经济危机，人们的消费能力下降，一杯5美分的咖啡也弥补了人们买不起昂贵东西的购物需求。"

为了将1939年人们的自鸣得意推向极致，美国零售业举行了一场全国强势品牌巡展，占据领先地位的都是咖啡品牌。当时的美国人陶醉在一片劲歌热舞、热闹喧嚣、越大越好的气氛中，这个咖啡因作用下的国家对欧洲的战云密布似乎并不关心。意大利法西斯领袖墨索里尼反对人们喝咖啡，宣称咖啡是不健康的饮料，这反而更令美国咖啡界人士担心。《茶和咖啡贸易》在一篇社论中写道："既然德国纳粹和意大利法西斯要造超人，那么他们就只能不断地给军人灌下越来越多的咖啡，这样才能使之坚不可摧。强大的国家不可避免地需要咖啡，因此咖啡界人士大可放心。"

第 12 章

美国大兵和咖啡

> 美国是全球咖啡消耗量最大的国家之一，美国人的特点也的确符合所谓"咖啡消费国模式"，即进取、自信、充满活力……咖啡将人类的工作时间从 12 小时延长到 24 小时，也是有可能的。现代人的生活节奏快、压力大，面对的事情纷繁复杂，需要一种能刺激大脑活动，又没有什么不良作用，顶多上瘾养成习惯的"神药"，而咖啡恰巧可以满足（这些条件）。
>
> ——玛格丽特·马尔（Margaret Meagher）《咖啡之思》
> （*To Think of Coffee*，1942 年）

1939 年 9 月 1 日，希特勒对波兰边境发动闪电式袭击，第二次世界大战爆发，欧洲每年进口 1000 万袋咖啡，因为战争爆发，生意被迫立即停止，当时欧洲每年进口的咖啡数量大约是全球咖啡消耗量的一半略少一些。像第一次世界大战时期一样，欧洲西北部的斯堪的纳维亚半岛在战争打响之前，大量购入咖啡，然后再转手卖给参战国，然而，1940 年年初，德国的希特勒大军迅速席卷了整个欧洲，斯堪的纳维亚半岛的口岸也相继关闭。而且，德国的潜水艇横扫整个大西洋，威胁到大西洋上的所有商船，就连从桑托斯到纽约的蒸汽船也非常危险，随时可能遇袭。

这么一闹腾，之前巴西要求的出口配额协议突然重出江湖，得到了其他拉美国家和美国的认可，至少美国的外交政策部门对此不那么反感。哥伦比亚之前受到巴西"大开闸门"出口咖啡政策的影响，如今，第二次世界大战又切断了欧洲市场，于是前去请求美国国务院出面协调落实出口配额协议。与此同时，咖啡生豆价格继续大跌。

德国纳粹军团入侵危地马拉

战争初期，令世人震惊的德国军团大获成功，希特勒让纳粹占领美洲南部的臆想也实现了。危地马拉5000多德国人大部分立刻成为纳粹支持者。在危地马拉北部省份科万，德国人占有80%的可耕地，过着奢华的生活。除此之外，德国人还掌控了危地马拉的银行出口公司，包括非常重要的诺特博姆兄弟银行出口公司以及其他很多咖啡出口公司。

当然，也有一些危地马拉的德国人并不喜欢希特勒。1920年出生在危地马拉的沃尔特·汉斯坦（Walter Hannstein）就是其中之一，他从小就开始种植咖啡田。他对半个地球之外德国的法西斯热潮毫不感兴趣，只关心自己的咖啡种植园。⊖同样，欧文·保罗·迪塞尔多夫和他的儿子维利也反对德国纳粹政府，1937年，维利继承了一大笔危地马拉咖啡产业。

危地马拉当地的盖世太保（即纳粹德国的秘密警察）势力不断对危地马拉的非纳粹德国人施加压力，甚至以暴力相威胁。纳粹分子甚至列出了一份秘密名单，包括40个"不爱国"的德国人，宣称一旦德国胜利拿下危地马拉，将立即处决这些人。

格哈德·亨奇克是当时德国驻危地马拉大使馆的商务大使，他印制大批用西班牙文写的纳粹宣传文件，通过危地马拉的报纸、杂志、广播节目和各种书籍向危地马拉人民宣传法西斯主义。就连危地马拉进口的德国商品中也夹带着纳粹宣传文件。掌管中美洲事务的纳粹头子奥托·赖因贝克

⊖ 参考本书第2章，可以了解到沃尔特·汉斯坦的父亲伯恩哈德·汉斯坦以及欧文·保罗·迪塞尔多夫的相关背景。查看引子和第19章，可以了解由沃尔特的女儿贝蒂·汉斯坦·亚当斯经营的汉斯坦庄园有关的当代信息。

将总部设在危地马拉。他邀请大批德国咖啡种植者前来参加聚会,不久,这里就变成了德国俱乐部,还在危地马拉国旗旁插上了纳粹的十字章。纳粹支持者还给危地马拉处于战略重地的桥梁标上纳粹十字符,以便日后德国势力进攻炸毁之需。

签订咖啡出口配额协议

基于以上,纳粹如此迅速地占领了危地马拉,美国担心纳粹德国会进一步占领拉丁美洲,因此美国国务院向咖啡生产国保证,他们将支持咖啡出口配额协议,以拯救咖啡业以及拉丁美洲的经济。当时,欧洲市场已经封锁,美国已经成为拉丁美洲唯一的咖啡出口市场。如果美国此时趁火打劫,要求更低的咖啡进口价格,那么实际上就等于迫使贫穷、痛苦的拉美人民向纳粹投降。

1940年6月10日,希特勒入侵法国的第5天,第三届泛美咖啡会议在纽约举行,14个咖啡生产国的代表出席大会。大会将咖啡出口配额的分配问题交给一个由3个人组成的小组决定,最终得到一个折中方案,签订了《美洲咖啡协议》(Inter-American Coffee Agreement),美国同意一年内进口1590万袋咖啡,比当时预计的美国实际需求量多出100万袋,这已经是美国所能接受的上限了,这一数量既能保证美国市民有足够的咖啡喝,又能保证咖啡价格不至于崩盘,当然这一协议只是暂时的,1943年10月1日将会重新商议。当时巴西获得的出口配额量最大,占大约60%,哥伦比亚则占20%,居第二位。其余大约20%的配额则由其他的拉丁美洲咖啡生产国分享。美国还象征性地多留了35.3万袋的进口配额给亚洲和非洲的其他咖啡生产国。

尽管该会议1940年7月6日就结束了,但是拖了将近5个月时间,各与会国才全部签完字,协议才生效。墨西哥和危地马拉要求分得更大的配额,一直拖着不肯签字。7月9日,危地马拉的独裁者豪尔赫·乌维科向美国代表约翰·卡伯特表示，他们绝不接受美国提出的50万袋出口配额。乌维科是支持德国纳粹的，他威胁卡伯特说："一旦公布危地马拉所获得的出口配额数量，肯定会引起民愤，只要危地马拉同德国恢复商贸往来，我们将投靠德国人。"

由于各国对出口配额协议各有所争，咖啡价格持续下挫，1940年9月跌到每磅5.75美分，成为历史最低价。㊀巴西代表欧里科·彭特亚多和美国代表萨姆纳·韦尔斯通过以前成立的美洲财政经济委员会再次协商，美国妥协，同意增加配额，这才将各国拉回谈判桌。

1940年11月20日，韦尔斯和14个拉丁美洲咖啡生产国的代表分别签署了英文、西班牙文、葡萄牙文和法文版的咖啡出口配额协议。《纽约时报》报道："这是一份史无前例的协议，这份协议将建立一座经济碉堡，可以抵抗极权主义的贸易渗透。"

1941年，挺过咖啡配额协定的第一年

第一年的咖啡出口配额协议从1940年10月1日（也就是当年巴西收获的咖啡豆运达美国的时间）开始，到1941年9月30日截止，执行过程磕磕绊绊，争议和妥协不断。1941年的头几个月，由于协议签订这一利好消息，咖啡价格飞涨。起初，美国的咖啡公司不以为然，并未警惕。美国咖啡协会秘书长W.F.威廉姆森（W.F. Williamson）轻描淡写地说："美国消费者很宽容，并不指望以低价购买咖啡豆，因为这会造成拉丁美洲的咖啡生产国血本无归。"《商业周刊》评论说："较高的咖啡价格可以延缓战争对拉美国家经济造成的负面影响，而且，拉美人民手里有了钱，还能提高他们对美国货的购买力。"

㊀ 1903年，里约七号豆的价格跌到了每磅5美分，但当时美元很值钱，而且里约豆比1940年的标准豆——桑托斯四号豆品质差。

1941年6月，咖啡价格已经比去年低价时涨了一倍。在美洲咖啡协议大会上，美国代表保罗·丹尼尔斯提议增加出口配额，以抑制咖啡价格进一步上涨，可是该提议遭到了咖啡生产国的一致反对。就连巴西和哥伦比亚代表也嘲笑丹尼尔斯的提议，反而要求美国官方提高咖啡收购价格，只有如此他们才会增加出口到美国的咖啡数量。

新成立的美国物价管理局局长利昂·亨德森注意到此事非同小可。当初国务院同意咖啡出口配额协议，也是出于外交考虑，而亨德森作为罗斯福新政的拥护者，从来就没有同意过咖啡出口配额协议。1941年7月，巴西又一次宣布调高咖啡出口底价，亨德森勃然大怒，他写道："如今，咖啡生产国竟然狮子大开口，对待我们的善意态度竟然如此强硬，是时候出手遏制了。"他扬言要终止咖啡出口配额协议。接着，美洲咖啡协会美国代表丹尼尔斯引用当初签署的咖啡协议，指出美国有权单方面增加咖啡生产国的出口配额，而无须征得咖啡生产国的同意。8月11日，咖啡出口配额增加20%，该策略果然有用，咖啡价格开始平稳下降。

尽管这项咖啡协议在执行过程中出现了很多问题，但确实拯救了拉丁美洲国家的咖啡业，而且美国同拉美国家的关系也从来没有如此亲密过。1941年，美国人均年咖啡消费量达到16.5磅，又创下历史新高。

1941年12月，咖啡生产国选出6位"咖啡皇后"，在政府的资助下，访问美国纽约，受到热情款待。美国第一夫人埃莉诺·罗斯福在她的广播节目——《透过咖啡看世界》节目中介绍了这6位"咖啡皇后"，并将这期节目的主题定为"让咖啡为生活增添乐趣"。6位"咖啡皇后"本来还计划一周后到纽约的华尔道夫酒店参加大型咖啡舞会，没想到日本人偷袭珍珠港，抢了她们的风头。

1941年，美国第一夫人埃莉诺·罗斯福主持的广播节目《透过咖啡看世界》有上百万听众，而这个节目是由泛美咖啡协会赞助播出的。

咖啡再次走入战场

1941年12月7日，日本人偷袭美国珍珠港，美国正式宣布参战。12月8日，美国物价管理局局长立即冻结咖啡价格，因为美国参战可能会引起一定程度的通货膨胀，刺激咖啡价格再次上涨。

美军参战以后，每个月需要14万袋咖啡，是平时的10倍，相当于每个士兵每年需要消耗32.5磅咖啡。政府特派物资采购专函中将咖啡列为必需采购的原料，信中说："咖啡对于维持军民士气都起到了很重要的作用。"

尽管拉美的咖啡豆供应充足，但是舱位有限，几乎所有舱位都用来存放作战物资了。而且自从美国宣布加入战争，德国潜水艇更是肆无忌惮，海上威胁进一步加重。1942年4月27日，美国作战物资生产委员会决定，将输送的咖啡数量减少到前一年的75%。作战物资运输委员会征用了美国所有的商船，当年6月，巴西也将自己的所有商船交给美国调度，作为回报，美国则承诺即使没有船只可以运输，美国商品信贷公司也会买下巴西配额内的所有咖啡。接着，作战物资生产委员会接管了进入美国的所有咖啡，自由的咖啡市场随即消失。

1942年9月，咖啡供给量严重不足，分给烘焙商的咖啡配额减少到65%。10月26日，利昂·亨德森宣布，民用咖啡1个月后开始实行定额配给制，任何年满15岁的公民，每5周可以购买1磅咖啡。

亨德森为了维护定额配给制，坚持说："即使实行定额配给制，一年人均咖啡消耗量也有10.4磅，比大萧条时人均消耗量少不了多少。"但是，咖啡业内人士称，官方公布的人均咖啡消耗量数据有水分，把小孩也算了进去。如果只算成人的消耗量，咖啡定额配给制让人均年咖啡消耗量减少了一半。

由于定额配给制对咖啡供应量进行了限制，而之前咖啡烘焙商指导消费者的各种冲泡方法对咖啡用量都有较高要求，因此这么一来，那些冲泡法都无法运用了。于是，报纸杂志开始指导家庭主妇如何用稀释的方法泡出好的咖啡。宝石茶公司打出广告，声称："每磅宝石茶咖啡可以泡60杯香浓的咖啡。"时任总统富兰克林·罗斯福显然没有听过他妻子的广播节目，竟然说咖啡渣还可以再泡两次，实在令人大失所望。芝加哥的一个咖啡交易商抱怨说："报纸上到处刊载替代咖啡的各种产品，将麦芽、鹰嘴豆、大麦混合起来，加入焦糖，烧制成咖啡色的糊状物，替代饮料也得有颜色才行啊。"波斯敦公司一度复活。高品质的希尔斯兄弟和马丁森混搭咖啡销量也有所增加。巴西咖啡运输距离远，而哥伦比亚和中美洲的咖啡运到美国要近一些，而且除了用船运以外，还可以通过墨西哥边境用火车进行运输。

1943年2月2日，德国人在斯大林格勒战役中失败，这是第二次世界大战的一个巨大转折点，从此以后，盟军逐渐占据上风。德国的潜水艇对大西洋货运船只的威胁也有所减弱，咖啡可以自由地从巴西运出。7月28日，罗斯福总统宣布废除咖啡定额配给制。然而，经过定额配给制的咖啡数量削减，美国人已经习惯了冲泡清淡的咖啡，但是，全国上下对咖啡的渴望有增无减。咖啡定额配给制期间，女诗人菲利斯·麦金利（Phyllis McGinley）写了一首优美的挽歌，来缅怀"曾经丰富美好的生活"，诗是这样写的：

> 两杯咖啡和吐司开启了我的一天，
> 早餐咖啡的温馨，
> 让我的心灵悸动，
> 香浓的咖啡简直就是搭配吐司的精灵。

咖啡走上前线

美国军方对边防人员和军队士兵的咖啡供给非常充足，他们能喝多少，就供多少。而在工厂里，自从有了喝咖啡休息时间以后，工人的生产效率大幅提升。负责军用食品物资供给的军需官甚至在4座工厂里亲自烘焙咖啡、研磨咖啡并用真空袋进行包装，还跟19家商业烘焙商签订了生产承包协议，这才得以满足美国大兵对咖啡的需求。

坚守在二战前线的美国大兵要想保持精神抖擞，咖啡必不可少。难怪二战结束后，美国人均咖啡消耗量又创新高。

第12章 美国大兵和咖啡

1944年6月6日，盟军渡过英吉利海峡在法国诺曼底登陆，海陆空三军向德国法西斯发动大规模进攻之后，军方也开始直接将咖啡生豆运往海外。由于海外作战部队没有商用咖啡机，士兵就把石油桶改装成临时应急烘焙机，在法国马赛的一家工厂里，就用这样的临时咖啡机，一天要烘焙12 000磅咖啡。50多个车载设备专门负责咖啡和其他烘焙食品的运输。在太平洋战区的行动作战部，参谋军士道格拉斯·纳尔逊以前是麦斯威尔咖啡的员工，他在新喀里多尼亚岛首都努阿美建了一座工厂，专门负责在当地烘焙咖啡。在欧洲，有300多个红十字会流动车向士兵发放咖啡和甜甜圈以及书籍、报纸杂志、香烟和唱片。

在外作战，喝起咖啡来远不像在家那么舒服，所以美国大兵躲在严寒的隐蔽处时，只要能喝上一杯热咖啡，真是什么样的都行，哪怕是低廉的速溶咖啡，对他们来说也相当美味。美国军队为士兵的应急口粮准备了轻便的铝箔包装速溶咖啡。到1944年的时候，除了雀巢和G.华盛顿速溶咖啡以外，还有包括麦斯威尔在内的10家咖啡商都在做速溶咖啡，而且全部被军方征用。1943年的《科学美国人》中写道："将士反映铝箔包装的速溶咖啡方便携带和冲泡，即使没有开水，也可以用凉水冲泡。"但是对于前线作战的官兵而言，温暖胜于一切。战地卡通画家、年代史学家比尔·莫尔丁（Bill Mauldin）记录了一支步兵小分队在意大利北部山地深陷雨雪交加的泥泞中的场景："这些当兵的一连好几天吃不上一顿热饭，由于缺乏燃料，他们偶尔能用上燃气炉来加热非常容易煮的速溶咖啡，但大多数时候，他们都得用火柴，数百支火柴点起来勉强够热一点儿咖啡，这就是他们冰天雪地里的唯一热食了。"美国大兵每天都要喝咖啡，而咖啡也成了他们生活的一部分，所以美国大兵G.I.乔就用自己的名字来命名咖啡，即"大兵乔咖啡"，于是"乔"也成了咖啡的代名词。㊀其他官兵

㊀ "乔"（Joe）是美国俚语中普通人的意思。此外，还有另外两种理论，一种说"cuppa Joe"源于爪哇咖啡和摩卡咖啡的组合；另一种说法是以1913~1921年任美国海军部长的约瑟夫·丹尼尔斯的名字命名的，正是约瑟夫·丹尼尔斯在军营中禁酒，因此咖啡才能变成最受美国大兵欢迎的饮品。

也为咖啡起了不少其他的绰号,多与咖啡的稠度和黏度有关,例如"爪哇""淤泥""脏水""污泥""泥巴"和"兴奋剂"等。

"Ya know, I ain't worth a dern in th' morning without a hot cuppa coffee."

二战中,为了喝上一杯热咖啡,美国大兵什么都愿意做,哪怕用掉所有的火柴也在所不惜。

尽管美国大兵必须接受冰冷的咖啡和速溶咖啡,但至少还有真正的咖啡可以喝。1943年夏天的时候,在纳粹占领下的荷兰,地道的真咖啡已经卖到31美元1磅了,即便如此,也未必买得到。欧洲的咖啡烘焙商即使能买到咖啡豆,也无法大量烘焙咖啡,因为盟军的轰炸机已经将德国、法国、荷兰、比利时和意大利炸成了一片片废墟。

为了进一步打击轴心国的士气,英国皇家空军派出空中飞行中队,时不时地假装空袭纳粹德军占领的区域,投下的不是炸弹,而是一小包一小包的咖啡豆。当时一位战地记者记录道:"这么做的目的是,每当咖啡豆落地,在纳粹占领的地区,人们不满的情绪就会激发,然后开花结果。"然而,盟军的心理战术并没有成功,"咖啡炸弹"并没有提早结束战争。

清除拉丁美洲的纳粹分子

二战后期，美国进一步向轴心国施加压力，发布了一份黑名单，任何上了这份黑名单的个人或者公司，其与美国的一切贸易活动都会被禁止。很多住在拉丁美洲的德国人、意大利人和日本人，都陆陆续续上了美国这份黑名单，其中大部分是咖啡种植者。这些人的农场和公司被没收，他们本人实际上大部分被驱逐出国，或者关到美国的监狱中去。

二战时期，由于巴西境内的德国、意大利和日本咖啡种植者人数可观，而巴西又不希望美国掌控其经济命脉，所以独裁者热图利奥·瓦加斯在大战初期并没有马上投向盟军阵营，而是保持中立态度。战争初期，也就是日本偷袭珍珠港之前，德军节节胜利，瓦加斯发表亲法西斯言论，称赞"各国通过法西斯组织掌管自己的国家行之有效，而法西斯组织则是以爱国情怀为基础，且坚信自己非常强大，足以坚持下去"。但是，珍珠港事件发生后，瓦加斯立马转向美国阵营，紧接着德国潜艇击沉数艘巴西商船，全国上下一片愤怒。1942年3月，瓦加斯下令没收轴心国在巴西的8万人员30%的资金，尽管这8万人中只有1700人左右是纳粹党。同年8月，巴西正式对轴心国宣战。

珍珠港事件后，危地马拉的独裁者豪尔赫·乌维科也抛弃了德国的咖啡友人，立马转而投向美国怀抱。在美国国务院的压力下，乌维科为了表示强烈的亲美诚意，1941年12月12日，将几个月前列出的德国咖啡种植者清单变成了一份黑名单，逮捕行动立即展开。乌维科派人接管德国人和德裔危地马拉人的农场，危地马拉政府接管德国人的出口公司。从1942年1月起，包括上了年纪的老人在内，很多德国人被逮捕并押送到美国的得克萨斯州的监狱中去。整个中美洲的德国人瞬间变成了阶下囚。其中很多德国人通过和被德国拘留的美国平民交换，回到德国，然而即使回到了自己的国家，他们也未必能生还。

美国国务院内部的一份备忘录提道："一共有 4058 名拉美的德国人被绑架，送往美国当作人质暂时拘留起来，以便日后和轴心国谈判。"㊀美国这么做，可能还有另一个原因，就是消除贸易竞争。纳尔逊·洛克菲勒时任美洲事务协调员办公室主任，还兼管反间谍工作，他强调，一定要防止德国在"美国后院"（指拉丁美洲）扩张势力。掌管美国咖啡多年的贝伦特·弗里尔离开 A&P 公司采购部，成为洛克菲勒在巴西的眼线，调查亚马孙流域未来的发展情况。

美国人为将在拉丁美洲被抓的德国人关押到美国监狱找到了一个非常"合理"的理由，那就是非法入境罪。㊁就连在危地马拉出生的德裔危地马拉人沃尔特·汉斯坦且已经娶了美国妻子并声明了自己反纳粹的人，也被关进了美国监狱，他在危地马拉西部拉巴斯的咖啡田也被没收。后来，汉斯坦说自己被纳粹列在一份名单中，这份名单中有 40 个人，都是要被纳粹处决的，而他就是这份名单中的第 36 个，后来美国找到这份名单，证实汉斯坦确实与纳粹无关，这样，汉斯坦才重获自由，并保住了自己的咖啡田。

美国咖啡业挺过二战

美国咖啡业为了配合二战的各种情况，也做出了很多调整。由于大部分男性员工都上前线去了，于是宝石茶公司首次破例聘请女性担任咖啡车司机兼咖啡推销员，结果发现女职员的销售业绩也能做得和男人一样好。

㊀ 二战期间，并没人把任何一个德国人从巴西带到美国，因为这被看作对巴西国家主权的侵犯。总体来看，只有中美洲那些小国家才有可能被迫同意这么做。（当然，这些小国家的政府也会借此谋取利益，比如抢夺土地，或者借此给自己的政敌轻而易举地打上纳粹的标志，以此来消灭他们。）瓦加斯在巴西亚马逊地区为德国人和日本人建立了战时收容大本营。

㊁ 战时，总共有 31 000 名所谓"敌国公民"被拘留，他们在拉丁美洲和美国的家被霸占，其中包括 16 849 名日本人、10 905 名德国人和 3278 名意大利人。

在咖啡工厂中，女性证明了自己的价值，她们不仅能把日常性的杂务做好，也能成为技术水平一流的咖啡烘焙师和出色的管理人员。

1942年，宝石茶公司总裁莫里斯·卡克加入美国陆战部，尽管他还是宝石茶公司的董事会主席，但他已经把宝石茶公司总裁的位置交给了富兰克林·伦丁（Franklin Lunding）。借着卡克与军方的关系，宝石茶公司与美国军需部门签下供应合同，为二战中的美军提供"十合一配餐"，咖啡和牛奶都含在其中，所谓"十合一配餐"，也就是搭配各种食品，为十个人提供一天的配餐。而且，宝石茶公司还能借着卡克的关系，优先获得受限机械部件使用权，从而使其运送咖啡的推销车能正常运作。战争期间，宝石茶公司65%的销售额来自其下属的零售商店，但是60%的利润仍然是从其最赚钱的咖啡车上门推销而来。

麦斯威尔咖啡则打出爱国牌来吸引顾客。其广告中写道："咖啡和战士一起上前线！不管是在伞兵团里、轰炸机上，还是在海军战舰上，官兵都迫不及待地要喝上一杯热气腾腾的麦斯威尔咖啡，来打起精神。"通用食品公司还号召家庭主妇把空麦斯威尔咖啡盒留下来存放水果和蔬菜，而不要当作垃圾扔掉，这样可以为国家尽一点微薄之力。

福尔杰咖啡的第三代接班人也纷纷参战。詹姆斯·福尔杰三世加入战时生产委员会，他的弟弟彼得加入海军。战争爆发后，很多人都像福尔杰兄弟一样，加入战争物资供应的后援团，很多人来到加州的战略物资生产工厂，并且从此留在了加州，于是加州人口开始膨胀。从旧金山出航前往太平洋战场的士兵们，退伍后也都在加州定居下来。于是，加州人口在10年间翻了将近一倍。

1940年，希尔斯兄弟在新泽西州埃奇沃特开了一家置有8台咖啡烘焙机的咖啡烘焙厂，他们打算以此扩展中西部市场，并希望最终占领东部所有咖啡市场，可是美国的参战，打乱了希尔斯的扩张计划。由于战争期间劳动力短缺，希尔斯兄弟才雇了伊丽莎白·祖洛（Elizabeth Zullo）和洛伊斯·伍德沃德（Lois Woodward）进入咖啡烘焙间烤咖啡，而咖啡烘焙间以前是只有男人进出的圣地。

战争开始之前，蔡斯和桑伯恩咖啡几乎已经不盈利了，其母公司标准品牌食品公司则以传统的弗莱希曼干酵母作为主要的盈利产品。可是，战争开始后，美国的家庭主妇也无暇自己烤面包，所以不再买干酵母；禁酒令废除后，之前使干酵母大卖的非法私人酿酒作坊也倒闭了，从此干酵母失去了销售市场，而且有专利药品就酵母治疗阳痿失败向酵母公司索赔。此时咖啡市场又无法填补酵母市场损失的利润率，于是，埃德加·伯根和查理·麦卡锡被迫将《蔡斯和桑伯恩时间》缩短到半小时，而当红女影星多萝西·拉莫尔则退出了节目。而曾经，蔡斯和桑伯恩为了保证咖啡新鲜送达客户，特设的每两周一次和干酵母一起送货上门的服务现在看来也失去了意义，因为其他品牌推出了真空包装，同样能保证咖啡的新鲜。

标准品牌公司的利润率已经跌得不到10%了，而蔡斯和桑伯恩咖啡的市场份额也有所下降，比麦斯威尔咖啡低了好几个百分点，所以，1941年11月，标准品牌公司决定开始使用真空罐包装咖啡。12月，标准品牌公司从高露洁棕榄公司挖来詹姆斯·S.亚当斯（James S. Adams），让其担任公司总裁，也就是在珍珠港事件爆发的时候。亚当斯对公司进行了重组，换掉了主要的管理层，并且停止分红。他想要通过用一种玻璃真空罐来包装咖啡，以增加咖啡销量，但是美国已经参战，在战争中，人们已经无暇改变自己的品牌喜好。

实际上，总体上来看，战争并没有对美国咖啡业造成太大伤害，只不过使其原地踏步而已，而各大咖啡烘焙商也守住了自己的地位，为战后恢复做准备。然而小咖啡商逐渐被淘汰，像麦斯威尔这样的大型咖啡烘焙商则进一步收购合并，越来越强大。1915年，有超过3500家咖啡烘焙商为美国消费者供应咖啡，到1945年，只剩下了1500家咖啡烘焙商，在这1500家中，只有57家，也就是不到4%的咖啡烘焙商每年能供应超过

5万袋的咖啡。

好邻难当

1941年美国参战以来，运往美国的咖啡豆价格最高上限一直保持在每磅13.38美分，但是随着这场战争进入尾声，产豆国涨价的压力越来越大。尽管美国价格管理局准许国产消费品涨价，但是却坚决不准进口的咖啡涨价。1944年秋，拉丁美洲的经济状况已经非常紧张。萨尔瓦多人罗伯托·安吉拉尔（Roberto Aguilar）通过《纽约商业周刊》，呼吁美国政府考虑一下贫穷的咖啡农，批准咖啡涨价，他说："萨尔瓦多的咖啡农辛辛苦苦种咖啡，根本就赚不了钱，如今，靠种咖啡，他们已经养活不了自己了。"实际上，由于无利可图，咖啡庄园主付不出工资，雇用的咖啡工人便逐渐离开咖啡庄园，去干一些报酬合适的工业生产类工作。

1944年11月20日，巴西代表尤里克·彭特亚多写了一封公开信给美国咖啡协会主席乔治·蒂尔巴赫（George Thierbach），泛美咖啡组织将这封信以广告的形式在美国800多家报纸上刊登了出来。彭特亚多在信中指出，当时每磅13.38美分的咖啡进价上限比过去30年咖啡的平均价格还要低5%。由于豆价过低，整个拉丁美洲数以百万计的咖啡树遭到遗弃，其中最大的受害国就是巴西。圣保罗的咖啡产量跌到了1925年的1/3，价格也跟着同比下跌。然而咖啡生产成本却翻了倍。而且，1931年以来巴西的焚豆计划已经烧毁了7800袋咖啡豆，虽然焚豆计划已经停止，但是巴西的咖啡豆已经所剩无几了。可是，随着战争结束，咖啡需求量增加，市场要求涨价的压力便越来越大。

不仅巴西如此，中美洲的咖啡农也感到压力很大。萨尔瓦多的一个咖啡种植者说："以前只要4.5美元就能买到的鞋子，现在要花14美元才能买到，而且工人的工资也涨了，我们要花原来两倍的钱才请得到咖啡农，工资还会继续上涨。然而，美国人似乎并不关心这些，还在讨论5美分一杯的咖啡价格，无意做出改变。"生产高级咖啡的产豆国不愿以美国价格管理局规定的价格提供高级豆，于是开始以未经仔细处理和分级的次等咖啡来充数。有些咖啡种植者甚至直接把所有的高级豆都储存起来，准备等到好价格再卖。

美国物价管理局对这些不平的申诉充耳不闻，新上任的局长切斯特·鲍尔斯曾经是位广告天才，靠麦斯威尔的广告大赚了一笔，现在也成了麻木的官员，显然已经丧失了昔日写广告的创意，他打着官腔说："政府决定，不会调高咖啡生豆进口价格上限，这也是物价管控的重要组成部分，面对通货膨胀，政府进行物价管控才能消除它带来的经济压力。"

鲍尔斯这番冷酷无情的言论也在一定程度上反映出了美国政府对中南美洲咖啡产豆国的态度转变。1943 年，当年《睦邻政策》的构建者和推行者萨默·韦尔斯也被迫辞去副国务卿的职位，离开美国国务院，随后不久，政治敏感的保罗·丹尼尔斯也离开了美洲咖啡协议委员会，接任者爱德华·G.凯尔对咖啡生产国的态度非常强硬，即便他吃的就是这口饭。一位国务院的官员稍后回忆说："战争初期，德军攻克法国，日军偷袭珍珠港，在这种危难的环境下，拉丁美洲的咖啡无法运往欧洲，美国善意地和拉美签订了《美洲咖啡价格协议》，而现在，我们已经无暇顾及它们了。"

甚至到了 1945 年，二战结束，美国还是不肯就进口咖啡价格上限做出让步。巴西国内爆发经济危机，1945 年 10 月 29 日，任期最长的独裁者热图利奥·瓦加斯在军方的胁迫下辞职。㊀尽管咖啡价格过低并非巴西国内政治变革的主要原因，但是巴西公众对此已经非常不满。深受经济危机影响，巴西取缔了全国咖啡协会，并且削减了在美国的咖啡广告投入。泛美咖啡组织的其他成员也纷纷效仿巴西的做法。

㊀ 独裁统治的年代看来是要终结了。前一年，萨尔瓦多的独裁者马克西米亚诺·埃尔南德斯·马丁内斯和危地马拉的独裁者豪尔赫·乌维科分别被赶下台，两国不安的民众对战时不断听到的自由与民主的呼声越来越高。

1946年10月17日，美国物价管理局终于放手，取消了咖啡进口价格上限。《茶和咖啡贸易》头条宣布："解放啦！"美国和巴西桑托斯签订的第一笔自由贸易合同中，进口咖啡生豆价格是每磅25美分。接下来的几年里，咖啡价格随通货膨胀稳步上涨。

二战后遗症

二战期间，美国进口咖啡总额超过40亿美元，占进口总额的10%。1946年，美国人均咖啡消耗量达到了惊人的19.8磅，是1900年的两倍。年轻偶像法兰克·辛纳屈也唱起《咖啡之歌》："巴西人种了几十亿株咖啡树，咖啡豆产量庞大，总要找地方消耗这些咖啡吧，你的咖啡杯可不能空哦。要知道，在巴西种咖啡，命运可够惨的啊。"除此之外，还有一首嘲讽诗中写道："你想在巴西喝上一杯樱桃汽水都很困难，因为巴西人把饮料的配额都让给了咖啡。"

法兰克·辛纳屈还是个年轻偶像的时候，唱过一首《咖啡之歌》，这首歌因唱出了巴西人种咖啡的凄苦命运，所以广为流传。

二战期间，美国百姓很难喝到可口可乐或者百事可乐这样的汽水，因为可口可乐和百事可乐的主要成分——蔗糖，是管制配给的紧缺物资。尽管如此，可口可乐和百事可乐是足智多谋的碳酸饮料巨头，它们总能找到办法来促进自己的饮料销售。百事可乐设立军人中心，士兵在此可以免费饮用百事可乐，5 美分就能买到汉堡包，还能享受免费的剃须、沐浴和熨烫衣裤服务。然而，可口可乐更加高明，通过上层游说和内部关系，在战争期间取得了巨大的成功：让军方认可，可口可乐可以充分提高军队士气。既然如此，军用可口可乐就不再受到蔗糖配给管制的约束。不仅如此，可口可乐公司的有些员工甚至充当"技术观察员"，穿着军队制服，由政府出钱送他们到国外，在前线修建装瓶工厂。战壕中的士兵只要拿到一杯可口可乐，就会不由自主地想到自己的家，心里充满温暖，因此可口可乐比一杯普通咖啡更能鼓舞士气。一名驻守意大利的士兵写道："战士一拿到属于自己的可口可乐，就捧到胸前，然后跑回营帐，仔细端详这瓶可口可乐，思绪万千，没人舍得喝掉，因为一喝就什么也没了。"

　　1944 年，咖啡商人雅各布·罗森塔尔（Jacob Rosenthal）发现，在青少年消费者中，可口可乐比咖啡受欢迎得多。他说："一旦战争结束，现有的碳酸饮料业必将迅速发展，销量立马增长 20%。如今，对 3000 万中小学生而言，饮料就是指牛奶、可可、汽水或者可口可乐。其实，可口可乐、可可和巧克力跟加了牛奶与蔗糖的咖啡一样，都含有咖啡因，但是，在青少年饮料市场上，咖啡深受各种反咖啡谣言的丑化。"罗森塔尔号召咖啡界人士发起反攻，跟软饮料一较高下。他说："既然这些孩子喜欢装出一副长大成人的样子，而咖啡正是成年人的饮料，那何不利用他们希望被当成大人的心态来推销咖啡呢？"

　　然而，咖啡界几乎没人采纳他的建议，接着，战后的婴儿潮出现，他们更是钟爱可口可乐和百事可乐，而咖啡界也越来越离谱，咖啡烘焙商采用廉价劣质豆，咖啡品质每况愈下。从此，悲惨的咖啡新纪元拉开帷幕。

第三部分

苦咖啡当道

二战以后,餐厅服务员无限量供应淡而无味的劣质咖啡。

第 13 章

咖啡政治和速溶咖啡市场扩大

> 喝上两三杯咖啡,上至金融走势、国家大事,小到闲话家常、低级笑话,人人都津津乐道。咖啡是社交的润滑剂,打开了人们的话匣子,让人们头脑更清醒,激发人们的智慧,如果你愿意,也可以让你睡不着觉。不管你用的是路边售卖的马克杯,还是精致典雅的小杯子,在咖啡面前,人人平等。
>
> ——《纽约时报》,1949 年 11 月 14 日

> 种种迹象表明,咖啡永远是美国的主流饮料。
>
> ——《咖啡年鉴》(*Coffee Annual*),1952 年

第二次世界大战结束后,咖啡在美国已经变成了一种标准化的产品,主要以中等的巴西豆为主,各品牌混搭其他咖啡豆,然后烘焙、研磨、包装后出厂。所有的咖啡喝起来都差不多。尽管咖啡商大力宣传真空咖啡罐的各种好处,但是事先研磨好的咖啡放在货架上久了还是会变质。1945年,美食作家 M.F.K. 费希尔在书中写道:"咖啡都装在大同小异的咖啡罐里,消费者钟情于哪个品牌的咖啡,完全取决于广播节目的广告以及美食作家的推荐,因此,不论是绿色还是红色标签,里面装的咖啡都保准一样,味道肯定也都平平淡淡,没什么特别好的。"虽然滴滤式冲泡方法在美国越来越流行,但是经历了世界大战,美国人喝的要么是稀释的淡咖

啡，要么就是用渗滤壶煮出来的萃取过的过滤咖啡，他们对咖啡的品位已经下降了很多。一位咖啡爱好者写道："我们美国人的咖啡品位还停留在淡而无味的咖啡，或是过度沸煮后像泔水一样的咖啡上。"

在接下来的20年中，美国人喝的咖啡等级从平淡无味的中级咖啡，降到了苦涩难喝的低级咖啡。怎么会这样呢？经济、政治和技术因素的综合作用造成了烂咖啡泛滥。

参议员的调查

1946年，咖啡进口价格管制取消以后，咖啡价格就逐渐稳定上涨。1947年，烘焙后的咖啡每磅零售价已经超过50美分。第二年，很多餐厅的咖啡售价也有所上涨，从原来的5美分一杯一下子涨到了7美分一杯。餐厅的老客户对此非常生气，纷纷抗议，他们摔杯子、偷各种镀银餐具，甚至还把奶油和砂糖撒在桌子上。这时候，有些咖啡公司竟然开始打出广告，声称自己的品牌用更少的咖啡就能泡出香浓的咖啡，性价比更高。由此，一名咖啡业内人士开玩笑说："如果咖啡继续涨价，咖啡就会越来越香醇，用不着加奶加糖来调味，就会芳香无比。"

咖啡价格之所以上涨，主要还是因为自由市场放开，供需变化造成的。从供应角度来看，昔日圣保罗肥沃的土地已经丧失了肥力，咖啡豆产量下降，而且营养不良的咖啡树还遭到了咖啡浆果蛀虫的袭击。美国人均咖啡消耗量从战后的峰值19.8磅，略微下降到1948年的18.2磅，而此时，欧洲依靠马歇尔计划，进口咖啡数量多达700万袋，尽管仍然低于战前1200万袋的进口量，但是对于欧洲而言，这确实是很大的数量，而且进口量还在逐渐上升。为了鼓励消费，咖啡种植者自愿接受广告税从2美分涨到10美分，来支持泛美咖啡协会在美国的广告宣传活动。美国一些胆大的农场主充分利用当时的咖啡短缺势头，越走越远，穿越丛林一路向南，进入巴西的巴拉那，开创新的咖啡种植园，但是这些刚种起来的小树还要过 5 年才能产果。

1944 年，巴西为了表示对美国的支持，高调向美国军方捐赠了 40 万袋桑托斯咖啡生豆。两年后，美国军方向美国农业部转交了 50 万袋剩余的巴西咖啡豆和 20 万袋哥伦比亚咖啡豆，这么一转手估计就赚了 600 万美元。巴西咖啡种植者对此非常不满。1948 年，美国同意终止《美洲咖啡协议》，相关团体的顾问职能被转移到一个毫无话语权的咖啡特别委员会下，而该委员会则是由美洲国家组织资助的。

1949 年秋天，由于 8、9 月份的时候一场迟到的干旱阻碍了咖啡树顺利开花，因此当年咖啡歉收，与此同时，巴西剩余的咖啡也已经销售一空。10 月 19 日，咖啡生豆价格飙升到每磅 34 美分。11 月中旬，价格一路上扬到每磅 51 美分。咖啡烘焙商则把咖啡价格哄抬到每磅 80 美分。餐厅里，昔日一杯 5 美分的咖啡也不得不顺势涨到 10 美分。当年，全球咖啡进口成本创下历史新高，超过 10 亿美元。

参议员盖伊·吉莱特是艾奥瓦州的一名民主党党员，曾经是奶牛场场主，他组织成立了一个农业调查小组，专门调查咖啡价格。吉莱特强烈反对"价格操控"和"投机行为"，他要追究咖啡价格上涨的责任。保罗·哈德利克是吉莱特的顾问，他询问咖啡业内相关人士的时候，就像一个检察官控告人谋杀一样充满仇恨。为什么咖啡在如此短暂的时间内就涨了这么多呢？哈德利克质问通用食品公司的一位代表："你倒是给我解释清楚，为什么那帮巴西人要买纽约的咖啡？"

投机派确实助长了咖啡涨价，但是咖啡短缺才是价格上涨的最根本原因。国会方面的见证人是安德烈斯·乌里韦（Andrés Uribe），他是哥伦比亚国家咖啡种植者联盟在纽约的代表，兼任泛美咖啡组织主席，他解释说，这次咖啡价格猛涨完全是美国人咎由自取，在贸易上太过自负，怎么也想不到巴西的咖啡囤货竟然销售一空。当他们突然之间意识到 1949 年的旱灾确实影响了咖啡产量的时候，巴西的咖啡库存已经空了，于是他们一下子惊慌失措,并开始疯狂购入。这就造成了一场典型的咖啡牛市,随着咖啡价格飙升,家庭主妇也跟风大量买入囤货,人为造成了咖啡短缺。

乌里韦对负责咖啡价格调查的农业小组说:"拉丁美洲各国也深受其害,遭受了重大打击,这些国家的诚信已经遭到质疑,它们被控敲诈勒索,欺骗美国消费者,策划阴谋。"他指出,1949 年,美国消费者花了超过 20 亿美元购买烘焙咖啡或者现煮咖啡,而实际上,20 亿美元中只有 38% 回到了拉丁美洲国家,美国咖啡烘焙商、零售商以及餐厅得到了大部分利润。

乌里韦继续说:"先生们,虽然你们调查的是咖啡,但不能只把它看作一个简单的商品、一个信手端来即喝的饮料,实际上,你们所调查的东西和上百万人民的生命息息相关,"他停顿了一下,接着强调说,"拉丁美洲人民面临着很多棘手的问题,远远超过各位的想象,我们要扫除文盲、消灭疾病、恢复人民健康,为数百万人制订健全的营养计划。而这一切都要依靠公平合理的咖啡价格来支持。如果没有公平合理的咖啡价格支持,就等于把数百万穷困潦倒的人扔到大海中漂泊,任他们流离失所、自生自灭。"㊀

可惜,吉莱特对乌里韦的一番肺腑之言充耳不闻。1950 年 6 月 9 日,吉莱特的调查小组发布了正式调查报告,不仅伤害而且冒犯了拉美各国,致使拉丁美洲 14 个国家联合抗议。美国政客则把矛头指向巴西的咖啡种植者,指责巴西的咖啡种植者,声称是他们大量囤货,才造成了如今的咖啡短缺。吉莱特向政府建议,要加大对拉美各咖啡生产国的贷款审查,更加鼓励拉美以外的国家从事咖啡种植业。报告还建议政府改革现有的咖

㊀ 作为哥伦比亚人,乌里韦一定已经对社会问题非常敏锐了,因为他的国家哥伦比亚刚刚开始了长达十余年的武装冲突。大约 20 万哥伦比亚人死于这场内战。

啡交易制度，并且要求巴西和哥伦比亚调整货币汇率。此外，报告还指出，从此以后，美国不再需要按照马歇尔计划中的市场自由放任原则采购咖啡，而且还要求美国司法部派出代表参加咖啡特别委员会日后的讨论会议，对咖啡业实行法律监管。

巴西代表在咖啡特别会议上说："如果美国政府执行了吉莱特报告中的建议，就相当于宣告了咖啡生产业的破产。"巴西里约热内卢的一份报纸指责吉莱特的报告是"粗俗、恐吓、令人发指的暴行典范"。哥伦比亚的外交部长则谴责这份报告"是对他国内政的无端干涉，严重破坏了睦邻友好政策"。就在各方都表示强烈愤慨之时，巴西前独裁者热图利奥·瓦加斯巧妙地打出平民主义政治牌，重新登上巴西总统宝座，并且保证确立咖啡出口最低价，维护咖啡种植者的利益，这样一来，巴西货币克鲁赛罗不仅没有贬值，反而升值。○

助理国务卿小爱德华·G.米勒为了挽救和拉美各国的外交关系，出面严厉批评农业委员会在发布报告之前没有通过国务院，未考虑其外交影响。他说："拉美咖啡生产国相互勾结，联合垄断市场的指控根本不能成立，除非找到确实的证据，然后再发布也为时不晚。"实际上，吉莱特并没有什么证据可言。米勒指责这份报告中的建议根本就没有数据和资料能够支持其论点。于是，吉莱特的调查小组不得不重新更改报告，口气上有所减轻，苛刻的建议也有所缓和。如此一来，拉美各国愤怒的情绪得到了暂时的缓解，同时，朝鲜半岛冲突爆发，加剧了"冷战"双方的对立，咖啡零售价格也再一次飙升到每磅 85 美分。

速溶咖啡方便、快捷又时尚，但口味差矣

二战后，速溶咖啡业高速发展。起初，雀巢咖啡通过全面、密集的广

○ 吉列剃须刀公司在巴西报纸上刊登了一整版广告，声称与吉莱特毫无关系。（吉列和吉莱特英文相同。）

告宣传，盘踞美国咖啡销售榜首。这家实力雄厚的瑞士公司也迅速将其速溶咖啡品牌引入欧洲、拉丁美洲、亚洲、大洋洲和南非，几乎遍布全球。

20世纪50年代，对中产阶级来说，不考虑品质的好坏，速溶咖啡的确是快捷、方便又廉价的提神醒脑利器。

但是毫无疑问，美国是最具潜力的市场。新的速溶咖啡品牌越来越多，只要能节省时间、方便快捷，追求时尚的消费者宁愿牺牲咖啡品质。1950年，普通咖啡熟豆的价格涨到每磅80美分，速溶咖啡才真正火起来。尽管投资速溶咖啡制造工厂需要花费巨额资金购买大型喷粉塔和其他咖啡处理设备，但是制作出来的速溶咖啡冲泡一杯的成本大约是1.25美分，比一杯普通咖啡要便宜1美分。

由于速溶咖啡口味本来就不好，所以用什么咖啡豆也就无关紧要了，即便是品质低的非洲罗布斯塔豆也可以，更何况这些饱受战争摧残的非洲国家非常希望能依靠咖啡豆赚点儿钱。除此之外，速溶咖啡制造商对咖啡粉过度萃取，试图榨出每颗咖啡豆中的所有成分，这样得到的速溶咖啡往往比普通咖啡要苦涩一些。

1952年年底，速溶咖啡消费量占全美咖啡消费量的17%。麦斯威尔和雀巢每年的广告就要花掉100万美元。麦斯威尔的速溶咖啡打出巧妙的广告词:"惊奇的咖啡新发现!"然后附注解释:"这不是研磨后的咖啡粉,而是真正的咖啡制作出来的上百万个小'味苞',一经冲泡,瞬间就可以释放出无限的香醇,而且滴滴香浓!"与之相比,瑞士的雀巢公司广告就显得相对呆板了:"速溶咖啡可以轻松实现家庭成员对口味浓淡不同的需求,不用再手忙脚乱地清洗咖啡壶和咖啡机部件,也省去了磨咖啡豆的麻烦。"所以,最后雀巢的广告并没有抓住消费者的心,1953年,麦斯威尔速溶咖啡超过了雀巢,成为美国速溶咖啡领域的龙头老大。实际上,麦斯威尔仅靠低价格和密集广告就坐稳了老大的位置。调查报告显示,消费者对速溶咖啡根本就没有任何品牌忠诚度可言,全凭价格和广告促销决定。

新建一家速溶咖啡生产厂至少需要 100 万美元,为了筹集巨额资金,以约瑟夫·马丁森公司(以前主要卖高品质咖啡)为首的 10 家小型咖啡烘焙公司联合起来,在新泽西州成立了坦科(Tenco)公司,一天 24 小时不停地生产速溶咖啡。小埃德·阿博恩(Ed Aborn Jr.)和他的父亲一样,都曾倡导采用合适的咖啡冲煮方法,如今却卖掉家族公司,加入坦科公司,着实让咖啡界人士大吃一惊。掌管美国咖啡业多年的贝伦特·弗里尔,作为 A&P 美国咖啡公司的领导人,竟然也说服时任艾森豪威尔政府总统顾问委员会主席的纳尔逊·洛克菲勒投资坦科公司。

速溶咖啡的流行带动了贩卖机的销售生意。1947 年,陆军机械工程师劳埃德·拉德(Lloyd Rudd)和 K.C. 梅利恩(K.C. Melikian)成立了拉德与梅利恩公司(Rudd Melikian Inc.),引进生产快客咖啡(Kwik Kafe)贩卖机,只需 5 秒钟,热气腾腾的咖啡就会流入一个纸杯中。第一年,他们卖了 300 台快客咖啡贩卖机。随后,其他公司也进入这个领域,相互竞争起来。1951 年年底,美国有 9000 台咖啡贩卖机,1955 年,咖啡贩卖机数量暴增到 6 万台。

咖啡休息时间的由来

咖啡贩卖机的普及,在一定程度上推动了"咖啡休息时间",使之成为备受美国人推崇的传统。"咖啡休息时间"是1952年泛美咖啡组织为了推广咖啡提出来的。泛美咖啡组织接受拉丁美洲一年200万美元的广告宣传费支持,在广播、报纸和杂志上宣扬"给自己一杯咖啡的休息时间,好好享受咖啡带给你的轻松愉悦"。其实,战争期间就有这种惯例,国防工厂给工人喝咖啡休息放松的时间,同时利用咖啡因提神醒脑。

在第二次世界大战之前,工作时间放下手中的活儿,喝上一杯咖啡休息一下,简直闻所未闻,直到1952年,80%的美国公司参与了一项关于"咖啡休息时间"的民意调查后,才开始实施。各大医院也为医生开设"咖啡休息时间"。每周日早上的主日礼拜结束后,会众会在咖啡休息期间跟自己的牧师见面交谈。泛美咖啡组织乘胜追击,在全国重要公路上发起一场"停车喝咖啡"的运动,鼓励驾驶员每两小时停车,喝杯咖啡提提神,以确保安全。

1952年,泛美咖啡协会发明了一个新词"咖啡休息时间",这也是个新的概念,即在工作场合,上下午的茶歇供员工休息、提神醒脑和社交。从这幅漫画可以看出,这个词已经进入了英语语言当中。

20世纪50年代,咖啡已经成为美国人生活中的一个组成部分,开车时间太久,就会被要求停下来休息喝杯咖啡,否则会遭受处罚。

就连艾森豪威尔将军在总统竞选活动中也借用了"咖啡休息时间"的概念,发起"一杯咖啡行动",在轻松愉悦、亲切温馨的咖啡派对上,向选民介绍自己。时尚双周刊《观看》(*Look*)杂志也提到咖啡在社交场合流行起来:"乡镇聚会上如果供应咖啡和茶点,出席率就会大增;交响乐团筹集演出资金,也举办咖啡晚会;家长和教师的见面会不仅提供传统茶歇,也提供咖啡,这些大型交际活动都喜欢引入咖啡,这也正是因为速溶咖啡的快捷方便性。"毕竟,有了速溶咖啡以后,也不用忙手忙脚地添加奶油和牛奶了。而且,当时人们还发明了一种粉状奶产品——速溶奶精(Instant Cream),简直是速溶咖啡的理想伴侣。正如广告所言:"不慌不忙不浪费,轻松喝咖啡。"

电视机问世

随着速溶咖啡和速溶奶精的流行,《瞬时行》的娱乐节目也在美国盛行起来。其实早在1929年经济大萧条以前电视机就已经问世,只是图像还不够稳定，商用可行性很低。直到第二次世界大战结束以后，电视机才逐渐普及。1952年，全美37%的家庭有电视机。而到了50年代末，平均每个美国人每天要看6个小时电视。

20世纪40年代末，通用食品公司员工已经超过15 000人，年销售额总计超过5亿美元。当时，阿瑟顿·霍布勒还在掌管本顿和鲍尔斯广告公司，他看到麦斯威尔咖啡在广播上的广告非常有效，因此他坚信，在既有声音又有图像的电视上做广告，影响力一定更大，于是强烈建议通用食品公司在电视上打广告。霍布勒说服了通用食品公司广告部经理查尔斯·莫蒂默，而通用食品公司成为了在电视上做广告的先驱者之一。不久，莫蒂默就成了通用食品公司的总裁。

1947年，麦斯威尔咖啡赞助的广播节目《会见新闻界》开始向电视节目转型。通用食品公司为了宣传低咖啡因的桑卡咖啡，赞助拍摄了一部短剧——《哥德堡一家》(*The Goldbergs*)，既有广播版，也有电视版。短剧的主角哥德堡夫人由女演员格特鲁德·伯格饰演，该剧通过流行的喜剧方式展现了纽约犹太移民的生活。哥德堡夫人看着窗外，对电视机前的观众说："我们一家人都喝桑卡咖啡，而且想喝多少就喝多少，因为这种咖啡再怎么喝都能睡着。"

1950年，一项有4300名电视观众参与的调查报告显示，电视广告对食品营销的影响力远远大于对其他产品的影响力。同年，可口可乐从蔡斯和桑伯恩咖啡公司挖走了埃德加·伯根和查理·麦卡锡，让他们俩进入软饮料行业，然后斥巨资打造了一档特别电视节目，由他们俩主持，节目在当年感恩节开播。后来，可口可乐又赞助了迪士尼剧场，当年圣诞节开播，1951年，可口可乐又赞助了电视剧《基特·卡尔森历险记》(*The Adventures of Kit Garson*)。

通用食品公司也奋起直追，将备受欢迎的百老汇舞台剧《我记得妈妈》改编成电视剧《妈妈》(*Mama*)，每周末播出一集。这是一部家庭剧，每集都会出现一个画面，剧中的演员齐聚在妈妈的厨房，其乐融融，一起享受麦斯威尔咖啡。麦斯威尔咖啡是该剧唯一的广告，也已经成为该剧的一个重要部分。《妈妈》在当时的美国非常受欢迎，连播了8年之久，直到录像带问世，现场演出的电视剧才正式结束。

1953年，通用食品公司又赞助了电视剧《十二月新娘》（December Bride），该剧由斯普林·拜因顿主演，并采用之前麦斯威尔咖啡秀的原班人马制作。后来，雀巢打出电视广告，免费为顾客提供咖啡试喝样品，在短短18个月的时间内，就收到200多万人的索取申请，盛况空前。

走向衰落的标准品牌由于无力支持大规模的电视广告，注定只能越做市场越小。1949年，通用食品公司净利润高达2700万美元，而标准品牌的净利润只有800万美元。麦斯威尔咖啡每年花费的广告费就高达250万美元，而蔡斯和桑伯恩咖啡在广告上的投入刚刚超过100万美元。

智威汤逊广告公司受到重创，不仅是资金不足的问题，还有个重要原因，就是智威汤逊广告的大客户标准品牌广告部经理唐·斯泰勒（Don Stetler）是个目光短浅的人，他坚持认为咖啡是个地区性行业，不会扩展到全国。他还取消了查理·麦卡锡的广播秀节目，并且拒绝在全国性杂志上刊登彩色广告。1949年，家乐氏公司的前管理人员乔尔·S.米切尔（Joel S. Mitchell）接管标准品牌公司，立即解除跟智威汤逊广告公司的合作协议，但是即便请了新的广告公司，也于事无补。

20世纪50年代初，希尔斯咖啡也涉足电视广告领域：一位金发女郎穿着晚礼服，在厨房里为宾客准备咖啡，画外音是娇柔的女声："希尔斯兄弟咖啡，我们最好的朋友。"另一则广告风格也大致如此：一对青年男女，男孩摆弄炫耀完自己的领结，然后打开一罐希尔斯咖啡，这时候一个女孩闻香出现，画外音说："男孩盛装不如咖啡香，女孩闻香而至煮咖啡，好咖啡，必选希尔斯兄弟。"女孩泡好咖啡后，男孩用托盘端给来访的客人，这时候画外音又说道："希尔斯兄弟咖啡，让派对气氛更活跃。"即便是在 1951 年，人们也会觉得这种类型的广告太过牵强附会，不真实。

希尔斯兄弟咖啡广告只在当地的超市里面播放。当时只有通用食品公司不仅财力雄厚，而且具有远见卓识，能够制作全国性的电视广告。除了《妈妈》和《哥德堡一家》以外，通用食品公司还赞助了一部科幻电视剧《电视游侠》(*Captain Video and His Video Rangers*)，该剧主演是阿尔·霍奇，他曾经在广播剧《青蜂侠》中扮演超级英雄。最后，本顿和鲍尔斯广告公司的阿瑟顿·霍布勒终于说服通用食品公司，将 80% 的广告费用投在电视广告上。

价格战、优惠券、偷工减料

咖啡价格居高不下，速溶咖啡越来越受欢迎，传统咖啡烘焙商不得不打价格战，打出促销价、送赠品、送返现优惠券，咖啡质量也有所降低。有些专做餐厅和机构的地区性烘焙商甚至偷工减料，1 磅（16 盎司）装的咖啡实际只有 14 盎司，还跟客户说，即使少了两盎司，也能泡出和原来一样多的咖啡。福尔杰咖啡在百年庆典上大登广告，宣称少用 1/4 的咖啡也能泡出和原来一样的香醇咖啡，号称他们的咖啡豆更加饱满。当时也不乏有识之士，其中一位咖啡烘焙商就提出，如果这种趋势在烘焙界继续蔓延下去，后果将不堪设想，但他不得不承认，为了生存，自己也不得不这么做。结果呢，所有的人都卖偷工减料的咖啡，消费者只能喝越来越淡的咖啡。

1952 年，法国进口 260 万袋咖啡，但是一半以上都是从法国在非洲的殖民地进口的低级罗布斯塔豆。所以，本来就不以高品质著称的法国咖啡，品质越来越差。而且随着大规模工业化烘焙商的出现，欧洲的家庭式烘焙坊也越来越少。然而，大部分意大利人还是愿意购买烘焙好的咖啡豆，然后自己回家研磨冲泡。虽然意大利的咖啡广告仍然向消费者承诺他们的咖啡是"天堂的咖啡"，可是实际上，意大利咖啡主要也是由低廉的巴西豆和非洲罗布斯塔豆混合而成。

漏了年轻人的市场

即便战后欧洲经济困难,美国的可口可乐依然大受欢迎,而且抢占了咖啡的市场份额。1950年5月15日,《时代》做了一期风靡欧美的可口可乐专刊,杂志封面是一个喜庆的红色可口可乐托盘,一只纤细的手握着一瓶可口可乐,灌入眼巴巴的地球之口。封面标题是"全世界的朋友们,爱西班牙比索、意大利里拉、南非便士,也爱美国人的生活方式"。美国咖啡协会的某专刊编辑建议咖啡界人士仔细阅读《时代》这篇关于可口可乐的专题文章,他说,一瓶可口可乐的售价是一杯家泡咖啡的两倍,但是销量仍然大增。咖啡界人士是否应该学习一下,这种含咖啡因的碳酸饮料是如何风靡全球的呢?

但是,几个月后,这位编辑又写道:"美国咖啡业从来没有关注过15岁以下年轻人的市场,大部分父母宁愿自己的孩子喝增肥的可口可乐。"咖啡界忙着削减价格、恶性竞争、偷工减料,把咖啡简单地塑造成一种商品的同时,可口可乐和百事可乐却成功地塑造了年轻、有活力的形象,成为《时代》所说的"美国人的生活方式"。

1950年,由于软饮料越来越受欢迎,美国人均咖啡消费量开始下滑。㊀当年,软饮料公司在广告上的投入首次和咖啡的广告投入持平,两种饮料一年的广告费都是700万美元。但是,在软饮料公司中,只有可口可乐和百事可乐两家公司独占鳌头,而咖啡业的公司则忙着为逐渐缩小的市场争得头破血流。1953年,24岁的年轻男歌手艾迪·费舍蓬松着头发,出现在电视和广播的《可口可乐时间》节目上,而当时的咖啡广告还在围着备受折磨的家庭主妇和商人打转。

㊀ 1950年,美国人均年消费177瓶软饮料。50年代末,美国软饮人均消费量已经达到了235瓶。

咖啡田如金矿，人人向往

居高不下的咖啡价格推动了全球咖啡种植业的复兴。1950 年年底，《咖啡年鉴》的编辑乔治·戈登·佩顿（George Gordon Paton）说："全球每个咖啡生产国都在大规模栽种新咖啡树，然而，一旦咖啡种出来，世界咖啡消费市场能消化得了这么多咖啡吗？"

1952 年，澳大利亚人吉姆·莱希（Jim Leahy）在巴布亚新几内亚收获了自己种植的第一批咖啡。1933 年，莱希和他的两个弟弟——米克和丹，来到新几内亚开采金矿，他们不仅发现了金子，还发现了 100 多万新几内亚原住民，他们对外面的世界一无所知。米克领养了一个当地混血儿，可是后来，米克回到澳大利亚，并没有带走这个孩子，吉姆和丹却留了下来。㊀二战结束以后，咖啡价格大涨，吉姆在新几内亚的高地上小规模试种了咖啡，后来的事实证明，这片高地用来种植高品质的阿拉比卡豆再合适不过了。正当世界市场的咖啡价格疯涨之时，吉姆收获了第一批咖啡，同时，新几内亚的圈地运动开始了。到 1955 年，新几内亚共有 76 个咖啡种植园，其中 55 个为欧洲人所有。新几内亚的原住民对身边种咖啡的人发财致富感到非常吃惊，于是他们也逐渐开始小规模种植咖啡。

巴西出现了新的咖啡投机热。但也有一些巴西人看到了其中的问题，摇着头说："在巴西的巴拉那州，人们疯狂抢地种咖啡，场面相当壮观。"骗子们把本来根本就不存在的土地或者无法耕种的土地卖给那些渴望种咖啡却又粗心大意的傻瓜，这些人一下子蜂拥到巴拉那，想要在这里种咖啡大赚一笔。㊁美国物价管理局放开咖啡价格管制后的六年，就有超过 50 万人南下，穿过热带雨林，到巴拉那州追逐咖啡黄金梦。

㊀ 详情参见第 17 章，吉姆的孩子乔·莱希长大成人后，也成了一位富裕的新几内亚咖啡种植者。

㊁ 文中把这些蜂拥而至的投机者称为 Jacú，这是巴西一种游戏中臭名昭著的鸟儿，只要猎人吹出适合的口哨声，它就会非常愚蠢地直接飞向猎人。

1952年，美国记者哈罗德·马丁（Harold Martin）飞到巴拉那州，在咖啡热潮的第一线展开调研，他起了个恰如其分的文章标题——"咖啡田如金矿，人人向往"。马丁在这篇调研文章中写道："巴拉那州的隆德里纳及周边100英里范围上空，笼罩着厚厚一层干雾，这种干雾是由尘埃和烟组成的，有时，干雾变厚，就连中午时分的太阳和脚下的路都看不清了。"为了找出更多的土地用来种咖啡，巴西的热带雨林再次遭到大规模破坏，连模式都没变，先砍后烧。这片雨林内几年前还生活着美洲虎、貘、猴子、蛇和鹦鹉，如今已经变成一座拥有15 000人的小镇。

巴拉那地区的土地确实肥沃，比起圣保罗那些已经耕种多年的疲劳土地，每亩咖啡产值高5倍多。这片连绵起伏的高原海拔2000英尺，土地肥沃，水量充沛，几乎是咖啡的最佳种植地，唯一一大缺点就是冬季可能会有霜冻，对咖啡是一大威胁。然而，1952年的时候，根本没人会担心这样的问题。五六年前种植的咖啡树就要开花结果，此外还有上百万株新树苗被种在了新开垦的土地上。

美国非常鼓励在拉丁美洲建立农业实验研究基地。数十年来，美国栽培玉米、小麦和水果所采用的科学土壤分析法首次应用于咖啡田。威廉·考吉尔（William Cowgill）博士是美国农业部的农业经济学家，曾经在危地马拉做过研究，然后以专家顾问的身份巡回中美洲、哥伦比亚、厄瓜多尔和秘鲁。

1950年，考吉尔研发出一套种植法，能使每株咖啡树每年产出14磅咖啡果实，而普通种植法平均每棵咖啡树每年只能产出1磅咖啡果实，他因此获奖。考吉尔说，大部分咖啡种植者都只知道按照传统的简单方法种咖啡，也不知道自己的做法是否合适，于是他劝各地的咖啡种植者采用他的方法：砍掉咖啡树周围的遮阴大树，增加肥料和农药的用量，缩小咖啡树之间的间距。虽然这样能提高产量，但是破坏了当地的生态环境。

哥伦比亚、哥斯达黎加和巴西也陆续成立咖啡研究中心，这些国家的科学家正在研究杂交和植物疾病与昆虫预防，试图用杂交的方法培育出新的杂交品种。在巴西的实验中，科学家发现了巴西咖啡新的希望——蒙多诺沃（Mundo Novo），后来也被人称之为"新世界"，是天然品种，非人工杂交而成。蒙多诺沃属于传统的阿拉比卡品种，但是抗病力强，生长速度快，传统品种需要 4 年才能开花结果，而它只需要 3 年，而且产量大。

美国大财团洛克菲勒家族也投巨资到咖啡业，想要在拉丁美洲占有一席之地。二战后，纳尔逊·洛克菲勒建立国际基础经济公司（International Basic Economy Corporation，IBEC），1950 年 11 月，又成立 IBEC 研究中心，主要从事农业研究。第二年，研究中心派年轻的植物学家杰里·哈林顿（Jerry Harrington）前往圣保罗，帮忙解决当地咖啡产量越来越低的问题。尽管研究中心的专家在一定程度上提高了咖啡的产量，但是圣保罗的土地肥力在一步步地消耗殆尽。而且，咖啡树的色泽和活力还是远不如新产地巴拉那的咖啡树。

7 月 4 日大霜降

1953 年，巴拉那的咖啡树长得生机勃勃，栽种了 6 年之久，终于在 6 月份，也就是巴西的冬天，长出第一批果实。果实逐渐成熟起来，看来咖啡终于要大丰收了，可以一扫 7 年来供不应求的悲惨局面。3 月份，美国受到朝鲜战争的影响，艾森豪威尔总统抬高了咖啡进口上限价格，咖啡售价也随之又上涨了几美分。因此，美国的咖啡商也希望咖啡大丰收，咖啡价格下降。

不幸的是，7 月 4 日夜里，一股从南极突如其来的冷空气席卷了巴西南部。第二天中午，很多咖啡树被这场严重的霜冻冻死。其他没冻死的咖啡树则树叶凋零，咖啡果实逐渐在枝头上变黑。显然，这一年，巴西的咖啡产量比预期要少几百万袋，而且这场霜冻还会影响到下一年，可能也会歉收，如此一来，咖啡期货大涨。

1954年1月，烘焙好的咖啡熟豆每磅售价突破1美元的消费心理关卡。家庭主妇、政客和媒体又以此开始抨击不断。《美国新闻与世界报道》（*U. S. News & World Report*）中提出，消费者非常好奇，"为什么多种农产品价格都在逐渐走低，而咖啡价格却又创历史新高，而且涨势不减"。1949年涨价热潮时，餐厅里供应的咖啡价格从5美分涨到10美分，这次直接涨到15美分甚至25美分。几周后，纽约的咖啡消耗量骤降了50%。全美发起"给咖啡放假，不喝咖啡"运动。

波斯敦代咖啡饮料销量立马上升，速溶咖啡继续热卖，连锁店为了招揽顾客，低价抛售咖啡。有家报社甚至打出订阅报纸就赠送1磅咖啡的广告，以增加读者。还有一位二手车交易商很幽默地提出，买一包600美元1磅的咖啡，就免费赠送一辆汽车。由此可见，咖啡价格在人们眼中有多高。

艾森豪威尔总统责令联邦贸易委员会介入，调查咖啡涨价问题。1954年2月，美国众议院召开咖啡听证会，参议院也派了两个议员来调查此事。缅因州参议员玛格丽特·蔡斯·史密斯要求美国政府禁止从危地马拉进口咖啡。

纽约咖啡和蔗糖交易所（New York Coffee and Sugar Exchange）的新主席古斯塔沃·洛博（Gustavo Lobo）在听证会上对参议员乔治·艾肯及委员会成员们说："如今，只要提到咖啡，就会引起人们的反感，使得他们说些毫不相干的话，或者妄下结论，做出不良之举。"他进一步解释说："交易中心并没有干涉咖啡价格，只是如实记录价格而已。投机的确存在，但是咖啡和任何其他商品一样，而投机存在于任何商品交易过程中。"洛博否认有人在利用咖啡的高价赚取高额利润。老捐客钱德勒·麦基、利昂·伊斯雷尔和杰克·阿伦也站出来支持洛博。伊斯雷尔作证说："我要说的是，大批发商本来想要赚取1%的利润，但是后来只有0.5%的利润可赚，他们也欣然接受。"不过，政客们仍然对此表示怀疑，毕竟咖啡豆价格一直在上涨。夏天的时候，咖啡熟豆价格已经涨到1.35美元1磅。

《新闻周刊》记者亨利·黑兹利特（Henry Hazlitt）指出，国会议员们享用一杯75美分的马提尼酒时，都很开心，一点儿也不觉得贵，他们为了炒高市场上的黄油价格，囤积了2.64亿磅黄油。《基督徒世纪》（Christian Century）的一篇社论写道："为什么咖啡种植者就没有投票权来决定咖啡价格，而奶农就会有这样的投票权呢？这难道不值得人们产生好奇吗？我们美国人在抱怨咖啡价格上涨的时候，不妨想想我们自己的农业发展政策对世界其他国家贫穷饥饿的人带来了什么恶劣的影响。"但是，并没有人理会这些，人们依然陷入对垄断和投机的愤怒中。

哥斯达黎加总统何塞·菲格雷斯指出，即便是在咖啡生产国内，咖啡售价也高达90美分1磅，可是国民收入只有美国的1/10。巴西政府资助了4位美国家庭主妇，飞往巴拉那州，了解霜冻对咖啡的破坏有多严重。1954年3月，这4位家庭妇女在巴拉那咖啡园内的照片登上了美国媒体。照片中，他们身着50年代美国中产阶级流行的裙装，周围遍布一株株已经枯萎的咖啡树。4位女士对这场霜冻灾害感同身受，她们答应回国以后一定会将情况如实反馈给美国的主妇们："我们和贵国的友谊长存，不会因为咖啡受到半点影响的。"但是美国联邦贸易委员会和国会调查委员会还要继续调查，一定要找个人出来为咖啡高价负责。⊖

⊖ 最终，美国联邦贸易委员会发布了一份长达523页的报告，把1954年的价格飙升归咎于错误的收成预估、对咖啡交易的投机行为以及美国大型咖啡公司的大量囤货。但当时，咖啡价格正在下降，而且情况看起来并不那么紧急。

1954年，美国人愤怒地指责巴西人肆意哄抬咖啡价格，于是巴西政府派飞机将美国家庭主妇代表送到巴西南部的巴拉那州，让她们亲自看看霜冻对巴西咖啡种植带来的破坏有多大。

美国中情局在危地马拉策动政变

1944年，危地马拉发生了反独裁革命，独裁者乌维科被赶下台，新任总统胡安·何塞·阿雷瓦洛废除了流浪罪和其他形式的强迫劳动，国家收回战争期间从德国人手里没收的咖啡种植园所有权。1100英亩以上的咖啡种植园占了全国耕地面积的一半以上，数量上只占了全国农场的0.3%，但是阿雷瓦洛并没有借此进行土地改革。

1951年，阿雷瓦洛政府国防部长哈科沃·阿本斯·古斯曼当选总统，他决定彻底将危地马拉从"依赖强权的半殖民地经济国家"转变成"一个经济独立的国家"。第二年，危地马拉通过《土地改革法》，规定公共土地、未合理开发的私人土地以及面积超过90公顷的土地产权全部要进行重新分配。国家将会根据对土地的征税估值，对被迫卖地给政府的人进行赔偿。阿本斯政府将100多个德国人经营的咖啡种植园转交给农民合作社。然而，损失最为惨重的外国公司是美国联合果品公司（United Fruit Company），其大面积未开垦的香蕉田被迫停用。[○]而且，当初联合果品公司为了偷税，一直压低土地报价，如今土地被政府收回，也只能按照远低于市场价格的征税估值进行赔偿。

1954 年，缺少土地的农民在危地马拉开始非法占用私人咖啡种植园。《茶和咖啡贸易》中写道：《土地改革法》被实施，农民入侵私人庄园，而地主无力求助或者反抗，否则就会被扣上'妨碍土地改革'的大帽子，被罚款或者送入监狱。"文章最后总结道："如果这种形势继续发展下去，总有一天私人咖啡种植园将不复存在。"

新任国务卿约翰·福斯特·杜勒斯以律师身份，出面为联合果品公司争取利益。他的弟弟艾伦·杜勒斯时任美国中央情报局局长，多年前就进入了联合果品公司董事会。相对于联合果品公司在危地马拉所受的损失，美国更关心其在拉丁美洲的影响力。以危害美国的"后院"为理由，很容易说服美国政府出面干涉激进的民族主义政权。1953 年 8 月，杜勒斯兄弟说服艾森豪威尔总统批准"胜利行动"，该秘密行动由美国中情局执行，目的是推翻阿本斯政权。他们安排右翼外交官约翰·普里福伊前往危地马拉担任美国驻危地马拉大使，在委内瑞拉首都加拉加斯举办的第十次泛美组织会议上，美国人打算宣布危地马拉是革命政府，通过他们干涉内政的决议，为其干涉行为正名。记者帕特里克·麦克马汉（Patrick McMahon）说："如果当初咖啡价格危机没有影响到美国和拉丁美洲的关系，美国人在会议上推行其正名计划要更容易一些。"

大部分美国记者都像麦克马汉一样，接受了冷战思想，认为危地马拉政府是革命政府。实际上，1953～1954 年，危地马拉国会中只有 4 名革命者，而且阿本斯从未任命过任何一名革命者为其内阁成员。革命党确实

○ 美国联合果品公司也参与了咖啡贸易，其旗下的白色船队每周负责从哥伦比亚和中美洲的港口出口咖啡。

支持阿本斯政权，甚至发挥了很大的影响，但是阿本斯本人是个民族主义者，他只是想尽早改革，尽早摆脱殖民地国家的称号。在1954年3月5日的泛美组织会议上，危地马拉外交大臣吉列尔莫·托列略说："凭什么认为我们危地马拉政府是革命政府？美国人为什么要干涉我国内政？"托列略说，答案很清楚，就是因为阿本斯的土地改革政策妨碍到国外大企业在危地马拉的特权，比如联合果品公司的利益受到了威胁。

尽管托列略的讲话赢得了热烈的掌声，但是在美国的压力和威胁下，约翰·福斯特·杜勒斯获胜。尽管只有像尼加拉瓜总统索摩查这样的独裁者大力支持，美国人的干涉决议还是在泛美组织通过了。6月，美国中情局策划入侵危地马拉，推翻阿本斯政府。

美国的"胜利行动"对危地马拉造成了长期性的危害。政府军叛变，美国中情局一手挑选出来的卡洛斯·卡斯蒂略·阿马斯将军成为危地马拉总统。他上任后，立马废除了《土地改革法》，剥夺下层人民权利，成立秘密警察组织，宣布一切政党、劳工和农民组织非法。用了仅仅一年半的时间，从阿本斯政府手中获得土地的农民，一下子又变得一无所有。

美国对此视而不见。政变发生后的第二年，7名国会议员组成的代表团访问危地马拉，卡斯蒂略·阿马斯会见代表团。美国政府认为，危地马拉的各种政治组织已经彻底废除，卡斯蒂略·阿马斯完全依美国之命行事。然而，卡斯蒂略·阿马斯却对美国代表团说："危地马拉政府公开声明，要全面实施民主化进程。"最后，代表团的报告总结："危地马拉是拉丁美洲的代表，是拉丁美洲政治、社会、经济改革的实验室。"

1957年，卡斯蒂略·阿马斯遇刺身亡，危地马拉陷入30年动乱，政府敢死队和游击队疯狂扫荡整个国家，各种镇压、暴力和恐怖活动遍布全国——这就是美国政府干预危地马拉内政酿成的后果。咖啡商继续利用危地马拉的廉价劳动力，尽管很多咖啡庄园主反对军事极权政府的暴力，但

政府依然允许他们保留自己的土地和地主身份。⊖

巴西总统自杀

1954 年上半年，咖啡价格猛涨，巴西人非常得意，3 月份，巴西向美国出口货物总量超过去年同期 15%。6 月，巴西总统热图里奥·瓦加斯把最低咖啡出口价格从每磅 53 美分调高到 87 美分。7 月，咖啡价格急速下跌，因为上半年美国主要的咖啡烘焙商都预测未来咖啡会继续缺货，于是大量囤货，美国的家庭主妇也囤积了大量咖啡，所以，美国咖啡市场供应充足，便不会再以高价从巴西进口咖啡豆。

为了维持咖啡豆价格，保住其咖啡市场，巴西政府被迫高价收购供过于求的咖啡。瓦加斯派代表向纽约联邦储备银行贷款，偿还为了维持豆价、高价收豆所欠下的大笔债务，遭到银行拒绝。巴西本国通货膨胀也越来越严重，巴西货币克鲁赛罗兑美元已经跌到 60∶1，政府所面临的货币贬值压力越来越大。巴西从美国进口的最主要商品是石油，即使以巴西政府官方的低汇率进行计算，下半年巴西还要支付 2 亿美元购买石油。其实巴西国内石油资源丰富，但是瓦加斯不肯让美国公司利用本国资源，宁愿进口。前一年，瓦加斯建立了巴西石油公司，垄断了国内所有的石油开采。

8 月 14、15 日是个周末，由于美国咖啡商将每磅咖啡进口价格降低了 10 美分，瓦加斯试图想出一个权宜之策。巴西政府为了保护本国咖啡出口商的利益，允许他们将收到外汇的 20% 以自由市场汇率兑换成巴西本国货币，其余 80% 以官方汇率进行兑换（自由市场汇率高于官方汇率），而

⊖ 1954～1960 年，美国向危地马拉投资 1 亿美元，大部分用于公路建设，其他则用于帮助美国商人的生意。1958 年，美国一位参议员指出："我们花在危地马拉的那些钱，当地的印第安人几乎分文未得，而他们才是真正需要帮助的人啊。他们依然贫穷，而商人则更加富裕。"

只有以官方汇率兑换的美元会进入巴西的外汇储备（用来买石油），所以此举实际造成巴西政府只收到 80% 的咖啡出口款项，使得咖啡最低出口价有效降低了 20 美分，而且造成了克鲁赛罗非官方的贬值。第二个星期，美国咖啡业得寸进尺，又将每磅咖啡的进口价降低了 18 美分。

就在巴西经济陷入危机之时，瓦加斯的政治生涯也出现了危机。其实自从 1951 年他再次当选总统，政治观点偏向人民党，并且支持劳动者权利起，反对派就非常不满了。8 月 15 日，右翼报纸《新闻论坛》(*Tribuna da Imprensa*) 编辑卡洛斯·拉塞尔达（Carlos Lacerda）遇刺，不过拉塞尔达成功逃脱，暗杀失败。拉塞尔达也是公开批评和反对瓦加斯的政治家之一，他还曾在国会竞选中反对瓦加斯之子路德，随后对此次暗杀行动的调查显示，刺客是瓦加斯总统私人护卫队的队长。于是，弹劾总统的呼声越来越大，而巴西的咖啡买卖也越来越惨不忍睹。

1954 年 8 月 24 日一早，瓦加斯在卧室举枪自杀身亡，享年 71 岁。他在遗书中写道："几十年来，巴西受到国际财团的统治和掠夺，我领导全国进行改革，并取得胜利。然而这些国际财团却和我在国内的政敌相互勾结，企图阻挡我推动国家繁荣和自治的步伐。当我 1951 年上台执政之时，国际财团每年在巴西获得的利润高达 500%。一时间，咖啡行情变好，国家经济开始出现上升势头。不久，又出现咖啡危机，咖啡价格狂飙……我们在国际上为居高不下的咖啡价格辩护，但是得到的却是对我国施加的更大的经济压力，终于，我们不得不放弃了……除了鲜血，我已经没什么能给这个国家了。我已经献出了我的全部生命，现在我连死亡也奉上。我无所畏惧。我平静地迈出了走向永恒的第一步，并将我的生命载入史册。"

瓦加斯并没有指出逼他自杀的"国际财团"是谁，但他一定知道两个月前，美国在推翻危地马拉阿本斯政府过程中所扮演的角色。然而，他无法证明美国必须为咖啡价格大跌负责，就像当初美国政客无法将咖啡价格大涨完全归咎于巴西一样。毕竟在这两种情况下，市场价格都符合最基本的市场供需法则,当然,投机者和恐慌、愤怒的消费者大批囤货也起了一定的作用。

瓦加斯的去世是一场悲剧,他的命运和咖啡息息相关。1930年,咖啡豆价格崩盘,经济陷入危机时,瓦加斯登台。25年后,他又因咖啡价格受挫导致的经济危机,赔上了性命。瓦加斯的政治生涯和他所深爱的巴西历史一样,与咖啡树紧密相连。1954年10月,一名美国记者写道:"很多人都认为,巴西在咖啡价格上投降,是导致瓦加斯总统自杀的直接原因之一。"

美国和拉丁美洲的关系依然相当紧张。1954年,安德烈斯·乌里韦在《咖啡色的黄金》(*Brown Gold*)一书中写道:"拉丁美洲的人民定期举行反美暴动和示威游行,推翻一两个共和政体,并不代表他们真的憎恨美国,他们想要表达的是对美国这个好邻居的愤怒,希望美国不要漠视拉美人民的基本生活需求。"然而,随着全球咖啡生产过剩,咖啡豆价格再度遭受重挫,这股怒气越来越大。

第 14 章

罗布斯塔豆大获成功

> 有些人为了拼价格,再差劲的东西也能做出来。
> ——**美国咖啡协会**,1959 年

> 仔细审视咖啡业的现状,前景一片光明,我相信咖啡业即将进入历史上发展最好的时期。
> ——**美国咖啡业的领导者爱德华·阿博恩**
> (Edward Aborn),1962 年 5 月 18 日

19 世纪以来,咖啡业时兴时衰,反复打击拉丁美洲各国的经济。冷战时期,这种周期性的兴衰造成的后果更为严重,因为除了中美洲地区,非洲和亚洲国家的经济和咖啡豆的关系也越来越密切。1953 年,巴拉那霜冻造成咖啡供不应求之后,人们预测 1955 年咖啡将生产过剩,供过于求,事实也确实如此。20 世纪 50 年代前期,咖啡价格节节攀升,热带地区的人们满怀希望,咖啡种植者继续种新树,还有些人转种咖啡树。阿拉比卡咖啡树要经过 4 年以上才能产豆,而罗布斯塔咖啡树只需要经过两年栽培即可开花结果,而且产量更大。由于速溶咖啡备受欢迎,所以非洲很多殖民地大量种植罗布斯塔豆。

非洲出口咖啡

第二次世界大战以后,占领非洲的欧洲列强元气大伤,于是,非洲原

著居民趁机发展，要求分享欧洲人霸占的财富，而昔日欧洲人对非洲实行的铁腕"碎石机政策"（Bula Matari）㊀也已经不起作用了。1946年，一位非洲政治家对法国国民议会说："欧洲列强对非洲残酷的殖民今天已经不可能再发生了，非洲被殖民的历史即将结束。"

1947年，英国承认印度独立，此后，英国、法国、葡萄牙和比利时面临的国际压力越来越大，逐渐让出18世纪末掠夺的非洲殖民地。1951年，利比亚获得英国同意，宣布独立；1952年，埃及发动军事政变，中断与英国的外交关系。非洲的经济不平等、强迫劳役、种族主义和咖啡利益的问题也非常严峻，这些问题在殖民地独立运动中发挥了重要的推动作用，肯尼亚、乌干达、科特迪瓦、安哥拉和比属刚果独立都是由于这些问题摆脱了欧洲的殖民。

肯尼亚劳工首先破坏的就是咖啡等农作物种植园。1952年，大批咖啡劳工和已经觉醒的非洲人开始起义，发动了"毛毛起义"（Mau Mau Rebellion），最后遭到政府镇压。1954年年底，肯尼亚拘留所和监狱已经囚禁了15万人。

英国人见势不妙，就着手进行土地改革，开放了更多的咖啡田给非洲人种植。1954年，大约有15 000名肯尼亚原住民小规模耕种咖啡田，他们的耕种总面积加起来不过5000英亩。经过不懈的抗争，几年后，非洲原住民完全掌控了肯尼亚的咖啡种植业，生产出全球最好的肯尼亚阿拉比卡咖啡豆。

非洲其他国家也生产少量的阿拉比卡豆，但阿拉比卡豆的主要来源还是在咖啡的发源地——埃塞俄比亚。尽管埃塞俄比亚也有一些种植园采用科学种植的方法，但是大部分咖啡还是野生的，主要分布在卡法省，因

㊀ 美国政治学教授克劳福德·扬（Crawford Young）于1994年出版《以对比的眼光看非洲的殖民状况》（*The African Colonial State in Comparative Perspective*），书中将欧洲人对非洲榨取和剥削称为"碎石机"，在刚果语中是Bula Matari。——译者注

此，埃塞俄比亚咖啡口味多种多样，品质参差不齐，从苦涩无味的到口味纯正的都有。

1954年，埃塞俄比亚出口62万袋阿拉比卡豆，肯尼亚出口21万袋阿拉比卡豆，但是当年整个非洲出口的600万袋咖啡豆中，有80%是罗布斯塔豆。安哥拉是罗布斯塔豆的主要生产国，仅它一国就曾出口100万袋罗布斯塔豆，但是，1954年，面积大约是新墨西哥州大小的科特迪瓦超过了安哥拉，出口了140万袋咖啡豆。这也是科特迪瓦出口咖啡的收入首次超过可可。

20世纪20年代起，科特迪瓦就强迫劳工种植咖啡。第二次世界大战以后，人们推举非洲咖啡劳工费利克斯·乌弗埃－博瓦尼（Félix Houphouët-Boigny）代表科特迪瓦参加法国国民议会，要求废除法属殖民地的劳工制度。博瓦尼提出的法案竟然顺利通过，于是他成了非洲的英雄。博瓦尼看出了咖啡像黄金一样值钱，于是，1953年，他发表演说："如果你想走出竹茅屋，抛弃单调麻木的生活，那就努力种咖啡和可可吧，日后价格回升，你们定会大赚一笔。"在大英雄的号召下，科特迪瓦的原住民纷纷投入小规模咖啡种植。其产出主要销往法国，可以享受优惠的关税。由于咖啡价格不断上涨，美国咖啡商迫切需要廉价的罗布斯塔豆，1954年，科特迪瓦第一次向美国出口咖啡，每磅出口价57美分。

除了安哥拉和科特迪瓦以外，乌干达、马达加斯加、坦噶尼喀（坦桑尼亚的一部分）和比属刚果也是罗布斯塔咖啡豆的主要出口国。另外，亚洲的印度、印度尼西亚和越南也出产罗布斯塔豆，只不过其产量和非洲相比，就是小巫见大巫了。1951年，非洲咖啡豆只占美国咖啡进口总量的4.8%，到1955年，该比例已经上升到11.4%。

热咖啡和冷战

1955年2月，咖啡价格下跌，拉丁美洲诚惶诚恐。瓦加斯自杀后，美国银行团贷款 2 亿美元给巴西,但是要求巴西货币克鲁赛罗贬值。为了哄抬咖啡价格,巴西从市场上收回了 900 万袋咖啡,不投放市场,但是价格还是不断下跌。美国咖啡商对咖啡价格看跌,于是减少库存。哥伦比亚经济也受到重创,政府减少外国商品进口,下令货币贬值。

哥伦比亚咖啡联合会会长呼吁拉丁美洲其他国家一起,将市场上过剩的咖啡囤积起来,以抬高咖啡价格,至少不要让咖啡豆价格继续下跌。1956 年 6 月,拉丁美洲 19 个国家同意此建议,但是巴拉那又一次降霜,各国囤积咖啡的配额计划暂缓。美洲国家组织经济及社会理事会(ECOSOC)发给拉美各国元首一份报告,预测未来咖啡还会继续过剩,咖啡豆价格还会灾难性大跌,除非政府制定配额,囤积多余咖啡。

这份报告并没有什么骇人听闻的消息。真正让人吃惊的是,美国国务院派出参加 ECOSOC 的代表哈罗德·兰德尔竟然签字同意了。美国国务院向来反对干涉市场供需的卡特尔组织,为什么这次态度如此温和呢?并非美国的好心,让美国对咖啡的政策发生了大转变。一位记者写道:"咖啡豆价格跌幅过大,可能会造成中美洲政治和经济动荡不安。"但是,哥伦比亚突降非季节性暴雨,破坏了咖啡田,造成咖啡短缺,1956 年,咖啡豆价格略有回升,于是美国国务院收回了当初签订的协议。

非洲打入世界咖啡市场后,所占的市场份额继续增加,而经济学家预测,巴西日子不好过,因为巴西欠下 11 亿美元的高额债务及利息,接下来的几年恐怕还债都困难。1957 年 10 月,巴西和拉丁美洲其他 6 个咖啡生产国一起签署出口配额计划,限定咖啡出口量,稳定咖啡价格。

1958 年 1 月,美国派观察员出席在巴西里约热内卢召开的会议,该会议主要由拉丁美洲和非洲的咖啡生产国参加,会上签署了《拉丁美洲咖啡协议》,表面上是为了进一步宣传推广,扩大咖啡消费市场,而实际上则是限定出口配额。尽管非洲人无意限制非洲豆的出口量,巴西还是同意囤积其产量的 40%,哥伦比亚囤积 15%,其他生产国囤积配额更小。

5月，美国国务院发言人表示："有证据显示，苏联正在加强其对世界很多地区的经济政治攻势，就连拉丁美洲也不例外。"于是，当时的美国副总统理查德·尼克松前往南美，进行了一场"亲善之旅"。尼克松到达秘鲁和委内瑞拉时，当地民众将他赶下演讲台，对他吐唾沫、扔石头，尼克松差点儿客死他乡，"尼克松去死"的喊声不绝于耳。

尼克松访问南美之后，美国国务院的官员们才意识到事态严重，开始时不时地致电美国驻中美洲各大使馆，询问咖啡贸易问题。当年，超过5000万袋咖啡在市场上待售，而当年世界市场的总需求只有3800万袋。美国烘焙过的咖啡熟豆价格跌到每磅70美分。哥伦比亚咖啡代表安德烈斯·乌里韦表示："拉美各国在经济发展上碰到的巨大阻力，可能会引起民众推翻亲美的政府。"

罗布斯塔咖啡豆普及

咖啡价格不断下跌，美国咖啡商却还在送优惠券、送赠品，大打价格战。罗布斯塔豆已经成为常用的拼配豆原料，这种含三成罗布斯塔豆的拼配豆，每磅价格比阿拉比卡拼配豆便宜20～30美分。一位咖啡专家写道："这种劣质的咖啡根本算不上'拼配豆'，简直就是把劣质的咖啡装入昂贵的真空罐，然后就拿出来欺骗消费者。"为了响应市场对廉价拼配豆的需求，通用食品公司也在麦斯威尔咖啡中添加了少量的罗布斯塔豆，不久，其他大品牌也相继效仿。1956年年底，罗布斯塔豆已经占到全球咖啡出口总量的22%。1960年，在市场的压力下，纽约咖啡和糖交易所取消了长期以来罗布斯塔豆的交易禁令。

美国五大咖啡烘焙公司（通用食品、标准品牌、福尔杰、希尔斯兄弟和A&P）占据了美国咖啡市场超过40%的份额。地区性规模较大的咖啡烘焙公司为了竞争，不断吞并小公司。二战时期，美国还有1000多家烘焙公司，1960年，就只剩下850家了。想要生存下去的咖啡公司就必须节约成本、调整规模、引进机械自动化生产设备、降低劳动成本。

规模、速度和效率成了连锁店唯一的生存之道，因为较大型的超级市场商品售价更低。A&P连锁店虽然仍高居零售业榜首，但是并没有跟上新的发展节奏。1958年，A&P连锁店每年销售额高达50亿美元，公开上市。㊀当时，超级市场开始挑战A&P这个零售业的老大。尽管A&P仍占大型连锁市场销售额的1/3，但是A&P公司旗下较小较老的店铺每周销售额已经比竞争对手低了4000美元。20世纪50年代中期，通用食品公司超过A&P，成为美国最大的咖啡进口商。

1958年，大部分速溶咖啡中含有至少50%的罗布斯塔豆，有些廉价品牌甚至全部采用罗布斯塔豆。更糟糕的是，有些咖啡制造商想尽一切办法榨取咖啡豆中的所有成分。一开始，6磅咖啡生豆只能榨取1磅速溶咖啡，过度榨取咖啡中的所有可溶成分以后，4磅咖啡生豆就能做1磅速溶咖啡了。采用水解法，本来无法溶解的淀粉和纤维素，也可以转化成碳水化合物。

这些碳水化合物融入咖啡以后，口味更加糟糕，为了掩盖越来越差的味道，速溶咖啡制造商人工添加"香味"。具体做法是，当给烘焙好的熟豆加上每平方英寸50 000磅的压力后，咖啡豆就会渗出少量油质，这些油脂会散发出芳香，让人们误以为是新鲜烘焙的咖啡散发出来的香气。家庭主妇打开一罐速溶咖啡，芳香立马溢出，杯中冲泡好的咖啡却一点香味也没有，味道就更不用说了。

自动售卖机里的咖啡味道也一样差劲。尽管自动售卖机可以根据人们的需要冲煮咖啡，但是受利益驱动，它所使用的罗布斯塔豆越来越多。为了降低成本，自动售卖机提供的奶油也是粉末状的，很容易由于高温冲泡而产生一股焦味。一家咖啡烘焙商愤愤地说："为了赚钱，做自动咖啡售卖机的生意人口口声声说保证高品质，做出来的自动售卖机却偷工减料。"

㊀ 1951年，约翰·哈特福德去世，享年79岁，接着1957年，乔治·哈特福德去世，享年92岁。

"坚果满屋"的奇迹

正当咖啡大战愈演愈烈、咖啡品质越来越低之时,纽约一家坚果供应商,同时也是一家餐厅,提出高品质的咖啡也能成功。1926年,威廉·布莱克(William Black)从哥伦比亚大学工程系毕业后,却找不到工作。不久,布莱克发现纽约的剧院专区人流量很大,于是他在百老汇和第四十三大街交会处的地下室摆了个坚果摊,取名"坚果满屋"(Chock full o'Nuts)。6年内,他就在曼哈顿地区开了18家这样的分店。1929年,经济危机之时,即便这样的小摊,对人们来说也是一种奢侈,于是布莱克把他的坚果店变成了一个快速点餐的简餐店,店内提供葡萄全麦面包加坚果芝士做成的三明治和咖啡,每杯咖啡5美分。后来餐厅又多了热汤和派。

20世纪50年代,布莱克在纽约已经拥有25家餐厅了。咖啡价格上涨时,布莱克和其他餐厅老板一样,向咖啡里兑水来保证每杯咖啡还卖5美分。可是不久,他实在看不下去这种欺骗行为,打破行规,提高每杯咖啡售价,以确保咖啡品质。

1953年10月,恰逢巴西遭受霜冻灾害,咖啡价格陷入涨价危机之时,布莱克宣布进军咖啡业,推出自有品牌——"坚果满屋",此举着实让咖啡界人士大吃一惊。咖啡业人士都认为布莱克此举必定失败,特别是还起了这么傻的名字。或许把名字改成"咖啡满屋"还差不多,坚果和咖啡有何相干?而且布莱克的咖啡包装颜色也搭配得非常难看,黑色和黄色配在一起。更糟糕的是,当别的咖啡商都在强调,对于不同研磨粗细度的咖啡要采用不同冲泡方法之时,布莱克的广告却说,他的咖啡"采用同样的研磨粗细度,各种冲泡法皆适宜"。看上去布莱克似乎疯了,但是他的研磨方法却很成功。超市的货架位置非常有限,布莱克这种每罐同样研磨粗细度的咖啡需要的空间更少,更适合在超市销售。

布莱克非常清楚广告的力量。大都市纽约的各个广播电台都在播放布莱克的第二任妻子琼·马丁唱的口水歌：

坚果满屋是天堂的咖啡，坚果满屋是人间的极品，品质绝佳，就连大富豪洛克菲勒也买不起。

1954年8月，就在布莱克进军咖啡业不到一年，坚果满屋咖啡已经夺取了纽约1/3的真空罐咖啡市场。纳尔逊·洛克菲勒自己在拉丁美洲也有咖啡生意，他不愿自己家族的名字被其他咖啡用来做广告，于是洛克菲勒起诉了布莱克。布莱克因此吃上了官司，后来，布莱克只是简单地把歌词改成了"品质绝佳，百万家产也买不起"，变相躲过一劫。

正是这幅广告，让坚果满屋咖啡一度成为纽约最畅销的咖啡，而这又是一个带有性别歧视色彩的广告。

坚果满屋咖啡的广告建议消费者："千万别多花钱买这罐咖啡，除非您无比痴迷于高品质咖啡。"[一]布莱克的咖啡也走经典的咖啡广告路线。在广告中，一杯咖啡反倒在一个妇女的头上，咖啡顺着她的脸往下淌，广告词写道："这就是男人干的好事儿，别让这种事发生了，别发脾气，做一杯好品质的咖啡，赢回你的尊严。"

1957年，吉姆·亨森通过控制威尔金斯咖啡广告中的木偶人旺特金斯，开始了自己提线木偶表演者的职业生涯，在这个广告中，木偶人旺特金斯就是因为喝的咖啡不合适，所以长得矮小，而且脸上有斑，所以会被水淹，被其他人欺负，经常挨打、挨冻。

[一] 这种反直觉的广告方式，华盛顿一家地区性咖啡公司威尔金斯咖啡也用过。1957年，威尔金斯咖啡委托当地的提线木偶表演人吉姆·亨森以威尔金斯和旺特金斯作为两个提线木偶主角，创作了一个7秒钟的电视广告。在广告中，旺特金斯是一个倔强的角色，总是唱反调，总是拒绝喝咖啡，担心由此引起的不良反应。于是，威尔金斯用尽了各种方法让他的朋友旺特金斯喝咖啡。其中有一幕广告是这样的，威尔金斯问："喝点儿威尔金斯咖啡吧？"旺特金斯犹豫地说："这……我……我还是……"于是，威尔金斯狠狠地敲了几下他的头。旺特金斯怒吼着说："我喝！……恩，不错，难怪大家都开始喝威尔金斯咖啡啦！"结果，威尔金斯咖啡销量大涨，亨森的职业生涯也越走越好。

布莱克为人坦率风趣。打入速溶咖啡市场之时，他公开承认："我要告诉各位，推出速溶咖啡并不是什么值得自豪的事儿，即便最好的速溶咖啡，也无法和普通的冲煮咖啡媲美，但既然有很多人不在意品质，只求方便，那我们也推出速溶咖啡。"

很快，坚果满屋咖啡就成功打入康涅狄格州、马萨诸塞州和新泽西州。1955年年底，坚果满屋咖啡已经成为纽约最畅销的咖啡品牌。接着，布莱克北上，进军纽约北部的新英格兰地区，接着继续北扩，进入加拿大；接着往南扩展，进入特拉华州、宾夕法尼亚州、马里兰州和华盛顿特区。

布莱克提倡种族平等。1957年，他聘请了退休棒球明星杰基·罗宾逊当自己的私人教练。布莱克公司一半以上的员工都是非洲裔美国人。1958年，布莱克的公司上市，仍然由自己管理。

布莱克公司的审计师，也是布莱克一辈子的挚友，1957年患上了帕金森症，布莱克立马成立了帕金森症基金会，启动资金10万美元。3年后，他捐出500万美元的巨款给哥伦比亚大学，创建医学研究大楼。他不仅自己热衷公益事业，还呼吁在世的其他有钱人一起投身于有意义的慈善事业，这样还能避免家人为了争夺遗产惹麻烦。他说："我的孩子不至于穷困潦倒到没饭吃，我也不会留下百万家产给他们。"

简约高雅的咖啡馆

在劣质咖啡当道之时，除了坚果满屋坚持做高品质咖啡以外，还有一些地区性的咖啡烘焙商也生产高品质咖啡，这些咖啡商主要包括旧金山的格菲奥和弗里德（Graffeo & Freed）、泰勒和弗里德（Teller & Freed）以及华盛顿特区的 M. E. 斯温公司（M. E. Swing Company）。

二战后，现代浓缩咖啡机技术已经完善，意大利咖啡馆数量剧增。1945年在米兰，阿基利·加吉亚（Achille Gaggia）发明了一种弹簧压杆零件，可以让咖啡机里的热水在弹簧压力的推动下穿过精细研磨的咖啡粉，这种机械力萃取法比之前的蒸汽压力萃取法冲泡的咖啡口味更好，避免了萃取过度。加吉亚的这项发明，可以让顾客根据自己的喜好，轻松拉动弹簧手柄，制作满足自己需求的浓缩咖啡。战后，一位美国记者写道："用新式的加吉亚浓缩咖啡机做咖啡，就像是在听一位男高音歌唱家独唱一般优雅。"尽管老式蒸汽式浓缩咖啡机体积庞大，而且还带有滴水嘴和刻度盘，放在咖啡店的柜台上能彰显优雅的品位，但是目前大部分咖啡馆已经开始采用体积更小的新式浓缩咖啡机了。

这种新式咖啡机很快就在纽约的意大利餐厅和其他场合流行起来。20世纪50年代中期，意大利浓缩咖啡越来越受到人们的追捧，小型意式咖啡馆也重新流行起来，特别是在美国纽约曼哈顿的格林尼治艺术村，文学家、诗人、艺术家和披头士一族经常光顾雷吉奥（Reggio's）、聚光灯（Limelight）和孔雀（Peacock）咖啡馆。咖啡馆里一位想家的顾客说："这样的咖啡馆，可以让这一代的人，以一杯浓缩咖啡的价格，幻想自己回到欧洲，而欧洲变化之快，连周围的人都不认识了。"很快，这样的咖啡馆就开到了旧金山的北滩地区，1957年，橱窗清洁工乔瓦尼·乔塔（Giovanni Giotta）在北滩开了一家的里亚斯特咖啡馆（Caffè Trieste）。就在这家咖啡馆里，"垮掉的一代"㊀代表诗人艾伦·金斯伯格（Allen Ginsburg）和鲍勃·考夫曼（Bob Kaufman）写下了批判艾森豪威尔政府的诗篇，而咖啡馆上座的意大利人则笑话他们，大声说道："写这些有什么用？什么时候才能成为现实呢？"不久，旧金山和其他大城市里的咖啡馆越来越多。

在家冲泡浓缩咖啡越来越受人们追捧，意大利商店和百货公司也开始售卖用于制作浓缩咖啡的摩卡咖啡。纽约的咖啡烘焙商萨姆·舍恩布

㊀ 又称"疲惫的一代"，是二战后出现在美国的一群松散结合在一起的年轻诗人和作家的集合体。

鲁恩本来专做高品质的萨瓦林咖啡，现在又推出一种深度烘焙的金奖章（Medaglia d'Oro）咖啡豆，经过研磨后，专门供家用摩卡壶做浓缩咖啡用。多家女性杂志也介绍各种以浓缩咖啡为基础的咖啡烹煮方法，比如波吉亚咖啡（Caffè Borgia，即浓缩咖啡和巧克力一比一，盖上打好的奶泡，再撒上一些橘皮屑）、皇家茴香咖啡（Caffè Anisette Royal，即在浓缩咖啡中加入茴香酒，然后再盖上打好的奶泡），还有燃烧咖啡（Café Brulot，即在浓缩咖啡中加入香料和水果皮，再用白兰地酒点燃）。

伦敦的浓缩咖啡

20 世纪 50 年代初，浓缩咖啡馆风靡伦敦。1952 年，意大利移民皮诺·里塞尔瓦托（Pino Riservato）在伦敦 Soho 区开了摩卡咖啡馆，这里本是二战中被炸毁的一家洗衣店，经由他用合成材料装修成超现代风格后，焕然一新。自开业起，摩卡咖啡馆天天人满为患，每天要卖掉 1000 多杯咖啡。二战后，旅居英国的欧洲大陆人能喝上一杯这样的浓缩咖啡就非常满足了。英国人则更加喜欢加入蒸汽泡沫牛奶的卡布奇诺。不到一年时间，浓缩咖啡馆出现在伦敦的各个地方，1956 年，仅伦敦就有 400 家浓缩咖啡馆，几乎每周都有两家新店开张。英国的其他地方浓缩咖啡馆也纷纷涌现。

1955 年，伦敦一家咖啡馆的店主对记者说："英国人突然之间变得对咖啡非常讲究，我们店内 99% 的咖啡是根据顾客的个人口味冲泡的。"当时，一小杯浓缩咖啡（浓缩咖啡专用小型咖啡杯）1 先令，是一杯普通咖啡价格的两倍，所以有利可图。

浓缩咖啡占据了咖啡馆，但是，占据英国人家庭的却是速溶咖啡。战后 10 年，英国一直对茶叶实行配额制，而雀巢则大张旗鼓地印刷广告、制作广告牌，宣传雀巢咖啡，麦斯威尔也进行声势浩大的广告宣传，试图以饮用速溶咖啡取代英国人饮茶的习惯。1956 年，英国的茶叶生意恢复正常，人人都以为英国人饮茶的习惯也会跟着恢复，但事实并非如此。

1956年,商业电视节目在英国首播,谁也没想到速溶咖啡和电视广告会给英国人带来如此大的冲击。冲泡一杯传统的好茶最少也要用5分钟时间,但是电视上商业节目的广告休息时间却不到5分钟,所以茶没泡好,电视节目就又要开始了。雀巢和麦斯威尔在电视上大做广告,宣传速溶咖啡冲泡简单、节约时间、口味纯正,于是英国消费者舍弃了多年的饮茶习惯,改喝速溶咖啡,不久,速溶咖啡就占了英国咖啡零售市场90%的份额。茶叶公司为了生存下去,抛弃了原先口味上好的滚卷式茶叶制作方法,而把茶叶剁成细末,然后装入茶包中销售,这样做虽然缩短了茶叶的冲泡时间,但是茶香变淡了很多。尽管英国人仍然保留了饮茶的习惯,但是喝咖啡的人越来越多。

20世纪50年代的欧洲咖啡状况

二战期间,咖啡生豆无法运到欧洲大陆,欧洲大陆的咖啡烘焙商基本都是靠生产咖啡替代品得以维持下来的,直到20世纪50年代末,欧洲咖啡生意才开始复苏。1956年,欧洲咖啡豆进口量超过战前的1200万袋,1960年,欧洲咖啡豆进口量突破1700万袋,创历史新高。

欧洲的咖啡馆本来就有悠久的历史,也有深厚的咖啡文化,20世纪50年代,新式浓缩咖啡机风靡法国巴黎、奥地利维也纳、荷兰阿姆斯特丹、德国汉堡等城市,欧洲的咖啡文化在此繁荣起来。但是速溶咖啡,除了在雀巢咖啡的产地瑞士和英国以外,在欧洲的其他国家并不吃香,尽管当时雀巢咖啡已经开始在19个国家生产制造,而且占领了除了美国以外的速溶咖啡市场。⊖和美国一样,欧洲的咖啡市场也由大型咖啡烘焙商瓜分。以往欧洲的家庭作坊式的烘焙逐渐消失,但是欧洲的消费者更喜欢购

⊖ 讽刺的是,拉丁美洲国家把最好的咖啡豆都用于出口,自己消费的却是最廉价的速溶咖啡,这令很多咖啡种植者非常气愤,他们创造了一句这样的流行语:"雀巢咖啡,根本就不是咖啡。"

买烘焙好的咖啡熟豆，回家自己研磨冲泡，而不是购买已经研磨好的罐装咖啡。

二战后，随着德国经济逐渐恢复，每年咖啡消耗量也增长15%，其中大部分是品质好的阿拉比卡豆。总部设在不来梅的雅各布斯咖啡（Jacobs Kaffee）每两年销量翻一番。1949年，德国汉堡的商人马克斯·赫茨（Max Herz）和卡尔·希利-海瑞恩（Carl Tchilling-Hirrian）共同创立了奇堡（Tchibo）公司，通过邮寄的方式供应金摩卡咖啡。㊀与之互补，雅各布斯公司则用其黄黑相间的大众货车送货上门，绰号"雅各布斯大黄蜂"。1955年，奇堡开始开设精品咖啡店，专卖烘焙好的咖啡生豆，而且提供试喝咖啡服务。奇堡咖啡的形象代言人是位大叔级的"咖啡专家"，雅各布斯咖啡就请了一位上了年纪的大妈代言，并将其塑造成"国家的祖母"形象。这两家咖啡公司刊登广告的主要渠道都是报纸杂志、广播和电影院，因为当时电视还没有在欧洲消费者中普及。大众营销的时代来临，雅各布斯、奇堡和爱杜秀这三大公司瓜分了市场，小厂商纷纷被淘汰。1950年，德国有2000家咖啡烘焙商，到1960年的时候，就只剩下了600家。

1952年，荷兰取消咖啡配额制以后，杜威·埃格伯茨公司开始进一步扩张其在咖啡、烟草和茶叶方面的生意，收购了几家小型咖啡烘焙商。50年代末，这家荷兰公司占领了该国50%以上的咖啡出口生意。

在意大利，3000多家咖啡烘焙商为市场份额相互竞争。意大利人每天要光顾好几次自己所钟爱的咖啡馆，他们习惯站着，一边喝浓缩咖啡，一边和朋友聊天，喝完咖啡就走人。他们经常点的浓缩咖啡品种多样，包括力士烈特（ristretto，口味浓烈，充满馥郁的芳香）、玛奇朵（macchiato，浓缩咖啡上覆以浓浓的奶泡）、克烈特（corretto，浓缩咖啡兑白兰地酒）等。这些混合咖啡大部分含有大量罗布斯塔豆，但并没有法国人每杯咖啡

㊀ 奇堡公司的名字是创始人卡尔·希利-海瑞恩的名字和德语bohne（咖啡豆）的组合。

中 75% 都是罗布斯塔豆那么多。

乐维萨咖啡也从都灵开始扩张，在米兰开了第一家分公司。乐维萨咖啡的广告词朗朗上口："乐维萨，杯杯源自天堂。"1956 年，乐维萨也引进了真空罐包装，以便销往全国。欧内斯特·意利领导下的意利咖啡，则选用品质最好的咖啡豆，制作出精美的拼配豆。意大利的咖啡业主要还是以本国的为主，1960 年，意大利咖啡业共有超过 2000 年咖啡烘焙商。

咖啡进入日本

18 世纪，荷兰商人在出岛进行商贸生意的时候，把咖啡带到了日本，而出岛则是日本政府为了不让外国人进入日本国内，在长崎海湾为外国贸易者修建的一个人工岛，也是日本唯一一个开放对外贸易的港口。1888 年，东京开了日本第一家咖啡馆，紧接着，其他很多城市也陆陆续续有了咖啡馆，主要的顾客都是一些艺术家和文学家。[一]由此，小规模的咖啡业开始在日本形成。1920 年，柴田文治（Bunji Shibata）在横滨创立了 Key Coffee，随后的 15 年中，Key Coffee 遍布日本，随后又在韩国、中国建立分公司。二战以后，其他咖啡烘焙商纷纷崛起。二战爆发以前，上岛忠雄（Tadao Ueshima）在日本神户经营了一家咖啡馆，战后又在东京开设分店，1951 年，上岛忠雄组建上岛咖啡公司（Ueshima Coffe Company）。当时日本总共有大约 200 家咖啡烘焙商，大部分集中在东京和大阪。

战后，美国占领军驻守日本东京，为了美军的咖啡市场，柴田把 Key Coffee 总部搬到了东京，而当时的美国人也将自己对咖啡的品位带到了日本。但是，当时日本禁止进口咖啡，柴田从合法渠道无法进口，于是开始求助于日渐繁荣的黑市。1950 年以后，官方允许咖啡进口，日本各大城市

[一] 1911 年，第一家咖啡屋开张，里面卖的咖啡价格都非常昂贵，可它们却成了日本妇女的好伙伴。这种咖啡屋不同于早先艺术家、文学家喜欢去的普通日本咖啡馆，首先开在东京最昂贵和繁华的银座。

一下子开了几百家咖啡馆，几乎每家咖啡馆都凭自己的特色来吸引顾客。在有些咖啡馆里，顾客可以一边喝咖啡，一边看新闻影片。香颂咖啡馆（Chanson Coffee Houses）还有歌手驻唱。1955年，东京银座时尚区开了一家6层楼的咖啡馆，以真人大小的女性卡通人物玩偶、乐队以及紫色的装修为主题。还有些咖啡馆彻夜开放，作为私密的卖淫场所等。

  日本人想要模仿西方丰富多彩的生活方式，但有时候会出现一些很古怪的结果。1956年，一位作家写道："东京一家具有维也纳装修风格的咖啡馆里，女服务员扭动着身躯，跳着曼波舞，手里端着一杯意大利浓缩咖啡，送到客人的餐桌上。"而且，日本的咖啡馆多用英文取名字，比如，名为"Dig"的咖啡馆，就表明这家咖啡馆的店主懂爵士乐和美国俚语，不久，这位店主又开了一家名为"Dug"的咖啡馆，更显示出其对美国俚语的"深厚功力"（dig在美国俚语中是"理解、懂"的意思，dug在美国俚语中表示"女人的乳房"）。

咖啡和怪诞建筑

  意大利浓缩咖啡风靡全球，浓缩咖啡馆也被装修成充满艺术气息的波希米亚风格，但是美国消费者却不吃这一套。美国人还是喜欢普通的美式咖啡馆，供应淡味的美式咖啡，搭配汉堡包和炸薯条一起吃。美式咖啡馆一般用塑料板和铬板隔出空间，装饰以霓虹灯玻璃，看上去艳俗不堪，多受美国汽车文化的影响，而且咖啡馆的名字一点也不像意大利名字，比如"飞船""薯条""谷吉""比夫""鲍勃大男孩""丹咖啡""唐恩都乐"㊀"赫

㊀ 唐恩都乐（Dunkin'Donuts）于1948年以"开口壶"（Open Kettle）为名开始经营，两年后，比尔·罗森伯格（Bill Rosenberg）将其改为更加吸引人的名字"昆西"（Quincy），即马萨诸塞州的城市名。1955年，他开始授权特许经营店。与其他喜欢各种怪诞装修的咖啡店不同的是，唐恩都乐以其采用阿拉比卡整豆而自豪，为美国中产阶级提供优质且煮泡适当的咖啡。

伯特""白城堡""斯莫吉汉堡包""麦当劳""玩偶盒"等。这种装饰耀眼的高耸式屋顶代表了一种新的建筑风格,以西好莱坞的现代咖啡厅为代表,这种建筑风格也被人们称为"怪诞建筑"。

美国咖啡业的"拒绝"心理

20世纪50年代,美国咖啡业出现了一种心理学家所说的"内心拒绝,无意识反抗"的现象。1956年,美国咖啡协会会长阿瑟·兰瑟霍夫（Arthur Ransohoff）的发言代表了当时咖啡界人士的主流观点："我们的咖啡生意做得怎么样啊？还不错。人们早就开始流行喝咖啡了,咖啡的历史比不管什么可乐都悠久多了,不必担心。"兰瑟霍夫总结道："历史悠久的咖啡在市场上还有一席之地,国内人口不断增加,只要别去看人均消费量,咖啡的总销量还是在不断上涨的。"

泛美咖啡组织发表的统计数据显示,美国咖啡消费量在不断上涨。但是,泛美咖啡组织公布的数据,不再提惯用的人均咖啡消费量（以所有美国公民为基数）,而改用10岁以上的美国人（基数不包含10岁以下儿童）平均每天喝几杯咖啡来统计,而且忽略了每一杯的咖啡浓度是否稀释过,1磅咖啡已经可以泡出64杯咖啡了。泛美咖啡组织称："美国人的咖啡消耗量大增。"但实际上,美国人真实的咖啡消耗量在1946年的时候达到了顶峰,就再也没有突破过。而且,64%的家庭都在用口味欠佳的渗滤式咖啡壶煮咖啡。㊀

1956年,吉尔伯特青少年研究中心的朱迪·格雷格（Judy Gregg）就

㊀ 1942年,美国发明家彼得·施鲁伯（Peter Schlumbohm）发明了一种沙漏形的耐热玻璃器皿,被称为"Chemex咖啡壶",当时只是为了和实验室更加搭调而已。这个造型简单实用的咖啡壶,壶腰上有一个木头和皮带制作的手柄,用它做出来的咖啡确实美味,但是咖啡壶却很难清洗,因此它并未对渗滤式咖啡壶的销售造成影响,那些装腔卖弄的人和纯粹的追求者除外。直到1963年,更简单的德国美乐家（Melitta）自流式咖啡壶才在美国亮相。

提醒过咖啡界人士"要注意15～19岁的青少年",预测未来10年,婴儿潮一代长大,该年龄段的孩子人数会增加45%,潜在消费能力巨大。格雷格说:"软饮料公司早就已经注意到了这种发展趋势,仔细研究他们是如何吸引年轻人的,或许咖啡业者也能有所启发,把他们的方法用于咖啡行业。可口可乐为了吸引年轻人,请偶像男歌手艾迪·费舍为可口可乐做广告,咖啡业者同样可以用演艺界名人,请偶像巨星猫王——埃尔维斯·普雷斯利为咖啡做广告,想想这幅画面,猫王在电视上品味一杯咖啡,能吸引多少年轻人,有多大的影响力,定会大获成功。"

但是咖啡界人士都没有急于请猫王做广告。即便他们按照格雷格的建议行动,像《十七岁》(Seventeen)这样的青少年杂志也不会刊登咖啡广告,因为人们始终觉得咖啡不适合年轻人饮用。20世纪50年代末,泛美咖啡组织终于打破了僵局,在青少年杂志中夹入广告单——"怎样做一杯好咖啡",广告的目标客户是未来的家庭主妇,也就是那些在学校里上课打哈欠的女学生。针对预科生,泛美咖啡组织将咖啡和干果一起推广,称其是"学习好伴侣",他们还在大学校园里放置咖啡广告牌,赞助"本月之星"之类学生活动,以扩大影响力。

咖啡烘焙商似乎并不知道青少年需要的是活力、能量和冒险。美国咖啡协会主席约翰·麦基尔南(John McKiernan)生动地解释了当时咖啡业所面临的情况:"如今,可口可乐就是个穿着花衣裳的笛子手,他的四肢由软饮料瓶和啤酒罐松松垮垮地串起来,走街串巷,咣当咣当乱响,后面还跟着一群年轻人。"

1959年,为了解决美国咖啡越泡越淡的问题,泛美咖啡组织聘请了曾给百事可乐做过广告策划的天联(BBDO)广告公司。天联广告公司的广告人素以"精力充沛,不走寻常路"闻名,广告宣传画中的咖啡商人骑着骏马,手握大刀,后面紧追上来一位骑着摩托车的妇女,手拉横幅,上书"增加咖啡含量,否则就战斗"。广告读者也可以参与到这场"咖啡圣战"

中来,只需要 10 美分,就可以拿到一本咖啡冲泡小册子,并成为"忠实咖啡迷联盟"官方认证会员。

果不出所料,这场活动也没能扭转美国人稀释冲泡咖啡的恶习,反而被《疯狂》杂志(Mad)讽刺了一番。该杂志模仿"忠实咖啡迷联盟",画了一个"诚惶诚恐咖啡农联盟"的小册子,专门宣传"泛美咖啡组织内的拉美咖啡农生活多么悲惨,连衣服都穿不起了",以此批判泛美咖啡组织的做法,实际上是想让美国人多掏钱给这些拉美的咖啡农。

忧心忡忡签协议

除了拉丁美洲,非洲的咖啡种植者也在为供过于求、咖啡价格下跌而忧心忡忡。眼看着非洲要咖啡过剩了,于是非洲各咖啡生产国首次成立非洲国家咖啡组织(Inter-African Coffee Organization),并期望通过谈判早日解决问题。1959 年 9 月,安哥拉、科特迪瓦、喀麦隆和拉丁美洲 15 个咖啡生产国签下为期一年的咖啡出口限额协议,协议各国同意,以过去 10 年中出口量最多的一次为基准,减少 10% 的咖啡出口量。㊀但是,由于缺少执行机制,出口配额制度形同虚设,各国并未切实执行。

这项新的出口限额协议是一种权宜之策,至少也算非洲和中美洲咖啡生产国合作的开始。1960 年,英国在非洲的殖民地——肯尼亚、坦噶尼喀和乌干达也加入了出口配额协议,协议延长一年。1961 年年初,巴西人若昂·奥利维拉·桑托斯指出:"出口配额制度能否执行,取决于像美国这样的咖啡消费大国何时、以怎样的方式参与进来,而且要想达成最终目标,还需要把这项协议作为一份长期的约束执行下去。因为,执行出口配额就意味着供给减少,豆价就会回升,只有消费国予以配合,协议才能

㊀ 印度、也门和印度尼西亚的咖啡产量可以忽略不计,因为总共只占世界咖啡产量的 3% 多一点。

实施。"桑托斯比较乐观,他认为:"西方世界要想保护其意识形态和政治安全,就必须确保经济安全,不能让拉美等咖啡生产国经济吃紧。"显然,桑托斯是想迫使美国加入协议中来。为了进一步扩大这种威胁,1960年,巴西派代表团访问苏联,洽谈用咖啡换苏联石油、小麦、飞机和钻孔设备等。

1959年,古巴革命领袖菲德尔·卡斯特罗起义,推翻了古巴巴蒂斯塔的独裁统治。1960年,卡斯特罗和苏联结盟,并将古巴境内的美国公司收归国有,美国开始担心革命对拉丁美洲的影响,随后,美国签署了咖啡出口配额协议,以示对拉美各国的支持。

美国对革命势力在拉丁美洲的不断渗透深感忧虑,对非洲也如此。1960年,非洲很多殖民地国家逐渐摆脱殖民统治,建立独立的新国家,这些国家的经济命脉大多是靠咖啡出口,但是咖啡价格却在持续走低。当时一位写咖啡的作家不无担忧地说:"非洲国家可能成为东西方势力经济斗争的牺牲品。"换言之,冷战是否会让非洲支离破碎?

夏尔·戴高乐是二战后法兰西第五共和国总统,他让非洲的法属殖民地进行选择:可以独立,也可以和法国相互依存。法属苏丹(非洲西北部国家马里的旧称)和马达加斯加(后来改名为马拉加西共和国,现为马达加斯加共和国)选择了独立,但仍隶属于法兰西联邦。法属苏丹和马达加斯加的相继独立,也激发了科特迪瓦的独立,科特迪瓦一开始选择了继续保持殖民地国家身份,但是1960年8月,又宣布独立。但法国继续在经济上赞助科特迪瓦,并派出经济顾问前往该国。法国一位咖啡进口商写道:"咖啡不但是非洲某些国家的经济问题,也是全球重要的政治问题。法国有责任帮助非洲上百万人民,让他们待在自由阵营。"

科特迪瓦从殖民国家向独立国家过渡很顺利,但是比属刚果的独立就困难重重。大约75年前,非洲被欧洲列强瓜分得四分五裂,不同国家的殖民地边境地区往往隐藏着很多不同的部落,部落竞争也潜伏于此,因此，殖民地边境地区经常爆发冲突，要求独立。这种情况在刚果简直司空见惯。㊀1960年6月30日，刚果共和国宣布独立，一周之内，当地军队发生各种暴动、掠夺、强奸和屠杀事件。加丹加省则试图脱离刚果共和国，于是比利时政府派兵前往刚果镇压。当时的刚果总理是帕特里斯·卢蒙巴，他曾在邮局工作，后成为刚果民族运动的领导人，随着刚果的局势越来越混乱，卢蒙巴同时向联合国和苏联请求支援。

美国控制下的联合国不仅在刚果独立后的暴动中推翻了卢蒙巴，也将他推向死亡。在美国中央情报局的空中协助下，刚果国民军参谋长蒙博托·塞塞·塞科软禁了卢蒙巴，1961年1月17日，卢蒙巴遭政敌暗杀。之后几年，刚果陷入连续不断的战争中，时常爆发革命，美国控制的联合国维和部队进驻，刚果一直处在蒙博托独裁统治下，并被蒙博托更名为扎伊尔。1965年，刚果一个咖啡商说："刚果的咖啡产量不断下跌，我的一个商人朋友说，给他供货的咖啡种植者中25%的人遭到杀害。其他人为了求生，都离开了咖啡种植园。这样的事儿确有发生，曾经，在一大片耕地上，有100多名劳工在耕作，（他们）全部遭到杀戮。"

帕特里斯·卢蒙巴被暗杀后的第3天，约翰·F.肯尼迪当选美国新任总统。他除了担心古巴和刚果的局势蔓延外，也很担心安哥拉。肯尼迪说服葡萄牙独裁者继续镇压安哥拉暴动，阻止安哥拉独立。咖啡工人起义，要回拖欠的工资时，咖啡种植者惊慌失措，对工人开枪。暴动进一步蔓延，在接着发生的大屠杀中，上百名白人和上千名黑人在咖啡种植园内被杀。最终，葡萄牙在美国武器的支持下，恢复了安哥拉的社会秩序和咖啡种植业。

㊀ 高山种植的阿拉比卡咖啡豆是人口密度大的卢安达乌隆迪的主要出口物（卢安达乌隆迪，后来分别成立了两个国家，分别是卢旺达和布隆迪），1959年，以穷苦的农民为代表的胡图族人率先起来反抗少数民族图西族，种族战争爆发。毫无疑问，咖啡价格的降低，使胡图人的生活更加艰苦。经过流血奋战，图西族首领和14万图西人逃亡，但在接下来的几十年，暴力战争不断。

英国人也拖延了乌干达、肯尼亚和坦噶尼喀的独立步伐,希望实现平稳过渡。1960年年末,肯尼亚首都内罗毕的一位英国咖啡出口商艾伦·鲍勒(Alan Bowler)记录道:"对于非洲大陆的上百万人而言,咖啡决定了他们能否吃饱肚子。由于非洲的咖啡种植园规模较小,想要让咖啡种植者再进一步减少咖啡产量,恐怕很难行得通。对那些只有3英亩地的小农场主而言,让他们减少产量,就好比让他们做假账,就算拿把枪对着他们,他们也不可能减产的。"当时,非洲的咖啡80%是由非洲人自己种植的。

因此,由于经济不景气,加上冷战政治紧张,新的咖啡协议呼之欲出。1961年1月,美国咖啡协会主席约翰·麦基尔南发出警告,称苏联可能会利用国际主义把这些非洲新兴国家带入革命阵营。他说,美国咖啡协会历来反对任何形式的咖啡配额计划,因为它有碍自由市场交易,但是如今,在这种国际形势急剧紧张的情况下,他愿意支持美国签订"国际咖啡协议"。

1961年,肯尼迪提出"争取进步联盟",目的是通过援助加深同拉丁美洲各国的关系。3月13日,肯尼迪发表演说,正式提出"争取进步联盟"计划。肯尼迪在演说中承认:"稳定商品价格是当务之急,否则任何经济发展都只是空谈。"

美国财政部部长道格拉斯·狄龙重申,美国会支持新的国际咖啡协议。1962年7月9日,联合国在纽约召开联合国咖啡大会,商讨一项长期的咖啡协议。这场会开了整整一天一夜。美国代表迈克尔·布鲁门塔尔后来回忆说:"对我而言,那场会议最有意思的时候是在凌晨4点,当时我在联合国东奔西跑,想办法打破谈判僵局。美国代表团的另外两名成员则紧跟着我不放,让我注意维护美国政府的尊严。我跟他们说,要是我还有尊严的话,我就该在家躺着睡觉,而不是在这里东奔西跑。"

最终,与会各国达成了一个暂时性的国际咖啡配额协议,为期5年,在咖啡进出口国各国签字确认之前,该协议已经开始非正式执行。1963年

12月30日，是各个咖啡进出口国签字的最后一天，从此以后，该协议开始全面正式实施。

以每年咖啡出口总量4560万袋咖啡为基数，允许巴西出口1800万袋，哥伦比亚出口600万袋，科特迪瓦出口230万袋，安哥拉出口200万袋。协议规定，只要经过2/3以上签约国同意，出口配额每季度可以调整一次。另外，所有咖啡运输必须有原产地证明或者再出口证明。而日本、中国和苏联，由于咖啡消耗量不大，并未受到咖啡出口配额协议限制。因此，咖啡商可通过"铁幕"[1]以东或者日本，低价大量进口咖啡豆，然后再转运到欧美主要咖啡消费国，以此谋取利润。该协议号称是为了促进全球咖啡消费，限制过剩的咖啡流入市场，但实际上，签约国纯属自愿，任何国家只要提前90天通知，均可退出协议。

咖啡协议签约途中的绊脚石

美国在国际咖啡配额协议上签字的整个过程并非一帆风顺。1963年3月，外交关系委员会举行听证会，专门讨论咖啡配额协议。听证会上，堪萨斯州的参议员弗兰克·卡尔森提问："签订咖啡配额协议，是不是要加重我们美国消费者的经济负担，来维持国外咖啡豆的价格？"另一位参议员则质疑，此举是否又会造成一个"国际垄断组织"？当年5月，当参议员知道，接下来还要通过"协议实施"的相关立法，立法会规定美国消费者可以拒绝购买不含"原产地证明"的高价咖啡，他们才最终批准签署了咖啡配额协议。

后来，巴拉那州的咖啡不断受到自然灾害侵袭，先是1963年8月份的一场霜冻，接着是9月的一场大火，这些都是由于旱季延长导致的。巴

---

[1] 铁幕指的是冷战时期将欧洲分为两个受不同政治影响区域的界线。当时，铁幕以东的东欧属于苏联（社会主义）的势力范围，而铁幕以西的西欧则属于美国（资本主义）的势力范围。——译者注

西咖啡产量预计会遭受重创，因此咖啡价格又开始上涨。美国众议院经过激烈的辩论，还是于11月14日批准了执行配额协议的相关立法，又把这个棘手的问题扔回给参议院做最后的决定。

8天以后，也就是1963年11月22日午后，美国总统肯尼迪在得克萨斯州东北部城市达拉斯遇刺。咖啡局势变得非常紧张，一边是市场咖啡价格猛涨，另一边，国际咖啡配额协议的成员代表们在英国总部展开激烈辩论，即便听说了美国总统遇刺事件以后，制定配额的讨论仍然继续进行，直到11月23日凌晨2点，代表们也未能跟上咖啡的涨幅，制定出合适的咖啡出口配额。

总统肯尼迪遇刺后，美国于12月27日，也就是截止日的前4天，递交了签字通过的咖啡配额协议文件，但是关于执行此协议的立法还未生效。当时的咖啡价格继续稳固上升，巴西的桑托斯咖啡豆价格，已经从每磅34美分涨到每磅50美分。1964年2月12日，美国的政治家们向国家咖啡配额协议委员会施加压力，声称如果咖啡生产国不增加市场的咖啡投放量，使咖啡价格回到合理水平的话，就取消咖啡配额协议，于是，国际咖啡协议委员会一致通过咖啡出口配额上浮3%，多向市场投放230万袋咖啡。

两周后，参议院财政委员会为该协议举行了一场为期3天的听证会，反对声不断。参议院官员埃夫里尔·哈里曼指出，签订国际咖啡配额协议是为了保护咖啡生产国不致破产。特拉华州的参议员约翰·威廉姆斯反问："但这却单方面地保护了咖啡生产国，如果有一天，咖啡价格涨到每磅1美元，谁会来保护美国消费者呢？"

咖啡生产国同意增加咖啡出口配额，也不过是为了安抚那些提出反对呼声的美国政客。一位参议员说："如果国会通过协议执行法案，并且经过总统签字，那么，咖啡生产国便会对参议员的呼声不屑一顾。"

就连自由民主党参议员保罗·道格拉斯也反对实施国际咖啡配额协议，他认为，咖啡涨价所得到的利润根本无法惠及普通劳工。想想1954年，咖啡价格大涨之时发生了什么吧。道格拉斯说："咖啡涨价，钱都到了咖啡种植园主的口袋里,他们用这些钱修建新的庄园、盖房子,把房子装修得精美绝伦,然后把大笔资金匿名存到瑞士银行的不同账户下……所以,咖啡涨价所得的利润,并没有用来改善劳动人民的生活状况。如果参议院通过协议执行立法,我们就会因遵守了睦邻友好政策而受到称赞,但这些都只是对拉丁美洲人民生活的表面认识,真正的火山其实深埋地下。"

温德尔·罗拉森曾为迈阿密反卡斯特罗组织辩护,他同意道格拉斯的观点,但是得到的结论却不同:拉丁美洲的咖啡园劳工需要帮助。他说:"这些普通劳动者需要一小片可耕土地、一份稳定的工作,填得饱肚子,孩子能受点儿教育,就满足了,要么我们美国人帮他们实现,要么就是苏联帮他们实现,很简单的一个问题罢了。"

埃夫里尔·哈里曼对参议员道格拉斯说:"至少,巴西政府正在努力进行社会改革,促进社会进步,改善人民生活水平。"然而,巴西的农场仍以大庄园为主,全国 1.6% 的农场占有一半以上的可耕地面积。○

1964 年 7 月 31 日,美国参议院通过了配额协议执行法案,但是,在此之前,共和党参议员埃弗里特·德克森又在该执行法案后面添加了修正案,特别指出经国会联合决定,美国可以退出国际咖啡配额协议。这样一来,即使众议院已经批准了执行立法,现在还需要再批准修正案,才能正式执行。几经周折,8 月份,众议院批准了修正案。

经过多轮选举,林登·约翰逊以压倒性的胜利当选美国第 36 任总统,参议员于 1965 年 2 月 2 日通过咖啡配额协议修正案,众议院于 4 月份循例召开听证会,最终,总算是通过了咖啡配额协议执行立法,国际咖啡配

○ 参议员指的是若昂·古拉特政权。古拉特总是能够得到穷人的支持,并于 1961 年执政。在他的任期内,政府自己印钱来还账,由此造成通货膨胀严重到了无法控制的地步。古拉特试图实施土地改革,而这造成了他的毁灭。1964 年 3 月 31 日,参议院官员埃夫里尔·哈里曼的听证会后一个月,巴西武装部队进军里约热内卢,推翻了古拉特政权。不到 4 小时,时任美国总统的林登·约翰逊就发来电报,祝贺他们成功。4 月 4 日,古拉特被流放,巴西从此开始了长达 20 年的独裁统治。

额协议全面执行，美国负责监督原产地证明。

错过婴儿潮的人口红利

虽然美国签订了国际咖啡配额协议，但是美国国内却继续面临这一场咖啡危机。美国10岁以上人群的咖啡消耗量，已经从1962年的每天3.1杯的峰值，降到了1964年的每天2.9杯。

泛美咖啡组织为了吸引婴儿潮这一代人，推出了一系列宣传活动，例如"马克杯之友"，邀请青少年在喝咖啡用的马克杯上设计装饰画。还到处张贴标语："你喝咖啡，我也喝咖啡，我们一起去喝咖啡吧。"但是，这些土招数并没有吸引年轻人的注意力。调查显示，"青少年讨厌咖啡的味道，觉得难以入口"。青少年根本不会把提神醒脑或者有益健康和咖啡联系起来。但至少，还有一些值得欣慰的小发现：青少年认为咖啡是成人喝的饮料，接受咖啡的口味就像是通过了走向商界或成为家庭主妇的仪式一样。年轻人一边不停地喝汽水，一边也想着，过了几年，他们也会开始不停地喝咖啡。

正当咖啡极其需要更进一步的促销时，泛美咖啡组织只赞助了一小笔广告费，而将大范围促销的希望寄托于总部设在伦敦的国际咖啡组织（International Coffee Organization）。然而，国际咖啡组织却错过了1963～1966年这段咖啡促销的黄金时间，未能追加额外的广告投资。与此同时，十几年来致力于改善美国人咖啡冲泡习惯的咖啡冲泡研究所（Coffee Brewing Institute），由于缺乏资金赞助，也只得无果而终。㊀

可口可乐和百事可乐为了吸引年轻人所做的广告宣传活动达到了前所未有的高度。通俗乐队为可乐欢歌："喝可口可乐，万事如意。喝可乐，吃得香，玩得好，天天快乐。"百事可乐迎战可口可乐，大胆尝试，

㊀ 起初，欧洲的咖啡消费量看似要飙升。1963年，欧洲首次进口了2000万袋咖啡。1965年，咖啡消费量与往年持平，但是欧洲的年轻人也发现软饮料比咖啡更合他们的口味。

吸引了整整一代人，其广告也成了时代的标签。在百事可乐的电视广告中，一群疯狂活跃、快乐无限的年轻人，有的骑着摩托车，有的坐在过山车上，其中一个女孩欢唱："动起来吧，飞起来吧，你活在百事可乐的时代！"1965 年，软饮料公司在广告上的投入将近 1 亿美元，是咖啡的两倍。

1965 年，《茶和咖啡贸易》发表社论，总结出问题的所在："咖啡和可乐之间激烈的竞争由来已久，早在 10 年前咖啡就已经处于劣势了。如今，咖啡和可乐争夺市场的差距越拉越大，让人无法相信咖啡还有机会扭转战局。"

并购热潮

咖啡烘焙商不想办法吸引婴儿潮一代的客户群体，扩大咖啡市场，反而内部之间相互竞争，争夺正在不断萎缩的市场。由于咖啡业的利润空间变小，通过企业兼并和小企业宣布破产，行业集中度不断提高，1965 年，整个咖啡业的烘焙商只剩下 240 家。剩下这些烘焙商中，前 8 家公司占据了市场 75% 的销售份额。

1963 年 9 月，咖啡业宣布进行一场重要的兼并活动，日用消费品巨头宝洁公司收购了美国西部历史最悠久的福尔杰咖啡。那时候，福尔杰和希尔斯兄弟一直在争夺西部和中西部地区咖啡市场的统治地位。当时，宝洁斥资 1.26 亿美元买下福尔杰公司，福尔杰所占的市场份额略多于希尔斯兄弟。而且，福尔杰公司在旧金山、堪萨斯城、新奥尔良、休斯敦、洛杉矶和波特兰都建有烘焙工厂，雇用员工人数多达 1300 人，占全美咖啡市场份额的 11%。

循规蹈矩的宝洁人已经把肥皂销售变成了一门科学，这一下又震撼了咖啡界。宝洁收购福尔杰咖啡以后，大小事务都要报告，或者在备忘录中记录下来。有了宝洁公司的注资，福尔杰咖啡的电视广告越来越多样化，辐射到的消费者也越来越多，广告内容则主要利用消费者的恐惧心理和欲望。在其中一则广告中，一位无所不知的瑞典好事者奥尔森太太，拿着一罐福尔杰咖啡出现在一户人家的后门，及时挽救了一场婚姻，让当事人找回了真爱。这又是强化性别偏见画面的广告，广告中的丈夫脾气暴躁，自己连杯咖啡都不会煮，妻子则被家务事逼疯了，就好似一个妻子的价值用一杯咖啡就能衡量。宝洁公司内部有一种惯例，就是"事实就在眼前，去发现它"。曾有一位广告人说，宝洁公司会对"人的丑陋和野心"进行调研。他们曾经过调研发现，家庭主妇都经历过日常生活中的虐待，所以，只要事出有因，她们可以接受任何形式的虐待。

宝洁收购福尔杰仅数月，可口可乐也进入这场咖啡并购热潮中来。1964年2月，可口可乐宣布收购邓肯食品（Duncan Food）。实际上，早在1960年，可口可乐已经买下了新泽西州速溶咖啡公司——坦科公司，并用坦科公司的速溶咖啡当作购买美汁源果汁的赠品。这样一来，可口可乐一下子成了美国第五大咖啡烘焙商，旗下包括六大咖啡品牌：仰慕（Admiration）、黄油坚果（Butter-Nut）、木船（Fleet-wood）、马里兰俱乐部（Maryland Club）、哈金斯·扬（Huggins Young）和蓝岭（Blue Ridge）以及一套健全的定制咖啡和机构咖啡业务。人们一直无法理解，软饮巨头可口可乐为何要卖咖啡，毕竟可口可乐的利润空间要大得多。很多人猜测，可口可乐感兴趣的并非咖啡公司，其真正想要的是那些咖啡公司雄心勃勃的管理者，比如邓肯公司的小查尔斯·邓肯（Charles Duncan Jr.）和随后带着黄油坚果咖啡一起加入可口可乐的唐·基奥（Don Keough），后来，这两位都担任过可口可乐的高层管理者。

麦斯威尔主妇

可口可乐兼并邓肯食品后，只占有5%的普通咖啡市场和1%的速溶咖啡市场。通用食品仍然是咖啡业的老大，占有22%的普通咖啡市场和51%的速溶咖啡市场。通用食品旗下有麦斯威尔速溶咖啡和综合咖啡、桑卡低咖啡因咖啡和雨斑精选咖啡，囊括了各个层面的咖啡市场，再加上强大的广告助阵，势不可当。

20 世纪 60 年代初期，通用食品走向国际市场，并购法国、德国、瑞典、西班牙和墨西哥的咖啡烘焙商。日本放宽咖啡进口政策以后，1961 年，通用食品又跟日本当地一家酿酒厂及矿泉水厂成立合资企业，以打入日本速溶咖啡市场。为了塑造麦斯威尔咖啡的国际形象，在 1964 年的纽约世界博览会上，通用食品公司付钱，让麦斯威尔成为博览会官方指定咖啡，当参观者进入博览会，通过高达 60 英尺的拱门时，就会看到麦斯威尔"滴滴香浓"的广告。

1960 年，著名广告人大卫·奥格威（David Ogilvy）为麦斯威尔设计的会唱歌的咖啡壶广告初次登上电视，并且断断续续播放了多年，经久不衰，它已经成为一代人的记忆，至今仍堪称经典。传统咖啡壶盖上有一个连通咖啡壶内的突起玻璃圆球，当壶受热后，壶中的咖啡沸腾，就会不断冲入玻璃圆球，形成有节奏的嗒嗒声，当壶内咖啡充分受热沸腾时，冲出的咖啡就会在玻璃球内形成欢快悦耳的乐曲，伴随着清晨给人们带来一丝暖意。这确实是一个既精彩，又能引起人们美好回忆的广告，尽管这种冲泡方法做出来的咖啡味道确实不怎么样。

为了用上等的咖啡吸引速溶咖啡爱好者，1960 年，通用食品推出速溶雨斑咖啡，挨家挨户地赠送品尝样品，开展全面广告促销。由于雨斑咖啡全部采用阿拉比卡豆，因此它确实比其他速溶咖啡口味好很多，尽管和需要冲煮的普通咖啡相比还是要逊色不少。通用食品公司和其他咖啡烘焙公司一起，开始采用带有可重封塑料盖的非金属罐包装咖啡。通用食品还在情景喜剧《安迪·格里菲思》(*The Andy Griffith Show*) 中插播电视广告，随《家庭天地》(*Family Circle*) 和《电视指南》(*TV Guide*) 赠送 4 杯装的桑卡咖啡小样。

1964 年，通用食品推出麦氏咖啡（Maxim），这是第一款用冷冻干燥法制作的咖啡，口味优于以前用喷雾式干燥法做出来的速溶咖啡。麦氏咖啡广告承诺："这是一款前所未有的速溶咖啡，令您的每杯咖啡都像是用咖啡壶现煮出来的。"

1965 年，通用食品大张旗鼓，为麦斯威尔策划了一场研磨咖啡界最大规模的广告宣传。在电视节目中，插播第一个彩色电视广告；印刷大量广告传单，消费者拿着广告，可换取 7 美分的优惠券和一张免费唱片——《1.2 万女童子军同唱美国之歌》。电视上还播出迷你短剧，目标客户群是刚结婚的年轻夫妇，鼓励妻子做个"麦斯威尔主妇"。其中一则具有代表性的广告是，一位穿着时髦的年轻女子，在自己的新家里，周围堆满了未拆封的纸箱，这时候，画外音响起，高傲的丈夫说："老婆，注意看，我要教你煮咖啡了。"广告中没有丈夫的全部画面，只出现了煮咖啡的动作。丈夫命令自己的妻子只能用麦斯威尔咖啡。丈夫轻轻拍拍妻子的头，弄乱了妻子的头发，说："来，闻一闻，尝一尝，真是滴滴香浓啊。千万别拿别的咖啡来做实验哦，乖乖做个麦斯威尔主妇，我会好好对待你的。"这个广告短剧触动了年轻妻子对婚姻的不安全感，毫无疑问也冒犯了正在萌芽的女权主义者。

希尔斯兄弟的没落

　　咖啡业进入集团企业不断整合的新格局，希尔斯兄弟却故步自封，保留原来的家族经营模式。1958 年，一份咖啡业市场调查显示，希尔斯兄弟留给消费者的印象是"因循守旧，缺乏新意"，而福尔杰咖啡则"紧跟时代潮流，新鲜时尚"。更糟糕的是，调查显示，消费者抛弃希尔斯兄弟咖啡的一个重要原因还在于"希尔斯兄弟咖啡品质越来越差"，这的确是事实，希尔斯兄弟面临巨大的竞争压力，利润下降，只得在咖啡品质上让步。

　　1960 年，希尔斯兄弟进行了一场消费者访谈，市场顾问最后总结：希尔斯兄弟咖啡商标上的阿拉伯人已经成了迂腐过时的老头子，再继续用这个商标，希尔斯兄弟咖啡就无法挽回。这一结果激怒了希尔斯兄弟创始人 R.W. 的儿子莱斯利·希尔斯（Leslie Hills），他拒绝做任何改变，生气地说："他们竟然想把阿拉伯人从标签上拿掉，就像扔掉一双破鞋一样轻松。"

尽管阿拉伯人还被印在咖啡罐上，希尔斯兄弟公司仍不遗余力保持其市场份额，不仅做当时很普遍的优惠券和特价活动，向买过很多咖啡的教堂和俱乐部赠送免费的咖啡壶，希尔斯兄弟还赞助了1960年的美国斯阔谷冬季奥运会。但是其一年的广告预算只有500万美元，所以电视上插播的广告只在旧金山、洛杉矶、波特兰和芝加哥播放，与此同时，希尔斯兄弟还赞助了《秀兰·邓波儿故事书》《蝙蝠侠马斯特森》和《迪士尼》等儿童节目。

除此之外，希尔斯兄弟又做了一场新的宣传活动，声称希尔斯咖啡"比市场主流的咖啡香醇度高10%，可以少放一点咖啡粉，也同样香醇"。希尔斯咖啡以此吸引消费者争相购买，但收效甚微，于是又打出荒唐的口号："无与伦比的香醇口味，可重复加热。"电视广告中出现一个汽车维修工人，用喷灯加热一杯冷掉的咖啡。

20世纪60年代，希尔斯兄弟咖啡还是保持了家族经营模式，为了和大型集团公司竞争，处于绝境中的希尔斯咖啡号称其出产的咖啡可以重复加热，而不破坏口味。

1964年，希尔斯兄弟另一创始人A.H.的儿子格雷·希尔斯逝世，享年70岁。第二年，咖啡业内的品牌形象调研发现，希尔斯兄弟咖啡在美国西部地区已经成了低品质咖啡的代名词，消费者也不再青睐希尔斯兄弟品牌；福尔杰咖啡在宝洁强势的宣传推广下，已经成为"优质咖啡"的代名词。只有在希尔斯咖啡长时间占领统治地位的芝加哥和刚刚打入不久的东部地区，希尔斯咖啡的形象相对还过得去。

哥伦比亚咖啡的代言人

1960年，哥伦比亚国家咖啡生产者协会创造了胡安·巴尔德斯这个哥伦比亚咖啡农的形象，他笑容友善，蓄着小胡子，牵着一头小骡子，从哥伦比亚的高山上一路走来，一路亲手采摘咖啡豆。协会创造了这个形象以后，由演员何塞·杜瓦尔扮演，他身着哥伦比亚农民的传统长袍，头戴牛仔帽，对自己种的咖啡信心满满，为人又非常谦逊，憨态可掬的胡安·巴尔德斯正好符合美国人对哥伦比亚咖啡农的想象。这个广告基本符合实际情况。当时，哥伦比亚约有20万家庭经营着自己的小咖啡庄园，而这些咖啡庄园多设在山上，所以，咖啡农确实就像胡安·巴尔德斯那样，骑着毛驴从山上摘下咖啡果，然后等着咖啡商来收。咖啡商主要通过铁路将咖啡运往港口，然后出口。哥伦比亚的咖啡豆品质确实比美国卖的大部分拼配豆好得多。

1960年开始，广告虚构的人物胡安·巴尔德斯开始在全国宣传推广哥伦比亚咖啡。当年扮演巴尔德斯的演员如今拥有自己的丝印T恤工厂，旁边还有一个咖啡种植园，他雇用其他人种植咖啡。

1960年1月，哥伦比亚咖啡广告首度在美国十大主要的咖啡市场亮相，报纸上的整版广告迅速传播开来。广告上的咖啡农胡安·巴尔德斯手臂交叉于胸前，面前是他的骡子，广告标题是："胡安·巴尔德斯和他的骡子，谁更吃苦耐劳呢？"广告中写道："胡安的咖啡种植园位于海拔5000英尺的安第斯山脉，土地肥沃，空气湿润，这两个因素保证了哥伦比亚咖啡的卓越品质，当然，还有第三个原因，那就是像胡安这样吃苦耐劳的咖啡农亲手采摘。"广告中还解释了树荫栽培法和亲手采摘的重要性。咖啡行业杂志的一位编辑曾说，这份广告让消费者意识到，咖啡果经过精心栽培、苦心呵护，才能做出一杯上等咖啡。

　　哥伦比亚的这场咖啡宣传活动成功地塑造了哥伦比亚高品质咖啡豆的形象。第一年，哥伦比亚国家咖啡生产者协会花了100万美元，让美国消费者通过电视了解胡安是如何采摘咖啡果，然后带着他的骡子驮着咖啡运下山的。宣传活动进行了5个月以后，认为哥伦比亚咖啡是世界极品咖啡的人数翻了三番。1962年，协会开始在加拿大和欧洲播出胡安的咖啡广告。宣传活动非常成功，很多咖啡烘焙商开始宣传他们的拼配豆含有哥伦比亚咖啡豆，为了迎合市场需求，甚至推出含量100%的哥伦比亚单品咖啡豆。这则广告也让哥伦比亚咖啡增值不少，使哥伦比亚咖啡豆价格高于市场普通咖啡豆。除此之外，协会也准许胡安·巴尔德斯的商标印在正宗的哥伦比亚咖啡罐上。1963年，咖啡业期刊的广告中刊出了来自世界各地的纯正的哥伦比亚拼配豆，号称"哥伦比亚咖啡遍布德国、法国、挪威、荷兰……以及最早进驻的美国"。

　　1963年年底，胡安的电视广告已经在全美播放，还多了个胡安的儿子。胡安·巴尔德斯说："拉蒙，来看看我种的咖啡树，我们的咖啡树都有树荫遮挡阳光，因此咖啡豆可以慢慢成熟，味道更好。我们要一颗颗地挑选成熟的咖啡果实，然后亲手采摘下来。"1964年，通用食品公司将其高端的雨斑咖啡全部换成了100%的哥伦比亚咖啡豆，可见哥伦比亚咖啡宣传的成功，已经打入了麦斯威尔的咖啡世界。神奇的哥伦比亚咖啡代言人胡安·巴尔德斯出现 5 年后，也就是 1965 年，美国 40 多个咖啡品牌和 20 多个欧洲咖啡烘焙商都开始主打 100% 的哥伦比亚咖啡单品。

美国咖啡界陷入恶性循环

虽然哥伦比亚咖啡代言人胡安·巴尔德斯的出现令咖啡界耳目一新，但是，美国咖啡界陷入一种恶性循环中。要想在咖啡界立足，就必须降价，而降价就意味着利润空间减少，但为了保持盈利，就不得不牺牲咖啡品质。

1963 年，一位咖啡生豆经纪人分析了当时品质最好的咖啡之一，可能就是指福尔杰咖啡，指出其咖啡中 20% 为巴西豆，40% 是哥伦比亚豆，30% 是中美洲咖啡豆，还有 10% 是非洲的罗布斯塔豆。而 10 年前，那些自大的大品牌拼配豆根本就不屑添加任何一颗罗布斯塔豆。而如今的美国咖啡市场，竞争激烈，消费量大，利润至上，缺乏领导者，罗布斯塔豆泛滥，怎么还会出现好咖啡呢？

令人惊讶的是，即便情况如此恶劣，还是会有好咖啡登台。只不过，美国咖啡的救星既不是通用食品，也不是宝洁公司，而是一个跟父亲吵架生气而离开的荷兰人。

第四部分

咖啡豆的浪漫史

20世纪末,咖啡热潮再兴。当时备受欢迎的电视情景喜剧《弗雷泽》(*Frasier*),其主要录制场地就是一个临时搭建的"神经质咖啡馆",剧中人物是神经质的精神病医生兄弟,他们平时就坐在咖啡馆里,喝着拿铁和卡布奇诺,谈天说地。

第 15 章

咖啡狂热者蔓延

> 咖啡烘焙师不但要不断提高自己的烘焙技术和判断力,还要不断培养自己对咖啡的热爱……好的烘焙师其实就像个炼金术士一样,能把看上去毫无胃口的咖啡生豆变成香醇可口、令人神清气爽的饮品。咖啡烘焙师确实就像个魔术师,能破解咖啡豆的秘密,幻化出诱人的香醇。
>
> ——乔尔,大卫及卡尔·夏皮拉,1975 年

20 世纪初,亨利·皮特(Henry Peet)就在荷兰西部城市阿克马建了一个咖啡烘焙厂。在皮特眼里,咖啡烘焙厂不过是个谋生的手段,绝非自己梦想中的职业。他对自己的次子阿尔弗雷德(Alfred Peet)期望很高,但最终,他还是失望了。年轻的阿尔弗雷德似乎有一种说不清楚的学习障碍,在学校里学习成绩很不好,但是,他却很热爱父亲咖啡烘焙厂里散发出来的咖啡香气。

阿尔弗雷德跟着阿姆斯特丹一个咖啡进口商当了一段时间的学徒,1938 年,18 岁的他进了父亲的工厂。二战期间,由于德国人没收了他们的咖啡豆,阿尔弗雷德帮助父亲用菊苣、烤豌豆和黑麦做成假咖啡出售,以补贴生计。后来,他被召到德国劳动营,为德国人做咖啡,战后,他终于又回到了父亲的工厂。1948 年,为了逃避专横的父亲,阿尔弗雷德远赴

爪哇和苏门答腊,在那里他爱上了浓郁的阿拉比卡咖啡豆。1950年,阿尔弗雷德辗转到新西兰,1955年,最终来到美国旧金山。

阿尔弗雷德到了旧金山以后,在咖啡进口公司——E.A.约翰逊公司工作,这家进口公司专门为像希尔斯兄弟和福尔杰这样的大烘焙厂进货。阿尔弗雷德对自己所卖的咖啡感到不耻,他说:"福尔杰大量买入巴西豆、中美洲标准豆和罗布斯塔豆,我真是不明白,像美国这么富裕的国家,人们怎么会喝这么劣质的咖啡呢?似乎,人们并不知道什么才是好咖啡。想想看,美国人一天要喝10杯这种稀释的淡咖啡,如果给他们真正的浓咖啡,一天喝上10杯,恐怕要兴奋过度,跳到天花板上去了。"

1965年,阿尔弗雷德被公司解雇。于是,他打算用父亲留下的遗产,自己开咖啡烘焙公司,做上好的咖啡,然后在自己的咖啡店里卖。㊀父亲烘焙厂里留下来一台可烘25磅咖啡的烘焙机,还有10袋哥伦比亚咖啡豆,1966年4月1日,阿尔弗雷德就用父亲留下来的这些材料,在加州伯克利的葡萄树街和胡桃街交叉处开起了皮特咖啡与茶叶店。店里零售整豆咖啡(whole-bean coffee),为了专门针对家庭用户,店里设有一个小的咖啡吧台,方便向顾客介绍好咖啡是怎样的。阿尔弗雷德说:"如果你习惯了希尔斯兄弟的淡咖啡,再试试阿尔弗雷德重度烘焙的浓咖啡,以从前两倍的浓度来冲泡,你或许不会说出阿尔弗雷德的咖啡有多棒,但从你的表情完全可以看出来,你肯定在想'哇哦,这么浓的咖啡,你是想要毒死我吗?'而这才是真正的好咖啡。"寄居美国的欧洲人喝到皮特咖啡,简直觉得上了天堂,总算找到了自己的味蕾之家。

㊀ 虽然阿尔弗雷德·皮特启发了整整一代热爱咖啡的理想主义者,但他并非小小的旧金山地区的先锋人士。格菲奥和弗里德,泰勒与弗里德都比他先在旧金山经营咖啡。还有吉姆·哈德卡斯尔和赫伯·唐纳森,他们于1963年创立了哈德卡斯尔咖啡。1968年,他们把公司名字改为"摩羯座"(Capricorn)。

阿尔弗雷德·皮特是荷兰移民，1966年，他在伯克利创立咖啡店，成为美国精品咖啡运动之父。图中，阿尔弗雷德在肯尼亚，和其左侧的另一位咖啡先驱吉姆·雷诺进行杯测。

阿尔弗雷德卖咖啡充满热情，总是主动向顾客介绍各种咖啡知识，指导顾客冲泡出好咖啡，前来光顾的多为女性，他们把咖啡买回家后，第二次再来多半会带上老公随行，一起感受学习皮特咖啡。后来，阿尔弗雷德请了两名年轻女子，教她们如何通过闻、尝、品来评价咖啡的好坏。他告诉她们："咖啡豆是会说话的，了解它们的秘密语言，需要花上好几年的时间。"在他的指导下，至少她们已经可以把一些咖啡知识传达给顾客了。她们因为新学到的知识和品评技能，非常兴奋，一边嗅，一边尝，一边为咖啡着迷，一边卖咖啡。

一年半以后，咖啡店门口就排起了长队。阿尔弗雷德自己也很爱时尚，打扮时髦，他的店已经成了嬉皮士们的聚集地，但是他却很讨厌这些嬉皮士，他说："我希望我的咖啡店秩序井然，干净整齐，而这些家伙却浑身臭味。"

店主阿尔弗雷德嫌弃这些不爱洗澡的顾客，讨厌他们身上的臭味，但是其他所有顾客到他的店里都会深呼吸，深深陶醉在重度烘焙咖啡所散发出来的香气中。装满咖啡生豆的麻布袋整齐地排成一排码放在墙边。阿尔弗雷德和客人在交谈的时候，可能会突然惊叫："哎呀，咖啡豆还在烘焙炉里呢!"然后就冲到烘焙室,翻滚调整烘焙中的咖啡,这戏剧性的一幕发生之时,店内一片寂静,所有的谈话都中止了。对于阿尔弗雷德和他的顾客而言,对咖啡的态度像是对待宗教一般崇敬狂热。只不过,阿尔弗雷德是个非同一般的领袖。如果有顾客买了阿尔弗雷德的咖啡,说要用传统渗滤壶来煮,他肯定会大发雷霆,生气地喊:"花这么多钱买了好咖啡,却胡乱煮,这是何必呢?你别买了吧。"

扎巴咖啡

索尔·扎巴(Saul Zabar)在纽约发现了新鲜烘焙出炉的咖啡之美。1925年,扎巴的父亲路易斯从俄罗斯移民到美国纽约,在当地开了个熏鱼店,就此起家。1950年,路易斯·扎巴去世,索尔逐渐将食品店扩大,搬到百老汇街和第十八大街口,专门做曼哈顿上西区的生意,特别注重所卖商品的品质和保鲜。1966年,他打算在店里卖整豆咖啡。于是,他在纽约长岛成立了白咖啡公司(White Coffee Corporation),该公司专做机构咖啡,主要为餐厅和酒店供货,全部采用高品质的纯阿拉比卡拼配豆。整整一年时间,索尔·扎巴每天都参加两个小时的咖啡烘焙和品评课程。就这样,扎巴从一个外行变成了咖啡专家。扎巴让白咖啡公司为其订购肯尼亚AA咖啡豆(Kenya AA)、坦桑尼亚圆粒咖啡豆(Tanzanian peaberry)、牙买加蓝山咖啡豆(Jamaican Blue Mountain)、夏威夷科纳咖啡豆(Hawaiian Kona)和危地马拉安提瓜咖啡豆(Guatemalan Antigua)。

扎巴加工制造的咖啡相对于皮特咖啡,采用浅烘焙,他对此非常得意地说:"扎巴咖啡采用较浅的烘焙方式,正好可以把咖啡豆的香醇和果酸味发挥出来,喝起来更可口。"显然,东海岸的顾客很喜欢扎巴的浅烘焙咖啡。扎巴咖啡的名声已经传出纽约,传遍东海岸,邮购订

单源源不断。㊀

子承父业，用心经营

有一些传统的小咖啡烘焙商零零散散地分布在美国，坚持着创业之初新鲜烘焙、做高品质咖啡的理念，并不断创新。其中不乏家族式老派咖啡商。彼得·康达克斯（Peter Condaxis）曾在通用食品接受过利昂·奇克（Leon Cheek）的培训，但是他始终认为，麦斯威尔拼配豆品质之差简直是对咖啡的侮辱，因此他离开了通用食品公司。1959年，他在佛罗里达州东北部港口城市杰克逊维尔开了一家零售店，专卖新鲜烘焙的哥斯达黎加、危地马拉和哥伦比亚咖啡豆。

唐纳德·舍恩豪特（Donald Schoenholt）就是闻着摩卡和爪哇咖啡的香味长大的，他的父亲大卫一直经营着1840年成立、总部设在纽约的吉利斯咖啡公司（Gillies Coffee Company）。1964年，大卫·舍恩豪特由于严重的心脏病逝世，唐纳德当时只有19岁，还是个害羞的小伙子，就继承了父亲的咖啡公司。20世纪60年代后期，年轻的唐纳德一方面要维持家族企业继续生存下去，不要被竞争者淘汰，另一方面又要尽量保证家族咖啡的高品质。他感叹道："我的理想是做高品质咖啡，但在这个烂咖啡当道的世界，我只能做个孤独的咖啡烘焙师，自己做出优质咖啡。"

舍恩豪特的朋友乔尔·夏皮拉（Joel Schapira）也在经营着家族咖啡生意，1903年，乔尔的爷爷莫里斯·夏皮拉（Morris Schapira）在纽约曼哈顿区的格林尼治村第十大街，开了这家美味杯（Flavor Cup）咖啡店。后来，还在同一个地方，乔尔和他的弟弟卡尔、父亲大卫，经常邀请一些

㊀ 位于纽约曼哈顿格林威治村的麦克纳尔蒂（McNulty's）咖啡创于1895年，也是一家值得尊敬的咖啡店，1968年该店经历了一次新生，当时，比尔·托沃德（Bill Towart）将其从被遗忘中拯救出来，使之成为精品咖啡界至关重要的一员。

喜欢咖啡的顾客一起到店里内室品评咖啡。

曾有一位地区性咖啡烘焙商说："我们这些小咖啡商都是夹在咖啡巨头缝隙中的细菌，默默地生存着。"刚从越战中退役的年轻战士特德·林格尔（Ted Lingle）也回到加利福尼亚长滩，加入祖父和叔祖父于1920年创建的林格尔兄弟咖啡，试图有所作为。林格尔在成长的过程中，总是听到父亲对咖啡界种种不良状态的叹息声："咖啡业的发展趋势是越来越忽视咖啡质量，咖啡业内人士也都在唏嘘感叹，但是似乎没人知道该怎么做才能挽救这种局面。"

国际咖啡配额协议的问题

1962年，国际咖啡配额协议已经通过，但直到1965年才得以实施，1968年却又要重新审定。1962年通过的协议有两方面的问题。第一，当初的协议为了鼓励苏联和日本等新兴市场的咖啡消费，协议中的出口配额制对这些国家的咖啡进口和非成员的咖啡出口都没有严格的限制。因此，国际上就会产生两套价格体系，美国和欧洲等西方国家咖啡价格较高，而苏联和日本等东方国家价格则较低。这样一来，受利益的驱使，自然就会有些商人利用两个体系之间的价格差，在苏联和日本等新兴市场买进低价生豆，然后再高价倒卖到西德、美国等主要咖啡消费国。由于这些经过倒买倒卖的咖啡在世界上走了一大圈，德国的贸易专家给这些咖啡起了个名字，叫作"周游咖啡"（Tourist Coffee）。1966年，周游咖啡占到了德国咖啡进口总量的20%。同年，据专家预测，哥伦比亚大约有价值1000万美元的咖啡为了逃避配额制，被走私出境。

当年的国际咖啡配额协议未解决的第二个问题就是生产过剩，1966年，咖啡剩余8700万袋，其中巴西库存6500万袋，而非洲罗布斯塔豆的过剩也妨碍了政府的价格稳定计划。更糟糕的是，科学家还改进了种植方法，提高了咖啡产能。洛克菲勒的国际基础经济公司研究员杰里·哈林顿

（Jerry Harrington）和科林·麦克朗（Colin McClung）在巴西一个实验室里，发现锌和硼是咖啡栽培过程中至关重要的微量元素，再施以大量的石灰和肥料，已经丧失肥力的塞拉多田地就能再种咖啡了。除此之外，农学家又培育出杂交品种，生产过剩的情况更加严重。不过，这种杂交咖啡豆的味道并不好，但是却没人关注。这种杂交新品种可以抵御一整日的太阳暴晒，不需要遮阴树，但是却需要大量肥料才能长得旺盛，增加产量。○

为了缓解咖啡生产过剩的压力，1968年，巴西政府规定，铲除或烧毁数十亿株产能下降的老咖啡树，国际咖啡组织也成立多元化基金，鼓励咖啡农改种其他经济作物。这对大型种植园占主体的巴西而言，还算可行，但是对以家庭式小种植园为主的非洲国家而言，阻力很大，毕竟非洲的咖啡农就靠着仅有的那几棵咖啡树为生。比如，肯尼亚咖啡主要来源就是25万户小咖啡种植园。国际咖啡组织委员会主席、乌干达人罗杰·穆卡萨（Roger Mukasa）就提出过这样的问题："到底该砍哪家的咖啡树？砍了之后又让他们种什么呢？"

除了以上两个主要问题以外，国际咖啡配额协议也有一些其他问题，比如，印度和印度尼西亚的咖啡产量在不断增加，但是这些国家的出口配额并没有增加。一个印度的咖啡种植者匿名写道："我们这些咖啡出口小国提出了完全合理的配额调整要求，国际咖啡配额协议制定委员会根本就不理会，而且投票决定的时候，咖啡大国往往也占压倒性的投票权。"

思考饮料无用

20世纪60年代中期，美国人均咖啡消费量继续下降。国际咖啡组织

○ 卡杜拉是波旁咖啡的一个变种，20世纪50年代发现于巴西东南部的坎皮纳斯。卡杜艾是20世纪60年代用新世界和卡杜拉杂交的品种。1972年，有人写道："优质咖啡品种一个接一个地被种植在美洲的高山上，并得到收获，而非洲和亚洲则越来越缺乏优质品种咖啡。"

投票决定对每袋咖啡征收15美分广告赞助费,1966年,共筹集700万美元用于全球咖啡广告宣传,其中350万美元用于美国。国际咖啡组织聘请了可口可乐的广告公司——麦肯-埃里克森(McCann-Erickson),针对17~25岁的青年群体策划一场推广活动。麦肯公司的广告人提出了"咖啡,助你思考",以此作为宣传口号。每当刚成年的年轻人要做什么重大决策,或者碰到学习上的疑难问题时,喝杯咖啡,脑细胞会立马活跃起来,问题就迎刃而解。

可是,麦肯公司提出的这个广告方案适合富有逻辑和理性的群体,而当时的年轻人反理性,相当叛逆,渴望服用麻醉药和毒品来获得一种身体自发的快感。所以,这种"帮助思考的饮料"对他们来说毫无吸引力,兴奋药才是他们想要的。

美国国家咖啡协会也想方设法向年轻人推销咖啡,投入资金,协助大学校园、教堂和社团活动场所修建以年轻人为主的咖啡馆。泛美咖啡协会还自豪地声称,他们和一些非常重要的青年组织联系密切,专门为1965年新成立的国际人人至上(Up With People)协会供应咖啡。各大咖啡组织为了吸引年轻客户,各显神通,这些努力持续了好几年,但收效甚微。

1968年,美国总统大选,美国国家咖啡协会印发了58 000份《咖啡助选十二法》的小册子。各个助选委员会纷纷举办咖啡助选派对,本来都是文明礼貌的觥筹交错,但是,在芝加哥举办的民主党全国大会,竟然引来了反越战激进分子的破坏,他们和警察发生了激烈的冲突,震惊全国。没想到的是,不同年代的人对越战态度的不一致,导致了代沟加深,另一种形式的咖啡馆也应运而生,这种咖啡馆和国家咖啡协会与泛美咖啡组织预想的大相径庭。

反战大兵咖啡馆

弗雷德·加德纳(Fred Gardner)在路易斯安那州的波克堡军事基地

服役期间，经常光顾基地附近利斯维尔市的小酒吧，那里的咖啡都是用水稀释过的劣质品，价格也不低。几年后，他退役后回到旧金山，打算在有军队驻扎的城镇开咖啡馆，他很清楚，军队里免不了有很多被迫服兵役的嬉皮士，咖啡馆肯定能赚钱。1967年秋，加德纳跟德博拉·罗斯曼（Deborah Rossman）和唐娜·米克尔森（Donna Mickleson）合伙，在杰克逊堡军事基地附近，南卡罗来纳州的哥伦比亚开了美国第一家大兵咖啡馆。他们给咖啡馆起名为UFO，意图调戏美国劳军联合组织USO。在咖啡馆店内的墙上，钉着大幅的反主流文化人物的黑白肖像画，有拳王阿里、摇滚明星鲍勃·迪伦、黑人运动发起人斯托克利·卡迈克尔（Stokely Carmichael）以及发动越战的美国总统林登·约翰逊，他手里还牵着一条乱咬的猎狗。加德纳跟合伙人买了一台商用浓缩咖啡机，一个凯梅克斯（Chemex）美式手冲咖啡壶，还准备了很多品质上等的咖啡豆。不久，UFO咖啡馆开张，吸引了众多反战美国士兵。后来，军事情报局的探员开始调查UFO咖啡馆和里面的军人，加德纳回忆道："他们总是不停地问我们在咖啡里加了什么，以至于迷惑了美国大兵。"

1968年，加德纳的咖啡馆被迫关门，但是接下来的几年里，在社会活动家和政治家汤姆·海登、反越战领袖伦尼·戴维斯和女影星简·方达的大力支持下，全美军事基地附近开了20多家大兵咖啡馆。这些咖啡馆都严禁售卖毒品。方达还在咖啡馆里举办"政治杂耍表演"和音乐演出，演员唐纳德·萨瑟兰、音乐人康特里·乔·麦克唐纳和喜剧演员迪克·格雷戈里都上台助兴，这跟经常奔赴海外慰问演出的爱国喜剧演员鲍勃·霍普相得益彰。

1971年10月，这些反战咖啡馆引起了众议院国内安全事务委员会主席理查德·艾科德议员的注意，他跟国会议员们说："美国大部分军事基地周围都有反战咖啡馆，据说，这些咖啡馆和地下小报背后，是由新派左翼激进分子提供资金和人力支持的，这种现象相当普遍。咖啡馆已经成了服役激进分子的聚集地。"一位已经退休的海军陆战队官员也很不满地说："军事基地周围的反战咖啡馆利用摇滚乐、烂咖啡、反战文学作品和擅离职守小秘诀，搅乱了服役士兵的心。"

自古以来，执政者就对咖啡馆格外留心，反战咖啡馆也不自觉地重演了历史。1511 年，圣城麦加的总督凯尔贝格就曾试图关闭麦加的所有咖啡馆，认为咖啡馆是反动文学的发源地，会撼动其统治地位。如今，反战咖啡馆也成了美国人反对总统的大本营，包括当时的林登·约翰逊总统和 1968 年上任的理查德·尼克松总统。没想到，在倡导言论自由的美国，当局也有人试图关闭这些咖啡馆。最终，不是反战咖啡馆遭到纵火犯焚烧，就是咖啡馆支持者遭 3K 党迫害，或者被不明枪杀。幸存下来的咖啡馆也纷纷被迫解散，但这一切都不会影响到反战咖啡馆在美国历史上留下浓重的一笔。

"注意：咖啡有害健康"

1963 年，一份对 2000 多名工厂职工进行的调查显示，咖啡可能引发心脏病。其实，这种流行病学研究通常是以某抽样群体为研究对象，不考虑该群体所面临的其他可变因素，如工厂工作环境或职工饮食等，因此其可靠性很难评估。㊀第二年，一位海军预备部队资深外科医生 D.R. 许纳指出，经常喝咖啡的海军飞行员总是抱怨，"飞上天以后，心跳会加快"。虽然这种玩笑没有什么科学根据，但是却经常上新闻头条，所以格外引人注意。

1966 年，医生欧文·罗斯（Irwin Ross）在《科学文摘》(*Science Digest*) 中抨击咖啡："咖啡因是咖啡中的重要成分，也是一种毒药，向实验鼠的皮肤注射一滴咖啡因，几分钟后，老鼠就会死掉。在人的大脑中滴入微量

㊀ 例如，这些调查得出的结论是，蓝领工作者可能有 43% 的可能性死于心脏病，其次是白领工作者。那么，这是否意味着呼吸工厂里的空气会导致心脏病呢，又或者是等级划分，抑或是饮食习惯的原因？

咖啡因，人的身体就会抽搐，失去控制。"这种报道虽然属实，但却不公平，毕竟人不可能直接注射咖啡因，或者把咖啡因滴入大脑。罗斯医生还指责咖啡会造成胃溃疡、冠状动脉血栓、喉癌和胃癌以及神经过敏，尽管他还认为咖啡对于治疗偏头痛和气喘有很好的帮助作用。

《茶和咖啡贸易》的技术编辑塞缪尔·李（Samuel Lee）写道："咖啡界目前所面临的一个新的难题正在浮出水面。严肃的科学工作者们想方设法要证明长时间、持续、大量喝咖啡可能会中毒，危及身体健康。"两年后，塞缪尔·李又开始担心，如果这种企图证明咖啡对身体造成不良影响的研究继续下去，最终可能会像香烟包装上一样，在咖啡包装上印上标签："注意：咖啡有害健康。"

为了遏制这种情况继续下去，1969年，美国国家咖啡协会组建了科学顾问组，主要由像通用食品、雀巢、宝洁等大企业出资赞助的科学家组成。他们还聘请了理特咨询公司（Arthur D. Little Company），希望他们帮忙列出能够抵消对咖啡产生负面影响的实验。15年内，国家咖啡协会总共花了300万美元，做了20多项实验。

然而，声称咖啡有害健康的报道还是没有停止。1971年，哈佛大学研究员菲利普·科尔（Philip Cole）发表研究报告，指出咖啡可能与膀胱癌有关，特别是女性。1972年和1973年，波士顿大学的赫舍尔·吉克（Hershell Jick）及其同事指出，对病人的临床调研显示，大量摄取咖啡和心脏病确实有关系。日本、德国、法国和英国还有研究指出，给怀孕的实验鼠注射或者喂食大剂量的咖啡因后，相比较适量摄取咖啡因的怀孕鼠，生出的小老鼠先天缺陷更多。

不久，所有丑化咖啡的论点都得以澄清，因为新的实验发现，之前丑化咖啡的各种指控都无法通过实验重现，以前的报告都需要修改。但是，媒体喜欢渲染吓人的消息，咖啡危害健康的报告就上了头版，给公众留下了不良印象，最后，证明所有对咖啡的指控都是无稽之谈，这类消息就被抛到了报纸的末版。人们顾及自己的健康，低咖啡因咖啡销量大卖，从1970年到1975年销量上涨了70%，占美国家庭咖啡消费量的13%之多。

通用食品的桑卡低咖啡因咖啡最为成功，而且利润空间比普通咖啡还高。1976年，通用食品公司灵机一动，请演员罗伯特·扬为桑卡咖啡做广告，当时，扬刚在医务类电视剧《马库斯·韦尔比医生》中扮演过医生的角色，他对观众说："如果不喜欢含咖啡因的咖啡，医生通常会建议饮用桑卡低咖啡因咖啡。"后来，在广告中，扬饰演医生去参加一场晚宴，看到丈夫菲尔因为咖啡这样的小事，就对妻子大发雷霆，于是他就建议妻子购买桑卡咖啡，因为它"味道和普通咖啡一样好"。1971年，雀巢推出冷冻干燥法做出的"品味之选"低咖啡因咖啡，这和通用食品发明的冷冻干燥法做出桑卡咖啡以及边际（Brim）咖啡几乎一模一样。桑卡咖啡对身体有益的形象已经深入人心，边际咖啡就瞄准了那些在天然食品商店徘徊、重视健康的年轻人。可口可乐收购的坦科咖啡也开始做低咖啡因咖啡，然后提取出来的咖啡因正好用在可口可乐中。美国低咖啡因生产厂已经排满，于是很多烘焙商把咖啡豆送到德国，在德国的高科技工厂夜以继日地生产低咖啡因咖啡。

不久，低咖啡因咖啡也遭到了危害健康的指责。1975年，国家癌症研究所的一份研究表明，在实验鼠体内注射大剂量的三氯乙烯（TCE）溶剂，会引起实验鼠出现癌细胞病变。其实，三氯乙烯是用来萃取咖啡生豆中的咖啡因的，萃取之后，生豆中溶剂就只有微量残存，再经过高温烘焙，就烧尽了。通用食品公司一位管理人员气急败坏地说，研究所给实验鼠注射的三氯乙烯剂量，大约需要一个人每天喝下5000万杯低咖啡因咖啡，持续一辈子，才能累积到给实验鼠注射的剂量。不过，通用食品和其他烘焙商还是抛弃了三氯乙烯，采用二氯甲烷作为溶剂。

罗伯特·扬扮演过《百科老爸》中的保险推销员老爸和《马库斯·韦尔比医生》中的医生后,成为桑卡低咖啡因咖啡的最佳广告代言人。虽然罗伯特·扬在现实生活中备受抑郁和酗酒之苦,但他仍以父亲般的慈爱,从医学角度向人们宣传避免摄入咖啡因。

咖啡配额协议失效

1969 年春,国际咖啡价格下跌到每磅 35 美分,拉丁美洲和非洲九大咖啡生产国(巴西、哥伦比亚、萨尔瓦多、埃塞俄比亚、危地马拉、科特迪瓦、墨西哥、葡属安哥拉、乌干达)齐聚日内瓦,商量应对措施,要求制定合理的出口配额协议。当年 7 月,巴西巴拉那州再次遭受霜冻灾害,当年的咖啡产量损失 10%,第二年产量要损失 30%,正是这次霜冻推动了九国在日内瓦召开会议。11 月,咖啡价格每磅上涨 10 美分,触发了国家咖啡配额协议碰到咖啡涨价则自动增加出口配额的机制。咖啡生产国虽然增加了出口配额，1970 年年初，巴西桑托斯豆还是超过了每磅 50 美分。巴西最近几年已经焚烧了大量咖啡树，如今又开始保护咖啡树，计划 3 年之内再种两亿棵新树。巴西还有 3700 万袋剩余咖啡豆，但存量逐年减少。美国国会又要开始为国际咖啡配额协议的实施与否进行投票，此时，为了让美国国会通过投票，1970 年 8 月，咖啡生产国同意再次上调各国出口配额，以增加市场咖啡投放量，稳定价格。

1970 年，巴西的巴伊亚州发现叶锈病。很有可能是非洲访客的衣物将病毒带到了拉丁美洲。很快，调查研究发现，圣保罗州和巴拉那州的部分咖啡树也染上了叶锈病。巴西人为了阻挡叶锈病进一步蔓延，放火烧掉了 40 英里长、500 英里宽范围内的所有咖啡树，但是，病菌还是越过了火墙。10 年内，叶锈病不断向北蔓延，侵袭了中美洲地区。巴西已经种了少量抗病力强的罗布斯塔豆，现在没办法，只能增加这种劣质豆的耕种面积。

1971 年 8 月 15 日，美国总统尼克松宣布美元停止兑换黄金，暂时保持工资和物价不变。为了支付高额的国防预算和社会福利费用，同年 12 月 20 日，尼克松宣布美元对黄金贬值 8%。此举降低了咖啡的实际价格，咖啡生产国便要求合理调整价格。以美国为首的咖啡消费国断然拒绝。参加日内瓦会议的九大咖啡国，学习石油卡特尔——石油输出国组织（OPEC，欧佩克）的做法，宣布不按照国际咖啡配额协议中规定的出口配额执行，减少咖啡出口量，以此哄抬咖啡价格。

美国国家咖啡协会和国务院声称，鉴于九大国的举措，美国认为国家咖啡配额协议已经没有必要继续存在下去了。1972 年夏天，咖啡价格果真上涨了 25%，咖啡消费国纷纷指责九大国。国际咖啡协议委员会开会，重新商量修改协议，但两方都不肯妥协，1972 年 12 月 11 日，国家咖啡配额协议失效。

配额协议终止后，纽约咖啡与蔗糖交易所重现生机，咖啡只能通过公开市场买卖，完全由市场支配。1972年8月24日，有人预测配额协议很可能失效，于是签订了第一份咖啡期货合同。合同中一共有5笔期货交易，每笔250袋咖啡，预定1973年3月以每磅53美分成交。1972年年底，每磅咖啡的价格就已经涨到了61美分，差价很大，咖啡交易市场马上火起来，交易者拿着上千张未结清的期货合同，可以赚一大笔。

日本和欧洲的咖啡市场情况

国际咖啡配额协议中规定，日本属于新兴咖啡市场，享有低价进口咖啡豆的优惠。配额协议取消后，日本进口咖啡的价格就和其他咖啡进口国一致了。1973年以前，日本咖啡进口量剧增，通用食品和雀巢都已经在日本设立工厂，生产速溶咖啡。日本人希望西化，所以非常欢迎美国最具代表性的饮料——咖啡和可口可乐。每年，日本咖啡馆数量会增加20%。20世纪70年代中期，仅日本首都东京就有21 000个咖啡馆。咖啡的定价也比美国咖啡高，但是日本人愿意买来作为身份的象征。

1969年，上岛咖啡公司首次在日本引进了开罐即饮罐装咖啡。5年后，可口可乐推出乔治亚咖啡（Georgia Coffee），这是一种罐装甜咖啡，该咖啡的广告嘲讽《飘》中的男主人公白瑞德宁愿选择咖啡，也不选女主角郝思嘉。这种罐装咖啡饮料在日本很受欢迎，自动贩卖机里冷热皆有。1975年，日本人每年要消耗2000万箱这种罐装咖啡，每年咖啡销售总额已经超过1亿美元。

欧洲的速溶咖啡占咖啡市场的18%，当然，各国情况有所不同。英国和西德占了欧洲速溶咖啡消耗量的2/3。北欧人钟情于高品质的普通冲泡咖啡，意大利人喜欢浓缩咖啡和那不勒斯炉面煮咖啡器，法国人喜欢速溶咖啡和菊苣混合咖啡，这种混合咖啡也占了瑞士咖啡消费量的一半，毕竟瑞士是全球最大的速溶咖啡制造商——雀巢咖啡的家乡。

欧洲的各大咖啡烘焙商也随着工业化和城市化的步伐不断扩张，这些大烘焙商有荷兰的杜威·埃格伯茨、德国的雅各布斯、爱杜秀和奇堡、意大利的乐维萨和瑞典的耶瓦利亚（Gevalia，1970年被通用食品收购），小型咖啡烘焙商则逐渐退出市场。德国的奇堡和爱杜秀已经在欧洲开了上千家零售店，销售阿拉比卡整豆咖啡和一些小礼品。欧洲已经逐渐从二战中恢复，20世纪70年代，欧洲咖啡业发展到顶峰，由于人均咖啡消耗量保持不变，咖啡业稳定在了最高点。从1950年以后，欧洲和美国的咖啡发展完全相反，美国咖啡消耗量一路下滑，欧洲则一路上涨。70年代，欧洲咖啡消费量约占全球一半，美国消费量则不足40%。

罗布斯塔豆之王和布隆迪大屠杀

20世纪70年代早期，由于独立后连续不断的种族部落冲突和政治上的腐败，非洲的咖啡生产国仍然困难重重。刚果民主共和国在独裁者蒙博托·塞塞·塞科的统治下，咖啡要集中起来，通过咖啡局才能出口，而蒙博托及其同党则利用这个咖啡局谋取大部分利润。1970年，纽约咖啡生豆进口商克劳德·萨克斯（Claude Saks）访问刚果。首都金沙萨官员摆出一副"憎恨白人"的态度，一个士兵差点射杀了萨克斯，幸好萨克斯用钱求饶，逃过一劫。萨克斯说："在刚果，只要发生骚动和破坏，士兵就有钱赚。"萨克斯和他的父亲，也就是G.M.萨克斯公司的创始人，一起把低等级的罗布斯塔豆生意做大，成了"罗布斯塔豆之王"。

年轻的萨克斯很不满意父亲的保守，1972年，他和父亲分道扬镳，跟别人合伙成立了萨克斯国际咖啡公司（Saks International），随后兼并了一家荷兰商品公司——多方贸易（Multitrade）。萨克斯认为："咖啡界的人举止优雅，懂得品酒、赏画、音乐和政治，是有教养的绅士，但是，如果你让他们赚不够钱，他们也会毫不犹豫狠狠地收拾你。"

1972年秋，克劳德·萨克斯飞到非洲布隆迪，当时布隆迪的少数民族图西人统治人口占绝大多数的胡图人，种族冲突不断。当年4月，年轻的胡图族首领发动起义，结果是图西人伤亡很少，继续统治。为了报复，图西人发动了一场对胡图族的大屠杀，持续了长达4个月之久。萨克斯了解到，图西人控制的政府打算对所有出口贸易进行国有化管理，于是他拜见了农业部部长，该部长也是一个图西人，萨克斯送上一个塞满当地货币的信封作为见面礼，以巩固关系。萨克斯说："我觉得，这和去餐厅吃饭，给大堂经理塞点小费就能坐一个好位置，是一个道理。"

1972年，超过10万胡图人在图西人发动的大屠杀中丧命，也有人估计死亡人数更多，可能多达25万人。非洲其他国家没有介入进来，因为自己国家的种族冲突也不断发生，自顾不暇。联合国也没有采取任何行动，联合国当时还在犹豫是否应该介入黑人统治的国家。美国国务院除了终止和布隆迪的文化交流外，束手无策。

其实，美国可以采取的最有效措施就是拒收布隆迪的咖啡，毕竟布隆迪的咖啡80%卖给了美国进口商，而该国的经济全靠咖啡维系。1973年，新一轮的屠杀又开始之时，美国国务院的赫尔曼·科恩对国会委员会说，我们考虑过拒收布隆迪的咖啡，但这样一来，不仅制裁了图西人，胡图人也跟着遭殃，他们就没钱买面包、药物、衣服和其他生活必需品，简而言之，拒收咖啡是不符合人道主义的措施。

卡内基国际和平基金会（Carnegie Endowment for International Peace）代表罗杰·莫里斯强烈反对，他说："大部分的咖啡生意都是和图西人做的，毕竟咖啡收入是图西人掌握政权的经济基础。大约只有1/7的生意可以留给胡图人。而且布隆迪对美国而言并没有什么战略利益可言，其出口给美国的咖啡量也不大，可有可无，这正是美国按照国际道德实现理想、履行人权承诺的最佳时机，而这场悲剧正是人权问题导致的。"

1973年感恩节前，克劳德·萨克斯在纽约富丽堂皇的瑞吉酒店会见布隆迪国家银行主席和副主席，与他们一起用餐。穿着讲究的图西人喝多了以后，竟然说："你知道，我们国家近期有些混乱……"萨克斯听了以后，心想，天啊，这是什么鬼话，10万人死亡，10万人逃亡，这岂是"混乱"一词能形容的。图西人向萨克斯解释道:"咖啡采摘之前,胡图的咖啡农都撤离了,但是我们银行还有 16 万袋存货。"于是,萨克斯买下了其中的 10 万袋。

星巴克的浪漫时期

精明的商人克劳德·萨克斯靠低廉的罗布斯塔豆赚了大钱,通用食品公司、宝洁公司、雀巢公司和雅各布斯公司争夺罐装咖啡大市场,然而,婴儿潮时代成长起来的新一代年轻人对这些劣质咖啡很不满,他们追求高品质咖啡。这批年轻人中的很多人,要么曾搭车游历过欧洲,要么曾在欧洲的驻军中待过,体验过欧洲的浓缩咖啡、精品咖啡店和咖啡馆的乐趣。经过各国美味的熏陶,他们的品位提高了,回国后,在坊间寻找对咖啡品位同样很高的志同道合者。后来,他们发现,只能从小咖啡烘焙商那里找到香醇的新鲜烘焙整豆咖啡。其中不乏拜访伯克利的皮特咖啡店,一进店就闻到香气扑鼻而来,然后深受鼓舞开始做高品质咖啡的人。

20 世纪 70 年代,尽管咖啡业着力吸引婴儿潮一代中的嬉皮士,但这批青年最后却成了"百事一代"。

西雅图大学的3名学生,杰里·鲍德温(Jerry Baldwin)、戈登·鲍克(Gordon Bowker)和泽夫·西格(Zev Siegl)曾一起游历欧洲。1970年,他们都已经到了奔三的年龄,一起回到西雅图。戈登·鲍克给一家地区性杂志写文章,还开了一家广告公司。杰里·鲍德温和泽夫·西格当起了老师。

戈登·鲍克为了寻找上等咖啡,定期开车到加拿大不列颠哥伦比亚省的温哥华市,就为了在当地的莫奇咖啡与茶叶精品店买咖啡。1970年的一天,戈登·鲍克一如往常前往温哥华买咖啡,突然一个想法闪过——在西雅图开一家咖啡店!几乎就在同一时间,杰里·鲍德温的一个朋友从伯克利的皮特咖啡店订购一些咖啡豆,拿来现煮给他喝,没想到喝后口舌留香,于是,杰里·鲍德温也产生了和戈登·鲍克一样的想法。他们要一起在西雅图开一家小型高品质烘焙咖啡店,然后他们俩又找到泽夫·西格,三人一拍即合。

泽夫·西格前往旧金山海湾地区,拜访阿尔弗雷德·皮特和其他几家小型精品咖啡烘焙商,比如吉姆·哈德卡斯尔、格菲奥和弗里德、特勒与弗里德等。最终皮特同意为他们3人供应烘焙好的咖啡豆。杰里·鲍德温回忆说:"皮特真是慷慨大方,经他同意,我们照搬了皮特店内的装修和摆设。"圣诞节假期,他们轮流到伯克利,在皮特的店里打工,探索咖啡的奥秘。他们在西雅图的西大街找到一家破旧的二手店铺,以每月137美元的价格租下来,重新装修,粉刷一新。杰里·鲍德温去学习了会计课程,3个朋友每人出资1500美元,再从银行贷款5000美元,筹齐了资金。他们在皮特的帮助下,买齐了磨豆机、冲煮机和其他咖啡用品,还有一些散装茶叶。

万事俱备,即将开业之际,他们发现店铺还缺个名字。杰里·鲍德温说:"如果以我们3个的姓氏为名,即鲍克、西格和鲍德温,但这看起来像是一家律师事务所,可我们都希望店名是个姓氏,这样比较有归属感,代表所属含义的'S'打头的词似乎比较合适。我们想了很多名字,比如 Steamer、Starbo 等。受到 Starbo 的启示,戈登脱口而出'Starbuck'。"他们 3 个都酷爱文学,于是一下子喜欢上了这个名字,因为赫尔曼·梅尔维尔的《白鲸记》中亚哈船长的大副以及《造雨人》中的人物都叫 Starbuck。而且星巴克(Starbucks)这个名字读起来朗朗上口,写起来格式工整。

3 个好朋友选定了一幅 16 世纪斯堪的纳维亚赤裸着乳房的双尾美人鱼木雕图案做商标,1971 年 5 月 30 日,星巴克开张,主售新鲜烘焙的整豆咖啡和牛奶等咖啡搭配品,一炮而红。前 9 个月,总营业额有 49 000 美元,虽然不足以维生,但却相当鼓舞人心。第二年,合伙人开了第二家店,这时候,阿尔弗雷德·皮特对他们 3 个说:"你们成长得太快了,该买个烘焙机自己烘豆子了。"

1971 年,杰里·鲍德温、戈登·鲍克和泽夫·西格(从左到右)3 人在西雅图创立星巴克,为当地顾客供应新鲜烘焙出炉的整豆咖啡。

1973年,他们又开了第三家店,杰里·鲍德温回忆时说:"当时我店里的雇员赚的钱比我还多,但我觉得很有意思,回想起来,我真觉得这是一段浪漫梦幻的时期,没想到这么多年轻人都成了咖啡迷。"

上帝馈赠之礼

1969年,31岁的社工保罗·卡策夫(Paul Katzeff)发觉自己开始染上毒瘾,于是决定搬家,换个环境。他说:"我觉得自己需要离开纽约,寻找属于自己的一片天地,正如卡洛斯·卡斯塔尼达在《巫士唐望的教诲》中所倡导的那样上路修行。"保罗·卡策夫买了一辆旧的马克卡车,在车后面装了一个烧木头的炉子和一个水床,一路向西开去。到达科罗拉多州的阿斯彭后,他决定在这个旅游城市开第一家咖啡馆。

卡策夫给咖啡馆起名为"感恩咖啡馆",咖啡馆为每个客户提供一个小的美乐家自流式咖啡壶,这样,每个顾客都可以亲眼看到咖啡的冲泡萃取过程。很快,他就开始向当地3家杂货店供应包装好的咖啡豆,包装上印着"感恩咖啡公司出品"。感恩咖啡馆也一炮走红,但是他赚不到钱,据卡策夫说:"我给我那些嬉皮士朋友们提供工作,但是回过头来,他们却从我的店里偷东西。"

1972年,感恩咖啡馆关门,卡策夫把咖啡烘焙机和磨豆机扔到马克卡车的后面,继续向西,到达加利福尼亚州,终于做起咖啡批发生意,专门向提供住宿和早餐的旅馆、宾馆和企业供货。1975年,他成功说服加利福尼亚州一些当地的超市售卖散装感恩咖啡。没多久,卡策夫也做起邮购生意。卡策夫回忆说:"我没有什么包袱,事先也没想过那么多,当我进入咖啡业的时候,我发现这个行业都是些老古董,没什么创意,或许,我是上帝派给咖啡业的一个小礼物。"

咖啡情缘

厄娜·克努森（Erna Knutsen）5 岁的时候，从挪威搬到纽约，结过 3 次婚，最后辗转到加利福尼亚州，真是历经多年磨难，终于找到了自己理想的职业。

1968 年，厄娜·克努森（克努森是她跟着丈夫的改姓，她原名叫厄娜·圭列里）已经 40 岁出头，在旧金山一家老牌咖啡和香料进口公司——B.C.爱尔兰公司当秘书，这才开始接触咖啡业，她的老板是伯特·福尔摩。20 世纪 70 年代初，在老板的鼓励下，厄娜·克努森逐渐发展起自己的咖啡生意。当时 B.C.爱尔兰公司进口咖啡都是 250 袋一货柜批发，有时候就会剩下一些优质的阿拉比卡咖啡豆，装不满一个货柜，就交由厄娜·克努森处理，当时，加利福尼亚州沿岸有很多小型咖啡烘焙商，厄娜·克努森就把这些咖啡豆卖给他们。因为这些小烘焙商都很重品质，她要想和这些人做生意，就得能说出每批咖啡豆的酸度、醇厚度、香味和风味，所以厄娜·克努森想培养自己的专业素养，于是她跟老板说，她想学习杯测，探索咖啡的奥秘。但是 B.C.爱尔兰公司的男员工都极力反对，其中竟有人说："要是这个笨女人跟我们一起品咖啡，那我们就走。"

但是厄娜·克努森坚持不懈，1973 年，她终于走进了咖啡杯测室。厄娜·克努森说："他们都嘲笑我，说我不会品，不过一开始，我确实非常小心。"但是，没多久，她就学会了快速啜吸的动作，让空气和咖啡在嘴里充分融合，用味蕾鉴别咖啡的芳香。她说："我的味觉敏锐、记忆力好，从此总算找到了一生的挚爱，带着极大的热忱钻进了咖啡的世界。"

厄娜·克努森对咖啡的热忱和专业的品测技能，深深吸引了当地的咖啡烘焙商，也为她自己赢得了"好豆长老"的名声，厄娜·克努森把咖啡豆称作"绿宝石"，所以她自己也有"绿宝石"的称号。厄娜·克努森和非洲、夏威夷、中美洲、牙买加的咖啡掮客都有很硬的关系。曾经有一段时间，美国的很多咖啡进口商为了在廉价劣质咖啡豆之争中保有优势，进货的时候每一美分都抠得很紧，而厄娜·克努森则肯为好咖啡出大价钱，这些优质咖啡豆本来都只卖给欧洲和日本。同样，厄娜·克努森的顾客也都很愿意买这些优质咖啡。

20世纪70年代初期，厄娜·克努森经过努力，进入一直以来由男性独霸一方的杯测室，成为精品咖啡进口商中的女中豪杰，图中克努森正在寻找合心的"绿宝石"。

1974年，《茶和咖啡贸易》做了一期厄娜·克努森的专访，就是在这次专访中，厄娜·克努森创造出了"精品咖啡"（specialty coffees）这个术语，专指在最有利的微型气候与水土下栽培出的风味独特、带有地域特色的咖啡。比如厄娜·克努森自己卖的印尼西里伯斯岛卡罗西、埃塞俄比亚耶加雪啡和也门摩卡等。这个词成为当时新兴起的精致咖啡运动的代名词。厄娜·克努森非常看好精品咖啡的未来，她说："重视咖啡品质的人越来越多，尤其是年轻人，所以，我敢肯定，精品咖啡业一定会继续发展下去。"就像那些懂得品尝红酒的人一样，咖啡内行自会找到"大家都买得起、价格最合适的奢侈品"。

终极审美家

1968~1974 年，乔治·豪厄尔（George Howell）住在旧金山海湾区，已经习惯了喝那里的精品咖啡，1974 年，他从加利福尼亚州搬到波士顿。没想到，到波士顿以后，豪厄尔翻遍了波士顿的城市黄页，似乎除了速溶咖啡和罐装咖啡粉外，一直找不到合口味的咖啡豆。最终，他在高级芝士店里找到一些散装咖啡豆，但皆因在罐子里放置太久，不新鲜或者变质了。豪厄尔异常失望，决定从厄娜·克努森那里进精品咖啡豆，然后自己开一家咖啡馆。

豪厄尔曾在耶鲁学过艺术史和文学，之后在加州开过美术展馆，极具审美情趣，因此他把品尝咖啡也看作一种审美体验。他说："开咖啡馆是最适合我做的事情了，不仅可以在咖啡馆里展览艺术品，还可以享受品尝咖啡本身的乐趣，一举两得。"

1975 年 4 月，豪厄尔的妻子劳里（Laurie）和搭档迈克尔·达·席尔瓦（Michael Da Silva）帮豪厄尔在哈佛广场开起了"咖啡情"咖啡馆。店内主卖整豆咖啡，不过也加了长长的桌椅，供人们小憩聊天。豪厄尔回忆说："我们几乎是一夜成名。"后来，他在 10 英里外的马萨诸塞州伯灵顿开了一家烘焙厂，夜以继日地学习烘焙咖啡。他说："顾客的热情是我学习最大的动力，他们就像是从干涸沙漠中走出，刚刚发现绿洲一般饥渴。"

精品咖啡蔓延

20 世纪 70 年代早期，美国和加拿大的精品咖啡烘焙商和咖啡馆蔚然成风。格雷迪·桑德斯（Grady Saunders）在美国阿拉斯加州首府朱诺开了畅饮咖啡（Quaffs），不久更名为传统咖啡公司（Heritage Coffee Company）。保罗·莱顿（Paul Leighton）和凯西·莱顿（Kathy Leighton）在俄勒冈州的尤金市开始了咖啡生涯，开了家咖啡角咖啡馆（Coffee Corner），鲍勃·辛克莱（Bob Sinclair）则在圣迭戈创立了潘尼金咖啡与茶叶店（Pannikin Coffee & Tea）。比尔·博伊尔（Bill Boyer）在科罗拉多州首府丹佛成立了博伊尔咖啡公司（Boyer Coffee Company），马蒂·埃尔金（Marty Elkin）在新罕布什尔州成立优质咖啡（Superior Coffee），后更名为埃尔金咖啡（Elkin's）。加拿大温哥华有莫奇咖啡和茶叶店，蒂莫西·斯内尔格罗夫（Timothy Snellgrove）创立蒂莫西咖啡世界（Timothy's Coffee of the World），弗兰克·奥戴（Frank O'Dea）和汤姆·卡利根（Tom Culligan）在多伦多一个商业街开了家第二杯咖啡（Second Cup）。

有些家族咖啡烘焙商的后代也是精品迷，他们和父辈的经营理念有别，于是自己出来单干。吉尔·布罗肯伯勒（Gill Brockenbrough）家族的第三代人在地势低洼的弗吉尼亚州创立了第一殖民地咖啡（First Colony），艾伦·罗斯曼（Alan Rossman）创立了范克兰咖啡（Van Courtland Coffee），为纽约老牌机构咖啡——韦克斯勒注入新鲜血液。唐纳德·舍恩豪特和海·沙波特（Hy Chabott）在曼哈顿地区开了好几家吉利斯精品咖啡零售店。匹兹堡的尼克·尼古拉斯（Nick Nicholas），把尼古拉斯咖啡（Nicholas Coffee）转型成为一家地区性的精品咖啡公司。彼得·隆戈（Peter Longo）继续做波多黎各咖啡豆进口生意，在纽约格林尼治村开咖啡店。马克·蒙塔诺斯（Mark Mountanos）和迈克·蒙塔诺斯（Mike Mountanos）兄弟俩出身于旧金山一个咖啡世家，既卖咖啡生豆，也卖烘焙咖啡豆。皮特·麦克劳克林（Pete McLaughlin）创立皇家咖啡，专做高级精品咖啡生意，跟厄娜·克努森相互竞争。卢西诺·雷佩托（Luciano Repetto）则继承传统家业，继续经营格菲奥咖啡，为当地的高级餐厅烘焙阿拉比卡综合豆。

当时还出版了几本权威的咖啡专著，足以证明人们对精品咖啡的兴趣。英语教授肯尼思·戴维斯（Kenneth Davids）在伯克利开了一家咖啡馆，一年后，他开始撰写《咖啡选购、冲泡和品味指南》（*Coffee: A Guide to Buying: Brewing & Enjoying*），读者可以从中学到一些基本的咖啡知识，书中评价了不同国家生产的咖啡口味，购买磨豆机的建议以及咖啡冲泡说明。乔尔·夏皮拉和父亲戴维及弟弟卡尔，合著了《咖啡与茶叶手册》（*Book of Coffee & Tea*）。

1972年10月，咖啡先生（Mr. Coffee）电动滴滤式咖啡壶在美国上市，这是美国咖啡繁荣的另一个开始。邦恩咖啡已经做了20多年的商用电动咖啡壶，主要用于餐厅，这次推出的咖啡先生电动滴滤壶标志着邦恩进入家用咖啡壶市场。德国博朗（Braun）、通用电气、德国美乐家（Melitta）、雷克（Norelco）、宝膳力（Proctor-Silex）、光达（Sunbeam）、西本德（West Bend）等家用电器品牌也立即推出电动滴滤壶，抢占市场。1974年，美国卖出的1000万台咖啡壶中有一半是电动滴滤壶。这种新式的家用咖啡壶确实有一些缺点，例如水温不够高、冲泡时间不足或者过长、咖啡盘过热等，但是，相比以前的滴滤式咖啡壶已经有了很大改进，电动滴滤式咖啡壶让普通家庭更容易泡出美味的咖啡。㊀

20世纪70年代初期，也有一些杂志报道了精品咖啡。1972年，居家生活杂志《日落》（*Sunset*）中有一篇文章简单介绍了咖啡酸度、醇厚度、烘焙度以及搭配法，文中写道："精品咖啡店值得我们探索，因为你在这些咖啡店可以找到真正懂咖啡的人，可以和他们学习交流。"然而，咖啡界的专刊《茶和咖啡贸易》似乎忽视了这股精品咖啡热潮。大型咖啡烘焙商对精品咖啡也不屑一顾。吉利斯咖啡的创始人唐纳德·舍恩豪特说："咖啡界巨头都以为，精品咖啡也是一阵时尚风而已，就像吉露果冻一样，很快就会退出人们的视野。"

1972年，通用食品公司推出高价的调味速溶咖啡，里面含有速溶咖啡、非乳脂奶精、糖和其他调味品，号称和"欧洲等国外咖啡馆的口味一

㊀ 1975年有一件不同寻常的事，也反映出美国新一代对精品咖啡的兴趣。当时，纽约州萨福克县的一位联邦法官请一位法庭治安管理员到法庭外面的茶点车上帮他买一杯咖啡。结果咖啡很难喝，于是法官勃然大怒，下令抓捕这个卖咖啡的小商贩，并将其带入审判庭，法官对其严厉警告，除非他保证以后再也不提供劣质咖啡，才会将其释放。

样"。希尔斯兄弟和加拿大的康乃馨咖啡（Carnation）也纷纷效仿。尽管这些大型咖啡烘焙商纷纷推出效仿高品质精品咖啡的产品，宣传做得很好，增加了市场占有率，但是他们推出的这些咖啡产品和皮特的精品咖啡却有着天壤之别。

科拉姑妈大战奥尔森女士

20 世纪 70 年代初，通用食品的咖啡销售额占美国咖啡销售额的 1/3，旗舰品牌麦斯威尔占研磨咖啡市场 24% 的份额，旗下的速溶咖啡占了 50% 的市场份额。宝洁旗下的福尔杰在速溶咖啡市场根本无法和通用食品抗衡，但研磨咖啡占据 20% 的市场份额，接近麦斯威尔。希尔斯兄弟只占到咖啡市场份额的 8%，标准品牌旗下的蔡斯和桑伯恩更少，只占 4.3%，只略高于可口可乐旗下的马里兰俱乐部咖啡和白胡桃咖啡（Butternut）。A&P 由于管理不善，其连锁店内的咖啡销量也已经落后于克罗格连锁店。超市里面那些杂牌咖啡，面临麦斯威尔和福尔杰这些咖啡巨头强大的广告攻势与低价促销，已经招架不住，逐渐撤柜。

但是，美国人均咖啡消费量仍在逐年缓慢下跌，从 1962 年每天人均 3.1 杯降到了 1974 年的 2.2 杯，大型咖啡烘焙商不想办法开创新的市场，还在不断争夺已经逐渐缩小的市场。这些大烘焙商选择的广告代言人多为中老年名流，由此可以看出，他们实际上已经放弃了年轻人的市场。

通用食品和雀巢多年来一直在竞争冷冻干燥法制作的速溶咖啡市场。通用食品公司花了近 4 年时间，才把麦氏咖啡推向全国，一年 1800 万的研究经费用于麦氏咖啡，是通用食品有史以来用于新产品研发最大的一次单笔投资。为了竞争，雀巢适时推出了品味之选（Taster's Choice）。两家公司每年花在新产品宣传上的经费都有 1000 万美元。超过一半的美国家庭都收到过通过邮寄赠送的速溶咖啡赠品。

品味之选的广告称："咖啡壶煮出来的醇厚口味和沁人心脾的香味，

品味之选都能给您！"当然，这种广告实在吹嘘得太过分了，麦氏和品味之选的广告之所以要强调和现煮咖啡的区别，主要是为了避免跟自己旗下已有的速溶咖啡形成竞争。雀巢公司为了区别雀巢速溶咖啡，专门给新咖啡起了个毫不相干的名字，而麦氏咖啡显然就是麦斯威尔咖啡的简化版。因此，麦氏咖啡的推出，严重降低了麦斯威尔速溶咖啡的销量，而品味之选则荣登销量榜首。

福尔杰和其他小公司不愿意和这两家资金雄厚的大公司竞争，于是将速溶咖啡粉凝成小颗粒，让其看起来更像普通研磨咖啡，味道也一样。福尔杰广告宣传称，"这种速溶咖啡比冷冻干燥法更先进"。20世纪70年代早期，所有大型咖啡烘焙商都没想过提高咖啡质量，而是不断想办法改进竞争策略，寻求制作技术和冲泡装置创新，进一步细分市场。通用食品还发明了麦斯网（Max-Pax），这是一种预先称量好的装有研磨咖啡的滤网。可口可乐则推出冰镇咖啡。其他公司推出罐装咖啡糖浆，或者把冷冻干燥法制作的速溶咖啡按冲泡一杯的定量进行小包装，再送一个勺子，以便搅拌。

20世纪70年代，宝洁和通用食品这两大食品巨头争夺咖啡界统治地位之战正式打响。宝洁旗下的福尔杰咖啡主要市场在美国西部，但是通用食品负责麦斯威尔咖啡的市场战略分析家已经肯定，福尔杰一定会进入东部市场。1971年，麦斯威尔咖啡的管理人员组成了一支"抵御福尔杰小组"，并请教了奥美广告公司。[一]最后得到两个完全相反的方案。第一个方案是，通用食品创造一个新的品牌——地平线，模仿福尔杰，也采用红罐包装，福尔杰咖啡豆号称"高海拔种植"，地平线咖啡就号称"人工采摘"，再加上大量赠品，他们希望地平线咖啡能对福尔杰东进起到牵制作用，不致影响麦斯威尔在东部地区的平稳发展。

[一] 奥美广告公司曾代理过麦斯威尔的咖啡广告。通用食品一直用扬·罗比凯广告公司为其桑卡咖啡做广告。雀巢公司则请李奥贝纳广告公司为其"品味之选"和雀巢咖啡进行广告策划，并请凯斯和麦格拉思（Case & McGrath）为其低咖啡因咖啡做广告。福尔杰则请了坎宁安和沃尔什（Cunningham & Walsh）广告公司。

通用食品对付福尔杰东进的另一个方案是,为麦斯威尔塑造一个形象代言人——科拉姑妈,她在乡下经营一个小商店,说话心直口快,对麦斯威尔咖啡因循守旧的美德赞不绝口,其实,科拉姑妈是为了迎战福尔杰咖啡的代言人奥尔森女士。麦斯威尔请1939年出演《绿野仙踪》,扮演邪恶的西方女巫一角的老演员玛格丽特·汉密尔顿来扮演科拉姑妈。汉米尔顿扮演的这位善良、受人尊敬的科拉姑妈确实是个宣传咖啡的好手。1971年秋,福尔杰奥尔森女士的广告出现在俄亥俄州的克利夫兰电视中后,科拉姑妈广告也立刻在克利夫兰的电视中播出,1973年,科拉姑妈的广告在费城和匹兹堡播出,1974年在纽约州锡拉丘兹播出。人们把这场市场争夺大战称为"两个老太太的战争"。

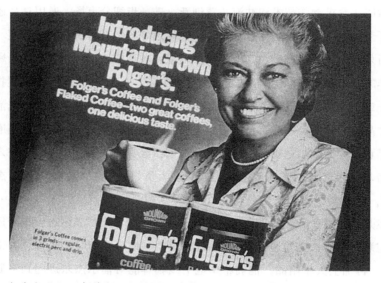

由弗吉尼亚·克莉斯汀扮演的福尔杰咖啡形象代言人"奥尔森女士",像位母亲一样向人们建议如何存储咖啡以及成功婚姻的小秘诀。

最终,地平线的方案失败了,科拉姑妈战略完全达到了奥美广告公司经理戴夫·马多克斯的预期目标。马多克斯说:"如果麦斯威尔能在福尔杰推出奥尔森女士之前率先让科拉姑妈成为家喻户晓的人物，恐怕人们都会觉得奥尔森女士只不过是二流的抄袭了。"科拉姑妈在纽约州锡拉丘兹赞美宣传了麦斯威尔咖啡两年以后，福尔杰才开始抢占锡拉丘兹的市场，所以宝洁公司被迫以每罐87美分的价格贱卖福尔杰咖啡，远低于平时1.20美元的最低零售价。有分析人士指出，"福尔杰为了保住市场，不得不像个恶棍一样到处乱跑"。在福尔杰和麦斯威尔的商业大战中，其实真正损失惨重的是地区性的咖啡烘焙商，他们被迫和这两大品牌价格保持一致，大打折扣，结果保不住本，不得不宣告破产。最后，联邦贸易委员会出面制止，控告通用食品实行掠夺性定价，破坏市场秩序，但让人不可思议的是，宝洁公司并没有成为被告。㊀

20世纪70年代，福尔杰东进，挑战麦斯威尔，一位睿智的漫画家创作了这幅漫画。画中，奥尔森女士和麦斯威尔的长舌妇科拉姑妈展开搏击。

㊀ 实际上，锡拉丘兹地区的价格战持续了4年之久。1979年，小保罗·德·利马曾证实，"在从1974年10月到至少1978年年中这段时间里，锡拉丘兹地区就是一片不毛之地，没有任何利润可图"。但最终，联邦贸易委员会还是终止了这场价格战。

麦斯威尔的抵御小组尽管有效阻止了福尔杰东进，但麦斯威尔自己也问题重重，宝洁进驻东部的咖啡城市纽约毕竟是迟早的事。巴西又一次遭遇自然灾害之时，福尔杰咖啡的人也在为其市场扩大之计出谋划策。

第 16 章

霜冻降，咖啡殃

> 这次霜冻永远地改变了世界咖啡业的格局。
>
> 经过这次霜冻，巴拉那州幸存的咖啡树所剩无几，大部分无力回天。
>
> 咖啡农曾屡遭霜冻之苦，终于决定改种小麦和大豆并以此为生。
>
> ——《经济学人》，1975 年 7 月 26 日

巴西咖啡农以为自己见识过了各种干旱和霜冻天气，但没想到 1975 年巴拉那州竟然天降大雪，这可是有史以来头一次，这次异常的天气在巴西掀起轩然大波，对未来多年全球咖啡业发展产生了巨大的影响。1975 年 7 月 17 日和 18 日，大雪连下两天，是 20 世纪最严重的一次霜冻天气，几乎摧毁了巴拉那州的所有咖啡种植园，对圣保罗州和其他地区也造成了恶劣影响。

农业专家将 1975 年的这次霜冻称为"黑霜冻"（Black Frost）[1]，巴西以往遭受到的霜冻至多破坏咖啡树的叶子和花朵，只影响到第二年的产量，而这次的黑霜冻能让树叶变黑，然后整棵树都会死去，从天空鸟瞰，咖啡种植园像是经历了一场大火，满地焦树。15 亿株咖啡树死于这场灾害，约占巴西咖啡树栽培总数的一半多。虽然 7 月份当季的咖啡已经基

---

[1] 哥伦比亚人将这次霜冻称为"无敌大霜冻"（Holy Frost）。

本收获完毕，但是过去10年当中有8年，国际咖啡生产供不应求，全靠巴西昔日的库存才得以平衡。即便巴西立刻种植新树，也需要4年时间才能收获，所以未来几年咖啡都将面临供货紧张的局面。巴西霜降灾害刚过不久，咖啡期货市场大涨，所有咖啡生产国都预期咖啡豆价会突破历史新高，因此都暂缓咖啡出口，等待未来高价出售。巴西库存的2400万袋咖啡，也迟迟不投放市场。进口国的咖啡烘焙商本以为经过当年巴西的大丰收，产豆国会生产过剩，咖啡价格下跌，没想到库存近空，无货供应。不到两周时间，研磨咖啡粉每磅零售价竟然涨了20美分。

除此之外，1975～1976年，非洲很多产豆国也相继发生动乱，造成咖啡产量锐减。安哥拉各种部落、地区和政治敌对势力间冲突不断，内战爆发。葡萄牙殖民统治者在安哥拉自顾不暇，决定从安哥拉撤军，1975年11月，安哥拉宣布独立。安哥拉境内有25万欧洲人，大部分在安哥拉经营咖啡种植园，为了安全他们也纷纷逃离，产值相当于300万袋咖啡豆的咖啡树由于无人照料，也纷纷枯萎。后来，古巴派兵支援亲共的安哥拉人民解放运动，美国见势，立即派兵支持安哥拉民族解放阵线。之后的20年，安哥拉成为美苏冷战的牺牲品，原本繁荣的咖啡业不复存在。咖啡树上爬满了丛林匍匐植物，咖啡田荒芜，昔日葡萄牙咖啡庄园主修建的游泳池要么干涸，要么破裂。

非洲其他地区情况也差不多。埃塞俄比亚爆发内战，乌干达独裁者伊迪·阿明当政，奉行恐怖政治，严重影响了咖啡种植和丰收，肯尼亚码头工人大罢工，导致咖啡无法出口。另外，1976年年初，危地马拉发生了大地震，虽然没有波及咖啡种植区，但是道路桥梁被毁，严重拖延了咖啡运输。哥伦比亚遭遇洪水，淹没了咖啡田。尼加拉瓜咖啡树发现叶锈病。咖啡生产国灾难重重，投机者乘虚而入，大炒期货，咖啡价格大幅上涨。

为了稳定咖啡价格，美国同意签署新一轮的国际咖啡配额协议。协议规定了生产国的出口配额制度，设定一个咖啡价格区间，当市场价格高于上限时,生产国增加咖啡出口,当市场价格低于下限时,生产国减少出口。经验证明,出口配额机制只有在咖啡价格下跌之时起作用,豆价上涨时,该机制并不起作用,因此,虽然签署了新一轮的国家咖啡配额协议,但形同虚设,因为出口配额往往是由过去几年的出口量设定的,一旦设定,各国就只能按配额出口,但是受各种影响,咖啡产量有限,就算各国想尽快出口咖啡,也无力控制。

1976年,生豆价格已经突破每磅1美元,不到一年翻了一倍。价格继续上涨。消费者和零售商担心价格涨得更高,也拼命囤货,这也加快了价格的上涨。

豆价过高,造成咖啡销量下降,市场争夺战更加激烈。当时唯一一家大型家族式咖啡烘焙商希尔斯兄弟已经损失惨重,于是决定把公司以3850万美元卖给巴西农产品大亨——豪尔赫·沃尔内·阿塔拉。阿塔拉和他的兄弟们拥有全球最大的咖啡种植园,有自己的冷冻干燥法速溶咖啡制作工厂、咖啡出口公司、两家烘焙厂和一家大型蔗糖和酒精燃料公司。阿塔拉宣布,希尔斯兄弟咖啡将全部采用巴西咖啡豆,主要是用他自己的咖啡种植园产的豆,来做拼配豆,并且计划在1980年以前,使希尔斯咖啡在美国的市场占有率翻番。

抵制市场操控

1977年,咖啡价格超过每磅3美元,美国爆发抵制咖啡运动。超市连锁店也加入抵制运动,呼吁消费者不要买咖啡。美国公共电视台一档深度新闻节目——《麦克尼尔与莱勒新闻》也曾报道过这场咖啡危机。主持人吉姆·莱勒说:"这场抵制咖啡运动可真是讽刺,当年爆发波士顿倾茶事件,不满英国征收高额茶叶税,美国才走上独立之路,而今,我们却用抵制咖啡运动来庆祝建国后第三个百年的开始。"保守派作家威廉·萨菲尔(William Safire)在《纽约时报》上撰文《巴西咖啡敲诈》,文章称:"咖啡价格翻番并非市场供需变化驱动,全是巴西人捣的鬼,巴西的军事独裁政府就是看准了美国人的咖啡瘾,知道我们为了咖啡,再高的代价也愿意付。"

20世纪90年代初,美国人的咖啡因瘾引起人们关注,但却很难戒掉。

收购了希尔斯兄弟的巴西农产品大亨豪尔赫·沃尔内·阿塔拉眼看着美国这场抵制咖啡运动,也很烦恼,于是他花钱在《华尔街日报》刊登整版广告,以希尔斯兄弟之名向美国人解释,是霜冻和其他自然灾害以及政治动乱造成了咖啡价格大涨。阿塔拉还以希尔斯兄弟贵客之名,邀请了美国30多位消费者协会的代表和超市经理,亲自到巴西考察霜冻对咖啡的损害情况。他们还参观了巴西4个最大的咖啡存储仓库,目睹了仓库一空的情景。然而,即便如此,也无法平息美国人的愤怒。

但凡遇到咖啡价格大涨,就像1912年和1950年一样,就有一群呼声很高的政客跳出来指控巴西操控咖啡价格。这次,纽约政客弗雷德·里士满率先出来指控,他是农业委员会国内市场、消费者关系和营养小组委员会主席。他对巴西和哥伦比亚不断提高咖啡出口税,利用高价谋利表示非常愤怒。

1977年2月,里士满组织了一场联合听证会,在开场白中他大发雷霆:"美国和世界其他国家的咖啡消费受到当代最严重的市场操控的影响,巴西趁机蓄意大范围抬价,将咖啡价格保持在前所未有的高度。"

1977年,巴西"黑霜冻"之后,咖啡价格迅速飙升,引起消费者抗议,甚至还举行了好几场听证会。

纽约消费者事务委员会委员埃莉诺·古根海姆在听证会上呈出3000封消费者寄来的抵制咖啡信。

一位家庭主妇在信中写道:"咖啡种植者、咖啡进出口公司和交易商太过贪婪,令我非常愤怒,所以才迫使我写下生平第一封抗议信。"一位老兵在信中回忆道:"在二战的战场上,能否喝到一杯咖啡直接决定着我们是得到片刻的欢乐,还是始终痛苦不堪。我这辈子已经不可能完全戒掉咖啡了,但为了抵制咖啡乱涨价,我保证会尽量少喝。"

后来当选为芝加哥市市长的芝加哥消费者事务委员会委员简·伯恩,在参观了阿塔拉的种植园后,对巴西当地农民的处境感到悲伤,她说:"巴西咖啡劳工每天只能赚2美元,可以在房屋后面种些玉米补贴三餐,好不容易挣来的2美元基本也都用来在老板开的店里买生活必需品,或者向老板交房租用掉了,咖啡农手里根本就没有钱,看似发给咖啡农的工钱最后又都回到了老板手中。"公共利益科学中心主任迈克尔·雅各布森认为,咖啡有害健康，人们应该少喝咖啡，所以他相当支持永远抵制咖啡，或者至少大幅减少咖啡消费量。

尽管社会各界都借机指责咖啡，但美国国务院贸易代表朱利叶斯·卡茨则指出，巴西和哥伦比亚征收的咖啡出口税对美国消费者购买咖啡没有任何影响。这笔税反而是由咖啡种植者承担的。咖啡价格不断上涨，政府增加出口税，为新作物、农药和杀虫药筹集资金，实属人之常情。即便如此，实际上咖啡种植者的收入也翻了两番（卡茨忽视了咖啡劳工，他们还是只能挣那么一点钱）。实际上咖啡并不短缺，但是市场价格是建立在对未来预期的基础上的，毕竟巴西的咖啡库存正在逐渐消耗殆尽，一旦再来一场霜冻或者其他不可预计的灾难，可能就真的会出现咖啡短缺，供不应求。

更何况，即使咖啡价格涨得再高，在家冲泡一杯咖啡的成本也不过 6 美分。1976 年，软饮料销量已经超过咖啡，成为美国销量最大的饮料，其成本远远高于咖啡。听证会最终也没能降低咖啡价格，或者想到什么解决办法。咖啡价格继续上涨，1977 年 5 月，每磅咖啡售价超过 4 美元。

牛市量产百万富翁

投机者也许并没有刻意哄抬咖啡价格，但是他们确实从中获利丰厚。1973 年国际咖啡配额协议停止实施，咖啡期货市场重新开放，一位不愿透露姓名的老兵，人称迈克，也入市炒咖啡期货。迈克不管受雇于任何期货经纪公司，都会为自己买卖期货。他说："我是个土人，根本不懂咖啡，但我知道怎么做咖啡期货交易，这和做生菜期货交易没什么不同。从期货交易所开市和闭市的钟声音调，我就能判断出发生了什么情况。"

1975 年，迈克利用巴西霜冻，看涨咖啡豆，在随后几年的咖啡涨落中不断赚取差价。他总能看准时机，收放自如，有时候几分钟甚至几秒钟就交易一次，他说："我只是尽量逢低买入而已。" 20 世纪 70 年代末，迈克一年就能赚 100 万美元。

迈克说："每天钟声响起之前，我都很紧张，一旦开市，我就会立马冲进交易所。如果某个时间需要卖出某笔交易，而我母亲站在我边上挡住了路，我也会踩着她及时卖掉的。期货市场竞争激烈，进行买卖动作要快，交易所尖叫声不断，这的确是个体力活。这是适合年轻人的工作，不适合那些深思熟虑的人。大学生可能可以深入研究，但是却无法及时买卖。街边的小伙反而可能顶住压力，保持头脑冷静，收放自如。"

迈克说："我学会了像希腊伟大的演说家狄摩西尼口含石头练习说话一样，含着石头练习大声喊价，买卖期货。声音最大的人往往可以得到最好的生意。"从早上 10 点开市到下午 3 点收市，基本没人会离开交易大厅，甚至连厕所都不去。交易大厅里女人很少，人人都挤着看行情，大声尖叫喊价，汗流浃背，难免发生身体接触，细菌和病毒也经人们相互传播。

晚上，迈克就和咖啡买家还有其他交易员一起喝酒，他说："我们整晚谈论咖啡价格走势。"每 3 个月一次，迈克都会参加各种咖啡大会，在佛罗里达州的波卡拉顿参加国家咖啡协会的大会，在百慕大参加生豆协会聚会，在加州的卵石滩参加太平洋海岸咖啡协会的大会，在伦敦参加欧洲咖啡协会大会。他说："参加大会的期货经纪人都赚了不少钱，那段时间确实是一生中最好的时光。"

黄金咖啡遭抢劫，高产咖啡口味差

1977 年，咖啡价格继续呈现盘旋上涨的趋势，一时之间，咖啡变成了黄金，引发全球发生多起咖啡盗窃事件。旧金山一辆装有价值 5 万美元咖啡的大卡车不翼而飞。迈阿密警方逮捕 4 名偷窃了 17 吨咖啡生豆的歹徒。纽约大街发生咖啡抢劫案，所抢咖啡豆价值超过 100 万美元。

巴西每年咖啡出口总额高达 40 亿美元，和石油进口总额基本持平，但是咖啡价格上涨在巴西也引起了很多麻烦。贪婪的咖啡庄园主为了多赚点钱,看到价格上涨,就擅自撕毁和咖啡中间商的交易合同,要求抬高收购价格。有些人为了避免高赋税,不满政府规定的低收购价,甚至走私出口咖啡,这种现象在哥伦比亚和巴西非常严重。一位咖啡专家说:"走私现象非常严重,如果海关官员不肯收取走私者的贿赂放其通行,就会挨打,遭到恐吓甚至被杀。"

还发生过一起诈骗案,4个骗子卖了价值870万美元的多米尼加咖啡豆给古巴,收到款后,本来打算在送货途中击沉运送船只,不料,由于船员失误,运送船没有沉没,安全抵达古巴,结果发现是条空船,骗局因此才被识破。另一起诈骗案发生在纽约,花旗银行发放了一笔2800万美元的贷款给哥伦比亚一个咖啡交易商,没想到这个交易商原来和花旗银行农业贷款部官员勾结骗银行的钱。

咖啡价格上涨让很多国家的小型咖啡种植园可以逐渐扩大,巴西的大咖啡庄园数量反而在不断下降。但是,从高价咖啡中获利的人明白,好景必定不长。一句古老的巴西谚语说得好:"咖啡送你一件外套,必定会问你要走一件衬衣。"

墨西哥南部的恰帕斯州也是咖啡产区,拜好行情所赐,这里种咖啡的印第安人除了能吃上白米饭和豆子,也能吃上肉了。咖啡行情低迷之时,巴布亚新几内亚的高山咖啡区的欧洲人和澳大利亚人抛弃了咖啡种植园,当地土著把这些咖啡园分成大约500棵树一片的咖啡田,辛苦地经营起来,咖啡行情转好之后,这些土著也大赚了一笔。不过,哥伦比亚的小咖啡庄园主就没那么幸运了,因为高额的咖啡出口税,他们只能拿到国际咖啡价格1/3的收购价。很多咖啡种植者烧毁咖啡树以示抗议,甚至威胁政府说要改种大麻。

和往常咖啡价格飙高的时期一样,美国咖啡业以咖啡替代品和稀释的烂咖啡来回应高价咖啡。雀巢从其欧洲工厂向美国引入黎明(Sunrise)速溶咖啡,其中含有46%的菊苣,这种配方在欧洲非常普遍。通用食品推出顶级烘焙（Mellow Roast），这是一款谷物混合咖啡，自从通用食品收购了波斯敦饮料，制作这种谷物混合咖啡实在太容易了。宝洁旗下的福尔杰也推出片状咖啡（Flaked Coffee），用滚筒碾磨器将咖啡压成细条状，这种咖啡用电动滴滤壶冲泡很容易就会萃取过度，而且宝洁公司采用454克标准咖啡罐包装，实际里面只装了369克咖啡，还大肆宣称用等量的片装咖啡可以冲泡出和普通咖啡同样浓度的咖啡。希尔斯兄弟在巴西人的管理下，研发出"局部喷射"烘焙法，咖啡豆通过强烈的热气冲击，细胞组织膨胀，比普通咖啡豆颗粒大，所以，希尔斯咖啡只用369克就可以填满一磅标准包装的咖啡罐，希尔斯给这种咖啡取名为"高产拼配豆"（High Yield blend）。通用食品随之推出类似的高产豆，取名"大师拼配豆"（Master Blend）。

1977年夏，咖啡价格终于不再上涨，出现持平的状态，紧接着，巴西咖啡大丰收，而且没有出现任何霜冻灾害，豆价立马应市大跌。巴西为了保持住咖啡的高价，无视世界平均咖啡价格已经跌破2美元的事实，拒绝以低于每磅3.2美元的价格出售咖啡。巴西不仅坚持少卖，甚至入市收购马达加斯加产的咖啡，以此抬高豆价。哥伦比亚认为巴西这种做法无疑自杀，担心如果咖啡价格不降，会就此永远失去北美咖啡市场，于是大量抛售本国咖啡豆。这样一来，由于哥伦比亚咖啡出口量、可卡因和大麻走私、绿宝石和牛的出口量等增多，大量美元流入哥伦比亚，造成哥伦比亚国内通货膨胀加剧。11月，巴西终于让步了，为了面子，官方定价保持3.2美元不变，但是出口商享有五五折优惠，至于麦斯威尔和福尔杰这样的大厂商，可以享受特别优惠，折扣可以进一步商榷。

尽管咖啡豆进口价下降，但其零售价仍保持在每磅3美元以上。由于需求减少，通用食品公司第三季度收益减少了37%，而且由于之前高价时的咖啡囤货，导致账面损失1750万美元，于是通用食品旗下的4个烘焙厂纷纷裁员。总体而言，全美咖啡销量比之前各界联合抵制咖啡时还下跌了20%。

精品咖啡进军腹地

　　1975 年巴西那场"黑霜冻"造成了咖啡价格大波动，却也意想不到地成就了精品咖啡的繁荣。随着咖啡豆价格上涨，劣质咖啡豆和优质咖啡豆之间的价格差缩小，所有的咖啡消费者都逐渐发现，与其买劣质咖啡豆，不如多加一点小钱，就可以买到口味确实很好的优质咖啡豆。而且，在干净整洁、香气四溢的精品咖啡店里买咖啡，也是一种享受。消费者可以在精品咖啡店里，和咖啡经验丰富，而且充满热情的老板一起聊天，学到很多有趣的东西。咖啡店老板通常都很健谈，乐于跟大家分享各种咖啡名字的来由、产地和烘焙方式，而且会根据顾客喜好搭配不同的拼配豆。除此之外，在这些精品咖啡店还可以买到各种有趣的咖啡冲泡器材，比如法式压滤壶、美丽达咖啡壶、德国和意大利的磨豆机等。

　　1980 年，精品咖啡店已经进驻美国东西海岸各大城市，郊区和乡下也逐渐出现精品咖啡店。道格（Doug）和杰米·巴尼（Jamie Balne）在佛蒙特州的韦茨菲尔德创立绿山咖啡店（Green Mountain Coffee Shop），自己烘焙咖啡。加里·塔尔博伊（Gary Talboy）在俄勒冈州成立咖啡豆（Coffee Bean）精品咖啡店。同样是在俄勒冈州，迈克尔·西韦茨（Michael Sivetz）在科瓦利斯买下一个破旧的教堂，并将其改装成一家咖啡烘焙厂，开起精品咖啡零售店。西韦茨曾是一名化学工程师，他发明了流床式烘焙机，用热风吹动咖啡豆，上下翻滚，这种方式能使咖啡豆均匀烘焙，就像一个大型爆米花机一样，而且西韦茨自己力挺精品咖啡，号召人们注重咖啡品质。

　　菲尔·琼斯（Phil Jones）在佛罗里达州奥兰多开了家巴妮咖啡馆（Barnie's），直接从纽约的乔尔·夏皮拉咖啡烘焙厂订购烘焙好的咖啡豆。承建商埃德·科维特（Ed Kvetko）在芝加哥市郊小镇朗格罗夫买下一间小咖啡店，经营得很好，几年后，他以新婚妻子的名字为咖啡店命名高乐雅咖啡豆（Gloria Jean's Coffee Beans），接着还开了很多分店。朱利叶斯

（Julius）和乔安娜·肖（Joanne Shaw）在密歇根州的弗拉兴创立了缤乐咖啡（Coffee Beanery）。菲利斯·乔丹（Phyllis Jordan）在新奥尔良成立了菲乔咖啡与茶叶公司（PJ's Coffee & Tea）。厄娜·克努森已经为女性进入咖啡界铺平了道路，乔丹和肖代表了咖啡界新一代的女企业家。○

美国咖啡协会主要由那些大型咖啡烘焙商掌控，根本无视这些卖咖啡整豆的小业主。于是这些新入市的精品咖啡爱好者，两年聚会一次，参加美国国家特色食品贸易协会（National Association for the Specialty Food Trade，NASFT）主办的美国优质食品及糖果展（National Fancy Food & Confection Show，NFFCS）。参会人数年年增加。东西海岸的精品咖啡经营者开始相互认识，互相交流。较之于东海岸，虽然西海岸加州地区的咖啡烘焙度更深，但是双方都对咖啡品质有着执着的追求。

全国各大超市也开始逐渐出售新鲜的散装整豆咖啡。星巴克推出蓝锚咖啡（Blue Anchor），进军华盛顿州各大超市的散装咖啡市场。加拿大一家食品供应商好主人（Goodhost）率先在西雅图地区把整豆咖啡罐改装成透明玻璃罐，罐底设一个小孔，用盖子封上，当打开盖子，咖啡豆就会自动掉出。

20世纪初，A&P连锁公司推出高品质的八点钟咖啡和波卡咖啡，并且盛行一时，后来，大型超市出现，A&P大卖劣质咖啡和速溶咖啡，逐渐走向衰退，1979年，它已经关闭了在匹兹堡、克利夫兰和密尔沃基的连锁店。没想到此时，大超市竟然向A&P公司提出，"我们的客户进超市，都开始询问八点钟咖啡放在哪个货架"。于是，A&P开始选择性地向一些超市供应八点钟咖啡和波卡咖啡。当时的A&P接班人保罗·加兰特（Paul Gallant）回忆说："曾几何时，这些大超市的咖啡销量远大于我们A&P连锁店，如今，八点钟咖啡又触发了精品咖啡运动，事实证明，我们的咖啡品质比那些罐装咖啡和速溶咖啡要好，虽然我们采用的全部都是巴西豆，

○ 1974年以前，有22条宝石茶的上门推销路线都是由妇女经营的，但是随着妇女不断出去工作，待在家里的主妇越来越少，整个70年代，这种上门推销的生意都在急剧下滑，几年后就不复存在了。

但百分之百都是阿拉比卡豆。"

乌干达变屠宰场

拉丁美洲和非洲一些腐败的极权主义国家,在"黑霜冻"引起的咖啡大涨价中赚足了钱,政府官员和政治寡头腰包鼓胀。乌干达独裁者伊迪·阿明个人几乎独吞了所有的咖啡收益。阿明是半文盲,但是加入军队后逐渐进阶,1971年他发动政变,推翻米尔顿·奥博特以后,取得政权。他大肆驱逐亚裔居民和商贾,在一定程度上导致乌干达经济崩溃。在他统治的8年期间,30多万乌干达人被杀。1977年,乌干达铜矿和棉花产业几乎被毁,咖啡出口成为乌干达的经济命脉。然而,在阿明的暴政统治下,咖啡产量锐减了35%,但是由于"黑霜冻"影响,咖啡价格猛涨,满足了阿明奢侈的生活开支和军饷支出。

咖啡实际上是乌干达的经济支柱。不幸的是,乌干达独裁者伊迪·阿明靠咖啡挣钱来养活其施行种族灭绝的政权。

1977年3月，《纽约时报》报道说，美国每年向乌干达采购两亿美元的咖啡豆，资金实际都送给了腐败的政府，支持了阿明的暴行，而80%的乌干达人却要靠自己那一小片咖啡田来讨生活。1977年年底，美国人权激进分子呼声四起，俄亥俄州的新任国会议员唐纳德·皮斯（Donald Pease）向众议院提出法案，要求美国政府停止进口乌干达咖啡，虽然乌干达咖啡只占美国咖啡进口量的6%，但却占乌干达咖啡出口量的1/3。通用食品、宝洁公司和雀巢咖啡以及其他大型咖啡烘焙商通过国家咖啡协会发表联合声明，谴责乌干达屠杀百姓的行为惨无人道，另一方面又要求政府一视同仁，对各行各业实行同样的政策，言外之意，除非政府发布行政命令，否则它们拒绝抵制乌干达咖啡进口。毕竟自从安哥拉的罗布斯塔豆产量下降以来，乌干达就成了罗布斯塔豆的重要来源，而对于那些大型咖啡烘焙商而言，制作廉价拼配咖啡，罗布斯塔豆必不可少。

1978年2月，国会就乌干达局势举行了一场听证会。几位流亡美国的乌干达人在听证会上提供了第一手的资料，一个乌干达咖啡农的儿子雷米吉乌斯·金图说，阿明手下杀人小队的职责就是"恐吓、杀人、强奸、抢劫、欺虐老百姓"，乌干达集中营里凄惨的哭声和呻吟声不绝于耳，阿明已经把乌干达变成了一个"大型屠宰场"。国务院贸易代表朱利叶斯·卡茨出了个缓兵之计："只有在特殊情况下，才能实施禁运。"众议员史蒂芬·索拉兹愤怒地说，卡茨及其国务院同僚该去读读《六百万犹太人之死》（*While Six Million Died*），书中记录了美国的不作为，导致了二战中纳粹对犹太人的大屠杀。

另一位流亡的乌干达人说："在我看来，继续和伊迪·阿明做生意的美国商人和军火商没什么两样，他们只重视自己的经济利益，置人类疾苦于不顾。"这番控诉之后，国会议员唐纳德·皮斯在听证会上问道："如果价格合适，美国咖啡公司还会继续和像阿明和希特勒这样杀人如麻的人做生意吗？"

不言而喻，答案是肯定的，纽约咖啡生豆进口商克劳德·萨克斯表示："我们从乌干达进口的咖啡数量确实非常可观，可是经过《华盛顿邮报》的专栏作家的报道后，我们已经遭到了社会舆论的严厉抨击，竟然说我们支持阿明政府，可是咖啡买卖和不人道的政治毫无瓜葛。后来，其他报纸也纷纷刊登此事，很快，纽约大主教管区、新教教会、人权组织和市民都纷纷写信谴责萨克斯，萨克斯就其公众形象问题寻求过法律援助，律师建议他息事宁人，不要对文章和来信做出回应，总有一天事情会过去。○

5月15日，星期一，宝洁公司获悉，众议院将通过决议，谴责阿明政府，敦促总统吉米·卡特实施对乌干达的咖啡禁运令。第二天，宝洁公司就率先大肆宣传，福尔杰咖啡将停止从乌干达购买咖啡豆。紧接着，雀巢也发表声明，宣称一个月以前已经停止购买乌干达咖啡豆，通用食品也说12月份将停止直接从乌干达咖啡局购买咖啡，但通用食品其实继续通过中间商购买乌干达咖啡。

1978年7月底，国会终于通过禁止进口乌干达咖啡，但是其他国家并没有一起抵制。这确实削弱了阿明的经济支撑。1979年4月，坦桑尼亚总统朱利叶斯·尼雷尔派军队进攻乌干达，推翻阿明政府，经过几任临时执政者之后，阿明的前任总统米尔顿·奥博特重新掌握乌干达大权。接着美国取消对乌干达咖啡的禁令，商业活动恢复正常。然而，很不幸的是，奥博特几乎和阿明一样残忍和腐败，乌干达的恐怖主义和杀戮又持续了很多年，国际社会也视而不见、充耳不闻。

中美洲镇压与革命并存

1979年，一批知识分子、桑地诺民族解放阵线以及所有尼加拉瓜受压

○ 纽约咖啡生豆进口商克劳德·萨克斯经历了一次严重的心脏病后，就退出了咖啡生意。他发现了新时代精神，并写下一些建议，比如："呈现在眼前的是一片金色的淡淡的迷雾，轻柔、温暖，充满只属于你的无尽的爱。"也许，萨克斯在集中营时，能够把这样的忠告也传达给乌干达人。

迫的人民，联合起来反抗长期统治尼加拉瓜的索摩查家族第三任总统安纳斯塔西奥·索摩查·德瓦伊莱，要求摆脱独裁统治。㊀当年7月，索摩查政权被推翻，他流亡国外，桑地诺民族解放阵线建立了以阵线为主的民族复兴政府，承诺包括咖啡园主和劳工在内的所有人将过上好日子。然而，桑地诺民族解放阵营面临着巨大的挑战，内战造成4万人死亡，上百万人流离失所，经济崩溃。

革命胜利后3个月，政府建立尼加拉瓜咖啡公司（Empresa Nicaraghense del Café，ENCAFE），作为尼加拉瓜咖啡的唯一买卖方。新政府没收了索摩查家族的巨额财产，包括占全国15%的咖啡种植园，从中挑选一些进行整修，然后用最先进的农业技术重新栽培。起初，尼加拉瓜的咖啡种植者和农场主都热情饱满，可是几年后，并没有什么成效，显然这些城里来的知识分子并不会种咖啡。

20世纪70年代末，萨尔瓦多的人民革命军对抗卡洛斯·温贝托·罗梅罗将军统治下的严酷政权。1979年10月，革命军推翻罗梅罗统治，随后，持温和意见的何塞·纳波莱昂·杜阿尔特上台接管政权，担任人民革命军政府主席。1980年，支持社会主义的左翼反对派成立法拉本多·马蒂民族解放阵线，致力于用武力打游击战，推翻政府。与此同时，右翼派的政府杀人小队开始在乡下搜寻左翼反对派。萨尔瓦多陷入一片血海，随后几年，5万余人在左右翼势力斗争中丧生。萨尔瓦多的咖啡种植寡头虽然没有反对政府，但逐渐在政治上分化，有些人支持政府的杀人小队，有些人则希望进行温和的改革。国内的暴力斗争造成咖啡产量降低，很多劳工被杀，或者加入了反政府的马蒂民族解放阵线。还有一些萨尔瓦多人逃亡

㊀ 1934年，安纳斯塔西奥·塔西奥·索摩查·加西亚将军已经建立起了他的尼加拉瓜王朝，他的儿子安纳斯塔西奥·索摩查·德瓦伊莱于1967年开始对尼加拉瓜的独裁统治，但是煽动反对其政权的呼声越来越高，特别是1978年，独裁政府杀害了尼加拉瓜最主要的日报《新闻报》（*La Prensa*）的编辑佩德罗·华金·查莫罗之后，抵抗独裁运动愈演愈烈。

美国，从美国寄钱回来支持还留在国内的亲友。

1954年，美国中情局策动推翻危地马拉阿本斯政府后，军事政权政治腐败严酷，游击队日益活跃，跟政府发生了一系列武装冲突。1978年，罗密欧·卢卡斯·加西亚将军操控选举，当选总统，从此政府的杀人小队更加猖獗，乡下的游击队抵抗也日益顽强。

一直到20世纪70年代末，危地马拉的大部分印第安人都住在高山地区，在丛林中开垦出一小片土地维持生计，一直受到营养不良的折磨。1977年，社会活动家菲利普·贝里曼写道："收获季到来之时，男人、妇女和小孩蜂拥挤进咖啡庄园承包人开来的卡车，颠簸奔赴种植园，帮忙收获咖啡，他们在咖啡种植园里就住在临时搭建的工棚里，只有个屋顶，四面透风。如果生病了，也没人管。除了每天得到的一点工资之外，只能吃到一点薄饼，偶尔能得到一点咖啡豆，雇主连一杯咖啡也不肯给。"⊖

1977年，危地马拉土著人权利领袖吉戈贝塔·门楚的父亲维森特加入革命军，不久，当时才十几岁的吉戈贝塔也加入革命斗争中。1979年，吉戈贝塔16岁的弟弟被政府军杀害，她愤怒地说："我弟弟生前遭遇政府杀人小队折磨了16天还多。他们先拔掉我弟弟的手指甲，又砍掉他的手指，还割他的皮。"第二年，她的父亲和其他革命军占领了危地马拉城的西班牙大使馆，想要引起世界人民对危地马拉黑暗政治的关注，没想到政府军一把火烧掉了西班牙大使馆，父亲和革命战友们全部葬身火海。不久，她的母亲遭绑架、强奸、屠杀。最终，吉戈贝塔也不得不逃往墨西哥避难，但是她保持和国内革命力量的联系，介入其中组织各种反抗政府活动。她

⊖ 20世纪70年代末，咖啡庄园里的工人们也深受杀虫剂之害。在1978年召开的美国出口禁品听证会上，食品和药品管理局声明DDT、DDE、BHC、氯丹、艾氏剂、狄氏剂和七氯均为禁用杀虫剂，禁止用于拉丁美洲咖啡种植。由于咖啡豆受到咖啡果实的保护，咖啡生豆中只有少量农药残余，而且咖啡豆经过烘焙后，这些农药全部都会分解。因此，咖啡豆并不会对消费者造成危害，但是，这些农药却对未受到任何保护的咖啡庄园里的工人造成了极大威胁。

坚信："在这种腐败的极权统治下，我们所遭受的不仅仅是当下的屠杀，从小时候起，我们就吃尽营养不良、饥饿和贫穷的苦头。"㊀

幸运戈多和波哥大集团

20 世纪 70 年代末，萨尔瓦多已经陷入一片血海，萨尔瓦多咖啡公司经理里卡多·法拉·卡塞雷斯（Ricardo Falla Caceres）还在国际市场上大肆炒作咖啡。人们称法拉是"幸运戈多""肥哥"，说他是个"出色的谋略家、杰出的经纪人，咖啡市场无人不敬畏"。1977 年年末到 1978 年年初，法拉在纽约咖啡与蔗糖交易中心为咖啡生产国炒高咖啡价格，令世人震惊。1977 年年末，法拉预测第二年天灾会导致咖啡产量下降，继续炒高咖啡价格，此举受到美国商品期货交易委员会关注，1977 年 11 月 23 日，委员会发表紧急限令，12 月份起禁止签订咖啡期货交易合同，但是允许之前签订的合同继续交易，其中大部分合同都是法拉炒作时签订的，幸好允许交易，没有损失。1978 年 8 月，巴西果然又降霜冻，灾害不算严重。随后，美洲 8 个咖啡生产国（包括巴西、哥伦比亚、哥斯达黎加、萨尔瓦多、危地马拉、洪都拉斯、墨西哥和委内瑞拉）派出代表，在哥伦比亚首都波哥大与法拉会面，商量谋略下一步计划。

巴西"黑霜冻"之后，中美洲各国政治环境恶劣，通货膨胀严重，因此国际咖啡配额协议中规定，每磅咖啡跌破 77 美分各国就减少出口，以避免价格进一步下滑，但此时，这一价格下限已经不具有参考价值了，于是中美洲各咖啡产豆国自己想方设法抬高咖啡价格。从以往的经验来看，

㊀ 1992 年，吉戈贝塔·门楚因其贡献获得诺贝尔和平奖。然而，关于她的故事有些确实夸大其词了。人类学家大卫·斯托尔（David Stoll）采访过门楚小时候的邻居，得知她并没有如自己所描述的那样，小时候几乎都在采摘咖啡中度过，而是去了天主教的寄宿学校上学。斯托尔说："她的种植园故事也许充满了感情，但却并不是她自己的经历。"

没有咖啡消费国参与的出口配额协议从来都不会被切实执行,一定会有人作弊。如今,眼看着咖啡生豆价格已经跌破每磅1美元,生产国立即筹集1.5亿美元资金,请法拉出面在期货市场进行炒作。由此,臭名昭著的波哥大集团(Bogotá Group)诞生,以第一次开会的地点取名。而且,当时市场供需平衡,人们很容易对缺豆的假消息反应过度,非常有利于市场炒作。当代的一位金融分析师指出,咖啡期货市场本来就是撑死胆大的,饿死胆小的,相比较其他商品而言,咖啡市场交易量少,流动性差,价格波动大,风险高,他说:"什么人敢玩咖啡呢?要么是自命不凡、胆大妄为的人,要么就是产豆国组成的集团,大型咖啡烘焙商也不过偶尔玩玩。"

1979年9月,波哥大集团在期货市场大肆炒作,哄抬咖啡豆价格,引起美国媒体强烈关注。任职于几家报馆的专栏作家杰克·安德森(Jack Anderson)撰文——《咖啡垄断联盟炒高价敲竹杠》。法拉的炒作举动也引起了美国国务院的注意。国务院贸易代表朱利叶斯·卡茨在国会发言时,指控说:"波哥大集团串通起来,未跟咖啡消费国商量,就单方面哄抬咖啡价格,违背了国家咖啡配额协议。"卡茨已经说明了波哥大集团擅自操控价格问题的严重性,法拉却反唇相讥,说:"咖啡期货交易市场就像球场一样,是你们的,但是球掌握在我们脚下。"言外之意就是说,如果没有咖啡生产国生产咖啡,根本就不会有咖啡期货市场。波哥大集团联手操作,将咖啡价格哄抬到每磅1.85美元,实际上,这个价格并没有什么不合理之处。然而,纽约期货交易所(现在包括咖啡、蔗糖和可可交易)为了防止波哥大集团制造市场吃紧的假象、买入更多的期货合同、哄抬咖啡价格上涨,于1979年12月再度出台对咖啡期货市场的限制,规定只准通过现金进行期货交易,不许买卖期货。

1980年春天,法拉说服波哥大集团成立自己的咖啡交易中心,泛咖啡生产国交易中心在巴拿马注册,在哥斯达黎加成立,波哥大集团用之前炒咖啡的所得以及其他生产国资助的资金,投资5亿美元作为起步资金。泛咖啡生产国交易中心由于在巴拿马注册，因此可以避开商品期货交易委员会干预，还可以避免泄露其交易方法。美国国务院对此大为不满，当时各国已经就国际咖啡配额协议重新商定，将启动减少出口国配额的咖啡价格下限设定为每磅 1.68 美元，国务院正在审理执行此协议，见泛咖啡生产国交易中心成立，便暂缓通过此协议。

据知情人士透露，美国海关在纽约机场外拦住法拉，当时他正打算前往伦敦，海关把法拉带到一个小房间，威胁说，除非他答应解散泛咖啡生产国交易中心，否则不会放他离开美国。如果法拉同意，美国会全面参与国际咖啡配额协议的修订与执行。法拉在强大的压力下屈服了，泛咖啡生产国交易中心解散，美国国会立即通过执行协议。各方预计咖啡可能供过于求，于是咖啡价格大跌。美林证券的观察员说："这个故事给了我们一个教训，咖啡的确是黑色的液体，但毕竟不是石油，我就不信泛咖啡生产国交易中心真能把豆价炒到多高。"

这次，美国同意重新启动国际咖啡配额协议，还是和之前一样，主要是出于对冷战的担忧。巴西咖啡生产已经恢复，世界咖啡消费量停滞不涨，咖啡市场又出现了供过于求的危机。如果咖啡配额机制再不启动，咖啡价格可能又要跌入谷底。1980 年年底，咖啡价格跌破每磅 1.2 美元，国际咖啡协议启动价格过低保护措施，咖啡消费国和生产国一致同意，第二年世界咖啡出口配额降到 5410 万袋。很幸运，巴西分到的配额占国际咖啡出口总量的 25%，虽然比 1962 年 40% 的少了很多，但是也比 1979 年实际出口量只占到世界出口市场的 18% 要好很多。

艰难的 70 年代

1978 年，咖啡价格下跌，福尔杰咖啡进驻纽约和其他东海岸地区，宝洁公司终于完成了全国性的扩张。1978 年年底，福尔杰占全国普通咖啡市场 26.5% 的份额，已经超过麦斯威尔普通咖啡所占的 22.3% 市场份额。

通用食品还有桑卡、雨斑、麦斯网、边际咖啡和顶级烘焙等其他普通咖啡品牌，占整个烘焙咖啡和研磨咖啡市场 31.6% 的份额，险胜宝洁公司，除此之外，通用食品在速溶咖啡界也占了 48.3% 的大份额。仅就速溶咖啡市场而言，同为干燥冷冻法制作，雀巢公司的品味之选销量也超过了麦氏咖啡。1978 年，福尔杰为了抢占咖啡市场，咖啡广告支出高达 2500 万美元，再创新高，而当年咖啡业前十大公司的总广告支出是 8580 万美元。

此时，通用食品公司舍弃了科拉姑妈的广告形象，为超越行业内的竞争，公司迅速推出一系列电视广告，将咖啡塑造成一种使人精神振奋的饮料，以吸引各年龄段的美国人，包括年轻人。同时，为了抵抗雀巢的品味之选，通用食品一方面坚持保留麦氏咖啡，另一方面斥资 2000 万广告预算，打造全新的麦斯威尔冷冻干燥速溶咖啡。

两年前，咖啡高价，一时出现了"高产拼配豆""大师拼配豆"，以及福尔杰"片状咖啡"等廉价咖啡，可是这些咖啡较之普通咖啡，口味相去甚远，如今咖啡价格开始走低，这些咖啡瞬间失去了市场，纷纷下架。通用食品最赚钱、最受欢迎的还是桑卡咖啡，长期引领美国低咖啡因市场，而且桑卡已经成为低咖啡因咖啡的代名词，很多餐厅的餐单上都直接用桑卡代替低咖啡因咖啡。福尔杰为了抢占低咖啡因市场，1980 年，推出高点（High Point）低咖啡因咖啡，但市场收效甚微。同年，通用食品又从德国小路德维希·罗塞利乌斯手里买下桑卡咖啡的姐妹品牌哈格咖啡（桑卡和哈格都是德国人老路德维希·罗塞利乌斯发明的低咖啡因咖啡，长期垄断低咖啡因市场），当时，德国奇堡旗下的低咖啡因品牌萨纳（Sana）咖啡占据德国低咖啡因市场 40% 的份额，而哈格咖啡只占 25% 的份额。一位德国咖啡业内人士对通用食品的此次兼并嗤之以鼻，说："通用食品和哈格咖啡就像两个醉汉，抱在一起相互扶持，其实根本就自顾不暇，这样做完全没用。"

然而，如果通用食品这样的咖啡大亨都成了醉汉，那么规模较小的二流公司岂不已经酒精中毒。福尔杰和麦斯威尔展开价格大战，希尔斯兄弟、蔡斯和桑伯恩就只能眼看着自己的市场份额不断缩水，标准品牌旗下的蔡斯和桑伯恩咖啡所占的市场份额已经降到 0.6%，希尔斯兄弟尽管又投入了 600 万美元，用于高产拼配豆的廉价咖啡广告，但也无济于事，其市场份额也只不过略高于蔡斯和桑伯恩，占到 6.3%，而且仍在继续下滑。希尔斯兄弟咖啡虽然已经收归巴西农产品大亨豪尔赫·沃尔内·阿塔拉旗下，但业绩仍然没有什么起色。咖啡涨价期间，豪尔赫·沃尔内·阿塔拉让希尔斯兄弟囤积了大量巴西咖啡豆，如今咖啡价格下跌，高价囤货造成了 4000 万美元亏损。阿塔拉已经无计可施，卖掉了拥有希尔斯兄弟的蔗糖和酒精燃料公司的股份，任其自生自灭。

区域性烘焙商坚果满屋咖啡在纽约起家，发展顺利，逐渐在纽约市场占有一席之地。面对激烈的竞争，坚果满屋为了降低成本，也在拼配豆中加入了罗布斯塔豆。此时，创始人威廉·布莱克已经年过古稀，却变得多疑，喜欢隐居，但又事事亲力亲为。1962 年，布莱克和他的第二任妻子离婚，娶了女歌手佩奇·莫顿，并由她主唱《坚果满屋是天堂的咖啡》广告歌，这一唱就是好几年。在一次股东大会上，有人质疑："为什么那个丑八怪女人还在唱广告歌，这么多年也不换个新面孔。"布莱克一气之下，再也不来参加任何会议，大小事全靠公文沟通确认。㊀在此期间，公司换过好几任总经理，但是无一能令布莱克满意。

20 世纪 70 年代即将结束，迎来一个新的 10 年，但是传统的咖啡烘焙商还是墨守成规、目光短浅，用品质差的低廉咖啡争夺市场，根本没有

㊀ 在坚果满屋咖啡工作了很久的彼得·贝尔说："哪怕是拼错了一个单词，也会惹来大麻烦。"有一天，贝尔在布莱克门上的信箱里留了一个字条，但被卡住了，后来他意识到其中有个小错误，于是他赶紧跑回去想拿回字条，但是字条就是卡住拿不出来。他说道："我猛地一拉，听到撕裂的声音，我心想，完蛋了，我不能给布莱克先生一张被撕了一半的字条啊。于是，我用手遮住门上的猫眼，迅速退到角落里去了。"

意识到走精品咖啡之路才是咖啡业未来的希望。1980年1月1日，美国国家咖啡协会召开会议，协会主席乔治·柏克林（George Boecklin）回顾了不幸的70年代，指出："这10年来，与咖啡有关的灾难频频发生：霜冻、历史高价、国会听证会、产豆国的内战、地震、咖啡抵制运动、咖啡有害健康论，还有激烈的价格大战，除此之外，我是不是还漏了什么呢？"

柏克林主席还真有遗漏——整豆咖啡生意正在慢慢做大。

第 17 章

精品咖啡革命

> 仔细审视一番业内精品咖啡,或称美食家咖啡的经营之道,不难找出可以使咖啡业摆脱走下坡路的办法:精品咖啡的烘焙、研磨、包装和销售过程都直接在顾客面前进行,顾客可以亲眼看到咖啡的好坏,而这种方式也正是咖啡最初的销售模式。所以,回归本源才是重振咖啡业的当务之急。
>
> ——唐纳德·舍恩豪特,1981 年

进入 20 世纪 80 年代,精品咖啡成为时尚人群最欢迎的饮品,也见证了雅皮士的兴起,他们乐意花大钱享受奢侈的生活。1982 年年底,《财经杂志》(*Money Magazine*)发现许多读者都喜好精品咖啡,于是刊登专题文章——《品味之选:每磅 5~10 美元的稀有咖啡豆,醇厚如美酒》,文中介绍了不少精品咖啡界的先驱。后来,精品咖啡中又多了一些像瑞士巧克力杏仁这样的调味咖啡。然而,主张纯正精品咖啡的人很讨厌这种调味咖啡,但也有人认为喜欢调味咖啡的人,通过对咖啡的了解和学习,最终还是会喜欢上原味咖啡,而且,调味咖啡豆销量相当不错,当然没人会为了坚持理想,而放弃赚钱。

随着精品咖啡的不断发展,成立一个精品咖啡组织就显得很有必要。加州林格尔兄弟(Lingle Bros.Coffee)精品咖啡的老板特德·林格尔和纽约精品咖啡行家唐纳德·舍恩豪特联合起来，奔走相告，聚集了东西两岸大批咖啡理想家，于1982年在旧金山路易莎小旅馆的会客厅盘腿席地而坐，互相讨论，拟定一份全国性的咖啡宣言，自此，美国精品咖啡协会（Specialty Coffee Association of America，SCAA）成立，注册会员42人。

1983年1月，舍恩豪特在邀请精品咖啡行家加入刚成立的美国精品咖啡协会的邀请函中写道："各位英雄，各位青年才俊，站出来吧，一起实现你们的理想。"他把推动精品咖啡的重任比作穿着运动鞋攀登珠穆朗玛峰，但同时也鼓励他们："我们必须团结起来，全力以赴，否则我们就会被那些虎视眈眈、时刻准备踩蹋我们的大型烘焙商击垮。"

上图是1981年时的唐纳德·舍恩豪特，像他一样热爱咖啡的理想主义者引领了精品咖啡革命。舍恩豪特呼吁："小咖啡业主们，跟随你们内心的愿望，雄起吧！"

精品咖啡通常采用散装和直接邮购的销售方式，因而很难像那些大公司一样精确地统计出市场份额。1983年年底，就连被大型咖啡烘焙商左右的《茶和咖啡贸易》出版人詹姆斯·奎因（James Quinn）也撰文指出："去年，根据粗略估计，精品咖啡大约占美国咖啡市场不到1%的市场份额，如今，我们有足够的理由相信，精品咖啡已经占到3%的市场份额。"第二年，每月都有三四家咖啡烘焙商加入精品咖啡业。1985年，据专家预测，精品咖啡约占美国咖啡零售市场5%的份额，平均每周新增一家精品咖啡烘焙店。当时美国和加拿大共计约有125家精品咖啡批发商，而且每年增长25%。

为了通过邮购方式扩大精品咖啡市场，精品咖啡烘焙者开始在《纽约客》《美食家》和《华尔街日报》上刊登广告。新鲜烘焙出炉的精品咖啡用单向排气阀包装袋包装，然后运往全国各地。单向排气阀包装袋就是在一个密不透气的压层塑料包装袋内，加一个单向排气阀门，袋内咖啡豆释放的二氧化碳可以通过此阀门排出，但外界的氧气却无法进入袋中，这项技术可以有效防止咖啡豆氧化，是希尔斯兄弟1900年发明真空罐以来，最具革命性的包装技术创新。单向排气阀于1970年由意大利人路易吉·戈格里奥（Luigi Goglio）发明，已经在欧洲使用了十几年，1982年才被美国精品咖啡业引进使用。

滴滴香浓，滴滴致命

20世纪70年代末，美国公共利益科学中心（CSPI）执行董事迈克尔·雅各布森一直力促美国食品与药品管理局（FDA）将咖啡因从"公认安全"药品清单中去除。然而，考虑到此举可能会影响茶叶、咖啡和可口可乐的销量，造成经济损失，因此美国食品与药品管理局一直迟疑不决。

1979年11月，雅各布森再次向食品与药品管理局请愿，要求在咖啡和茶叶包装袋上印警告标志："咖啡因会造成新生婴儿先天性缺陷。"不仅如此，他还就此问题发表了一份公开新闻稿，写信给14 000位产科医生及助产士。

美国咖啡协会立马召开紧急会议，出资 25 万美元，聘请专业的公共关系顾问，反击公共利益科学中心的指控，并游说食品与药品管理局切莫从"公认安全"药品列表中剔除咖啡因。咖啡协会指出，公共利益科学中心的研究实验不具有参考性，因为实验鼠一次性摄入了相当于 35 杯咖啡中所包含的咖啡因。1978 年，在软饮料公司资金赞助下，国际生命科学学会（International Life Sciences Institute，ILSI）成立，不久也开始就咖啡因问题进行流行病学研究。食品与药品管理局眼看着两大科研机构论战，陷入两难，就玩起文字游戏："我们并没有说咖啡因是不安全的，我们只不过没有说咖啡因安全而已。"后来，管理局提醒孕妇注意避免摄入咖啡因，却并没有要求在咖啡和茶叶等包装上印警告语。

第二年，又有一份研究报告指出，咖啡可能和胰腺癌有关，引起媒体广泛关注，甚至有人用麦斯威尔的广告词开玩笑说："滴滴香浓，滴滴致命。"接着，咖啡引发健康问题的研究层出不穷：咖啡因和良性乳腺肿瘤的形成有关，咖啡可能引发心律失常，挪威研究发现，通常大量饮用咖啡的人胆固醇较高。

《精神疾病诊断与统计手册》（*Diagnostic and Statistical Manual of Mental Disorders*）被奉为美国精神病学协会（American Psychiatric Association）的圣经，该书 1980 年版收录了"咖啡因中毒"的诊断解释，将大量饮用咖啡划归为精神障碍。

美国咖啡协会资助的研究越来越多，从医学和科学文献中收集了上千篇论文，强烈反击诽谤咖啡的言论和研究报告。另外，还有很多科学家和医生也通过个人研究，指出反咖啡研究中的诸多问题，1982 年一项针对 1.2 万名孕妇的研究报告指出，饮用咖啡对新生儿健康并没有什么负面影响。但是，咖啡有害健康已经深入人心，很难纠正了。80 年代，反咖啡研究报告指出，咖啡与 100 多种疾病有关，后来，每一个反咖啡研究结果都遭到了质疑，但是对咖啡的恐惧感已经让消费者惊慌不已，越来越多的消费者开始喝低咖啡因的咖啡替代品，或者干脆彻底戒掉咖啡。1977年美国咖啡饮用者占全美人口的58%，到1988年，这一比例已经降到了50%。

左图是加里·拉森（Gary Larson）系列漫画《月球背面》（Far Side）中的一幅，讽刺了20世纪80年代初期，人们对咖啡因的恐惧潮。

爱上低咖啡因

1979年，瑞士一家大型咖啡加工公司成功研发出一种处理过程中只用到水的新型低咖啡因咖啡处理方法，并以卡夫克斯（Coffex）之名申请了专利。尽管以前经二氯甲烷处理法处理的低咖啡因咖啡经烘焙后，基本不会留下化学污染物，但是这种"瑞士水处理法"只用水，确实听起来更健康，又符合消费者的心理，因此很多精品咖啡烘焙商迅速开始采用这种方法处理低咖啡因咖啡豆。各种传统处理法在去除咖啡因成分的同时，咖啡中的香精成分也流失了，因此低咖啡因咖啡的口味和普通咖啡相去甚远,但是 20 世纪 80 年代后,精品咖啡烘焙商首先选用高品质的咖啡豆,然后又改进了处理方法,制作出来的低咖啡因咖啡口味也好多了,和普通咖啡不相上下。还有些咖啡烘焙商推出各种调味咖啡,以丰富咖啡豆的口味。

20 世纪 80 年代初,各咖啡公司兴起一股低咖啡因热潮。通用食品除了原有的低咖啡因边际咖啡和桑卡咖啡外,还推出了麦斯威尔和雨斑品牌的低咖啡因咖啡。雀巢在原有品味之选基础上,又推出一系列雀巢低咖啡因咖啡。宝洁公司为了增加高点低咖啡因咖啡的销量,又推出了福尔杰速溶低咖啡因咖啡。80 年代中期,美国近 1/4 的咖啡产品是低咖啡因咖啡,有些专家甚至预测未来 10 年,低咖啡因咖啡将占一半市场份额。

当然,低咖啡因咖啡的广告投入也在不断增加。1982 年,通用食品换掉了桑卡咖啡的代言人罗伯特·扬,启用现实生活中那些充满活力的专业人士为桑卡咖啡宣传,有野生动物摄影师、伐木工人、海上皮划艇教练、拖轮船长和登山队员等。其中一个代表性的广告是,一个强壮的水下焊接工人说:"摄入过量咖啡因容易让人紧张,对于一个水下工作者而言,紧张是无法承受的。"后来,桑卡咖啡也放弃了二氯甲烷处理法,改用更先进的二氧化碳水处理法,还在广告中大肆宣传"处理过程中采用的都是纯净的高山泉水"。为了提高边际咖啡的销量,通用食品策划了一则广告,广告中一对年轻情侣互相依偎着坐在火炉边喝咖啡,广告词写道:"只要有轻柔的音乐,雷声再响也无妨,只要有边际咖啡,就有温馨。"雀巢和宝洁的广告也开始走煽情路线,比如雀巢推出的"此时此刻,注定是品味之选的时间"。

咖啡失败

20 世纪 80 年代初,虽然低咖啡因咖啡和精品咖啡销量增加,但是咖啡的整体销量却在不断减少,比 20 年前下跌了 39%。1982 年,饮料业分析师约翰·麦斯威尔(John Maxwell)认为,咖啡销量下滑,主要原因在于咖啡是一种热饮,不方便饮用,他说:"现在,人们生活节奏快,尤其是年轻人,大家希望拿起饮料一饮而尽,然后接着各忙各的。"

麦斯威尔聘请了一些年轻的市场营销人员,玛丽·西格尔曼(Mary Seggerman)就是其中之一,她试图重新塑造咖啡在人们心目中的形象。她策划了一系列符合客户生活方式的营销广告,并极力邀请蓝调音乐家雷·查尔斯献唱,歌声悠扬动听,场景温馨,再加上广告词"滴滴香浓,滴滴温情",整个广告扣人心弦,唯独忽略了口味。显然,这样的温情广告在软饮料界盛行,而西格尔曼却认为,"通用食品一直以来都没有意识到其真正的竞争对手不是咖啡同行,而是可口可乐和百事可乐"。她需要争取用1983年的广告来证明这一点,她策划的广告是两个十几岁的年轻人在海边的栈道上相遇,一起喝咖啡的惬意场景,由此证明咖啡随时随地方便饮用。

同年,西格尔曼和几个同事在一些小俱乐部发现了当时还鲜为人知的单口相声表演,他们发挥创造力,策划了一个新的广告。演员杰瑞·宋飞问:"杯垫是干吗用的?""我妈说,杯垫是用来放杯子的啊。""哦,我以为杯子是放在桌子上的。要是有人从咖啡杯下拉走桌子、杯垫,轮到你出马抢救咖啡啦!"接着,他走下台,拿起一杯咖啡一饮而尽。可是,这则广告就播了一次,毕竟在乎市场反响的麦斯威尔有自己的广告路线,每则广告最后一个画面要定格在麦斯威尔标志上,所以,这则创新的广告被保守的麦斯威尔经理们无情地扼杀了。最后,西格尔曼不得不请一个身材矮胖的自由摄影师出演,他带着一条狗走遍美洲大陆,嗜咖啡如命。

1983年,美国咖啡协会进行了一系列"咖啡名人"宣传活动。由于经费有限,活动只能请到一些三流明星,姑且把他们当作"新一代的咖啡名人"。这次宣传活动的口号是:"咖啡让人冷静、让人精力充沛地实现梦想,一起来享受咖啡吧,其他饮料只能望其项背。"口号一出,立马有人指出其中的矛盾:一种饮料,怎么可能同时让人兼具冷静和兴奋呢?《国家》(*The Nation*)杂志说:"这可真是个漂亮的谎言。咖啡根本就是一个没有任何营养价值的饮料,主要成分是令人上瘾的麻醉药,让人变得紧张易怒才是事实。"国家咖啡协会立即把口号改为:"咖啡带给您安宁。"然而,这股短暂的广告宣传风也未能刺激咖啡消费量。

什么广告都比不上大型烘焙商的花招多。他们又推出了"砖包咖啡",将研磨后的咖啡粉装入真空袋,然后压紧成块。这种砖包咖啡根本不可能保证新鲜,因为新鲜咖啡会释放二氧化碳,破坏砖包。不过,其价格比罐装咖啡便宜,而且可以在货架上码放得更加紧密。考虑到供机构使用的咖啡需要冲泡方便,独立小袋包装咖啡逐渐流行起来,每袋中的咖啡量正好够冲泡一杯咖啡。但是,每小袋中的咖啡含量却越来越少,而且一旦破了小洞,空气进入,咖啡很快就不新鲜了。

这些大型烘焙公司广告费和包装费都花了,但是销量仍没有起色,于是又走上了偷工减料之路。麦斯威尔咖啡采用的都是廉价的巴西豆和罗布斯塔豆,而且烘焙度逐年变浅,因为深烘焙比浅烘焙失水严重,浅烘焙也节省燃料。但是,烘焙度不足会造成咖啡口味变差。麦斯威尔还引进了一套所谓的"保鲜工序",在咖啡研磨之前对咖啡进行润湿以增加重量,这样研磨后的咖啡粉末就容易结块。更恶劣的是,公司还把咖啡烘焙过程中产生的咖啡皮屑也和咖啡一起研磨成粉,然后混入咖啡中。

大鱼吃小鱼

咖啡业不景气,传统的小型咖啡烘焙商为了生存下去,只得拼命抗争,即便如此,还是难免成为投资者的盘中餐。1982年,泰特莱(Tetley)茶叶公司收购了纽约的舍恩布鲁恩烘焙公司及其旗下的萨瓦林、咖啡黄金和深度烘焙的金奖章咖啡品牌,还从可口可乐买下来速溶咖啡制造商坦科咖啡。其实,在此之前,泰特莱已经买下了创造坦科咖啡的马丁森公司和两个西班牙综合咖啡——布斯特洛(Bustelo)和奥肯多(Oquendo),以此丰富其在深度烘焙市场的产品。可是，曾经品质上乘的马丁森和萨瓦林咖啡，被泰特莱茶叶公司买下后，品质连麦斯威尔和福尔杰都不如了。就连全国唯一的意式浓缩咖啡金奖章，也变成了价格低廉的劣质咖啡。

年迈的威廉·布莱克坚持亲自管理坚果满屋咖啡，不肯让权，造成经营不善，坚果满屋咖啡销量也持续下滑。1983年，布莱克去世，他的医生利昂·波迪（Leon Pordy）接手他的公司。虽然坚果满屋咖啡保住了纽约咖啡市场销量第一的地位，但这却不是因为经营有道，而是通过大打价格战实现的，它的售价比市场平均价格低了20%。

雀巢公司眼看着旗下的各个速溶咖啡品牌销量停滞不前，决定进一步在北美咖啡市场进行扩张。1984年，雀巢买下加拿大大型烘焙商好主人，接着，宣布考虑购买希尔斯咖啡。4个月前，巴西蔗糖和酒精燃料公司刚把希尔斯咖啡卖给一个由5个投资者组成的投资公司，后来雀巢就是从这家投资公司买下了希尔斯咖啡。紧接着，雀巢又买下了另外两个曾称霸一时的咖啡公司——蔡斯和桑伯恩咖啡以及MJB咖啡。㊀

美女销售大卖整豆咖啡

大公司不断吃掉做精品咖啡的小烘焙商，精品咖啡店里卖的各种精致的咖啡研磨、冲泡器具，咖啡杯，也只好搬到杂货商店或者超市里售卖。伯尼·比达克（Bernie Biedak）从美国海关拍卖处买回各种各样的走私咖啡器具，然后运到俄勒冈州的阿什兰市，在自己的杂货店里售卖，追赶时

㊀ 1982年，标准品牌咖啡将旗下奄奄一息的蔡斯和桑伯恩咖啡卖给通用咖啡公司（General Coffee Corportation），这是一家由阿尔贝托·杜克·罗德里格斯（Alberto Duque Rodriguez）在迈阿密经营的公司。杜克是一个有钱的哥伦比亚咖啡种植园主的儿子。杜克当时已经建立起了自己的生意王国，涉及了很多大型地产和游艇项目，他的生意完全靠欺骗贷款维持并于1983年彻底垮台。第二年，雀巢立即抢下了伤痕累累的蔡斯和桑伯恩咖啡。1985年，MJB看到了咖啡业的不良兆头，也把自己卖给了雀巢咖啡。

毫。1978年,他低价买回两袋走私的危地马拉咖啡生豆,然后找人烘焙,高价售出,大赚了一笔。接着,他开始从加里·塔尔博伊创立的国际咖啡豆公司(Coffee Bean International)购买高品质的整豆咖啡,并且在俄勒冈州的超市通道,安装全透明塑料罐装咖啡自动售卖机,这种咖啡机罐底有个小开关,打开后,在重力作用下咖啡豆会自动掉出,需要多少买多少即可,而且咖啡豆成色通过透明罐清晰可见。不仅如此,比达克还聘请了漂亮的专业模特兜售咖啡,或者让其代磨咖啡。比达克的咖啡售价是每磅3.99美元,预留给超市的利润比罐装咖啡高得多,美女模特销售员的报酬当然也不低。1983年,比达克的美女销售和整豆咖啡已经扩张到了旧金山。

星巴克的负责人杰里·鲍德温也推出蓝锚咖啡,向超市批发散装整豆咖啡。但是鲍德温是个纯粹主义者,他觉得咖啡豆进驻超市以后,品质很难得到保障,所以有意退出超市。雀巢收购好主人咖啡后,好主人咖啡在西雅图公司的员工菲尔·约翰逊(Phil Johnson)离开了好主人,买下蓝锚咖啡,创立了自己的咖啡公司,也就是后来的磨石咖啡(Millstone),成为全美最大的超市整豆咖啡供应商。其他精品咖啡商也纷纷抢占超市和商店市场,萨克(Sark)精品咖啡占领了加州南部超市,保罗·卡策夫的感恩节散装整豆咖啡,在北卡罗来纳州的布拉格堡和加州大卖,史蒂夫·舒尔曼(Steve Schulman)的半山精品咖啡豆则在加州北部大卖。

除此之外,马蒂·埃尔金和他的经理迈克·沙利文(Mike Sullivan)从法国巴黎引入花神咖啡(Café Du Jour),并采用重力包装罐、单向通气阀和2盎司新款小样包装,在新罕布什尔州的乡下大卖。鲍勃·斯蒂尔(Bob Stiller)依靠发明EZ Wider卷烟纸,成功将其卖给大麻吸食者发家,成了百万富翁,1981年的一天,他去佛蒙特州的滑雪胜地菲尔德游览,在一家名为"凤凰"的餐厅,喝到绿山精品咖啡,瞬间被其口味征服,于是买下原本只是一个小型精品烘焙商的绿山咖啡,并迅速扩张。

随着精品咖啡不断走进超市,市场越做越大,大型咖啡烘焙商也意识到他们的市场似乎在逐渐减少。唐纳德·舍恩豪特回忆说："咖啡业的老大们也开始参加精美食品展,而且围着我们的展台看来看去。我们当然生气,但是,看着他们那副谨慎的样子,也确实好笑,即便我们的所有制作方法和秘诀都摆在他们面前,他们也看不出个所以然来,用劣质咖啡豆怎么可能做出精品咖啡。"

配额协议将精品咖啡推向困境

尽管新一轮的国际咖啡配额协议已出台,可是,20世纪80年代初,咖啡价格仍动荡不止。1981年,也就是新版配额协议实施的第一年,咖啡价格跌破每磅1.15美元,导致全年每季度出口国咖啡配额不断减少。即便如此,5年来,咖啡价格首次跌破1美元。第二年,咖啡价格回升到1.25美元较合理的价位,一直持续到1989年,确保了新协议的正常实施。其实,1981~1989年,里根政府强调自由贸易,反对集体操控的咖啡出口配额协议,但是迫于各方压力,1983年,还是只得批准协议。

国际咖啡配额协议为了鼓励非协议国多消费咖啡,进口价格比欧美会员国便宜一半,而且西德的汉堡免税港和法国的勒阿弗尔免税港,也利用走私的周游咖啡大发横财,引起大部分咖啡消费国的强烈不满。一时间,走私和伪造原产国证明泛滥。仅1983年,美国海关就没收了2600万袋非法咖啡豆。

而且,国际咖啡配额协议限制了备受精品咖啡欢迎的高品质淡味咖啡豆的进口量,比如肯尼亚、埃塞俄比亚、中美洲和秘鲁咖啡豆,令精品咖啡业者大失所望。

1985年,协议的配额修订大会召开,美国代表罗林德尔·普拉格强烈反对会员国和非会员国的双重标准价格体系,并指责巴西故意输出少于其配额的咖啡豆,哄抬国际咖啡价格。各国代表争论激烈,最后一刻终于勉强达成书面协议,美国是唯一投反对票的国家,但势单力薄,已无力回

天。美国代表普拉格预言说："这样的结果对国际咖啡配额协议的未来和美国的继续参与未必是件好事。"㊀

游击队打仗，咖啡遭殃

拉丁美洲和非洲国家政治局势动荡，严重影响咖啡产销量。安哥拉内战造成咖啡出口量从 1974 年的 520 万袋跌到 1984 年的不到 30 万袋。可是，曾有一位记者报道："安哥拉附近各国传闻，安哥拉咖啡出口量减少，是因为大象数量增长过快，成群结队的大象践踏了咖啡田。"这实在是无稽之谈。中美洲的 3 个主要咖啡生产国危地马拉、萨尔瓦多和尼加拉瓜，长期受到国内政治寡头统治，咖啡农长期贫困，两者之间的矛盾斗争不断。1980 年，危地马拉一本农民杂志撰文："我们虽然光着脚，可是我们人数众多。有钱人和地主都指望我们为他们种咖啡，赚大钱，以供他们享受和挥霍。如果我们罢工，他们也就无法继续享乐。没有我们这些穷苦的农民，那些富人根本什么都不是。"即便果真如此，军方和独裁者才是真正的掌权者。危地马拉的当权者费尔南多·罗密欧·卢卡斯·加西亚将军，对国内实施残酷的铁腕统治，1981 年，他甚至发动了一场大屠杀。

1982 年，埃弗拉因·里奥斯·蒙特将军发动军事政变，推翻了卢卡斯·加西亚的铁腕政权。蒙特将军是个基督徒，他在危地马拉首次提出对政治犯进行大特赦，可是不久，他又改变主意，开始进行政治清洗，甚至不惜发动战争，血流成河。1983 年，泛美人权委员会指责危地马拉军队"肆无忌惮地对村庄烧杀抢掠，严重违背人权"。

大多数咖啡种植者都尽量保持中立，祈祷他们的咖啡田免遭破坏。1983 年，另一位军事独裁者奥斯卡·温贝托·梅希亚又发动政变，推

㊀ 当时，只要有另一个咖啡消费国肯站出来和美国一起投反对票，美国就完全可以否决这项决议。

翻了蒙特将军的政权,可是,军方杀人小队依然猖狂肆虐。一位被访问者说:"这些行为粗鲁的杀人小队,带着武器,无处不在。"一个旁观者听闻此话,笑道:"真想知道什么叫杀人小队无处不在,真该去看看萨尔瓦多再说。"

确实,小小的邻国萨尔瓦多,暴力和血腥镇压有过之而无不及。萨尔瓦多国土面积和美国新泽西州相当,有400多万人口,是西半球人口密度最大的国家。农民生活疾苦不堪。有位游击队战士如是说:"与其慢慢饿死,不如赶快战死来得痛快。"拉丁美洲,尤其是在萨尔瓦多,仁慈的天主教神父公开反对政府军队的暴行,最终招来对神父的大屠杀。

美国对中美洲的各种暴行立场很不坚定,唯恐危地马拉和萨尔瓦多会像尼加拉瓜一样,它竟然支持两国政府的暴力镇压,甚至派出直升机协助剿灭游击队,还为两国提供反暴力训练,敦促两国进行温和改革。不仅国会同意拨款上百万美元进行军事支援,美国国际开发署(Agency for International Development,AID)也相继拨款以改善两国的社会环境。

1980年,在美国卡特政府的巨大压力下,萨尔瓦多成功通过土地改革法,但对咖啡垄断寡头毫无影响,反而让政府军得以打着土地分配的旗号进行更严酷的镇压。1980年3月23日,奥斯卡·罗梅罗主教发表了一篇铿锵有力的布道词,他说:"政府要好好反省一下,无数人的鲜血促成的改革为什么都是徒劳。看在主的情面上,看在无数受尽折磨和痛苦而升天的人民份上,我恳请、乞求你们,以主名义要求你们,立刻停止血腥镇压!"此言一出,激怒了当局。第二天,在罗梅罗主教主持的一个葬礼上,他遭到枪杀。

罗梅罗主教的升天,意味着更残酷的镇压开始了。本来相互斗争的游击队联合起来,组成反政府武装阵线——马蒂民族解放阵线,1981年,解放阵线和政府正式开战。

1981年,萨尔瓦多的右翼势力罗伯特·德奥布伊松少校创立了民族主义共和联盟,传闻将和政府杀人小分队联合起来,掌控 1982 年制宪大会的选举。1980～1982 年,看似统治萨尔瓦多的军政府主席是何塞·纳波莱昂·杜阿尔特,他于 1960 年创立了基督教民主党,可是显然,镇压游击队的右翼势力才是真正的掌权者。多年来,萨尔瓦多已经形成了血腥镇压的统治模式。

几年前,萨尔瓦多的咖啡寡头把政权让给军事政府,以镇压贫苦农民的反抗和游击队势力,没想到却造就了一个无法控制的怪物。大部分咖啡种植者都希望国家能通过和平谈判解决争端、实行法制下的有限民主、商品能在自由市场进行自由交易。只有以奥兰多·德索拉为首的少数咖啡种植者赞成再次发动大屠杀,来恢复国内秩序。德索拉声称,20 世纪 80 年代初,军队恐怖分子和杀人小分队残害的 7.5 万名民众死有余辜。

在这种背景下,民族主义共和联盟得到了持温和意见的多数咖啡种植者和主张暴力的少数咖啡种植者的一致认同。1981 年,跟德奥布伊松合作创立民族主义共和联盟的里卡多·巴尔迪维索也是一个咖啡种植者,家族很多代都是萨尔瓦多人,祖祖辈辈经营咖啡种植园。1985 年,大型咖啡种植园主阿尔弗雷德·克里斯蒂亚尼,取代德奥布伊松,成为民族主义共和联盟主席。即便民族主义共和联盟是当时的执政党,而且党主席是咖啡种植者,萨尔瓦多政府依然能牟取巨额暴利,当时,全国咖啡协会(Instituto Nacional del Café,INCAFE)垄断了萨尔瓦多的所有咖啡,咖啡协会在国际市场上高价卖出咖啡后,以美元进行结算,但是回到国内,则用本国货币结算给咖啡生产者,结算汇率之低,致使生产者只能收回其产品价值的一半,甚至不到一半的钱。咖啡种植者对国内咖啡的低廉收购价格失望至极,便停止施肥,任其自由生长,有些人甚至彻底放弃了自己的咖啡种植园。

萨尔瓦多的咖啡种植者和危地马拉的种植者一样,都遭受着游击队和政府杀人小分队的双重压迫,大型种植园主尤其危险。一位纪录片的制作人跟随游击队前往雷加拉多·杜埃尼亚斯种植园,一位游击队员说:"这些种植园主自己当着千万富翁,坐享大庄园,却虐待劳工,所以我们要烧掉他们的庄园。"所以,萨尔瓦多很多种植园主为了保住自己的庄园,跟着游击队来到秘密藏身处,答应会给劳工增加工资,并且出钱支援游击队,1985年,马蒂民族解放阵线已经占领了1/4的种植园地区。

1979年,邻国尼加拉瓜的桑地诺民族解放阵线发动民主革命,推翻了索摩查的独裁统治,此次革命得到了大部分咖啡种植园主的支持。然而,革命胜利以后,新政府通过代理组织尼加拉瓜咖啡公司(ENCAFE),对全国咖啡出口进行了国有化改革,但是只支付给咖啡种植园主国际咖啡市场价格10%的收购费。桑地诺民族解放阵线侵吞了大部分咖啡利润,然后放贷给咖啡种植园主,这样一来,咖啡种植园主负债累累。

革命伊始,桑地诺民族解放阵线就已经抢占了索摩查庞大的咖啡产业,把这些咖啡产业当作国有企业一样进行监管。但不幸的是,这些城里来的知识分子对咖啡种植几乎一窍不通。他们为了消除叶锈病,砍掉了咖啡的遮阴树,将其当作木材卖掉,结果叶锈病却继续蔓延。他们无法对咖啡树进行合理施肥和修剪,咖啡树长势越来越差。不仅如此,新政府还成立了全国咖啡种植园改造委员会(National Commission of Coffee Plantation Renovation),制订专项改造计划(CONARCA),该委员会以"改造"为名,接管所有咖啡种植园,声称改造完毕会再还给咖啡种植园主。然而,改造实际意味着破坏、砍伐或者放任不管。最终,几乎没有一个咖啡种植园主拿回自己的庄园。

任何质疑桑地诺民族解放阵线的政治主张或者政策的人都被打上资本主义寄生虫的标签。整个20世纪80年代,产量不足的土地都会被新政府没收,对那些敢于表达意见、积极活跃的地主,政府会没收他们的土地。1982年5月,一位热情的桑地诺民族解放阵营支持者罗杰·卡斯特隆·奥鲁埃,前往美国迈阿密州一家私立高中参加儿子的毕业典礼,接到朋友打来的电话,说:"别再回国了,新政府已经没收了你的农场,还宣布你是人民的敌人。"而此时,卡斯特隆留在国内已经处理过的咖啡总价值就高达 100 万美元。从此,卡斯特隆一无所有,他在国内的房子、收入和个人财产全部被政府没收。于是,他不得不在美国凯马特零售公司的工厂里找一份工作养家糊口。卡斯特隆的经历绝非仅有,其他农场主离开尼加拉瓜,前往其他国家就医时,政府也毫无理由地没收他们的土地。

后来,这些流亡海外的爱国人士愤愤不平,在美国政府的支持下,开始开展反对运动,在洪都拉斯和尼加拉瓜边境建立基地,向尼加拉瓜的桑地诺民族解放阵线发起进攻。桑地诺民族解放阵线通过开展扫盲运动和医疗服务,确实改善了城里穷人的生活,但是乡下种植园主的生活却越来越困难。咖啡种植园主根本无力支付劳工高工资,如果他们允许劳工自己开垦土地种粮食,补给生活,政府就会认为他们没有有效利用土地,然后没收种植园主的所有土地。所以,很多种植园主不得不走向犯罪之路,或者加入反对运动。其中一位种植园主问道:"谁才是真正剥削穷人的幕后黑手?是政府,他们每天只允许我的劳工吃 4 盎司大米,而我想给他们更多的粮食,却遭到阻止,所以,看看吧,到底是谁在剥削劳工?"

桑地诺民族解放阵线不仅征用城里的高中生和大学生到咖啡田里收咖啡,还允许美国和欧洲的自由志愿者一起帮忙。他们动作慢、效率低,国外的反对派趁机对咖啡田发动突袭,干扰咖啡的收获,不仅杀害桑地诺民族解放阵线成员,还屠杀动作缓慢的收获者,包括妇女和儿童。㊀

但是,尼加拉瓜并没有杀人小分队。曾有一位咖啡种植园主被政府怀疑资助反对运动,因而遭到逮捕,政府脱光了他的衣服,审问了数小时,

---

㊀ 越过洪都拉斯的边境,国外的反政府军同样令咖啡种植者非常失望。一位种植者说:"他们发动了一场战争,但他们并不是为我们的利益而战,反而置我们于死地。"洪都拉斯的农民憎恨桑地诺武装阵线的炮火和毁坏公路,但也对反对者的冷血杀手表示不满。

但是却并没有伤害他的身体。为了让整个社会都处在桑地诺民族解放阵线"可控的范围"内，军队出面对农民的土地重新分配，20多万农民被迫离开自己耕种的土地。很多人越过边境，逃到了洪都拉斯，期望得到反对派的庇护。最后，尼加拉瓜约有50万人开始了逃亡的生活，占总人口的1/7之多。

眼看农民大批逃亡国外，投靠反对派，桑地诺民族解放阵线开始分配土地给贫农。尼加拉瓜军队总参谋长华金·夸德拉·拉卡约将军回忆说："我们不仅分土地给贫农，还分枪给他们，告诉他们'枪拿在你们自己手里，现在你们要自己保护自己的土地'。这就是我们的土地改革政策，当然，权力还是掌握在军队手上，我们只是为了组织这些贫农加入反对派而已。"然而，得到土地的贫农由于毫无管理经验，而且没有利益驱动，他们很快就放任咖啡树自生自灭了。

1986年，还在从事咖啡种植和生产的人都是由于无路可走才继续耗下去的人。一位咖啡种植园主说："我们别无选择，我们的钱都投在了咖啡树上，除此之外，身无分文，所以我们根本离不开咖啡田。"可实际上，他们是通过向银行不断贷款，才得以继续维持咖啡田，其实是在不断赔钱罢了。很多咖啡种植者都仅仅刚好能够收获政府要求最低限度的咖啡，防止土地被没收而已。一位咖啡种植者已经认命，他说："如果有一天邻居的门铃响了，他的地被没收了，那么第二天就轮到我和我的土地了，在尼加拉瓜，对于私人咖啡种植和生产者而言，根本没有任何前途和未来可言，我们只不过为了混口饭吃而已。"

公平交易咖啡

1985年4月，北卡罗来纳州的感恩节咖啡（Thanksgiving Coffee）老板保罗·卡策夫应支持桑地诺民族解放阵线的咖啡组织之邀，飞往尼加拉瓜参观咖啡种植园，这次参观改变了卡策夫的生活，让他重拾了自己社工的身份。他说:"我跟着桑地诺民族解放阵线的人在山间视察咖啡田,他们同时还在和反对派打仗,我见过3位革命指挥官,深深地感受到了咖啡和革命之间的密切关系。"回到美国以后,卡策夫把感恩节咖啡的标语改成:"不仅是一杯咖啡,而且是一杯公平咖啡。"他还把自己亲手烘焙的尼加拉瓜咖啡包装好,起名为"和平咖啡"(Coffee for Peace),每磅咖啡销售所得捐出50美分给桑地诺民族解放阵线。

一个月后,美国里根政府禁止进口尼加拉瓜商品。卡策夫异常愤怒,随即上诉美国总统罗纳德·里根,他通过加拿大运输和烘焙尼加拉瓜咖啡,避开了美国港口的禁运令。当时,卡策夫也是美国精品咖啡协会的联合主席,他未和另一位联合主席,也就是绿山咖啡的老板丹·考克斯(Dan Cox)商量,就邀请了桑地诺民族解放阵线的一名官员和另外两位激进分子参加咖啡与人权座谈会,考克斯对此非常不满,他说:"我明确告诉过卡策夫,我爱我的祖国,我不会跟美国政府对着干。"

本来,精品咖啡界只关注如何提供一杯完美的咖啡,而今,他们被迫考虑咖啡种植、加工和出口过程中的各种不公现象。他们用来制作高价咖啡的咖啡豆就是由那些极端贫困的农民辛辛苦苦一点点种出来的,而他们的收入却不到国际咖啡豆均价的1/10。1986年,曾在马萨诸塞州食品合作社工作过的3个理想主义者创立了平等交易(Equal Exchange)公司,创办人之一的乔纳森·罗森塔尔(Jonathan Rosenthal)写道:"我们的目标就是搭建一座桥梁,让人们可以接触到种植这些食物的人,了解食物产地的生态背景。"

在投资人的帮助下,平等交易公司成立,主要为食品合作社供应公平交易的尼加拉瓜咖啡。他们的目标是以最低的担保价格,直接从小农组成的民主化经营的合作社进货,绕过中间商,并且为这些小业主提供贷款,鼓励他们栽种有机咖啡,并提供补贴。1984年,成立于加拿大的桥塔(Bridgehead)公司也专门售卖桑地诺民族解放阵线的咖啡。

此时，在拉丁美洲工作的两个荷兰人通过多年的观察，也分别得出结论：要想实现公平交易，建立一个完善的市场机制势在必行。墨西哥瓦哈卡的地峡区域本土社区联盟也是一家咖啡合作社，旨在协助推广本地咖啡，倡导公平交易和有机咖啡种植。1987 年，弗朗茨·范得霍夫神父和该合作社一起联系荷兰禾众基金会（Solidaridad），寻求市场营销方面的帮助。同时，另一个曾在洪都拉斯和尼加拉瓜工作过的荷兰人伯特·比克曼失望地回到荷兰，他说："我发现，投入这些国家的发展基金超过一半都白白浪费了，农民辛辛苦苦种出来的作物，根本没有销售市场。"

在禾众基金会的支持下，荷兰的教会、媒体和比克曼一起，跟荷兰最大的咖啡烘焙商杜威·埃格伯茨展开公开辩论，1978 年，杜威·埃格伯茨的公司已经被美国莎莉（Sara Lee）食品公司收购。比克曼说道："这些大公司的人辩论时，心胸开阔，但是到了达成结论、签订协议的时候，就拖拖拉拉，一点诚意也没有。"公平交易的倡导者们决定自创品牌。调查显示大约 15% 的荷兰人支持公平交易咖啡。比克曼说："咖啡是荷兰人社交生活的中心，公平交易咖啡再完美不过了。"

不久，荷兰的公平交易咖啡组织筹集了 400 万美元，准备发布自己的品牌，这时候，几家小型咖啡烘焙商，也是杜威·埃格伯茨的竞争对手，联系到比克曼，答应销售公平交易咖啡。比克曼非常赞同，说："我们当然欢迎，你们不妨设计公平交易认证商标，我们连同你们的商标一起发布。" 1988 年 11 月，马克斯·哈维拉高级咖啡（Max Havelaar Quality Mark coffee）上市，咖啡名取自 1860 年的同名荷兰小说，小说讲述了爪哇咖啡农所遭遇的各种不人道待遇。公平交易咖啡立马受到媒体关注，大受欢迎，第一年就占了咖啡市场 1.6% 的市场份额，之后稳定维持在 2.5% 的市场份额。不到一年时间，瑞士、比利时、丹麦和法国都能见到马克斯·哈维拉的商标。在德国和奥地利，该商标则更名为"公平交易咖啡"（Transfair Coffee），而公平贸易组织也在当地成为官方认证的标志。

第 17 章 精品咖啡革命

公平交易咖啡组织往往通过激发人们的内疚感,来劝说消费者购买取得公平收入的咖啡农种出来的咖啡,左图为公平交易广告。

左图为公平交易咖啡商标,消费者购买印有此商标的咖啡豆,可以保证是由小型咖啡农场组成的民主化经营的合作社所种植的,而且可以保证咖啡农都得到了合理的收入。除了公平交易咖啡之外,还有其他一些认证,也可以帮助咖啡农。

萨尔瓦多咖啡的血泪

1989年年末,萨尔瓦多的咖啡和人权问题引起美国的关注。宝洁公司创始人的重孙罗宾·甘布尔(Robbie Gamble)曾在萨尔瓦多住过两年,亲身经历了当地的暴政,由于宝洁公司旗下的福尔杰咖啡从萨尔瓦多进口咖啡豆,所以他总认为自己和萨尔瓦多的暴政难脱干系,一直非常自责。为了表达自己对萨尔瓦多暴政的抗议,他放弃继承遗产。1989年11月,又有 6 名美国耶稣会牧师和两位女性劳工被萨尔瓦多杀人小分队谋杀，引起轩然大波。旧金山的激进组织"邻居对邻居"立即发起策划已久的抵制运动。随后，雀巢由于其婴儿配方食品长期受到发展中国家抵制，因此也很快宣布暂停从中美洲动乱国家采购咖啡豆。甘布尔的弟弟杰米也宣布支持抵制运动，于是"邻居对邻居"激进组织极力敦促宝洁公司参与抵制。

宝洁公司首席执行官埃德·阿茨特（Ed Artzt）拒绝会见激进组织成员，于是激进组织制作了一个火药味十足的电视广告。他们请出和宝洁公司首席执行官同名的男影星埃德·阿什纳尔，1990 年 5 月，广告播出，埃德在广告中对观众说："抵制福尔杰咖啡！每杯福尔杰咖啡都是悲苦和鲜血酿成的。"同时，电视画面出现的是一只倒置的咖啡杯，流出吓人的鲜血。这则广告在波士顿一家电视台播出后，宝洁公司立马叫停，威胁说要取消其在该电视台每年 100 万美元的广告投入，并声称该广告毫无根据，无奈之下，该电视台只好停播激进组织的广告。

此时，美国精品咖啡协会已经成长起来。特德·林格尔已经全职出任设在加利福尼亚州西南部港口城市长滩的精品咖啡协会执行董事，当时，第二届精品咖啡协会独立会议正在奥克兰的克莱蒙特酒店举行。虽然很少有精品咖啡烘焙者会购买口味一般的萨尔瓦多咖啡豆，但是"邻居对邻居"组织并不知情，前往大会现场抗议。保罗·卡策夫带领游行队伍走过会场，敲锣打鼓，向会场前的台阶上泼洒数桶红色液体，以示抗议。

"邻居对邻居"激进组织同国际港口与仓库工人联合会联合起来，一起抵制萨尔瓦多咖啡。凡是运输萨尔瓦多咖啡的货船在旧金山、温哥华、西雅图和长滩停靠，码头工人都拒绝卸货。根据码头工人的建议，"邻居对邻居"在港口组织了令人震惊的人墙防线，举着大幅标语抗议杀人小分队咖啡，阻止货船靠岸，无奈之下，货船只好返回萨尔瓦多。在巨大的压力下，纽约最大的连锁超市红苹果暂时同意停止出售福尔杰咖啡，并允许"邻居对邻居"的宣传册在店内摆放。乌诺比萨店也停止供应福尔杰咖啡。

美国福音信义会和犹太教改革之后社会行动委员会也出面支持抵制运动。

这场抵制运动虽然是由资金不足的草根组织发动的，却得到了媒体的广泛报道。美国大型烘焙公司宝洁、雀巢和1985年买下通用食品的菲利普·莫里斯（Philip Morris）总裁集体会见美国国务院官员，请求美国政府尽快恢复萨尔瓦多和平进程，而当时执政的布什政府却一直破坏萨尔瓦多和平。美国咖啡公司在萨尔瓦多的报纸上刊登广告，支持通过和平谈判解决萨尔瓦多的问题。1991年9月，解决萨尔瓦多问题的和平谈判在纽约召开，不久，1992年年初，萨尔瓦多长达12年的内战终于结束，在这场内战中8万多人被杀，100万人被流放。和平谈判中达成一致，萨尔瓦多20%的咖啡田归还之前游击队占领的农民，萨尔瓦多的改革终于初现曙光。

彻底解决中美洲的暴力、社会不平等和土地分配问题之路尚远，但至少已经起步，血腥屠杀已经停止。咖啡种植者终于可以开始关心更切实际的问题，比如如何产出高级咖啡，如何卖个好价钱。

业界巨头赶时髦，做精品咖啡生意

1984年，通用食品将瑞典知名的耶瓦利亚整豆咖啡引入美国，以独特的邮购方式进行销售。其实，1970年通用食品就已经买下了耶瓦利亚咖啡的制造商维克托·西奥多·恩格沃公司，该公司在瑞典咖啡界一直独占鳌头。耶瓦利亚咖啡之所以采用邮购的销售方式，其实是通用食品公司管理者阿特·特罗特曼（Art Trotman），在邮购倡导者莱斯特·沃德曼（Lester Wunderman）的帮助下，尝试的一种营销模式：以昂贵的礼品吸引人们入会，留下联系信息，之后就会定期收到新产品。特罗特曼说："这一计划之所以成功，正是利用了人们的惰性。"起初，耶瓦利亚咖啡的顾客只不过收到免费咖啡罐，1987年的时候，新加入的会员就会免费得到一个电动滴滤壶。特罗特曼说："也就是从那时候起，我们的销售量在两年内翻了一番。"

耶瓦利亚咖啡在《时尚》和《魔幻厨房》(*Bon Appetit*)等杂志上大篇幅刊登广告，着重强调耶瓦利亚是瑞典的传统经典咖啡。广告词写道，瑞典人对咖啡痴迷，耶瓦利亚咖啡采用大师级烘焙，深得国王青睐。然而，消费者并不知道他们买的耶瓦利亚咖啡其实是通用食品的产品，毕竟通用食品刻意淡化它和耶瓦利亚咖啡的关系，普通消费者很难发现。然而，耶瓦利亚的咖啡确实有品质保证。咖啡豆全部采用阿拉比卡豆，在瑞典完成烘焙，用单向阀包装手工包装，然后再运往美国，直接邮寄给客户。通用食品确实完全没有插手，只坐等大把大把数钞票即可。

1985年，通用食品打算进军美国超市的精品整豆咖啡市场。玛丽·西格尔曼立即成立了一个由5个人组成的企业攻坚小组，研发出7款一系列的整豆和研磨咖啡，包括肯尼亚AA、哥伦比亚、早餐拼配、法式烘焙等。他们打算在机场开设咖啡厅，专售浓缩咖啡和卡布奇诺等花式咖啡，但最终，该计划遭到否决。取而代之的是，在大规模超市的货架上用单向阀包装直接销售精品整豆咖啡。

1985~1986年，通用食品公司在芝加哥北部城市埃文斯顿和印第安纳州进行试点，推出精品整豆咖啡，取名为"麦斯威尔大师精选"（Maxwell House Master Collection），并且在电视上播出广告，以古典音乐为背景音乐，引用巴赫创作的《咖啡康塔塔》，声称"麦斯威尔大师精选咖啡比当年启发巴赫创作的咖啡更加香浓可口"。不久，调研小组发现消费者把这款新推出的精品咖啡同价格低廉、大批量生产的麦斯威尔大师拼配咖啡混淆了。随后，他们将这款咖啡重命名为"麦斯威尔私家精选"（Maxwell House Private Collection），并且在美国高收入地区进行销售，咖啡放在超市走廊尽头的单元格货架上，旁边还放着一个磨豆机，以彰显品位。

西格尔曼本来打算通过精品咖啡分销商分销，并监管咖啡豆品质，但就在计划颁布实施之前，通用食品公司在外面请的顾问表示，新推出的精品咖啡应该直销，也就是说，即将推出的新咖啡应该和其他产品一样，包装完毕后，运到连锁超市或者连锁店的货仓，然后逐渐摆上货架销售。

西格尔曼为此感到惋惜，认为通用食品犯了大错。法式烘焙和哥伦比亚豆的销量比肯尼亚 AA 咖啡好，也就意味着商店放弃了肯尼亚咖啡。而且无人对货架进行监管，所以货架里摆放的咖啡凌乱不堪。更糟糕的是，有些地区性的精品咖啡烘焙店卖自己的咖啡产品，他们把自己的咖啡就放在麦斯威尔私家精选旁的空货架上，误导消费者自己的咖啡更好卖。

虽然如此，新产品销量还算不错，推出后的第一年，即 1986 年全年总收入 4500 万美元。西格尔曼说："这样的销售额对于通用食品来说，简直杯水车薪，一款新产品推出后的第 3 年全年收入至少要达到 2 亿美元，否则通用食品就会对该产品不屑一顾。"果真，3 年后，通用食品取消了私家精选咖啡。1989 年，西格尔曼离开咖啡业，第二年离开通用食品公司。西格尔曼说："如果他们按我的方法来做，我敢肯定我可以拯救新款麦斯威尔咖啡，不至于让其如今天这样像个门钉一样无关紧要。"然而，其他人却认为问题出在咖啡的名字上，而非销售渠道，他们认为消费者根本不相信有一款精品咖啡的名字会冠以"麦斯威尔"的前缀，也就是说麦斯威尔根本不可能做出精品咖啡。

A&P 公司也采用单向阀包装袋，成功引入八点钟皇家精品整豆咖啡（Eight O'Clock Royale Gourmet Bean Coffee）。保罗·加兰特（Paul Gallant）管理的金巴斯食品公司是 A&P 的子公司，他在伦敦期间拜访了英国皇室御用咖啡商——H.R. 希金斯公司（H. R. Higgins Ltd.）。加兰特附庸风雅，想要吸引人的眼球，于是效仿希金斯咖啡优雅的品牌字体，抄袭德国卢云堡啤酒的狮子商标，然后用金色单向阀包装袋包装，做出一款上等的精品咖啡。加兰特说："我要偷师也只偷最好的。"A&P 公司从此也进入精品咖啡领域。

雀巢咖啡则延续通过收购扩张的战略，于 1987 年收购加利福尼亚州的萨克精品咖啡（Sark's Gourmet Coffee），并逐渐将该品牌的整豆咖啡引入超级市场大卖。

宝洁公司的策略有所调整，但忽略了高级消费市场。宝洁公司继续以倡导高效生活方式进行产品推广，打出标语："福尔杰咖啡在手，保证你神清气爽一整天。"这则广告在电视上从凌晨 5 点一直播放到中午，所有工作的男女都是其目标客户。千呼万唤之下，宝洁公司终于推出福尔杰低咖啡因速溶咖啡，对福尔杰这一品牌进行了扩展，这款咖啡很快取代了高点低咖啡因咖啡。

福尔杰咖啡本来只做廉价咖啡，随着精品咖啡市场越做越大，也顺势推出精品咖啡，以抢占市场。宝洁公司并未推出新的整豆咖啡，而是继续扩展福尔杰的咖啡产品，推出福尔杰哥伦比亚优选咖啡（Folgers Colombian Supreme），后来更名为福尔杰美食家优选咖啡（Folgers Gourmet Supreme）。㊀ 同时，宝洁又推出新款高产咖啡福尔杰特选烘焙片状咖啡，每罐包装 11.5 盎司，号称能和传统的 1 磅（16 盎司）装咖啡冲泡出同样的分量和浓度。宝洁还推出福尔杰独立包装咖啡，咖啡研磨后经冷冻浓缩后装入小包装，随时可以用微波炉或者开水冲泡，仅需 1 分钟即可饮用，但为了表现其独特性，营销人员坚称这款咖啡并非速溶咖啡。

烟草大亨收购麦斯威尔咖啡

1985 年秋，跨国烟草制造商菲利普·莫里斯并购通用食品。当时，美国烟草业虽然利润丰厚，但也伴随着高风险。烟草公司的管理人员都知道吸烟有害健康，会引发肺癌，于是菲利普·莫里斯斥资 58 亿美元买下通

㊀ 尽管福尔杰公司在未成年人喝咖啡的几个地方也做过市场调研，但其广告受众仍是成年人。尽管如此，仍有一位成年人怒气冲冲地大喊道："你们竟然教孩子喝咖啡？"

用食品，进行多元化经营，建立起美国最大的消费品公司。不久，精明老练的烟草公司管理人员就对通用食品失望了，尤其是占通用食品销售额1/3 的麦斯威尔咖啡部。菲利普·莫里斯公司一名员工说："通用食品的经理简直就弄不清楚事情的轻重缓急，不会对症下药，脚踝以上的部分都死了。他们不仅妄自尊大，而且懒散成性。"

菲利普·莫里斯收购通用食品后不久，总裁哈米什·马克斯韦尔（Hamish Maxwell）参观纽约州白原市的麦斯威尔咖啡烘焙厂，当然，他点了一杯咖啡。这位总裁既没点耶瓦利亚，也没要雨斑咖啡，他点了一杯麦斯威尔咖啡。哪知麦斯威尔咖啡烘焙厂根本无人饮此咖啡，所以也没有冲煮的现成品，有人花了很长时间才找到开罐器，新开了一罐麦斯威尔咖啡，冲泡给总裁品尝。西格尔曼说："正是喝了这杯咖啡，马克斯韦尔才开始意识到麦斯威尔存在问题。"

菲利普·莫里斯对通用食品1986年的业绩非常不满，当年通用食品的营业总额占整个菲利普·莫里斯集团的40%，然而利润只占20%。福尔杰的神清气爽系列广告推出后，抢占了麦斯威尔的市场份额，菲利普·莫里斯非常恼火，质疑麦斯威尔花光的一年7000万美元的广告费所用何处。1987年4月，通用食品宣布广告经费削减25%，一下就减少了1750万美元，1987年年底，进一步削减广告经费，在折扣和赠品上增加投入。菲利普·莫里斯公司任命鲍勃·西勒特为副总裁，主管咖啡和食品业务，西勒特看准麦斯威尔品牌名，将所有咖啡产品名都冠以麦斯威尔，以此作为其品牌扩展进行宣传，他不看好私家珍藏整豆咖啡的发展前景，取消了该产品。㊀

麦斯威尔广告预算削减之时，正值美国经济滞胀时期，广告费削减无疑表明企业陷入困境，之后不久，美国就陷入经济大萧条，并出现大规模

㊀ 1987年，麦斯威尔总裁史蒂芬·莫里斯辞职，声称与副总裁鲍勃·西勒特理念不同。莫里斯回忆说："他认为应该为了短期的每一步而用尽全力，通过广告促销赢取每一点市场。"

失业。1988年，麦斯威尔广告预算恢复，但公司仍处于价格战中，产品零售价不断降低，当年仍亏损4.4亿美元。福尔杰为了迎战麦斯威尔，于是偷工减料，将旗下惯用的一磅（16盎司）装咖啡全部换成13盎司装的快速烘焙咖啡（烘焙不足，水分残留），并且坚称其更换包装后的咖啡并非高产咖啡。当时的一位记者说道："在价格战中，1磅标准装的咖啡，只能走上福特汽车精心打造的埃德塞尔汽车之路——不管生产者花了多少心血，在特定的时期，由于没有市场，就只能从市场上消失。"1989年，宝洁旗下的普通研磨咖啡已经取代通用食品，荣登销量第一的宝座。㊀

1988年，菲利普·莫里斯以131亿美元的历史高价收购伊利诺伊州的卡夫食品集团，并将之前收购的通用食品和卡夫食品合并，成立卡夫通用食品公司，任命卡夫总裁迈克尔·迈尔斯（Michael Miles）管理新公司。

20世纪80年代末，麦斯威尔为了找到自己的定位，进行最后一搏。为麦斯威尔进行广告策划的奥美广告公司也使出最后的招数，请前任新闻节目主播琳达·埃伦比和天气预报主播威拉德·斯科特出面为麦斯威尔做广告。埃伦比坐在新闻播报室，以播报新闻的语气说："全国调查显示，相比福尔杰咖啡，麦斯威尔咖啡更受人们欢迎。"接着，广告镜头切入斯科特的天气预报演播室，一名消防队员对斯科特说："麦斯威尔咖啡口感浓郁，我更爱麦斯威尔。"此广告一出，记者鲍勃·加菲尔德立即撰文，指出曾经红极一时的威拉德·斯科特就像人们别在衣服上的胸花——华而不实，并严厉指责埃伦比把冒牌广告当成新闻播报，误导消费者，加菲尔德说："麦斯威尔卖的明明就是廉价咖啡，还利用知名人士误导消费者，实在是大错特错。"

这则广告不仅遭到媒体指责，更倒霉的是广告插播时间正好是全国

㊀ 从品牌角度来看，福尔杰已经超过麦斯威尔整整10年。福尔杰现在和宝洁公司联合起来，击败了通用食品公司旗下的所有咖啡，包括雨斑咖啡、桑卡咖啡和其他咖啡。

广播公司（NBC）备受争议的情景剧《罗诉韦德案》（*Roe vs. Wade*）播出时，该案是美国联邦最高法院对妇女堕胎权以及隐私权的重要案例。最后，反堕胎支持者强烈抗议，联合抵制麦斯威尔咖啡。几天后，麦斯威尔和奥美广告公司解约，将广告策划交给达美高广告公司（D'Arcy Masius Benton & Bowles），非常巧合，达美高正是20世纪30年代经济大萧条时期，成功策划《麦斯威尔剧场船》广播剧的本顿和鲍尔斯公司的继承者。

国际咖啡配额协议终止

1985年秋，巴西发生旱灾，影响到第二年咖啡收成，此消息一出，咖啡价格猛涨。商品期货和期权市场上交易的对冲基金越来越多，加速了市场动荡。上千份期权和期货合同在基金经理手中不断交易，势必对咖啡价格产生剧烈影响。当咖啡生豆价格突破每磅2.3美元时，巴西的小偷竟然放着银行不抢，开始抢劫运咖啡的货车。

1986年2月，由于连续45个交易日，咖啡平均价格都超过了每磅1.5美元的上限，因此国际咖啡配额协议自动终止。期货市场立即做出反应，预计各个咖啡生产国将会向国际市场大量抛售剩余存货，因此咖啡期货价格大跌，之后巴西出面限制出口，期货价格才得以回升。巴西宣布进口非洲罗布斯塔豆，号称是为了满足国内咖啡需求量，以便把国内生产的较高品质咖啡豆用于出口。实际上，巴西此举是为了让咖啡保持高价位。1986年年底，4500万袋剩余咖啡涌向国际市场，而国际咖啡需求量则不断下跌，咖啡价格跌破每磅1.4美元，1987年2月，咖啡价格一路走低至1.2美元。

从理论上讲，咖啡价格跌破每磅1.35美元就应该重新启动咖啡配额协议，但是要想就配额达成一致实在困难重重。美国对拉丁美洲的咖啡生产国在国际咖啡协议之外私自成立小型卡特尔垄断联盟限制出口非常不满，而且，美国希望重新分配出口配额，优待高品质的阿拉比卡豆。1987年3

月，协议各国在伦敦商议，未能达成一致，而咖啡价格直逼每磅1美元的低价。

1987年10月，又一次出于政治因素，美国妥协，同意新的国际咖啡配额协议。当时，中美洲和非洲的咖啡生产国深受内战影响，美国深知，咖啡价格走低势必会重创这些国家的经济，而经济崩溃必然加速百姓穷困潦倒，加剧国内各方冲突。

新的国际咖啡配额协议并没有解决任何问题。巴西的出口配额略有降低，从原来的33.55%降到33.48%。咖啡价格回升，达到协议设定的每磅1.3美元目标价位，就此徘徊。双重市场仍然存在，靠赚取差额谋生的周游咖啡重出江湖，1988年2月，美国咖啡协会也不再支持国际咖啡配额协议，要求建立"自由、不受限制的咖啡交易市场"。4月，国际咖啡配额协议美国代表团团长宣布，1989年9月协议到期，美国政府尚未决定是否续约。

人们开始猜测，有传闻指出协议可能就此终止，也有人满怀希望，认为新协议即将来临，所以，1988年下半年和1989年年初，咖啡价格忽高忽低、动荡不断，但是，随着巴西和美国一致决定对付周游咖啡和选择上的双重标准，满怀希望的人们，幻想随之破灭。1990年，苏联实施经济改革，美苏冷战结束，尼加拉瓜的桑地诺民族解放阵营也不再掌权，因此，冷战和内战都不再成为美国支持国际咖啡配额协议的理由。而且，此时巴西经济也不再全部依赖咖啡，大豆、橘子、武器、红木和圆珠笔出口也成为巴西经济的重要组成部分。协议配额谈判陷入僵局，甚至等不到9月份到期就已经终止。由于没有国家能够联合起来召集协议各国更新新一季度的出口配额，国际咖啡配额协议于1989年7月4日终止所有出口限制。

7月底，咖啡价格跌破每磅85美分。各个咖啡出口国惊慌失措，纷纷大量向市场抛售咖啡豆，生怕价格更低，造成严重的供过于求，咖啡价格急剧下跌。10月，以前的协议各国投票要求成立一个国际咖啡组织，不设定配额。此消息一出，咖啡价格立马跌破每磅70美分。然而，麦斯威尔、福尔杰、雀巢以及那些在期货交易所里喊得声嘶力竭的买跌者却喜出望外。这些大型烘焙商趁低价囤积了大量廉价咖啡，他们逐步降低咖啡零售价，为旷日持久的价格大战做好了充分准备。

哥伦比亚咖啡改毒品，巴布亚新几内亚黑色收获

布什政府上台后，严厉打击毒品加工和走私，哥伦比亚是中美洲毒品大国，总统比尔希略·巴尔科·巴尔加斯面临美国的压力，表示不满，称咖啡价格大跌，严重阻碍哥伦比亚禁毒。1988年，哥伦比亚通过咖啡出口赚了17亿美元，据粗略估计，当年非法毒品交易额就高达15亿美元。如今，哥伦比亚坚称由于咖啡价格大跌，一年损失5亿美元，而且国内约300万依靠咖啡为生的咖啡农，被迫改种毒品作物。㊀

1990年1月，哥伦比亚大使出席约瑟夫·拜登主持的参议院禁毒司法委员会，作证指出，国际咖啡配额协议瓦解后，安第斯国家共同体（包括哥伦比亚、秘鲁、智利、玻利维亚和厄瓜多尔等南美洲五国）各国的收入一年就损失了近7.5亿美元。委员会主席拜登也提出质疑："过去一年，咖啡价格就跌了近一半，南美各国咖啡农收入大幅减少，他们也要谋生，我们怎能要求人家只种咖啡不种赚钱的毒品作物呢？"

尽管美国为了禁毒，希望恢复国际咖啡配额协议，但是各咖啡生产国意见也不尽相同。1962～1989年，国际咖啡配额协议断断续续一路走来，漏洞百出，无人满意。在20世纪90年代自由贸易的大环境下，各国市场调控部门不是解散，就是从根本上被削弱了势力，让种植者自己参与市场调控。1990年，已经有3500名员工、每年有1500万美元经费的巴西

㊀ 实际上，哥伦比亚毒品大亨早就占有并控制了哥伦比亚10%的咖啡庄园。

咖啡研究所（Brazilian Coffee Institute，BCI）匆匆解散。[一]同年，非洲稳定基金委员会（Caisse de Stabilisation Boards）也退出历史舞台。1993年年末，美国试图恢复国家咖啡配额协议的计划失败，咖啡种植者也已经绝望，于是联合起来成立咖啡生产国协会（Association of Coffee Producing Countries，ACPC），发起新一轮的咖啡囤积计划，抬高咖啡价格，于是美国也正式取消了无所作为的国际咖啡组织。

到1993年，咖啡价格已经连跌了4年，咖啡农也跟着吃了4年的苦。虽然各生产国已经采取了高效栽种法，但是咖啡价格仍然低于生产成本。[二]同以往市场低迷时的情况一样，很多咖啡农放弃修剪和施肥，有些人甚至直接砍掉咖啡树，改种毒品等其他经济作物。这4年平均的年咖啡出口量比20世纪80年代末多出840万袋，但是平均年收益却从107亿美元降到66亿美元，也就是说，咖啡生产国一年少赚40亿美元之多，这重创了全球小型咖啡种植者。

以巴布亚新几内亚的高山地区为例，澳大利亚人吉姆·莱希曾在这里收获了第一批咖啡，如今，当地的甘尼嘎部落则把整个部落的未来都赌在了新的咖啡种植园上，而新的种植园正是和吉姆·莱希的后代乔·莱希（Joe Leahy）合伙开发的。电影纪录片《黑色收获》（*Black Harvest*）中，莱希对部落酋长波皮纳说："跟我合伙种咖啡，只要卖上好价钱，你们一定发财致富，腰缠万贯。"然而，咖啡价格大跌，莱希和甘尼嘎部落血本无归。波皮纳酋长手足无措，说："我恨不得卖掉自己所有家产，回到当初，不和莱希合作。如今咖啡损失惨重，令所有族人受到重创，我们不仅发不了财，还变得穷困潦倒。"甘尼嘎部落拒绝以低工资收获咖啡，咖啡

[一] 巴西咖啡研究所的解散意味着巴西咖啡豆以后再也无须混在一起售卖，从而让能够生产出高品质咖啡的生产者，组成巴西精品咖啡协会。但是，他们却面临着一场硬仗，那就是要先改变巴西咖啡劣质的形象。

[二] 1991年，一位咖啡专家预测，阿拉比卡豆价格在每磅80美分到1美元正好可以不赔不赚，罗布斯塔豆则需要卖到大约每磅60美分。

果逐渐变黑腐烂在树上。电影结尾，甘尼嘎部落在绝望中回到从前，部落战争爆发，莱希也打算拖家带口返回澳大利亚。

咖啡巨头，门可罗雀

国际咖啡价格大跌，生产国的咖啡农生活陷入困境，消费国的咖啡烘焙商则对此充耳不闻。他们继续大量低价囤货，咖啡业的并购热也持续增温。1990年，菲利普·莫里斯以38亿美元收购欧洲大型咖啡和巧克力集团公司雅各布斯·苏查德（Jacobs Suchard）。同时，由于销量不佳，麦斯威尔宣布关闭其在霍博肯的烘焙工厂，所有烘焙工厂全部转移到佛罗里达州杰克逊维尔的工厂。麦斯威尔又将其广告代理商换回奥美公司。1991年，卡夫通用食品勉强以33%的市场占有率抢回研磨烘焙咖啡市场第一的宝座，略微高于宝洁公司32.7%的份额。然而，福尔杰咖啡的品牌价值仍高于麦斯威尔。

20世纪90年代初，几家大型咖啡公司继续打广告战，却也没什么出彩之处，只有品味之选的广告略有新意，其实，这也是偷师雀巢在英国的冷冻干燥速溶咖啡——黄金拼配咖啡而来。㊀广告是一系列小型肥皂剧，剧中男主角托尼是一个热情洋溢的单身汉，女主角是他可爱的英国邻居莎伦，一天，莎伦敲开托尼的门，向他借品位之选咖啡，说这款咖啡味道细腻而醇厚。这部迷你肥皂剧连播了好几年，托尼和莎伦在这款冷冻干燥法制作的咖啡的广告里，借咖啡相互调情，并传递着有关性的种种暗示，暗里涌动的情欲，以及不可告人的秘密。1993年，托尼和莎伦终于在屏幕上接吻，引起一阵喧哗，该广告也瞬间让这款速溶咖啡成为销量第一的咖啡产品。以托尼和莎伦为主角的一部爱情小说也登上英国畅销书排行榜。

㊀ 在英国，这个广告于1987年向人们介绍了黄金拼配咖啡，短短18个月，该咖啡销售额就上涨了20%。尽管女主角莎伦在一部电视剧中遗憾地说"我讨厌咖啡"，但是似乎并没有人在意。

雀巢公司的"品味之选"迷你广告剧一播就是好几年,托尼和莎伦在这款冷冻干燥法制作的咖啡的广告里借咖啡相互调情,并传递着有关性的种种暗示,暗里涌动的情欲,以及不可告人的秘密。

麦斯威尔先推出冷冻液体浓缩咖啡,又推出麦斯威尔 1892 咖啡,号称采用最早的慢烘焙法。结果两款产品均以惨败收场。麦斯威尔还不死心,又推出卡皮奥(Cappio)冰咖啡,当时冰咖啡预示着含咖啡因饮料会再次受到人们欢迎,但是麦斯威尔的卡皮奥冰咖啡却没有成功。可口可乐和雀巢宣布成立合资企业,共同在全球推广冰咖啡,除了可口可乐通过佐治亚咖啡已经占领的日本市场以外。雀巢立即推出雀巢摩卡冰咖啡(Nescafé Mocha Cooler),接着又从坚果满屋演变出精神饱满(Chock O'Cinno),接着引入一系列小型精品咖啡。然而,始终没有一款冰咖啡产品能和斯纳普果汁以及其他新时代的饮料媲美。

20 世纪 90 年代中期,行业分析人士已经很清楚,大型咖啡烘焙商已经无路可走,而小型精品咖啡却走向繁荣。1995 年,《福布斯》杂志用一个词组作为标题，概括了大型咖啡商的命运："沉睡不醒"。《福布斯》要传达给麦斯威尔、福尔杰和雀巢的信息其实是："闻闻新鲜烘焙出炉的好咖啡，清醒一下，好好反省吧。"

第 18 章

星巴克传奇

> 根据传说，扶助亚瑟王登位的梅林是一位生在未来、回到过去的预言家。他既知未来将会发生什么，观点难免进步，怕是经常感到和自己同时代的人格格不入。我绝非圣贤，但有时却也深有同感。我对星巴克未来的发展方向和期望，也很容易遭人误解。
>
> ——霍华德·舒尔茨，1997 年

1995 年，在竞争激烈、支离破碎的咖啡市场，一家精品咖啡烘焙商脱颖而出，成为咖啡业最终的领导者。这就是星巴克咖啡——1971 年，由杰里·鲍德温、戈登·鲍克和泽夫·西格在西雅图首创，经过如此短暂的时间，就已经转变成一家全国首屈一指的咖啡连锁店。星巴克不花 1 美分做广告，就已经成为精品咖啡、流行、高消费的代名词。

1980 年，泽夫·西格卖掉星巴克的股份，另寻他业。当时星巴克是华盛顿最大的咖啡烘焙商，有 6 家零售店，同时也向餐厅、其他零售店、超市供应咖啡豆，还兼售浓缩咖啡机、磨豆机和冲泡器。杰里·鲍德温卖掉了超市特供的蓝锚咖啡，更专注于自己的咖啡店。鲍德温不再推广咖啡器皿，1982 年，他聘请了霍华德·舒尔茨担任星巴克市场营销部主管，舒尔茨本来是纽约的一位销售员，专门向咖啡公司供应滴滤式保温壶。舒尔茨对鲍德温说："你雇了我，算是捡到宝了，星巴克会越做越大。"

1983 年，鲍德温接到萨尔·博纳维塔（Sal Bonavita）的电话，他想把 1979 年买下的皮特咖啡公司卖给鲍德温。鲍德温激动不已，说："听到这一消息，我激动得跳了起来。竟然有机会让我掌管这家曾帮我创业的公司，并重新起步。我想看看皮特和星巴克合二为一会如何发展。"1984 年，星巴克买下皮特咖啡，公司债务累累。鲍德温发现自己必须在两个公司的文化之间不断调整，而且要频繁往返于西雅图和旧金山，非常辛苦。

霍华德·舒尔茨极力促进星巴克向另一方向发展。1983 年春，星巴克派舒尔茨前往意大利米兰参加国际家居用品展。舒尔茨发现，意大利和 60 年前爱丽丝·福特·麦克杜格尔去的时候一样，咖啡的文化气氛浓厚。米兰和美国费城大小相近，却有近 1500 家浓缩咖啡馆，整个意大利则有约 20 万个咖啡馆。一天早上，舒尔茨走进一家咖啡馆，服务生用意大利语向他问候 "Buon giorno!"（早安），接着把一小杯浓缩咖啡递给另一位顾客，然后手法娴熟地制作了一杯完美的卡布奇诺。舒尔茨说："服务员一边磨咖啡豆，一边拉动浓缩咖啡机把手，一边打奶泡，一切有条不紊地进行，动作看上去格外优雅，同时他还愉快地和顾客打招呼问好。这一切就像在大剧场看戏一般有趣。"舒尔茨在意大利维罗纳第一次尝试拿铁咖啡，其中的牛奶和奶泡分量多于浓缩咖啡，舒尔茨很喜欢这种口感。

霍华德·舒尔茨受到意大利之旅的启发，回到美国后，开始极力在星巴克传播浓缩咖啡、卡布奇诺和拿铁咖啡的理念。1987 年，舒尔茨接手星巴克，并带领星巴克走向世界。

舒尔茨受到启发，何不用星巴克的优质咖啡豆制作这些花式咖啡呢？何不把星巴克咖啡馆营造成像意大利咖啡馆这样的轻松气氛呢？舒尔茨返回西雅图，却被鲍德温泼了冷水，鲍德温希望继续集中精力销售整豆咖啡。

1984年4月，星巴克开了第6家分店，鲍德温允许舒尔茨在这家店进行试点，做成一个小型浓缩咖啡吧。事实证明，这家咖啡馆大受欢迎，但是鲍德温却并不想让星巴克成为一个人来人往、顾客急急忙忙拿上一杯咖啡就离开的地方。舒尔茨决定开一家自己的咖啡馆，以意大利最大的Il Giornate日报为名，取意"天天光顾"。

舒尔茨从小在布鲁克林政府安置区长大，身上有一股街头小混混的冲劲，他一旦决定做什么，就会奋力拼搏。鲍德温希望舒尔茨成功，并且满怀信心地以星巴克公司的名义向Il Giornate投资15万美元，舒尔茨游说西雅图的其他商人赞助其起步资金。舒尔茨聘请曾在星巴克第一个浓缩咖啡吧烹调过咖啡的唐·皮纳德（Dawn Pinaud）为他的新店员工做培训，帮他打点店里的生意。不久，戴夫·奥尔森（Dave Olsen）也加入舒尔茨的团队。1975年，奥尔森在西雅图的大学区开了一家雅廊咖啡馆，他买来星巴克咖啡豆，然后进行深度烘焙，用来制作自己的浓缩咖啡饮品。奥尔森说："到1985年，我已经自己开了10年咖啡馆，渐渐地，我觉得自己可以做得更多，而霍华德的团队正好和我一拍即合。"

1986年4月，第一家Il Giornate咖啡馆开张。不到6个月，店内每天的客流量就达到1000多人。有些人像意大利人一样，直接买浓缩咖啡，然后大口饮用，但是大部分人则选择卡布奇诺和拿铁。意大利人通常只在早上才喝这种用牛奶和奶泡稀释的咖啡，而舒尔茨则做了调整，使之更符合美国人的口味。而且，在意大利，人们买了咖啡以后，通常只是站着寒暄两句，在店里短暂停留，而美国人则希望逗留得更久一些，于是舒尔茨在店内增加了椅子。店里的顾客抱怨店内不停播放的意大利歌剧太过聒噪,于是舒尔茨便将背景音乐改成了爵士乐。

无论如何,舒尔茨店里采用的经营理念成功了。唐·皮纳德和其他员工逐渐发明了他们自己的咖啡术语。尽管 Il Giornate 的确是一家速食店,但是店里的服务员并不像冷饮零售员那样冷漠,也不像仆人一样无趣,他们像酒吧里的调酒师和舞台上的演员一样引人注目。他们不叫"小杯""中杯""大杯",而叫"矮杯"(short)、"高杯"(tall)和"大杯"(grande)。他们给双份浓缩咖啡加奶泡起了个好听的名字,叫作"双份玛奇朵"(doppio macchiato)。皮纳德说:"我自己都感到惊奇的是,我们发明的这些术语也成了语言的一部分。我们只不过几个人一起在会议室里异想天开,然后就起了这些名字。"后来,星巴克根据客户要求,又推出脱脂牛奶和其他口味咖啡,于是,点咖啡就像在念一首诗一样有韵律。例如:一个多加牛奶无泡低咖啡因浓缩咖啡叫作"低因无泡大拿铁"(an unleaded grande latte without),一份小杯普通咖啡加一份低咖啡因咖啡加脱脂牛奶加适量奶泡加榛子外带咖啡,叫作"打包小杯冰脱脂榛子卡布奇诺"(an iced short schizo skinny hazelnut cappuccino with wings)。

1987年3月,霍华德·舒尔茨听说星巴克求售。戈登·鲍克想卖掉股份套现,开一家小型啤酒厂。鲍德温卖掉星巴克旗下做批发业务的卡拉瓦里子公司,接着准备出手星巴克。鲍德温和他的首席烘焙师吉姆·雷诺(Jim Reynolds)要搬到旧金山,将精力投入皮特咖啡店。几周时间内,舒尔茨就说服他的投资人出资380万美元买下星巴克的6家零售店和烘焙厂。当时舒尔茨34岁,扬言要在5年之内开125家咖啡店。他的咖啡馆名字也改为星巴克,替换掉晦涩难懂的 Il Giornale。然后他对商标上的裸胸美人鱼做了改进,将其还原成波浪起伏的女神的形象,公司宣传册里称星巴克是《白鲸》中咖啡爱好者的首选伴侣,虽然《白鲸》这本书中根本就没写过任何人喝咖啡。

左图是星巴克最初的商标，其中的裸体双尾美人鱼如今已经进化成一位端庄贤淑的新时代咖啡少女。

舒尔茨还组织了一个热爱咖啡的核心团队。凯文·诺克斯（Kevin Knox）就是其中之一，这位咖啡专家监督整个咖啡制作过程，从咖啡豆在烘焙机里翻滚的时间到第一次试杯，他都亲力亲为。1987年10月，舒尔茨派皮纳德到芝加哥开第一家星巴克。皮纳德说："后来，有位咨询师形容，说我前往芝加哥创业，就像个童子军一样，给一把刀就空降到敌军领域，然后自求多福。"接下来两年，皮纳德成功地在芝加哥开了15家星巴克店。芝加哥人刚刚摆脱希尔斯兄弟和福尔杰咖啡，无法立即适应口味厚重的星巴克深度烘焙咖啡。但是，卡布奇诺和拿铁口味独特，大受欢迎，星巴克咖啡馆逐渐在该地区有了一群忠实的粉丝。

1987年，星巴克亏损33万美元，第二年亏损76.4万美元，1989年，公司赔了120万美元。此时，星巴克在美国西北部和芝加哥共有55家连锁店。虽然规模不断扩大，但却一直亏损，投资者只能信任舒尔茨，继续注资。1990年，公司势头终于逆转，不仅建了一个新的咖啡烘焙厂，而且小有盈利。第二年，皮纳德把星巴克开到了洛杉矶，尽管很多人担心，洛杉矶天气炎热，可能会影响热咖啡销售，但新店一开，很快便火爆起来。舒尔茨回忆道："几乎就在一夜之间，星巴克风靡全国。我们发现，口口相传比广告强大得多。"

接着，舒尔茨开始聘请 MBA 和有过连锁店经营经验的高级管理人才，为公司建立复杂的电脑管理系统，在全国各地培训吧台咖啡烹调师，为顾客提供标准化的咖啡饮品。星巴克的主要管理人员都是在 20 世纪 90 年代初从各个快餐公司的管理岗位挖来的，他们为以前的咖啡理想主义团队带来了专业的管理理念，当然，理想和务实难两全，两批管理人员有时也会发生摩擦。1991 年年底，星巴克店铺数量突破 100 家，年营业额高达 5700 万美元，舒尔茨打算让星巴克上市，以筹集更多资金，加速扩张步伐。

拿铁之都

舒尔茨说："我越来越担心有一天会惊醒沉睡的巨人麦斯威尔、福尔杰和雀巢，如果它们早一步进驻精品咖啡业，势必把我们这些小本经营杀得片甲不留。"幸好，它们还没有醒悟，没有进军规模较小的精品咖啡店。㊀当时，承建商埃德·科维特的咖啡店高乐雅咖啡豆是星巴克最主要的竞争对手。1985 年，科维特在芝加哥地区开了 11 家店铺，已经开始在商场里开特许经营店。星巴克定位是面向高级知识分子的意式咖啡馆，而高乐雅则针对中产阶级，卖的咖啡种类多样，包括各种调味咖啡豆，后来也开始做咖啡饮料。1991 年，以科维特的妻子格洛丽亚·简（高乐雅）命名的咖啡店共有 124 家，覆盖超过 100 个城市，规模超过星巴克。

㊀ 1991 年，总部设在底特律的咖啡小馆缤乐（Coffee Beanery）有 48 家分店，主要集中在中西部地区。在新奥尔良，PJ 咖啡店刚开始开设分店。加州的复活节连锁店（Pasqua）则开了 20 家，供应意式三明治和意式咖啡。在加拿大，蒂莫西咖啡已经扩张到 40 家店，第二杯和范豪特都已经开了超过 100 家店。波士顿的咖啡情缘也已经扩张到 6 家店铺。总部设在佛罗里达的巴妮咖啡馆已经开了 81 家店，主要集中在东南部地区。但是，在曼哈顿，唐纳德·舍恩豪特和他的搭档海·沙波特为了专注于批发生意并留出更多的时间陪伴家人，则关闭了吉利斯咖啡零售店。

6年时间，精品咖啡销售量就增长了两倍，占家庭购买咖啡总量的20%。生意做得好，难免招人非议，一位记者抱怨说："消费者进入咖啡店，面对各种产地稀奇古怪的咖啡，无所适从，有些产地甚至连大学生都无法在地图上找出。就算消费者选好了咖啡产地，他们又得选择五花八门的口味——巧克力、杏仁甜酒、香草、爱尔兰奶油、茴香酒、柑橘、肉桂、榛果、夏威夷果、覆盆子，甚至还有巧克力覆盆子口味。接着又得选法式烘焙、美式烘焙还是意式烘焙，然后再选低咖啡因还是普通咖啡，最后还得选研磨粗细度。"在1991年的电影《爱就是这么奇妙》（*LA Story*）中，喜剧演员史蒂夫·马丁就夸张表现了精品咖啡令人眼花缭乱的各种名目，点了一杯"半低咖啡因半普通咖啡加柠檬汁"。

进入20世纪90年代，咖啡热潮再次刮起，10年前有关咖啡有害健康的种种疑虑也一扫而空。咖啡爱好者琼·弗兰克描述道："旧金山的皮特咖啡馆门前，站着一群摇摇晃晃、半死不活的等着买咖啡的疯子，他们用眼神警告别人少惹他们！因为他们还没喝咖啡，神志不清。但是哪有人理他们呢？他们珍惜每一滴、每一颗咖啡，咖啡液已经渗入整个国家的血脉，整个脆弱的士气就靠咖啡提振了。"当初嗜可乐如命的婴儿潮一代已经步入中年，回到他们父辈当年的喜好，开始喝咖啡，而且有些人染上毒瘾，只有依靠咖啡才能缓解。

如果美国有个咖啡之都，那么非西雅图莫属，西雅图是星巴克和很多其他精品咖啡公司的故乡。1991年，一位游客写道："西雅图的咖啡氛围浓厚，无论去五金店还是逛商场，都会路过无数咖啡店，还有路边浓缩咖啡售卖车。走在西雅图的大街上，总会经过布置井然有序的咖啡馆，吧台后面的意式浓缩咖啡机闪闪发光，格外引人注意。"卡车司机可以经过设有汽车专用通道的咖啡馆买上一杯拿铁，享受一番。大受欢迎的电视情景喜剧《弗雷泽》主要录制场地神经质咖啡馆就设在西雅图，剧中神经质的精神病医生和他的朋友们就经常坐在里面一边喝卡布奇诺，一边谈天说地。

星巴克的上市之路

1992年6月26日,星巴克在纳斯达克正式挂牌上市,每股17美元,市值2.73亿美元。5年前,霍华德·舒尔茨仅花费400万美元就收购了星巴克。上市不到3个月,星巴克的股价就上涨到每股33美元,市值4.2亿美元。舒尔茨、戴夫·奥尔森和其他的管理人员一夜之间都成了百万富翁。舒尔茨个人持有110万股,占总股本的8.5%。[一]

星巴克的员工进入公司,都要接受25个小时的课程培训,熟记各项规定。例如:18~23秒之内,要做出一杯双份浓缩咖啡,饮料调配好10秒之内要交给顾客,否则就丢弃。培训课程有:咖啡知识101问、销售技巧、如何烹调完美咖啡并提供优质服务等,这些课程都由格外认真而且精力充沛的年轻老师讲授。如果学员做出一杯好的拿铁,老师就会赞赏:"做得好!泡沫打得正好。"婴儿潮之后出生的赶时髦的年轻一代一旦成为星巴克的员工,就要摘下鼻子、嘴唇或者舌头上打的各种钉和环,员工也不许喷涂香水,以免干扰咖啡的香味。

尽管通过授权加盟的方式,店铺扩张速度可以提高3倍,但是除了机场、书店或其他需要经营许可证的特殊地方外,舒尔茨还是选择以直营的方式开店。这样,他就可以严格掌控产品质量和员工培训水平。

星巴克支付给员工的工资虽然只比最低薪资略高,但对全职员工和每周工作20小时及以上的兼职员工,提供特别的福利待遇。所以,每年星巴克的员工离职率仅为60%,远低于同行业200%甚至更高的离职率。1991年,舒尔茨开始实施"咖啡豆股票"计划,员工可以成为合伙人,每

[一] 但是,当初一手建立起"星巴克体验"(舒尔茨非常喜欢这种说法)的人却并没有坚持到最后,得以分享胜利的果实。比如,1992年1月,唐·皮纳德(Dawn Pinaud)离开了星巴克,去了其他咖啡公司,当时星巴克还没有上市。1993年,失望的咖啡专家凯文·诺克斯从星巴克辞职,只拿了200份股票期权,他不满地说:"周围都是一些为快餐服务的人,他们根本就不热爱咖啡。"

年可以获得全年基本收入12%的股票期权，这些股票的价值预期在未来5年会增长20%。每一年，新的期权计划都会颁布。理论上，通过这种方法，员工的收入会与公司的成功息息相关。由于员工的平均离职时间是在入职后一年半，大部分期权就失效了。但对于为公司服务了多年的员工来说，如果股票价格持续上涨，"咖啡豆股票"就能成为他们相当不错的小型储蓄金。

星巴克是国际救助贫困组织（CARE）最大的捐赠者，20世纪90年代中期，一年捐款总额大约50万美元，主要用于帮助印度尼西亚、危地马拉、肯尼亚和埃塞俄比亚等咖啡生产国的贫民。星巴克专门有一款名为"关怀体验"（CARE Sampler）的精选咖啡，该咖啡收入的一部分就会捐赠出去。星巴克因支持慈善事业，被授予国际人道主义奖。

实际上，舒尔茨也是一位形象塑造大师。他说："我的成功其实就是将坚持、干劲、才能和幸运结合起来而已。我全力以赴去实现自己的梦想，掌握自己的命运，取人之长补己之短，尽力把握所有机遇，一步步走向成功。"

1989年，社会学家雷·奥尔登伯格（Ray Oldenburg）在《绝对好地方》（*The Great Good Place*）一书中，非常惋惜地回顾了那些已经离我们远去、可供人们见面寒暄的场所，比如古老的乡村商店和冷饮小卖部等。书中一整章都在讲咖啡馆，概括说："咖啡馆得以幸存主要因为它能满足当代人的需求，而非依靠过去那些浪漫传奇的故事。"舒尔茨非常喜欢这本书，并且采用奥尔登伯格书中的学术用语，将星巴克定位为除了家里和单位以外的"第三空间"，是"家里前廊的延伸"，人们可以无拘无束地在这里相约。像星巴克这样的现代咖啡馆，正是朋友或者陌生人会面的理想场所，特别是当我们的社会文化出现极端倾向或者支离破碎时，咖啡馆更是人们针砭时弊的好地方。

1992年，星巴克挂牌上市后，全美开设了165家连锁店，1993年扩张至272家，1994年扩张至425家。1995年，星巴克通过统计学研究邮购客户分布，选择开店地址，平均每个工作日开一家新店。舒尔茨每天检查每家店的销售额和利润，根据业绩情况，致电视贺店铺经理或者指责一番。

1993年，星巴克在东海岸的华盛顿开店，知名主持人苏珊·斯坦伯格在全国公共广播电台上质疑：星巴克的理念在华盛顿行得通吗？她说："我在华盛顿一住就是30年，这里简直就是工作狂的聚集地，这里的人们不可能喜欢到处闲逛，在咖啡馆里消磨时间。"然而，斯坦伯格错了，华盛顿的人们蜂拥进星巴克。舒尔茨以全美100家飞速发展公司的总裁代表身份荣登《财富》杂志封面，当期杂志写道："舒尔茨如何引领星巴克把咖啡磨成黄金。"

1994年，星巴克宣布进军明尼苏达州的明尼阿波利斯市、波士顿、纽约、亚特兰大、达拉斯和休斯敦。波士顿的咖啡情缘（Coffee Connection）创始人乔治·豪厄尔闻此消息，忧虑不堪。1990年，舒尔茨就找过豪厄尔，希望收购咖啡情缘，豪厄尔拒绝了，但是接着几年，舒尔茨义无反顾继续向豪厄尔发出邀请。豪厄尔对星巴克的深度烘焙咖啡嗤之以鼻，他自己对烘焙精益求精，力求发挥每种咖啡豆的口味。他不想自己近20年的积累毁于一旦，1992年，他开始开设新的咖啡情缘。到1994年，豪厄尔已经开了21家咖啡店，并计划当年再开6家。

《波士顿环球报》专门报道了星巴克和咖啡情缘的暗战。星巴克的高级营销副总裁乔治·雷诺兹（George Reynolds）对《波士顿环球报》说："我们不想卷入任何咖啡战争，但我们想要成为霸主。"豪厄尔则称呼宿敌星巴克为"焦炭巴克"，暗指其深度烘焙，以此回击。可是，1994年3月，豪厄尔同意以2300万美元将咖啡情缘卖给星巴克，震惊了整个精品咖啡业，他已经意识到在快速扩张的压力下，无法控制咖啡品质。虽然不断盈利，但是豪厄尔并不喜欢财务管理，他在自己的咖啡生意上已经找不到什么乐趣了。豪厄尔苦笑着说:"霍华德·舒尔茨向我承诺,咖啡情缘的经营理念和咖啡品质一定会保留下去,咖啡情缘依然存在。"

然而,不到两年时间,所有的咖啡情缘都已转变成星巴克,就连豪厄尔引以为傲的浅烘焙也改成了星巴克标准的深度烘焙。为了将东海岸的咖啡烘焙厂集中管理,星巴克在宾夕法尼亚州的约克市建了一家新的工厂,关闭了波士顿咖啡情缘的工厂。

《商业周刊》形容星巴克的扩张"速度超乎寻常",按此节奏又轻松攻克了纽约。1995年,星巴克进驻匹兹堡、拉斯维加斯、圣安东尼奥、费城、辛辛那提、马里兰州的巴尔的摩和得克萨斯州的奥斯汀,年底前店铺总数达到676家。1996年,星巴克店铺总数超过1000家,其中包括在东京开设的北美以外第一家分店。霍华德·舒尔茨专程前往东京参加开业庆典,见证了日本人冒着35℃的高温排长队,只为体验一把星巴克。

通过精准判断,并与合作伙伴精明配合,星巴克不但增加了其品牌知名度,而且赚了大钱。星巴克和百事可乐合作,首先研制了马萨克朗碳酸咖啡,以失败告终,接着又和百事可乐合作推出加冰加奶的星冰乐系列咖啡,一炮而红。随后,星巴克又和雷德胡克·艾尔(Redhook Ale)啤酒厂合作,推出咖啡味啤酒——双料司陶特黑啤(Double Black Stout)。德雷斯冰激凌(Dreyer's)联合星巴克,制作出一款星巴克咖啡冰激凌,迅速成为全美最畅销的冰激凌。星巴克还发行了自己的音乐爵士乐专辑:《蓝调综合爵士乐》,它是一盘轻松的音乐,适合品尝咖啡时聆听;还有《半身美人鱼之歌》,它是一盘女歌手的合集。在美国著名的巴诺连锁书店和加拿大的查普特书店,都设有星巴克咖啡角,顾客可以在舒适的咖啡馆里一边看书一边品咖啡。

接着,星巴克在新加坡、夏威夷、菲律宾、中国台湾和韩国开设店铺,并且进军其他行业:跟联合航空和加拿大航空合作,为机舱供应咖啡；跟著名脱口秀主持人奥普拉·温弗瑞合作出书；跟连锁酒店和邮轮合作，供应机构咖啡；入股面包圈连锁超市，然后在超市进行咖啡试卖。星巴克没做任何广告宣传活动，却成为全美家喻户晓的品牌。实际上，公司经营 25 年，广告费不到 1000 万美元，《广告时代》杂志记者称星巴克"是名副其实依靠口碑营销成功的公司"。其实，星巴克一边赚钱一边做广告，店内售卖的马克杯、保温杯和咖啡储存罐，都印有星巴克的美人鱼商标。1994 年，星巴克的戴夫·奥尔森经理在夕阳出版社（Sunset Books）出版了《星巴克的咖啡激情》(Starbucks Passion for Coffee)，这是一本介绍咖啡烹调的入门书，第二年，星巴克又出版了《星巴克的夏日之趣》(Starbucks Pleasures of Summer)。

两年后，霍华德·舒尔茨和《商业周刊》一位记者合著《将心注入》(Pour Your Heart Into It: How Starbucks Built a Company One Cup at a Time)，书中讲述了舒尔茨的成功故事，此书的全部收益捐给新成立的星巴克基金。1996 年 4 月 1 日，全国公共广播电台的《面面俱到》节目报道说："星巴克即将宣布一项耗资 10 亿美元的计划，打算修建一条从西雅图直接通向东海岸，覆盖波士顿、纽约和华盛顿的专用通道，以便输送新鲜烘焙出炉的咖啡豆。"起初人们以为这不过是愚人节的恶作剧，没想到却是现实，由此证明，星巴克的确无处不在。

迎战各方批评

星巴克积极扩张，虽大获成功，但难免引来种种非议。其他精品咖啡店指责星巴克的经营策略具有掠夺性，总是在自己的店铺对面开店，直接竞争。然而星巴克的公共关系发言人则称："星巴克从来没想过要把谁挤出市场，我们坚持履行标准的房地产购买或者租用流程，开设每一家新店铺。当然，我们会优先选择旺铺，况且，附近有其他咖啡馆相互竞争，反而可以从总体上提升咖啡的感知度。"

并非人人都爱星巴克。左图是1996年的一幅漫画，表现了人们对星巴克采取激进掠夺性策略将小咖啡馆逐出市场的指责。

除了批评，星巴克当然也颇受好评。顾客平均每个月要光顾18次星巴克，10%的顾客每两天光顾一次。霍华德·舒尔茨说："走进任何一家星巴克，你都会看到各种小场景。商人在谈生意，母亲推着婴儿车，单身男女在约会。"舒尔茨所言极是，很多人来到星巴克寻求的是一种共同的孤独感。一位维也纳哲人说过："对于想要享受孤独，但同时也希望有人相伴的人来说，咖啡馆是最理想的场所。"

星巴克无处不在，招致了很多莫须有的指责。1997年，舒尔茨评论说："我经常感到困惑，不知什么原因，美国人一方面热衷于寻找麻雀变凤凰的实例，啧啧称赞，另一方面，当麻雀真变成了凤凰，他们又想法设法摧毁它。"精品咖啡界的资深前辈丹·考克斯（Dan Cox）呼吁业内人士停止攻击星巴克，他指出："星巴克管理有方，品质有保证，善待员工，成功后也不忘回馈社会，经营模式开创业内先河，堪称楷模。"

几年时间，舒尔茨的星巴克王国就已经做到一年10亿美元的营业额，要在全球范围内进行扩张。舒尔茨预计："星巴克将成为一个全球品牌。"

喜剧演员杰伊·莱诺则认为星巴克会走得更远,他开玩笑地向观众展示了一张火星的照片,星巴克的绿色标志赫然印在上面。

咖啡市场日益成熟

1995年,各种迹象表明,精品咖啡革命已经进入一个稳定期。尽管新咖啡馆继续涌现,比如乔摩卡咖啡就开在伊利诺伊州的第二大城市皮奥瑞亚,然而西雅图的浓缩咖啡售卖车数量却在减少,市场分析师们开始讨论精品咖啡市场是否已经趋近饱和。美国精品咖啡协会的看法则与此相反,他们估计1995年有超过4000家精品咖啡店,到2000年,恰逢世纪之交,将会有10 000家精品咖啡馆。

1985年,美国精品咖啡协会会员总数不足100人,10年后已有上千会员。美国精品咖啡协会每年的集会已经演变成印有咖啡图案的T恤衫、马克杯、咖啡书籍等和咖啡有关的一切产品的大型展销会,吸引了各大咖啡烘焙商、酿酒商、调料商前来参加。集会上,会员不仅可以听到咖啡专家的发言,还可以听到很多自发积极登台演讲者的精彩发言。咖啡界也有些资深人士抱怨,有些新入行的人做精品咖啡生意,不是真正热爱精品咖啡,而是看重其中的经济利益。想想开一家咖啡馆只需要大约25万美元,或许一切都可以理解了。

20世纪90年代出现了新一轮的咖啡出书热,为培养未来的咖啡鉴赏家而出版的咖啡书籍遍布各个书店。关于咖啡的杂志也层出不穷,包括《咖啡志》《咖啡杯》《欧蕾咖啡》《咖啡文化》《新鲜咖啡》《拿铁拉花》等。但是,大部分书籍和杂志像清晨的咖啡,昙花一现,只有少数书刊得以继续出版,拥有一批忠实的读者群。

唐恩都乐装修风格朴素,并未刻意迎合高消费群体,也没有星巴克那些花哨的咖啡术语,但是,从1948年以"开口壶"为名开业起,就一直供应优质咖啡。1983年,唐恩都乐开始卖整豆咖啡,到1995年,已经有超过3000家特许加盟店。据一位专家说："唐恩都乐（Dunkin' Donuts）其实是一家伪装成甜甜圈店的咖啡店。"加拿大的蒂姆·霍顿（Tim Hortons）也是同类型的咖啡连锁店。

  超市里遍布各种整豆咖啡，也是精品咖啡市场成熟的标志。20世纪80年代，商店非常愿意卖鲜为人知的精品整豆咖啡，因为精品咖啡豆的利润远高于罐装咖啡。但是随着各大品牌都开始做整豆咖啡，竞争激烈，超市也开始以促销为名向烘焙商索取折扣、上架费、促销费等各种费用。

  1995年，行业咨询师开始分析精品咖啡业的发展趋势。1995年12月，宝洁收购磨石咖啡，收购金额不详。㊀当时，创始人菲尔·约翰逊已经将磨石咖啡发展成为一个遍布半个国家的品牌，在华盛顿州和肯塔基州都建有烘焙厂，并且有自己的运货汽车，每个月可以卖出150万磅咖啡，每年营业额高达4000万美元。

  由此看来，各种迹象表明，美国咖啡业进入新的轮回。传统罐装咖啡受到精品咖啡冲击，要么解散，要么被并购，精品咖啡日趋饱和，也掀起一股并购狂潮。在整合过程中，精品咖啡业是否会丧失其灵魂呢？

 ㊀ 行业分析师猜测宝洁公司收购磨石咖啡花费2000万～1亿美元。

第 19 章

最后的战场

> 咖啡已经成为全球的热点，咖啡种植、营销和消费方式都和世界环境息息相关。
>
> ——拉塞尔·格林伯格（Russell Greenberg）
> 咖啡认证机构美国史密森尼候鸟中心总干事，1996 年

> 这就是咖啡农的生活，他们靠采摘咖啡挣钱糊口，他们说一旦咖啡价格下跌，他们赚的钱就连饭都吃不起，就好像全村的人都被下了诅咒一般倒霉。
>
> ——《带枪的男人》（*Men With Guns*）
> 导演约翰·塞尔斯（John Sayles），1997 年

麝香猫屎咖啡豆（Kopi Luwak）是世界上最昂贵的咖啡豆，每磅 300 美元，平均一杯超过 7 美元，和其他优质咖啡豆的处理方法一样，采用水洗处理法，但是其与众不同之处在于，从咖啡果实到咖啡豆的处理过程，即去果肉、去种衣及黏液的过程都是在印度尼西亚麝香猫的胃里完成的。出于好奇，我打算一试，闻起来甜香诱人，小啜一口，醇香浓郁，味道独特，有点土味，又有点中药的苦味，口味浓烈，很难形容，在口中久久停留，挥之不去。但无论如何，我也绝不愿花 300 美元买 1 磅咖啡豆。

我在研究咖啡的过程中发现，同一款咖啡，对甲而言可能是苦水，对乙而言却是琼浆玉液。大部分咖啡专家眼中口感粗糙、发酵过度的巴西里

约咖啡豆,却受到希腊人的厚爱。法国人则喜欢在咖啡中添加菊苣。而且人们对咖啡的喜好,往往还受到心理因素的影响,越稀有的品种,价格越高昂,越受青睐。夏威夷科纳咖啡、牙买加蓝山咖啡价格高昂,但大部分咖啡专家认为这两种咖啡平淡无奇,不如危地马拉的安提瓜和肯尼亚 AA 级咖啡。那么,夏威夷科纳和牙买加蓝山价格为何一直居高不下呢?其实,丰收年的夏威夷科纳和牙买加蓝山确实口味均衡、香甜宜人,任何咖啡爱好者都会喜欢,但是其产量有限,而且日本人几乎将其抢购一空,所以就更加稀罕,价格也就高得出奇了。

很多精品咖啡店都供应未经混合的优良产地咖啡,就像葡萄酒一样,可以喝出各产地不同的风味。实际上,不同产地的咖啡,因树种、土壤、气候及处理方法不同,各有不同的风味。咖啡专家蒂姆·卡斯尔(Tim Castle)热情地说:"某一地区栽种的咖啡会吸收周围植被的气味,通过根吸收地下水的味道,还会受到周围所种花果的影响。"

咖啡城邦拉米妮塔

比尔·麦卡尔平(Bill McAlpin)经营哥斯达黎加的拉米妮塔咖啡庄园,这里就是他的舞台。麦卡尔平相貌堂堂,一米九的身高为他平添了几分威严,他素以供应优质咖啡而闻名。麦卡尔平从小在拉丁美洲长大,却拥有美国公民身份,1974 年开始在哥斯达黎加经营咖啡农场。

1987 年,36 岁的麦卡尔平向 U-Haul 卡车出租公司租了一辆卡车,在自己的咖啡庄园精挑细选了 200 袋咖啡豆,运往美国弗吉尼亚州。麦卡尔平和妻子卡罗尔·库尔茨(Carole Kurtz)走遍美国东海岸的精品咖啡店,推荐自己的精品咖啡豆。此行收获颇丰,其中最重要的一个新客户就是波士顿咖啡情缘的乔治·豪厄尔,他们相见恨晚,结为至交。第二年,豪厄尔说服麦卡尔平,挑选危地马拉和哥伦比亚的咖啡,提供技术支持,加以改良,再卖给美国的精品咖啡店。

塔拉珠（Tarrazu）是哥斯达黎加最负盛名的咖啡产区，而拉米妮塔则是塔拉珠最负盛名的咖啡庄园，不管国际交易市场上的咖啡豆价如何动荡，拉米妮塔的塔拉珠咖啡豆售价长年维持在每磅3.99美元。而且，整个庄园生产的咖啡豆，经过精挑细选后，只有15%能够打上拉米妮塔庄园的印记，其他则流入咖啡市场，可是价格仍高于中美洲出产的其他咖啡豆。麦卡尔平也会邀请顾客参观拉米妮塔庄园，让他们目睹经营中的模范庄园，品尝一流的美食和咖啡，欣赏200英尺落差的瀑布，参观庄园的医疗室，会见在庄园里开心工作的员工。他们也可以亲自体验收获咖啡。

我的中美洲咖啡之旅，到达拉米妮塔庄园算是碰到了麻烦。麦卡尔平发现我一路上从其他国家采摘的咖啡豆，坚持要求我脱掉衣服，还要检查我的行李，以免其他国家的咖啡浆果蛀虫传染到哥斯达黎加。可是，一进入拉米妮塔咖啡庄园，所有的顾虑烟消云散，这里简直就是塔拉珠的高山天堂，我住在海拔5000英尺的客房里。

清晨6点钟，嬉笑着去采摘咖啡的工人吵醒了我。起身之后，打开窗户，看到初升的太阳普照在9500英尺的高山峡谷，何其壮观。早餐过后，我和其他客人徒步前往庄园边沿的河边，一路上穿过硕果累累的咖啡树，偶尔也有几棵橘子树，供照料咖啡树的工人摘来橘子打打牙祭。接着，我们一行人便开始在陡峭但铺有阶梯的山坡上体验采摘咖啡。忙了一小时，挣的工钱够我在杂货店买两袋花生。

接着，我们便加入真正采摘咖啡的工人之中，他们下午两点收工。后来，我跟采咖啡的年轻人安格尔·马丁·格兰杜斯聊天，他告诉我，他当天采了66加仑咖啡豆，能赚15美元，他在拉米妮塔庄园干足3年，就能存够钱买一座房子，栽一片自己的咖啡田。

比尔·麦卡尔平像一位平易近人的独裁者一样管理着自己的庄园，对咖啡品质和一切栽种细节严格把关，精益求精。麦卡尔平在对员工发表的演讲中，称拉米妮塔庄园是一个自给自足的有机体，他尽力为员工提供安全的工作和生活环境，着力保障员工的食物、住房、医疗、安全、自由和信仰，可谓一切应有尽有。

麦卡尔平的理想主义也体现在栽种的咖啡上。他的庄园不用除草剂，全靠工人用镰刀为 800 英亩的咖啡田除草。为了保持庄园环境，他也尽量避免使用杀虫剂。不过，他定期为咖啡田喷洒溶有硼、锌和铜的咖啡营养液。每年进行两次土质测试。除此之外，咖啡周围栽种的遮阴树可以提供稳定的氮浓度，落叶还能保养咖啡树根，定期施肥也必不可少。

麦卡尔平尽管明明很关心社会和环境问题，却坚称自己只不过是个实用主义者。他认为，自己之所以善待员工，只不过是因为生意做得好而已。他对公平交易咖啡嗤之以鼻，他认为让人买公平交易咖啡来赎罪是毫无道理的。他说："我希望顾客买拉米妮塔咖啡是因为其品质取胜，而非我们的栽培方式。"他认为公平交易咖啡的出发点是善意的，但是以此为卖点则是文化霸权主义，卖公平交易咖啡的人，只不过利用咖啡农所遭遇的不幸、痛苦和屈辱为咖啡进行包装，然后高价卖给"优皮士"（huppie）一族。麦卡尔平定义"优皮士"是嬉皮士和雅皮士的综合体，他们富裕但有罪恶感、拿木质手杖、穿金属包头鞋、政治观点正确，但目光短浅又幼稚。

麦卡尔平成立远山贸易公司（Distant Lands Trading Company），建立了一个垂直的综合咖啡王国。他在哥斯达黎加有 13 座咖啡庄园和 3 家咖啡加工厂，在哥伦比亚有两家咖啡加工厂，在苏门答腊、危地马拉、巴西、洪都拉斯和埃塞俄比亚成立了合资企业，安排质量监管人员对质量把关，在得克萨斯州泰勒市和西雅图也有咖啡烘焙厂。

2009 年，麦卡尔平告诉我："随着咖啡业的不断成熟和扩张，精品咖啡生意越来越多，精品咖啡已经从小规模的精品店进入主流市场，我们所面临的最大挑战在于继续关注产品质量。幸运的是，我们已经不是当初几个人组成的小团队，我们在美国就有 200 名员工，原产地的员工更多。"

比尔·麦卡尔平希望所有咖啡庄园都能像拉米妮塔一样赚钱,这样咖啡界长久以来的种种不公平便会迎刃而解。但不幸的是,在现实的市场面前,对于咖啡种植者而言,这几乎不可能发生。我在危地马拉西部的奥里弗拉马庄园参观时,跟庄园的女主人贝蒂·汉斯坦·亚当斯深入交流了社会问题。

她每天付给工人的薪水确实只有 5 美元。她如果付给工人更高的工资,那么她的咖啡豆价格就高,就无法在市场上卖出。利润空间确实很少,国际咖啡价格又不稳定,任何加薪计划只能是纸上谈兵。亚当斯说:"咖啡的利润确实很少,我们根本就承担不起给工人多付哪怕 1 美分的工钱,也无法多施 1 盎司的肥料,车子已经破旧不堪,也没钱买辆新车替换,咖啡庄园主自己也没钱赚。为了能卖出辛辛苦苦栽培的咖啡豆,我们还要满足认证机构和烘焙者提出的越来越多的要求——保护土地,少用除草剂,多用镰刀手工除草,等等。"

亚当斯说,咖啡价格只有涨到每磅 8 美元,才能按照美国每小时 7.25 美元的最低工资标准给工人付工资。这也并非不合理。即使每磅精品咖啡 20 美元,消费者自己在家泡杯咖啡也不过 50 美分,比其他软饮料便宜很多。

但现实中,这根本不可能。纵观咖啡的历史长河,在美国市民和政客眼中,咖啡与生俱来就是廉价饮品。有些乐善好施者时不时会高价购买公平交易咖啡,或者更贵的优质咖啡,但是如果为了让田里的咖啡工人过上好日子,所有咖啡都涨价,那么毫无疑问,所有人都会出面抗议。⊖

咖啡危机

20 世纪 90 年代,越南从咖啡界的无名小卒一举成为廉价罗布斯塔豆

⊖ 公平交易咖啡对改善咖啡工人的生活是远远不够的。2008 年一份针对拉丁美洲公平交易咖啡工人的调查表明,半数以上的咖啡工人一年当中仍有几个月无法果腹。

的重要生产国。越南中部山区本是土著部落的居住地，由于气候湿热，适合种植咖啡，于是当地土著部落遭到驱逐，被迫离开自己的土地。政府和越南咖啡商人搬到中部山区，靠经营咖啡种植园大发横财，而大部分山地土著民（包括 Rhadé、Jarai、Bahnar、Stieng、Koho、Mnong 等部落）失去了赖以生存的土地，只好在咖啡种植园里打工，挣取一点微薄的工钱糊口。其他山地土著只好在仅存的土地上勉强度日。90 年代末，越南已经超过哥伦比亚，成为世界第二大咖啡出口国，仅次于巴西。全世界到处都是廉价咖啡豆。

1999 年，咖啡生豆价格跌破每磅 1 美元，2001 年，咖啡生豆价格跌到每磅 50 美分，不足生产成本价。所有咖啡生产国，农民已经绝望，纷纷弃树，背井离乡，另谋生路。无数家庭流离失所，在路边用塑料防水布搭起帐篷，勉强栖身。不少人家里的女儿不得不依靠卖淫来养家糊口。新闻也频频报道，以前的咖啡工人试图偷渡到美国寻找新的工作，却屡屡受阻。

可是，咖啡零售价格依然保持稳定，舆论要求腰缠万贯的咖啡烘焙商和零售商出面帮助咖啡农走出困境的呼声越来越大。宝洁公司因旗下拥有福尔杰咖啡（现已并入盛美家（Smuckers）果酱公司），向非营利组织 TechnoServe 捐赠了 150 万美元，援助咖啡产区。星巴克向卡尔弗特社会投资基金会（Calvert Social Investment Foundations）捐赠 100 万美元，用于改善咖啡农的生活条件，并将这笔钱以合理的利率贷款给咖啡农。2004 年，星巴克启动了自己的认证体系——咖啡与种植农公平惯例准则（Coffee and Farmer Equity Practices，C.A.F.E. Practices），高价收购合乎其环境、社会及品质标准的咖啡豆。

如此一来，公平交易咖啡生豆价格就限定在每磅 1.26 美元，不仅挽救了濒临破产的咖啡农，也激发了新一轮的咖啡盛衰循环。但是，理论上说，公平交易咖啡只针对已经加入民主化经营的合作社并且已经付过认证手续费的小型咖啡种植园主,因此对工作在大庄园的劳工毫无帮助。美国公平贸易组织(TransFair USA)主席保罗·赖斯(Paul Rice)提议将公平交易咖啡认证用于大庄园咖啡,却遭到合作社的强烈反对,合作社认为,公平交易咖啡市场本身就很小,吸收不了更多高价咖啡。最终各方达成一致,大庄园只能以公平交易咖啡价格出售25%的生豆。

这场咖啡危机也促成了其他成果。2001年,加州大学圣克鲁斯分校的环境研究教授史蒂夫·格利斯曼(Steve Gliessman)和妻子环境教育家罗比·贾菲(Robbie Jaffe)创立社区农业生态网(Community Agroecology Network, CAN),将咖啡合作社、研究人员和消费者联系起来。除此之外,他们夫妇还帮助哥斯达黎加阿瓜布埃纳的一家合作社,直接采购咖啡,付给咖啡农的采购价甚至高于公平交易价格。

精品咖啡的先驱者乔治·豪厄尔首创的杯测大赛(Cup of Excellence),号称咖啡界的奥斯卡奖。在豪厄尔和后来该项目的管理者苏西·斯平德勒(Susie Spindler)的赞助下,2000年度的杯测大赛拉开帷幕,当年世界各地的评委着重点评了巴西的咖啡豆。杯测比赛评审结束后,参赛的咖啡豆均放在网上进行拍卖,通常都由参与评委所在公司购得。

接下来的10年中,杯测大赛主要在拉丁美洲各国举办,后来还发展到了非洲。每年的杯测大赛都会创下咖啡价新高,或者有新的发现,其中包括巴拿马的翡翠庄园瑰夏咖啡豆(La Esmerelda geisha beans),据说是从埃塞俄比亚西南部的瑰夏山地区传入巴拿马的。

斯平德勒说:"现在,我们发现,不仅栽种获奖咖啡豆的农民可以从杯测大赛中获益,经过几年时间,所有咖啡生产国都会发现,只要专注于咖啡品质,注重交易透明度,奖励努力工作的个体劳工,其经济都会有所发展,整个咖啡业的基本结构也会发生变化,精品咖啡会获得更多支持。而且,基本上,咖啡鉴赏家和咖啡农也会私交甚好。"

其实,意大利的里雅斯特的高端浓缩咖啡品牌意利咖啡,1991年就在巴西进行了地区性的杯测大赛，选拔咖啡供应商。意利咖啡公司为获胜者颁发了3万美元的奖金，而且专门派农学家帮助获奖咖啡农优化其咖啡豆种植和加工过程。由于巴西的马塔地区气候潮湿，所以农学家要帮助咖啡农运用不同的加工方法，防止咖啡豆发酵过度。传统的水洗处理法和干燥处理法都不合适，农学家发现，用机器可以自动剥离咖啡豆的种衣和大部分黏液，由此得到经过部分处理的咖啡豆，再进行烘干，留在其上的黏液就会自动剥落，由此得到的咖啡豆可谓上品。这就是著名的雨林认证半水洗处理法。

咖啡危机发生后，众多咖啡种植园被遗弃，或者疏于照料，造成产量下降，因此咖啡价格逐步回升，21世纪头几年的这场咖啡危机终于宣告结束。就连刚刚兴盛起来的咖啡生产大国越南，咖啡种植者数量也有所减少。咖啡需求量回升，逐渐和供应量持平。2004年年底，商品期货市场上的咖啡生豆价格（即阿拉比卡咖啡豆在商品期货交易所的平均期货价格）终于突破每磅1美元。但是，除非建立一个像国际咖啡配额协议（该协议已经终止）这样的调控体系，否则另一轮咖啡价格暴跌迟早会再发生。

公平交易认证和星巴克

幸运的是，世纪之交的这场咖啡危机最终得以用不同的方法顺利解决。公平交易咖啡的销售量和知名度都显著提升，销售量从2001年的3700万磅增长到2009年全球销量2亿磅。美国增幅最大，主要应归功于美国公平贸易组织。协会主席兼首席执行董事保罗·赖斯既是一位不择手段的实干家，也是一位富有感染力的演说家，他从不树敌，而且不遗余力地和任何人合作，包括大企业。全球交流组织（Global Exchange）是公平交易咖啡推广中最难控制的合作者，因为它可以通过联合抵制或者威胁向企业施加压力。因此美国公平贸易组织和全球交流组织正好通力协作，前者唱红脸，向企业示好，后者唱白脸，鼓动消费者向大型烘焙商施压。

1999年，世界贸易组织在西雅图召开大会，示威者强烈抗议大型咖啡烘焙公司不采用公平交易咖啡，其中包括星巴克。由于星巴克没有销售公平交易认证咖啡，因而被刻画成一家无恶不赦的公司。在咖啡界，星巴克知名度最高，店铺和易于识别的美人鱼标志无处不在，其显然是抗议者最合适的攻击目标。

1999年年底，电视直播了抗议者向西雅图一家星巴克店铺扔石头，接着捣毁咖啡机的画面。几个月后，星巴克跟美国公平贸易组织签署许可协议，同意购入一定数量的公平交易咖啡进行销售，之前参与抗议活动的激进人士认为，星巴克此举只不过表示它要避开舆论抨击而已。

激进人士的看法或许是正确的，毕竟星巴克一直以来都自豪地声称会寻找最好的咖啡豆，并且以最合理的价格支付给咖啡农，给星巴克供货的咖啡农普遍过着体面的生活，而且劳工得到了雇用和善待。2001年，星巴克和国际保护组织（Conservation International）联合提出咖啡采购指导准则。那么，星巴克何必对美国公平贸易组织百依百顺，每磅多付10美分采购所谓的认证咖啡呢？更何况，当时具备公平交易认证的咖啡豆常常不符合星巴克对产品的品质要求。

10年后，星巴克对公平交易咖啡的态度发生了大转变。2009年，星巴克采购的公平交易咖啡豆数量翻倍，达到4000万磅，成为公平交易咖啡最大的买家。星巴克联合美国公平贸易组织和公平交易标签组织（Fair Trade Labeling Organization）发表声明，小型咖啡种植园主3年试点贷款项目启动，计划在2015年前将贷款总额提高到2000万美元。

接着，星巴克、美国公平贸易组织和公平交易标签组织三方，将联合制定出一套单独的审查系统，以确保种植园提供的咖啡既能得到公平交易咖啡的认可，又符合星巴克独有的咖啡与种植农公平惯例准则认证。保罗·赖斯认为，星巴克的咖啡与种植农公平惯例准则确实很严格，合乎可持续性标准，但是，社会上的咖啡饮用者却不以为然。在大部分消费者眼中，任何私人认证都是对其产品的粉饰而已，让产品看起来很好，而实际上却根本不会满足其自己制定的所谓标准。

星巴克的咖啡与种植农公平惯例准则和公平交易咖啡的准则在很大程度上是重复的，约有400条指标两者接近。对于这两种认证，虽然有些小型咖啡农都能满足，但他们也难免抱怨，每年要进行两次审核，多付一笔审核费用，既浪费时间又浪费金钱。如果把两者结合起来，虽然审查标准变多了，但咖啡农能够节省30%的时间和金钱。

看起来，星巴克和公平交易咖啡的准则融合起来对三方都有利，对咖啡农而言，可以省时省钱，对星巴克而言，只需要一个公平交易咖啡的认证标志，即可得到公众的广泛认可，相信其所有咖啡豆的种植和交易均符合道德规范。对美国公平贸易组织而言，则多了一个潜在的巨大市场。

星巴克对2009年的咖啡采购来源进行了统计，发现85%的货源来自咖啡农的小型家庭种植园，面积不足12公顷。而我，一直以为公平交易咖啡的交易对象只限于拥有5公顷及以下种植园的咖啡种植园主，但是赖斯却告诉我说，具体问题可以灵活处理。他说："公平交易标准对占有土地上限并没有严格限制，我们的理念是关注贫困问题，关注劳资关系。如果一个家庭的咖啡田面积是12公顷，但有5个儿子，当然没有问题。"

如果有些小型咖啡种植园主为星巴克供货，但是却未加入任何民主化经营的合作社，那么星巴克会帮助他们成立一个合作社吗？其实，这或许正是公平贸易组织最希望看到的情况，他们可以借机把活动范围扩大到上百万未组织起来的小型咖啡种植园中去。

星巴克还同意派出农学家，帮助启动"小规模咖啡农可持续发展方案"（Small Farmer Sustainability Initiative），以便公平交易认可的合作社能够得到更便捷的运营资本、技术支持和培训。该发展方案中的技术支持团队，都是从2004年起哥斯达黎加首都圣何塞的星巴克咖啡农支持中心

（Starbucks Farmer Support Centers）培养出来的。星巴克意识到，要想提高生产效率，必须教会咖啡农进行杯测，让他们学会自己鉴赏咖啡，调整咖啡栽培和加工方法，才能生产出更优质的咖啡。

即便如此，要向全球传递公平交易咖啡理念的重要性，星巴克还有很长的路要走。2009年，美国的星巴克店里只有一款艾斯提玛拼配豆（Café Estima），印有公平交易咖啡的商标。2009年秋，英国的所有星巴克的浓缩咖啡全部改用公平交易咖啡豆，并且公司承诺在2010年3月份之前，整个欧洲的星巴克都采用公平交易咖啡豆。（英国有超过90%的消费者知道公平交易咖啡商标，而美国只有35%的消费者认得此商标。）

咖啡认证商标越来越多，让人眼花缭乱，比如雨林认证（Rainforest Alliance）、有机咖啡豆认证（Organic）、伍兹·卡本好咖啡认证（Utz Kapeh Good Inside）、鸟类友好认证、荫生咖啡豆认证等，五花八门，各有其不同的目的和标准。例如，只有30%的咖啡能在包装袋上印雨林认证商标，伍兹·卡本好咖啡认证主要面向大型农场，需要公开农场环境、咖啡品质和社会的改善情况，但是并不保证高价收购咖啡豆。有批评人士呼吁取消伍兹认证，因为这项认证起初是由荷兰大型烘焙公司阿霍德发起，但发展到后来就形同虚设，根本就没有任何成果。但是，伍兹认证由于面向大型咖啡种植园，弥补了公平交易认证覆盖不到的大庄园，因而也改善了大庄园咖啡劳工的生活。

霍华德能否拯救星巴克

2001年，霍华德·舒尔茨不再担任星巴克总裁，但仍继续密切关注星巴克的发展。星巴克在新总裁奥林·史密斯（Orin Smith）的带领下，继续扩张。2003年，星巴克收购西雅图的极品咖啡和意式烘焙（Best Coffee and Torrefazione Italia）。2005年，星巴克又换了一位新总裁吉姆·唐纳德（Jim Donald），继续扩张，收购了迪德里奇咖啡（Diedrich Coffee）公司旗下的大部分店铺，其中包括俄勒冈州的咖啡人（Coffee People）。2005年10月，星巴克股价涨到每股56美元，公司决定拆股，将一股拆成两股。2006年，股价从每股28美元上涨到每股40美元。当年年底，星巴克全球共拥有12 400家分店，其中8836家在美国。

但是，2007年，星巴克在北美的销量增长放缓，股价开始动荡下跌。2007年2月，舒尔茨给吉姆·唐纳德和公司其他管理人员的备忘录不知何故曝光于世。舒尔茨写道："过去10年，我们为了实现销售额快速增长、品牌发展和规模扩大，从不足1000家门店，扩张到13 000多家门店，我们做出了一系列决策，如今回过头来看，正是这些决策导致如今星巴克的咖啡体验有所降低。"他抱怨道："自动浓缩咖啡机使店铺本来的浪漫气息和剧场效果荡然无存，千篇一律的店铺设计已经失去了灵魂，呈现出来的是连锁店的风格，邻家店铺的温馨感荡然无存。"

2008年1月，星巴克股价跌破每股17美元，舒尔茨重掌星巴克。2008年2月23日，星巴克关闭所有门店4小时，重新培训咖啡师，传授制作可口浓缩咖啡、拿铁和卡布奇诺的技巧以及如何使动作更具表现力。

在2008年3月的股东大会上，舒尔茨宣布恢复在店内磨咖啡豆，以产生的咖啡香气吸引顾客。当时，三叶草咖啡机公司发明了一款精细的新型咖啡机，价值11 000美元，星巴克认准这款咖啡机能制作出独一无二的优质咖啡，于是在这款咖啡机上市之前就收购了三叶草咖啡机公司，并将此款咖啡机投放到门店使用。第二个月，为了吸引那些抱怨星巴克只有重烘焙咖啡的顾客，星巴克推出烘焙度较轻的派克市场（Pike Place）拼配豆。5月，星巴克推出优惠卡，提供免费续杯和无线上网服务。

可是，无论如何，星巴克股价继续走低，当时，继20世纪30年代经济大萧条以来，最严重的一次经济危机席卷美国，7月，股价跌到13美元，当月，公司宣布关闭美国境内600家门店，裁掉1000个非零售职位。同时，关闭澳大利亚的大部分门店。

2008年10月，10 000名星巴克的员工汇聚到新奥尔良州，参加动员大会，担当卡特里娜飓风幸存者大型纪念活动的志愿者。可是，星巴克的善举仍无法阻止亏损继续蔓延，2008年12月，股价跌破8美元。2009年1月，舒尔茨宣布关闭300家门店，裁员7000人，他自己也实行减薪。随后，星巴克股价逐步回升，2010年4月，涨到每股24美元。

2009年，星巴克推出VIA免煮咖啡，这是一款速溶咖啡，星巴克称，此款咖啡采用独特的制作方法，口味接近普通冲煮咖啡。舒尔茨推出此款咖啡，显然是看到了英国和日本巨大的速溶咖啡市场以及来自K杯（K-Cup）、Nespresso（雀巢旗下产品）、Tassimo和iperEspresso等单品胶囊咖啡机的竞争。舒尔茨在西雅图又开了3家咖啡馆，却没有用星巴克之名，而分别以所在街区命名，例如第十五大街咖啡与茶（15th Avenue Coffee and Tea），除了咖啡之外，还供应红酒和啤酒，提供现场音乐演出，设计成当地咖啡馆的风格，舒尔茨此举也表示星巴克确实面临困境。

尽管星巴克面临重重困难，但仍是全球咖啡巨头，在全球市场上还有足够的空间，可供其拓展。星巴克在美国的店铺数量不断缩水的同时，在国外多开了700家新店。星巴克的国外分店遍布50多个国家。众人所熟悉的美人鱼商标不仅不会淹没在经济危机的浪潮中，更加不会消失。

星巴克第一，谁称第二

在精品咖啡界，似乎没有谁能真正挑战星巴克，驯鹿咖啡馆（Caribou）虽然在美国精品咖啡界排行第二，却和星巴克相去甚远，加拿大的第二杯亦如此，然而，在全球已经拥有31 000多家分店的麦当劳，却已经做好准备迎接挑战。麦当劳旗下的第一家麦咖啡于2003年在澳大利亚开张，2009年，麦当劳作为汉堡快餐连锁店也开始经营浓缩咖啡生意，在全球开设14 000家麦咖啡，和星巴克竞争。麦咖啡的咖啡豆来源于比尔·麦卡尔平的拉米妮塔庄园和远山咖啡公司，全部采用精品阿拉比卡拼配豆。同年，一向对自己制作的咖啡自豪的唐恩都乐，组织了一场盲测比赛，然后声称消费者喜欢其咖啡胜于星巴克。当时，唐恩都乐已经有超过6000家店铺，主要分布在东北部地区。

星巴克的发言人称，面对这些竞争者，星巴克丝毫不担忧。星巴克是面向高消费群体的咖啡馆，形象已经树立，而光顾麦当劳以及唐恩都乐的多为中等消费群体和蓝领消费者，因此星巴克并不会吸引他们的顾客，那么反之亦然，麦当劳和唐恩都乐也无法吸引星巴克的高消费顾客。如果星巴克的销量不济，主要原因在于出现经济危机，以前的顾客削减了奢侈品消费。

与星巴克不同的另一家公司，总部设在佛蒙特州的绿山咖啡烘焙公司（Green Mountain Coffee Roasters，GMCR），在新任总裁拉里·布兰福德（Larry Blanford）的带领下，发展迅猛。绿山公司不仅和新英格兰地区的麦当劳合伙，创立纽曼私家有机咖啡品牌，还烘焙简·古多尔（Jane Goodall）博士从东非坦桑尼亚的贡比鸟兽保留区带回来的咖啡豆，盈利用于拯救当地的黑猩猩，绿山公司的咖啡主要在埃克森美孚国际公司的便利店里进行销售。2006年，绿山公司做出一项对其日后发展至关重要的决定，收购专业制作单品胶囊咖啡机的克里格公司（Keurig Inc.），同时也供应胶囊咖啡机上使用的K杯独立包装咖啡，以此锁定美国单品咖啡市场。2009年，绿山咖啡买下西雅图塔利咖啡（Tully's Coffee）的品牌和批发生意，以此打入西海岸，塔利咖啡也开始生产独立包装咖啡，供克里格胶囊咖啡机使用。接着，绿山咖啡又买下加拿大多伦多蒂莫西咖啡的批发和烘焙部门。

克里格生产的单品胶囊咖啡机价格低于100美元，适合追求高品质咖啡体验的家庭消费者，2009年，咖啡机销量增加，带动绿山咖啡股票飞涨。跟胶囊咖啡机配套的K杯咖啡胶囊，采用充氮独立包装，供应各个产地、各种风味的咖啡，除此之外，也供应茶叶和可可。

第三次咖啡浪潮

精品咖啡公司的采购人员飞往世界各地，采购咖啡豆。这些采购人员都很清楚，他们采购的咖啡豆不仅在口味上要融合当地独有的风土特色，咖啡豆的价格也要合理，满足当地人的生活，体现出公平交易和回报社会的精神。绿山公司的林赛·博尔杰（Lindsey Bolger）和皮特公司的舍林·莫亚德（Shirin Moayyad）就是这类采购中的典型。博尔杰对我说："我采购咖啡豆的时候，会碰到各种不同的语言和文化，但如果可以用咖啡界的行话和他们交流，就能跟他们聊到核心层面，而不是泛泛而谈。"

莫亚德已经在巴布亚新几内亚住了超过10年，2005年，莫亚德加入皮特公司，她进入公司后，做的第一件事就是说服皮特咖啡向巴布亚新几内亚一座咖啡庄园捐款，修建一座小学。也就是从那时起，莫亚德的足迹遍布中美洲、巴西、东非、也门和苏门答腊，为皮特公司采购最优质的咖啡豆。

莫亚德说："所有探访危地马拉和尼加拉瓜等咖啡原产地的人，一踏上这片土地，都不禁大吃一惊，这些地方的生活竟是如此原始，来者定会留下深刻的印象。即便如此，也无法和巴布亚新几内亚相比，巴布亚新几内亚的人大多住在茅草屋里，没有供电，各种动物进进出出，与人和谐共处。咖啡种植园一般都远离村庄，因而离学校很远，在这座学校建成之前，种植园里的劳工子女从未接受过任何教育。"

在这种精益求精的采购要求下，出现了迈克尔·韦斯曼《杯中乾坤》一书中提到的"第三波咖啡浪潮"。⊖韦斯曼在书中记录了走在咖啡界最前沿的几位咖啡采购经理，其中包括芝加哥知识分子咖啡馆（Intelligentsia Coffee）的杰夫·沃茨（Geoff Watts）、俄勒冈州波特兰市斯坦普顿咖啡馆

⊖ 第一波咖啡浪潮做烂咖啡，第二咖啡浪潮则开启了精品咖啡，第三波浪潮则属于年轻的精品咖啡痴迷者。

（Stumptown Coffee）的杜安·索伦森（Duane Sorenson）和北卡来罗纳州德罕市反主流文化咖啡馆（Counter Culture）的彼得·朱利亚诺（Peter Giuliano）。

这几位都是烘焙师工会（Roasters Guild）成员。1995 年，美国精品咖啡协会大会上，唐纳德·舍恩豪特组织了一场烘焙大师研讨会，后来，在这个烘焙大师研讨会基础上，2000 年，正式成立烘焙师公会，舍恩豪特担任主席，该协会仿佛是由中世纪的能工巧匠组成一般，独立咖啡烘焙商加入协会，成为会员，协会每年组织一次烘焙者避所交流大会（Roasters Retreat），各位成员在毫无竞争、开放自由的氛围中，各抒己见，表达对小规模烘焙上等咖啡的热情。

第三波咖啡弄潮儿跟咖啡农建立了直接的联系，帮助他们提高咖啡品质，高价收购咖啡豆，但他们并未完全抛弃中间商。俄勒冈州波特兰的可持续收获咖啡（Sustainable Harvest）、加州圣迭戈的活力有机咖啡（Elan Organic）以及加州奥克兰的皇家咖啡（Royal Coffee）通常也做咖啡进口生意。大卫·格里斯沃尔德（David Griswold）创办了可持续收获咖啡进口公司，并担任总裁，在他的带领下，可持续收获咖啡投入其运营收入的 2/3，用于帮助咖啡农提高咖啡质量。从 2003 年开始，为了提高交易透明度，促进交流，可持续收获咖啡公司邀请咖啡烘焙商、咖啡种植者、出口商、进口商甚至咖啡师一起，参加在咖啡生产国举办的一年一度的咖啡畅谈会（Let's Talk Coffee）。

乔治·豪厄尔对咖啡的狂热恐怕无人能敌，以他的资历，绝对可以称得上是第三波咖啡弄潮儿之父。豪厄尔在马萨诸塞州阿克顿经营本土咖啡（Terroir Coffee），他不仅亲自烘焙咖啡豆，还经常挑战各种困难，只为做出最极品的咖啡。例如，他要求咖啡农用真空塑料袋取代传统的麻袋，将咖啡生豆包装好，然后再进行运输，以免串味。后来，他还对咖啡生豆进行深度冷冻保鲜，再进行运输。

就地杯测

1996年，感恩节咖啡的老板保罗·卡策夫问尼加拉瓜的咖啡农："你们谁喝过自己种出来的咖啡？"结果无一人举手。于是，他给美国国际开发署（U.S. Agency for International Development，USAID）写了一封资助申请信，要求美国国际开发署出资，赞助咖啡原产地建立杯测实验室。这些实验室的落成，对咖啡原产地的咖啡种植者造成了很大影响，他们通过杯测亲口品尝，能够理解为何精挑细选的采摘、小心翼翼的加工以及特意区分咖啡树种的优良和栽培环境，对于制作一杯好咖啡至关重要。星巴克和意利咖啡还专门派出农学家到咖啡原产地帮助种植者改善咖啡品种，并且教他们学习品味咖啡。

在由美国国际开发署赞助部分资金建成的杯测实验室和一批咖啡专家的帮助下，卢旺达的优质咖啡享誉世界。1994年，卢旺达的胡图族还企图将图西族赶尽杀绝，国家动荡不堪，而今，两个部落已经相安无事，一起种植和出口咖啡。

由此可见，咖啡烘焙商和种植者的合作，还为社会做出了很多不可思议的贡献。保罗·卡策夫所卖的和平万岁咖啡（Delicious Peace）就来源于乌干达基督徒、穆斯林和犹太人组成的合作社。路易斯安那州首府巴吞鲁日的社区咖啡（Community Coffee）说服哥伦比亚长期处在斗争中的两个城镇托莱多和拉巴特卡，相互合作，生产出安第斯山脉的高山极品拼配豆。

2003年，美国精品咖啡协会的分支机构咖啡品质学会（Coffee Quality Institute，CQI）与美国国际开发署合作，赞助咖啡联合会（Coffee Corps）项目，派出咖啡专家志愿者到咖啡原产地，以专业的和平联合会的组织方式担当顾问。咖啡品质学会还培训出所谓的"Q级杯测师"，他们能够通过杯测，保证咖啡豆符合高标准。Q级杯测师认证咖啡也是为了拉高咖啡在期货市场上的门槛和价格，但仍无法超过杯测大赛获胜咖啡豆的价格。

明星咖啡师

21世纪伊始，全球咖啡师大赛在摩纳哥的蒙特卡洛拉开帷幕。3年后，咖啡师公会（Barista Guild）成立，成员可以相互分享交流咖啡知识和制作技巧。我有幸观摩了2009年在亚特兰大举办的世界咖啡大师锦标赛，发现上座率竟然非常之高。明显可以感觉到大赛紧张的气氛，评委非常仔细地关注着选手的每一个动作，计时器照例在一旁滴答计时，精确到每秒。

人们在观众席上或坐或站，通过巨大的屏幕可以看到选手的一举一动。当年共有51位参赛选手，不少人来自遥远的尼加拉瓜、芬兰、中国、南非和新西兰等，其中有一位波兰选手伊莎贝拉·波皮莱克，她在挥手之间，成功表演完比赛中的一个环节。

广播员兴奋地说："掌声送给伊莎贝拉的卡布奇诺！"评委们首先欣赏浮于咖啡上的树叶状拉花，接着闻香品味，然后在评分板上做记录。

15分钟后，比赛进入下一个环节，大赛组委会已经预先挑选好咖啡豆，所有参赛选手从现场磨豆开始，将磨好的咖啡粉压紧装入咖啡机滤柄中，然后分别制作4款浓缩咖啡、4款卡布奇诺以及4款创意特色饮品，当年的特色饮品要求以浓缩咖啡为基础，添加成分有巧克力和海藻。

起初，我还觉得媒体对咖啡制作比赛及其紧张气氛的宣传有点言过其实。但是，亲临比赛现场，见识越多，学到越多，就越发认为好的咖啡师绝对是技艺精湛的艺术家。他们不仅要在半分钟之内汲取出咖啡的精华，而且要选择合适的咖啡豆品种，进行适度研磨，还要打出温度和细滑度适宜的奶泡，然后从合适的角度盖在咖啡上，制作出极富艺术感的拉花。对于一杯最简单的浓缩咖啡，同样如此，他们要考虑很多问题，例如：咖啡机的两个喷口流出的咖啡是否均匀？咖啡上的油脂是否饱满？制作的特色饮品是否具有创意？是否令人回味无穷？口感是否独一无二？添加成分是和打底的浓缩咖啡相得益彰，还是掩盖了咖啡的味道？

大部分参赛者都是 20 多岁的年轻人。他们在自己的国家都参加了一系列比赛，脱颖而出，然后才能参加全球咖啡师大赛。42 岁的格威利姆·戴维斯是一位英国参赛选手，是参赛者中年龄最大的一个，他信心满满地进入下一个环节的比赛。但是，眼看着戴维斯刚把咖啡粉压紧装入咖啡机滤柄，准备为卡布奇诺制作浓缩咖啡时，他却突然把咖啡粉从滤柄中倒出，又重新磨豆，再装入滤柄，浪费了几秒钟的时间。后来，戴维斯准备特色饮品时，浓缩咖啡从咖啡机滴出速度太快，于是，他又重新来过。最后，超时 17 秒。

可是，无论如何，戴维斯最终赢得了比赛，主要胜在特色饮品。每位评委都需要从各个方面评出自己最喜欢的一个，例如甜度（包括蔗糖、蜂蜜、焦糖、糖浆）、风味（烤杏仁、榛果、牛奶巧克力或者黑巧克力）、口感（牛奶、单份奶油、双份奶油、黄油）和果味（橙子、柠檬、草莓、樱桃）。

2008 年，技艺精湛的浓缩咖啡老前辈埃内斯托·伊利逝世后，全球最具激情浓缩咖啡技师的称号恐怕非大卫·绍默（David Schomer）莫属了，绍默是西雅图活力咖啡馆的老板，无师自通学成咖啡。2009 年，我见到绍默，他告诉我，他一直在疯狂地寻找一种制作浓缩咖啡时可以保持水温恒定的咖啡机，终于，他跟当地的 Synesso 咖啡机制造公司的老板马克·巴尼特（Mark Barnett）一起，研制出 Cyncra 多锅炉温控咖啡机。

绍默说："我 4 岁的时候就爱上了咖啡的香味，每当碰到咖啡喝起来的味道不如闻起来香，我就非常恼火。"所以，绍默的目标就是要制作一款咖啡机来制作出闻起来和喝起来一样香醇的咖啡。绍默在《浓缩咖啡专业技巧：认识、控制完美浓缩咖啡的每个因素》(*Espresso Coffee Professional Technigues: How to Identify and Control Each Factor to Perfect Espresso Coffee*)一书中，向读者详细介绍了如何将芳香和口感结合起来。

美国精品咖啡协会大劫难

2009 年，美国精品咖啡协会仍然动荡不安，经历着创始人唐纳德·舍恩豪特所谓的"精品咖啡协会大劫难"。精品咖啡协会长期以来一直由特德·林格尔监管，已经发展成为一个庞大的官僚机构。2005 年 9 月 19 日，蒂姆·卡斯尔拜访舍恩豪特，告诉舍恩豪特，林格尔发现近期离开美国精品咖啡协会的首席财务官斯科特·韦尔克挪用了 25 万美元的公款，[一]如果他们无法在 90 天内想出解决办法的话，美国精品咖啡协会就会破产。

卡斯尔和舍恩豪特立即组织捐款。有人捐 100 美元，日本精品咖啡协会负责人上岛达司（Tatsushi Ueshima）捐了 3 万美元。大部分捐款都在 2500 美元左右。截至 10 月 5 日，所有捐款总额来自 93 个组织和个人。特德·林格尔对斯科特·韦尔克太过信任，因此留下的账单，并不足以作为证据起诉韦克尔。林格尔已经打算好要退休了，2006 年，他离开美国精品咖啡协会，掌管咖啡品质学会。里克·莱因哈特（Ric Rhinehart）接任美国精品咖啡协会主席一职。

咖啡之魂犹存

在本书第 18 章结尾，我提到，日益强大的精品咖啡业在其发展、盈利和兼并过程中，是否会丧失灵魂。显然，2005 年斯科特·韦尔克的挪用

[一] 2009 年 10 月，韦尔克因挪用美国精品咖啡协会 465 000 美元被判 33 个月监禁。

公款案在一定程度上表明，美国精品咖啡协会从一个小规模的理想主义组织起步，发展到如今，其灵魂已经出现了问题。

20世纪的前10年，各大咖啡品牌继续走商业化发展路线。2004年，由于利润微薄，莎莉集团以8250万美元，将旗下的坚果满屋、希尔斯兄弟、蔡斯和桑伯恩及MJB咖啡卖给意大利的世家兰铎咖啡公司（Segafredo Zanetti Group）。1990年，由一对阿拉斯加新婚夫妇创立的驯鹿咖啡馆，于1998年卖给了亚特兰大一家投资公司，而该咖啡馆后来又得到巴林第一伊斯兰投资银行（First Islamic Investment Bank of Bahrain）的巨额融资。2005年，驯鹿咖啡完成首次公开发行，成为一家上市公开交易公司。

2006年，印度塔塔咖啡有限公司（Tata Coffee Limited）以2.2亿美元从格里菲投资集团（Gryphon Investors）收购A&P公司旗下的老牌八点钟咖啡。1999年，迪瑞克咖啡（Diedrich Coffee）买下美国的高乐雅咖啡（Gloria Jean's）、百姓咖啡（Coffee People）和种植园咖啡（Coffee Plantation），但是后来发展受阻。2006年，迪瑞克关闭了大部分公司直营的咖啡店，然后卖给了星巴克。2006年，绿山咖啡烘焙公司买下克里格咖啡，2009年买下西雅图的塔利咖啡和多伦多的蒂莫西咖啡。就在本书出版之际，绿山公司和皮特公司又在竞拍迪瑞克咖啡，而当时，迪瑞克公司的主要盈利点就是为绿山咖啡公司旗下的克里格咖啡机供应单品K杯咖啡。㊀2008年，宝洁公司以30亿美元将福尔杰咖啡全部股份卖给盛美家果冻公司。

虽然精品咖啡业通过相互联合，追求利益，但仍然有很多传统烘焙商依然坚守理想，比如1840年成立的吉利斯咖啡，仍驻守纽约，并不采用大规模扩张的战略，即使要扩张，也要慢慢进行。实际上，正是小型的独

㊀ 2010年5月11日，绿山咖啡烘焙公司宣布以每股35美元的股价成功收购迪瑞克公司。——译者注

立咖啡烘焙商让精品咖啡之火持续燃烧，烘焙师公会的简讯中将这些烘焙商称为精品咖啡火焰的守护者。芝加哥的知识分子咖啡馆、波特兰的斯坦普顿咖啡馆和北卡来罗纳的反主流文化咖啡馆，都是坚持做高品质咖啡、名声显赫的小型精品咖啡烘焙商的杰出代表。然而，它们的成功最终可能也不可避免地落入扩张或者新一轮的兼并之路。

但是，全球的小型独立烘焙商和咖啡馆还在不断涌现。2010 年，据美国精品咖啡协会估计，美国约有 24 000 家精品咖啡店（包括店铺、咖啡车、咖啡摊等，其中至少一半的收入来自咖啡）。大部分咖啡馆都是新手开店，一般几年时间就会倒闭，[⊖]但是也有新店能够发展起来，例如西雅图的斯特利维尔咖啡（Storyville）和塔尔萨的双份咖啡（DoubleShot），它们找到适合自己发展的市场，利用互联网宣传，店内放置咖啡烘焙机，现场烘焙研磨，体现出并购热潮之中尚未丧失的咖啡之魂。

高科技咖啡

如今，很多咖啡烘焙机都采用电脑程序控制，通过将不同咖啡豆的"烘焙处方"复制到程序中，就能控制无论大小的全自动烘焙机的炉温、气流、鼓风机旋转速度等，从而复制出口感相同的咖啡豆。利用数码科技和易识别的 LED 显示屏，邦恩自动化（Bunn-O-Matic）和 FETCO 公司出品的咖啡机能够让操作者轻松控制水流和冲泡周期，还有瞬间冲泡模式和预注水模式可供选择。2009 年，乔治·豪厄尔咖啡公司推出一款萃取精华（ExtractMoJo）手持便携式咖啡机，这款手持咖啡机可通过应用程序读取数字折射计测量的温度和浓度等数据，然后对咖啡机进行实时调整，满足过滤和冲泡浓缩咖啡过程中的各种要求。

同时，利用全自动浓缩咖啡机，任何人都只需加入烘焙好的咖啡豆和

⊖ 迈克尔·伊多夫以自己在纽约下东区开咖啡馆的失败经历写了一本有趣的自传体小说——*Ground Up*。

牛奶，就能做出相当可口的咖啡饮料。只需按一下按钮，全自动咖啡机就会自动磨好咖啡豆，按照按键指示装载相应分量的咖啡粉，然后让热水通过咖啡粉进行萃取，打出奶泡，完成一杯咖啡。星巴克并未采用这种全自动的咖啡机，但这种咖啡机却受到了唐恩都乐和麦当劳的欢迎。

咖啡业日趋平坦

经济学家托马斯·弗里德曼（Thomas Friedman）在《世界是平的》（*The World is Flat*）一书中，提出很有说服力的一个观点：互联网和手机的应用，突破了阻碍全球化的各种障碍，将全球变成一个平坦的竞技场，任何人都可以自由和第三世界国家沟通交流，甚至进行生意往来。咖啡业的舞台也在逐渐变得平坦。2008年，星巴克的农学家彼得·托莱比阿尔特（Peter Torrebiarte）告诉我，他刚刚拜访了西半球最贫穷的国家——海地的一个咖啡合作社，他说："我开车经过的道路非常之糟糕，以至于我的车卡在了半路，然后还要穿过好几条河流，最后终于到了合作社的仓库，对当地的咖啡农进行培训，然而，就在那个破旧的仓库，我看到了一条卫星链路，连着5个平板显示器和一台电脑，当时我就震惊了。后来听闻，这些都是一个天才神童搭建起来的。"

海地合作社仓库里的电脑是由一个慈善组织捐赠的，这种情况在咖啡界仍不多见，但是毫无疑问，穷乡僻壤的农民越来越长见识，不仅懂得杯测，而且学会通过互联网或者手机查找咖啡价格，寻找销售市场。当地人给以超低价格收购咖啡的投机者取了个难听的名字，叫作"土狼"，一旦咖啡农知道自己的咖啡豆在纽约期货交易所的价格或者直接卖给某个烘焙商的价格，这些"土狼"就没有生意可做了。⊖

⊖ 相比那些以超低价格向绝望中的咖啡农收购咖啡的投机土狼，通常来说，出口商、进口商和掮客都是咖啡种植者与烘焙者之间必要的中间人。

全球变暖对咖啡的影响

虽然咖啡业的发展之路日趋平坦,咖啡种植园却越来越高。由于气候变化,中美洲有些咖啡农开始把咖啡树种在山坡上,而山坡面积有限,所以有效种植面积就减少了很多,但是 2008 年,哥斯达黎加柯奥皮多塔咖啡合作社(Coopedota Coffee Cooperative)的农学家丹尼尔·尤里纳(Daniel Urena)对一位记者说,他认为咖啡树种在山上是一个很好的趋势,尤里纳说:"我们现在已经可以在海拔 2000 米种植咖啡了,这是个很大的进步。"通常,咖啡树苗无法在 1800 米以上存活。栽种海拔越高,咖啡豆的品质就越高。

秘鲁的咖啡农对此很不满,2008 年,秘鲁咖啡组织主席西泽·里瓦斯(Cesar Rivas)说:"季节气候变化剧烈,已经不能认为 11 月到次年 3 月才是冬季,其他月份也可能出现冬季的严寒。这会彻底扰乱咖啡生产。"通常,秘鲁人 4 月份开始收获咖啡,比其他地区的收获时间提早了半年,因而秘鲁咖啡占有很大的季节优势。除此之外,秘鲁的咖啡农对全球变暖引起的雨量不足也有诸多抱怨。

咖啡儿童和其他慈善机构

1988 年,咖啡零售商比尔·菲什拜因(Bill Fishbein)前往危地马拉,拜访当地的咖啡农。到了危地马拉,看到当地人的居住环境,菲什拜因惊呆了,他说:"当地人虽然贫穷,但是生活多姿多彩,他们有一种我们所缺乏的集体感和积极的精神。"菲什拜因回到美国后,决定帮助种植咖啡的家庭,他成立了咖啡儿童(Coffee Kids),向人们强调:造成当地人贫穷的一个主要原因在于对咖啡的过度依赖。

每年,数以百万计的家庭指望依靠收获咖啡赚钱糊口,但是对大部分人来说,收获咖啡的收入根本不足以糊口。咖啡儿童提供资金,成立不同的团体,为当地人提供更多的挣钱机会,改善医疗卫生和教育情况,提高食品安全性。通过对当地经济注入新的活力,各个家庭的收入来源变得多样化,这样他们同样能够继续种咖啡,但不至于完全依赖咖啡为生。

1988年,咖啡零售商比尔·菲什拜因初次参观危地马拉咖啡农场,看到当地人生活异常贫困,于是打定主意创立"咖啡儿童"组织,为当地的咖啡种植者提供小型贷款,推动他们从事其他工作,对咖啡农生活进行补贴,使其不至于完全依赖咖啡。

受惠的咖啡儿童

2008年,菲什拜因从咖啡儿童退休,该组织继续运行,由卡罗莱·费尔曼(Carolyn Fairman)掌管。2009年,咖啡儿童和墨西哥、危地马拉、尼加拉瓜、哥斯达黎加和秘鲁的16个组织机构合作,做了一系列项目以帮助当地咖啡农,包括提供小额贷款和储蓄、开发有机农场、养殖小型家畜、建立培训中心、提供奖学金和医疗保健项目等。

20世纪70年代，自由人士良心发现，开始为咖啡庄园穷苦劳工的悲惨生活而忧虑，中间商和烘焙商赚取了大部分利润，劳工辛勤栽培采摘，得到的工资却不够糊口。上图是1976年反映此问题的一幅漫画。

与此类似，佛蒙特州的健康机构也在中美洲的咖啡种植地区建立了诊所，检查边远地区妇女的多发病——子宫癌，并提供相应的治疗。非营利组织的资金来源主要是咖啡烘焙商和消费者。盖茨基金会（Gates Foundation）主要关注公众医疗问题，意识到和咖啡密切相关的人们医疗状况差、生活贫困之后，于2007年捐赠了4700万美元，用于帮助东非的咖啡农改善咖啡品质。

2004年，妇女咖啡基金会（The Café Femenino Foundation）成立，秘鲁妇女在基金会帮助下，创立了同名拼配咖啡品牌。妇女咖啡基金会还帮助其他咖啡产区的妇女找到工作，使她们能够帮助改善当地的经济和医疗状况，提供教育机会，并且在危难之际伸出援助之手。妇女咖啡基金会帮助多米尼加共和国洛斯可可斯的妇女，在自己的一小片咖啡田上种植百香果，丰富经济作物种类，以提供收入。

由于妇女对原产国和输入国的咖啡文化的重要作用，2003年，国际妇女咖啡联盟（International Women's Coffee Alliance）成立，以此促进各国妇女之间的交流、指导和培训。除了美国总部以外，国际妇女咖啡联盟在萨尔瓦多、危地马拉和哥斯达黎加都设有分支机构，旨在2016年前改变上百万咖啡界妇女的生活。

2003年成立的教育杯（Cup for Education）慈善机构，则致力于在中美洲和拉丁美洲偏远咖啡种植区兴建学校。教育杯机构除了兴建学校，还会出资聘请教师，提供书本、书包、笔记本和铅笔等文具。教育杯的网站上说："如果咖啡产区的种植者连基本的农产品报告都不会读写，也不懂得看天采摘，无法理解咖啡业的基本常识，又如何改善咖啡豆的品质呢？"

华盛顿州布雷默顿的艾瑞克·哈里森（Eric Harrison）曾是美国维和部队的一名志愿者，后来以个人名义帮助咖啡种植地的咖啡农，进口洪都拉斯的环保咖啡豆，收入用来改善洪都拉斯的用水安全。航空公司飞行员特雷弗·斯拉维克（Trevor Slavick）创立足上咖啡公司（Little Feet Coffee Company，"Coffee with a Kick"），向种植园的孩子们提供足球装备。

投身有机咖啡，治愈心脏病

20世纪80年代中期，咖啡国际的加里·塔尔博伊率先进行有机咖啡认证和市场宣传，跟美国国际有机作物改良协会（Organic Crop Improvement Association，OCIA）合作，对墨西哥和危地马拉咖啡合作社的咖啡进行认证。

目前，精品咖啡中的有机咖啡市场占有率已经达到5%。起初，大部分有机咖啡品质都很差。主要原因在于，这些咖啡都产自极度贫困的小型咖啡种植园，由于咖啡农无力支付农药和杀虫剂，所以才是纯天然的有机咖啡。但是，由于条件有限，这些咖啡农不会合理修剪咖啡树，也不懂得对咖啡豆进行适当加工。但是，经过几年时间，有机咖啡品质得到了显著改善，全靠像圣迭戈女商人卡伦·赛布雷罗斯这样的人支持。

1989年，赛布雷罗斯被诊断出患有一种罕见的心脏病，需要接受器官移植。为了让自己最后的生命变得完整，赛布雷罗斯飞到南美洲，拜访住在秘鲁坦布拉巴偏远山区的妹夫。她说："那里没有自来水，也没有电，但是当地人却非常乐于助人。"当地人种咖啡，每磅只能赚8美分。

经过此行，赛布雷罗斯帮助秘鲁人提高咖啡豆的质量，并且拿到有机咖啡认证。如今，由于有机咖啡带来的丰厚利润，坦布拉巴地区不仅通上了电，有了自来水和电话，还建起了桥梁、公路、学校和图书馆，供人们学习咖啡知识。赛布雷罗斯说："他们生活改善之后，仍然能够快乐生活，乐于助人。"同时，奇迹也发生在赛布雷罗斯身上，她的心脏病不治而愈了。

赛布雷罗斯的活力有机咖啡公司扮演了服务商的角色，和当地咖啡农一起改善了咖啡品质，然后帮他们拿到山外进行认证。2008年，活力有机咖啡公司被诺伊曼公司收购。赛布雷罗斯说："我们刚开始帮当地咖啡农拿到的有机咖啡问卷调查连西班牙文版都没有，更别说当地语言的版本了。"当地的大部分咖啡农都是文盲，他们根本看不懂美国国际有机作物改良协会和其他认证机构所要求的调查问卷。他们更加支付不起昂贵的申请费用，起初这些都是活力公司帮他们支付的。要想得到有机咖啡认证，咖啡需要连续3年接受检查，确保未使用任何化学农药，整个过程大约需要花费5000~30 000美元。

即便如此，拉丁美洲、印度尼西亚和非洲的很多合作社仍然竭力付费申请认证。如今,已经有上百种有机咖啡认证。非常讽刺的是,大部分真正的有机咖啡,比如埃塞俄比亚和印度尼西亚的大部分咖啡豆并未获得这些认证,却仍然销量很好。

杀虫剂实际上对消费者并没有什么害处,因为杀虫剂喷洒在果实上,保护了内部的咖啡豆。而且,经过高温烘焙,任何化学残留物都会被分解。但是,咖啡是全球喷洒杀虫剂最严重的农作物,其中大部分杀虫剂喷洒不当,也无法起到真正的作用。对于关心环保和劳工健康的人而言,有机咖啡才有价值,而且经过有机认证,咖啡能卖上好价钱。

然而,即便是经过认证的有机咖啡,也可能引起严重的水污染。多年来,在水洗处理过程中,已经发酵的黏液漂流到下游,腐烂变质,吸收了水中的大量氧气,间接杀死了这些水域的鱼和其他野生动物,而且会散发出恶臭。哥斯达黎加中央山谷 2/3 的河流遭到污染,主要是咖啡垃圾造成,直到近年来,国家制定严格的法律,改变了咖啡加工厂的污水处理方法。

幸运的是,有许多切实有效的方法可以解决污染问题,此次中美洲之行,我目睹了各种奇思妙想。危地马拉的奥瑞弗莱姆采用干燥法去除果肉,然后采用推填法把这些红色果肉用石灰掩埋在一个大坑里,让果肉慢慢分解,这样,就不会像在水中浸泡的果肉那样散发出臭气。发酵得到控制以后,用来清洗黏液的水可以重复利用,直到浑浊不堪,然后倒入地窖,用以产生优质肥料。果皮也可以进行回收,通过燃烧来加热烘干机。

后来,我在洪都拉斯的咖啡研究所看到加利福尼亚州红蠕虫可以用来分解咖啡果肉,并在 3 个月内将这些果肉转化成肥沃的土壤。在非洲,我还见到一种小型非洲寄生黄蜂,是咖啡杀手浆果蛀虫的天敌。

咖啡生态游

我在尼加拉瓜的生态咖啡圣地马塔加尔帕住了些日子,这片生态咖啡圣地的经营者是埃迪（Eddy）和莫斯·屈尔（Mausi Kühl），因此以屈尔的德国故乡——黑森林为这里命名，黑森林咖啡圣地占地2000英亩，其中大部分都是原始云雾森林，游客可以在其中的瑞士牧人小屋中用餐，品味经太阳烘干的咖啡豆煮出的有机精品咖啡。咖啡果肉则和牛粪、猪粪一起埋在地下池塘，经厌氧微生物分解，产生的沼气则用来烹饪食物。农场采用培尔顿水轮机发电，供咖啡加工厂机器运转。农场里的实验室正在用各种茶叶做实验，预防咖啡叶锈病。农场里的员工养殖罗非鱼供游客食用，食用后的鱼骨则用来喂那些分解咖啡果实以生成肥料的蠕虫。农场里的所有生态保护工作，都为生物多样性做出惊人的贡献，当地有350多种蝴蝶和280多种鸟。

咖啡收获的季节恰逢北半球进入寒冷的冬季，因此，拉丁美洲类似的咖啡生态游越来越流行。游客不仅可以亲手采摘成熟的咖啡豆，还能体验当地的人文风情。他们返回故乡，一定会更进一步地欣赏每一杯咖啡，体会到其中蕴含着艰辛的劳动和深厚的爱，有时，这份欣赏可能会直接发展成跟当地咖啡馆或者烘焙商的一笔生意。类似的生态游在拉丁美洲、非洲和印度都有。㊀

积极的全球交流组织则在一些咖啡产区赞助了"现实之旅"。咖啡烘焙商和零售商也组织了各种探索原产地之旅，包括威斯康星州麦迪逊的公平咖啡合作社（Just Coffee Cooperative）、密歇根特拉弗斯城的大高地贸易公司（Higher Grounds Trading Company）以及西雅图的帕拉维达咖啡公司（Pura Vida Coffee）。

对于无法千里迢迢赴咖啡原产地参观的朋友，可以跟着攀岩家、作家和咖啡专家马伊卡·伯哈特一起，在她的《咖啡：真正的埃塞俄比亚》一书中进行探索，这是一本全面介绍咖啡原产地的文化指南，伯哈特说："我

㊀ 我发起了一项"人道收获计划"（Harvest for Humanity），参与的当地咖啡烘焙商或零售商会赞助消费者到咖啡农场进行生态旅游。

希望让大家通过了解咖啡原产地的文化,更进一步地欣赏咖啡。"伯哈特计划就此出版一系列书籍。

同鸟类和谐相处

在黑森林庄园漫步,或许能看到一种叫作凤尾绿咬鹃的犀鸟或者279种其他鸟。虽然我在庄园漫步之时并未看到凤尾绿咬鹃,但是我却不断地听到鸟儿的歌唱声,偶尔还能听到猴子的叫声。大部分森林游客都和我一样,很少能看到周围有野生动物出现,但是一定都能听到此起彼伏的和声。这些鸟儿存在与否和采用何种咖啡栽培技术息息相关。咖啡树是否应该采用荫生法种植呢?

关心候鸟栖息地保护的朋友可以买荫生咖啡豆。左图所示商标表明,金山谷农场出品的咖啡通过了美国史密森尼候鸟中心的鸟类友好咖啡认证。

在中美洲,对于候鸟和留鸟而言,荫生咖啡树都是其重要的栖息所。1928年,一位危地马拉的游客写道:"几千种鸟儿在空中自由地歌唱,有活泼的绿鹦鹉、灰色大嘲东鸟、聪明的蓝句鸟和小巧的黄色金丝雀。实在难以想象，还有什么能比在这绿色咖啡果树铺成的大道中漫步更为惬意的事。如果要开垦一片新地种咖啡，树荫是首要的考虑因素。"这样的场景是黑森林这样的庄园的真实写照，但是鸟类的种类已经在逐渐减少了。过去几年，在树荫下成长的咖啡，已经得到了美国史密森尼候鸟中心的商标认证——鸟类友好认证，该认证也为咖啡出售增加了附加值。

20世纪90年代，环保人士和鸟类爱好者为"鸟类友好咖啡"开辟了一片新的市场，鸟类友好咖啡采用荫生种植法，荫生树为候鸟和其他雨林动物提供了重要的栖息地。

1970年，叶锈病入侵巴西，6年后，传染到中美洲，为了防止叶锈病感染拉丁美洲的咖啡，研究人员敦促该地区的咖啡农对种植园进行技术改造，从种植波旁和铁毕卡等传统的阿拉比卡豆，改为种植现代阿拉比卡变种——卡杜拉、卡杜艾或者卡蒂莫，这些现代变种能够在阳光暴晒下生长，只需要施肥、除草，用农药即可杀虫。美国国际开发署为中美洲提供资金支持，改种经技术革新的日照咖啡。

第19章 最后的战场

1990年，69%的哥伦比亚咖啡和40%的哥斯达黎加咖啡都密密麻麻地完全暴露在阳光下，一排排地生长。我参观了哥斯达黎加的一家日照咖啡庄园，齐腰高的咖啡树静静地在山坡延伸，分布密集，我根本就无法在树中漫步。咖啡庄园里几乎没有什么鸟儿，清晨的阳光下，只有藤本植物在低矮的树枝上蔓延，寻找一丝光线。

可惜，大规模改种日照咖啡并没有达到预期的设想，反而造成生态环境退化，鸟类栖息地减少。燕子、雨燕、鸣鸟、绿鹃、黄鹂、肉食鸟、歌鸫、蜂雀等西半球的鸟类，每年春夏两季在美国和加拿大进行繁殖，初秋则迁徙到中美洲热带地区过冬，这就是所谓的新热带候鸟。每年5~9月，有超过100亿只鸟在北美的温带森林里栖息，秋天向南飞往拉丁美洲过冬。美国鱼类和野生动物管理局的鸟类繁衍报告指出，1978~1987年这10年间，新热带候鸟数量呈逐年减少的趋势，每年减少1%~3%。当然造成鸟类减少有很多种因素，但是值得注意的是，恰逢这段时间，荫生咖啡也在减少。

1991年，美国史密森尼候鸟中心总干事拉塞尔·格林伯格写道："在拉丁美洲的候鸟越冬地，自然环境正在以惊人的速度经历着大规模的变化。"曾经，全球雨林覆盖带面积约50亿英亩，占地球陆地面积的14%。而今，已经有超过一半遭到人类破坏，而且据估计，破坏仍在以每分钟80英亩的速度继续。雨林中的物种每小时则会灭绝3种。19世纪30年代，英国生物学家查尔斯·达尔文曾说："婆罗洲（加里曼丹岛）是自然生物种类最丰富的原始温床，一切皆由大自然而造。"如今，达尔文所见的大部分陆地已经遭到破坏，被用于养牲畜、种大豆或其他用途。

源自埃塞俄比亚的咖啡树在赤道附近很多地区都得到大规模种植，取代了当地的植被，因此野生物种栖息地也随之产生了巨大变化。但相对其他农作物而言，至少种植"传统"荫生咖啡还能为不少鸟类提供栖息地，增加物种多样性。之所以要给"传统"打上引号，是因为18、19世纪的大部分咖啡种植都采用全日照种植法，直到咖啡农发现原始咖啡树是一种下层植被，才开始采用荫生种植方式。有关咖啡荫生树的数量和日照的好处，长久以来一直没有定论。

19 世纪和 20 世纪之交，大部分农学家都倾向于采用荫生种植法。1901 年，美国农业部发布《荫生咖啡栽培》，其中农学家奥拉特·富勒·库克（Orator Fuller Cook）指出，采用固氮豆科荫生树的诸多好处："固氮豆科植物能够牢牢固定土壤，几乎不需要改种，也不需要特别照料，其树荫能够阻挡杂草生长，降低栽培成本，而且还能降低干旱造成的负面影响。"固氮豆科植物能够为咖啡树阻挡大风，其落叶还能够保护咖啡树根。

库克发现，欧洲入侵之前，拉丁美洲的另外两种本土作物可可和古柯也是荫生植物。这些荫生作物产区正是近年来研究人员非常关注的农林系统，这是农业和林业相结合的产物，从生态学和社会经济学角度来看，这种多功能管理系统益处多多。

砍掉荫生树，采用现代技术咖啡种植法，使用大量有机肥料，加速光合作用，确实提高了咖啡产量。或许是因为咖啡树都种植于高海拔地区，而且直接接受日照，加上越来越干旱的气候，叶锈病引起的问题，已经没有采用荫生种植法时那么令人恐惧了。全日照咖啡种植导致物种单一，其他野生物种都无法存活，但对咖啡危害最大的咖啡浆果蛀虫繁衍旺盛。

在萨尔瓦多等国家，咖啡的荫生树占所剩森林覆盖面积的 60%。数十亿的候鸟南飞，进入墨西哥和中美洲狭长的漏斗地带，如果这些地区的咖啡荫生树形成的天然华盖再遭到破坏，必定引发灾难。

环保咖啡引发地盘战

1996 年 9 月，我参加了史密森尼候鸟中心赞助的第一届咖啡可持续发展大会。学者、自然资源保护者、可持续发展专家和咖啡种植者、咖啡进出口商、咖啡烘焙师及零售商一起参加了这场为期 3 天的会议，就咖啡可持续发展问题展开讨论。

会上，生物学研究人员就荫生咖啡对生物多样性的重要性进行了很有说服力的论述。艾瓦特·帕费托（Ivette Perfecto）教授说："令人吃惊的是，在采用荫生种植法的传统咖啡庄园，每棵荫生树上都可以发现大量昆虫物种。"拉塞尔·格林伯格在他的一篇关于墨西哥的调查报告中指出，在荫生咖啡种植园内，发现了 180 个鸟类物种，仅次于未受人类干扰的热带雨林。

接着，格林伯格进行了一场宣传活动，为鸟类友好咖啡埋下伏笔。1991 年，有 5400 万美国人喜好养鸟，其中有 2400 万人前往鸟类栖息地参观鸟类朋友，花费 25 亿美元。对这些爱鸟者进行的人口统计学调查表明，这些人通常都受过良好教育、富有、热心环保事业，跟喝精品咖啡的人完全吻合。

雨林认证联盟的克里斯·威尔（Chris Wille）在会上说："只要明确咖啡经过了环保认证，我们希望人们多喝咖啡，多喝高品质的好咖啡，这样对鸟类好，对蜜蜂也好，大家都受益。"但是，关于如何标示和宣传这种经过认证的咖啡，与会各方则打起了地盘战，争得不可开交。有机食品零售商和公平交易贸易商无法达成一致。雨林认证联盟希望在咖啡上印上自己的标志，而国际环保组织代表的认证标准则略有不同。感恩节咖啡的老板保罗·卡策夫等不及各方达成一致，率先推出了感恩节荫生咖啡认证品牌。

即使各方就荫生咖啡标志达成一致，从哪弄来足够多的荫生树呢？而且，大会对荫生咖啡的关注主要集中在拉丁美洲，忽略了非洲和亚洲，推广者不可能以云层覆盖和气候问题为由，指出在非洲和亚洲没有必要种植荫生咖啡吧。

马克斯·哈维拉高级咖啡的荷兰创始人伯特·比克曼（Bert Beekman）

对热爱鸟类的咖啡界人士提出了一个切合实际的办法：大型咖啡烘焙商联合起来，成立合资企业，制作一款标准统一、易于分辨的高质量咖啡，保证其价格既合理，在超级市场销售时也具有竞争力。这样就可以避免互相竞争、打击对手，也可以避免地盘战和自以为是。通过教会组织和媒体，简单清晰地传达这种咖啡理念，进行宣传。先在一个地区进行试点，然后再逐步扩大。

然而，根本无人理会比克曼的办法。精品咖啡协会确实将可持续发展列为自己的一项使命，而且成立了可持续发展咖啡标准小组，在起草其他文件的同时，敦促咖啡农少用农用化学剂、禁止破坏鸟类栖息地、保护生物多样性，但是并未提出切实有效的计划。因此，环保咖啡如今只占精品咖啡市场1%的份额。

咖啡生产国动荡不安

在史密森尼候鸟中心赞助的第一届咖啡可持续发展大会上，有位咖啡种植者问："我们听说，精品咖啡烘焙商的每磅咖啡售价8美元，甚至10美元，而每磅咖啡我们只能收到1美元多点儿，这是为什么呢？"然而，各位与会美国咖啡界人士纷纷表示同情，但是却没人真的站出来回答这一疑问。

后来，一位精品咖啡界的专业人士告诉了我答案。假设，精品咖啡烘焙商以每磅2美元购入哥伦比亚特级咖啡生豆（请注意，价格可能上下浮动）。每磅咖啡的进货运费、库存费和手续费加起来有11美分，烘焙过程中要损失18%的重量，大约折合为46美分，每磅咖啡的烘焙成本大约19美分，批发运输前的手工真空阀包装费约35美分，运输成本40美分。加起来就是3.51美元。送到咖啡烘焙商的零售店或者其他经销商处，每磅咖啡还要加2.05美元上架费（包括房屋抵押贷款、咖啡机等设备损耗、员工佣金、维修费用和垃圾处理费等）和利润，也就是说咖啡熟豆送到精品咖啡零售商处，成本是 5.56 美元。考虑到零售店的规模、租金和其他日常开支情况，为了赚到合理的利润，每个零售店的售价就要保持在每磅 9.5~11.5 美元。

如果咖啡熟豆在咖啡馆里进行销售，每磅成本仍是 5.56 美元，经过加工制作后，一杯 12 盎司普通浓缩咖啡售价 1.75 美元，或者一杯卡布奇诺或者拿铁售价 2.5 美元甚至更多。如果以每磅咖啡熟豆制作 24 杯普通浓缩咖啡计算，那么每磅咖啡豆就可以卖到 42 美元，如果以每磅咖啡熟豆制作 33 杯拿铁计算，那么每磅咖啡豆就能卖到 82.5 美元（不计牛奶、搅拌器、甜料和由于失鲜而扔掉的咖啡）。然而，咖啡馆租金非常之高，买一台顶级浓缩咖啡机 18 000 美元，而且咖啡馆还要容忍顾客只买一杯咖啡，就可以找个位置坐下，随意畅聊，或者独自看书，想待多久就待多久。㊀

由此看来，至少就美国的经济形势和美国人的生活方式而言，咖啡馆的高端消费似乎合情合理。然而，咖啡生产国和美国之间的贫富差距却异常悬殊，因而关于候鸟栖息地的讨论对某些参会人员恐怕就只能是对牛弹琴了。

一位墨西哥发言人说："我们这些人辛辛苦苦种咖啡，为国家创收，然而我们的生活却异常贫穷，并未享受到国家的任何社会福利。各个咖啡种植地区就像火药桶一样，一触即发。"虽然这位发言人说的是墨西哥，但其实很多其他的咖啡生产国亦是如此。

我订阅了《每日咖啡新闻杂谈》(*Coffee Talk's Daily Dose of News*)

㊀ 咖啡业的每个人似乎都很羡慕其他所有人。咖啡种植者反对掮客仅仅通过打个电话就完成任务，把咖啡卖给出口商。掮客则认为是出口商造成的这一切，但是出口商却受进口商所限，正是这些进口商把咖啡卖到了富裕的美国。进口商则遭遇残酷的价格波动，感觉利润太小，在他们眼里，咖啡烘焙商才赚了大钱。咖啡烘焙商却看到零售商把他们烘焙的咖啡豆价格翻了个倍才出售，咖啡馆则把咖啡豆变成了昂贵的饮料。然而，咖啡馆老板却要每天工作 15 小时，每周 6 天不停地忙。

邮件推送服务，每期结尾有个栏目是《原产国新闻》(News from Origin)。这些咖啡原产国被贫穷所困扰，其新闻大多骇人听闻。以下是从 2009 年 8 月 19 日和 20 日的新闻头条中随机抽取的一些，其实每天的原产国新闻都是如此：

  拉美左翼恐洪都拉斯政变引发多米诺效应
  哥伦比亚逮捕前安全部门首脑
  商会称埃塞俄比亚商业环境恶化
  墨西哥：持枪歹徒袭击报社
  联合国：津巴布韦危机"构成重大挑战"
  肯尼亚旱灾导致粮食短缺危机
  也门反对派绑架 15 名红十字会工作人员
  印尼武装分子图谋袭击奥巴马
  印控克什米尔地区发现更多无名坟墓
  印尼苏门答腊地震
  安娜飓风恐在墨西哥湾加剧

看来，咖啡生产国所面临的灾难远不止频发的自然灾害。飓风经常来袭，对加勒比海沿岸和中美洲造成了巨大的破坏，咖啡生产国也是地震频发带。1996 年，米奇飓风袭击洪都拉斯和尼加拉瓜，造成约 11 000 人死亡，咖啡产量减半。

咖啡乃世界舞台之缩影

世界咖啡史终究是一部不公平史。我在中美洲之行中，不断地感受到咖啡、权力和暴力之间关系密切。我在尼加拉瓜认识了阿尔瓦罗·佩拉尔塔·热德阿，20 世纪 80 年代初期，他们家族的咖啡田曾被桑地诺政府没收，并且布满了地雷，后来热德阿得以收回咖啡田，但是，在修剪荒废的咖啡树之前，他需要先排雷。幸好，热德阿曾在美国军队接受过排雷训练，然后他教会其他农夫，一起排雷。但是，在他伯父的农场上，一位工人一不小心触雷身亡。

我在洪都拉斯、尼加拉瓜和萨尔瓦多时，参加了美国精品咖啡协会组织的行程。某晚，我们美国精品咖啡协会一行，受邀参加一场鸡尾酒晚会，这场晚会在尼加拉瓜军方首领华金·夸德拉·拉卡约美丽的希望咖啡庄园上举办，当时，我见到了华金·夸德拉·拉卡约将军，他告诉我们，作为桑地诺民族解放阵线的将军，在政府没收咖啡庄园时，他是如何分配土地和枪支给咖啡农，并教他们如何捍卫自己的土地。然而，他向我们解释，他自己的咖啡田却并不符合没收条件。

第二天，在维和民警持枪护卫下，我们进入萨尔瓦多境内。我们的向导是里卡多·巴尔迪维索，我们叫他里克，他和罗伯托·德奥布伊松联合建立了右翼的萨尔瓦多民族主义共和联盟（ARENA）。里克从小在美国长大，像一个阳光健康的夏令营营长一样，在大巴前冲我们喊："你们玩儿得开心吗？"很难想象，他曾经像德奥布伊松一样，跟政府敢死队联系密切，当我问他这些的时候，他矢口否认。他对我说，1982年萨尔瓦多选举之前，他中枪并差点丧命，在医院只待了一天，就被悄悄带到一个安全屋里，以防不测。

咖啡经济本身并不该为这些国家的社会动荡和暴力镇压负直接的责任，我们不能把关联性和原因混淆。实际上，经济体系下的不平等加剧了种种社会冲突。和发达国家需要的其他量大而廉价的商品相比，咖啡背后的不平等现象简直就是小巫见大巫。香蕉、蔗糖和棉花种植业以及黄金、钻石和石油开采项目中，这种不公平现象更为严重。虽然大部分咖啡都产自咖啡农的一小片土地，但至少这些咖啡农爱自己的咖啡树和成熟的咖啡果实。

咖啡跟历史规律、人类学、社会学、心理学、医学和商业密切相关，而且遵循形成国际经济的相互作用。虽然书中所述仅着重于咖啡史，但对其他产品亦然。欧洲人从亚洲、非洲和美洲掠夺了毛皮、银器、黄金、钻石、奴隶、香料、蔗糖、茶叶、咖啡、可可、鸦片、橡胶、橄榄油和石油。欧洲人占领北美大陆后，进行工业化，于是，美国人也加入掠夺的队伍，尤其是对拉丁美洲的掠夺。

咖啡因是首选兴奋剂

咖啡因是目前世界上使用最广泛的精神药品，而咖啡则是其最重要的载体。杰克·詹姆斯（Jack James）写过两本关于咖啡因的书，他在书中写道："如今，世界上大部分人每天都要摄入咖啡因。"据詹姆斯估计，目前全球每天的咖啡因消耗量相当于全球人口每人每天饮用一杯含咖啡因饮料的分量。仅就美国而言，约90%的人每天以各种形式的饮料摄入咖啡因。

显然，任何文化背景下的人类都对刺激性的混合饮品情有独钟，摄入刺激性成分有很多方式：可以饮用、咀嚼或者吸食；含有刺激性成分的物质也有很多：酒精、古柯叶、卡瓦酒、大麻、罂粟、菌类、槟榔、烟草、咖啡、可乐果、约科（yoco）皮、冬青树叶、巴拉圭冬青茶、马黛茶、瓜拉纳家莓果、可可（巧克力）或者茶叶等。咖啡因存在于以上列举的后9种物质中，无疑是存在最普遍的一种刺激性成分。实际上，咖啡因存在于60多种植物中，咖啡豆中的咖啡因占所有咖啡因摄入物的54%，其次是茶叶和软饮料。正如漫画家罗伯特·塞里恩（Robert Therrien）塑造的一个漫画人物所言："咖啡是我的首选药。"

咖啡因是一种生物碱，即含有氮原子的有机化合物。生物碱大多有显著的药理活性，富含于很多热带植物中。由于热带无冬季，昆虫不会被冻死或者冬眠，因而热带植物无法休养生息，但是热带植物在进化过程中，自然形成了一种复杂的机制进行自我保护。换言之，咖啡因就是植物的天然杀虫剂。某些植物之所以富含咖啡因,可能正是因为咖啡因能够麻痹以植物为食的昆虫,从而防止被吃掉,而这也正是咖啡因能够吸引人类之处。

咖啡因的化学式是 $C_8H_{10}N_4O_2$,1820 年首次被从生咖啡豆中分离出来。咖啡因也称三甲黄嘌呤,包含 3 组甲基,附着在一个黄嘌呤分子上,而黄嘌呤是动植物内普遍存在的物质,它使得咖啡因(三甲黄嘌呤)以多分子形态溶于血液,很容易通过像胃肠道这样的生物膜被人体吸收。咖啡因的代谢在肝脏中进行,肝脏将咖啡因视为有毒物质,因此肝脏通过脱甲基的方式,对咖啡因进行分解。但是肝脏无法分解掉所有的咖啡因,于是其中一部分咖啡因分子会通过肝脏,最终作用于人的大脑。

咖啡因分子在化学结构上类似于神经递质腺苷酸,后者可以减缓大脑的脑电波活动,并且抑制其他神经传导物质的分泌。也就是说,腺苷酸会减缓大脑活动,可以让人们休息,每天帮助我们入睡。而咖啡因率先与受体结合,就会让腺苷酸失效。咖啡因本身并未让我们保持清醒,它只不过阻止了腺苷酸对大脑的自然抑制作用。

咖啡因对人体的影响并非局限于大脑。腺苷酸对遍布全身的受体起着各种作用。因此,摄入咖啡因会收缩身体的部分血管。低剂量的咖啡因会让心跳减缓,而大量的咖啡因则会让心跳加快。咖啡因会使身体内的部分肌肉收缩变得容易,但同时也使肺部气管和血管舒张开来。咖啡因还是利尿剂,会引起少量钙随着尿液流失,导致骨质疏松。但近期的研究表明,咖啡因导致骨质疏松只可能发生在钙摄入量不足的老年妇女身上。

咖啡和咖啡因一直以来都被认为和多种疾病相关,但是随后的研究都无法证明其副作用。正如史蒂芬·布朗(Stephen Braun)在《谣传:酒精与咖啡因之科学与传说》(*Buzz: The Science and Lore of Alcohol and Caffeine*)一书中所写:"经过仔细研究咖啡因对乳腺癌、骨质疏松、胰腺癌、结肠癌、心脏病、肝病、肾病和神经障碍等疾病所造成的影响,至今仍无确凿证据表明，摄入适量咖啡因和以上提及的各种疾病或者其他健康异常有任何相关性。"

杰克·詹姆斯在《认识咖啡因》（*Understanding Caffeine*）一书中指出，咖啡因和各种疾病并无明显联系，但是他认为咖啡因有可能导致心脏病，而且摄入经煮沸或者未经过滤的咖啡会导致体内血清胆固醇浓度增高。詹姆斯在书中说："摄入一杯咖啡中所含的咖啡因会引起血压略微增高，并维持两三个小时，因此如果一生中不断饮用咖啡，每天血压都会有增高的时候，长期如此，就有可能导致心血管疾病。"最后，詹姆斯得出结论，根本不存在什么安全用量，应该彻底避免咖啡因的摄入。

然而，几乎没有医生给出这样的建议，所有的权威人士都认为，高血压、失眠症和焦虑症的患者在摄入咖啡因之前，应该咨询自己的医生。病人服用其他药物时，也应该咨询医生，该药物和咖啡因同时服用是否会有相互作用。咖啡因在胃里会刺激胃酸分泌，因此，咖啡因在促进消化的同时，也形成了一个酸性环境，可能和其他药物相冲。但是，咖啡因和镇痛药一起服用，具有协同作用，能够有效缓解疼痛。

大部分专家都建议"适度摄入"咖啡因。诸多言论和临床医学报告都表明，摄入咖啡过量会引起各种各样的疾病。对人类而言，一次性摄入大约10克咖啡因就会致命，但是仅就喝咖啡而言，无论如何也不可能摄入如此大剂量的咖啡因，10克咖啡因相当于100多杯咖啡。中毒的前期症状包括呕吐、小腹痛性痉挛和心跳加快。《美国精神疾病诊断与统计手册》（第4版）就将咖啡因中毒作为一种切实存在的疾病。

其实，适度摄入咖啡因对身体有益。1911年，哈里·霍林沃斯（Harry Hollingworth）进行双盲实验发现，在睡眠不受影响的情况下，咖啡因至少可以提高行动能力和反应速度。可能是由于刺激肾上腺激素分泌的原因，咖啡提高了运动员的成绩，因此，国际奥委会曾将咖啡因列为禁用兴奋剂。咖啡因可以缓解哮喘症状，也被用于治疗新生儿呼吸暂停症（自主呼吸暂停)。一些有过敏症的成年人发现咖啡因可以缓解过敏症状。咖啡因还可以缓解偏头痛(虽然停止使用咖啡因则会复发)。对于那些需要利尿剂或者缓泻药的人来说,咖啡也可以缓解其症状。还有些研究甚至推荐将咖啡这种饮品作为抗抑郁药饮用,以预防自杀。

研究显示,咖啡可以提高精子活力,因此可用于人工受孕(但也有人担心,咖啡因加速了精子运动,从而对精子有害)。咖啡因可以与阿司匹林一类的止痛药搭配使用,以缓解疼痛。通常,人们认为咖啡没有营养,但它可以提供如钾、镁、锰等微量元素。咖啡因和红酒一样,是非常重要的抗氧化剂。事实上,2005年斯克兰顿大学的研究表明,普通美国人体内的上述微量元素大部分来自咖啡。而且,由于咖啡因加快了新陈代谢,因此可能有助于减肥,但收效甚微。

对于注意力涣散的多动症儿童,咖啡因竟然有奇效:喝过咖啡后,这些孩子居然平静了。喝咖啡还对预防帕金森综合征、奥茨海默症、肺癌、结肠癌、Ⅱ型糖尿病以及胆结石有显著效果。

我自己对此表示怀疑。毕竟10年前,我们还总是听到咖啡因致癌,而今又听说咖啡因能治疗癌症,或者与此相反。但是,从病理学角度来看,很多人经过很多年的仔细研究,排除了各种疑点,近年来得到的研究成果都还是相对可靠的。例如,2006年《内科学文献》(*Archives of Internal Medicine*)中一份关于肝病的研究,对125 580人进行追踪调研,最后得出结论:咖啡中有一种成分,能够有效抵制肝硬化,起到保护作用。2009年,《美国医学会杂志》(*Journal of the American Medical Association*)发表了一项研究成果,其研究对象有193 473人,最后得出咖啡不仅能够保护人体不受Ⅱ型糖尿病侵害,而且喝的咖啡越多,患糖尿病的风险越低。

令人惊喜的是,尚无迹象表明咖啡因有损儿童健康。但是,跟成年人一样,儿童也容易产生脱瘾症,只不过大部分儿童是戒软饮料,而非咖啡。许多医生都很担心孕妇和哺乳期妇女喝咖啡。对于孕妇而言，咖啡因很容易通过胎盘进入到胎儿体内，对于哺乳期妇女而言，摄入咖啡后，可能会使母乳直接变为拿铁。由于早产儿缺乏肝酶，因而会阻碍咖啡因代谢，咖啡因就会在婴儿体内滞留更长时间。婴儿长到6个月大，体内才会有足够的肝酶代谢咖啡因，这时婴儿血液中咖啡因的半衰期大约为5小时，接近成人代谢速度。

目前虽无研究证明咖啡因会对胎儿或哺乳期婴儿造成伤害，但是一些研究显示，咖啡因与新生儿体重减少有关。杰克·詹姆斯就曾劝孕妇勿饮含咖啡因饮料。另一方面，美国咖啡协会（在这个问题上它当然是既得利益方）宣称："现在，大多数医生和研究人员都认为，孕妇喝咖啡是对身体完全无害的。"而对那些宁可小心谨慎的人而言，美国咖啡协会则建议每天喝一到两杯咖啡。

实际上，专家在咖啡和咖啡因的摄入量问题上看法并不一致，部分原因是，咖啡因对每个人的身体所产生的作用完全不同。有些人喝一小杯咖啡，就能清醒几个小时；另一些人却可以在酣睡之前，喝掉一杯双份浓缩咖啡。由此，每个咖啡爱好者都应该根据自己的实际情况，决定每天喝多少咖啡，最好一天不要超过两三杯。㊀

你上瘾吗

有些人一天喝十几杯咖啡也不会兴奋，因为已经咖啡因上瘾，有了免疫力。如果有一天让这些人完全戒掉咖啡，他们可能会非常痛苦，卡西·罗希特就是如此，1993年，她参加了约翰·霍普金斯（Johns Hopkins）

㊀ 每天3杯咖啡的限量是基于平均每6盎司咖啡中含有100毫克咖啡因计算的，但是这个限量根据咖啡杯的大小、冲泡浓度和咖啡豆混合方式各异。大体上来看，罗布斯塔拼配豆中咖啡因含量高于纯阿拉比卡豆。戒烟的人可能会发现他们每天喝正常分量的咖啡，但是咖啡的作用却更强，这是因为吸烟会减弱咖啡因的对身体的影响。

大学关于咖啡因脱瘾后果的研究。罗希特非常爱喝激浪饮料,一天到晚不停地喝这种富含咖啡因的柠檬味饮料。她对激浪的依赖性非常大,就连在超市排队购物时,一手抱着她的第二个孩子,另一只手也要拿一瓶激浪喝。

为了研究,罗希特同意两天不沾咖啡因。她说:"那两天,我就像得了偏头痛,眼睛后面疼痛难忍,就像有人拿了一把小刀在大脑中凿洞一样。"咖啡因脱瘾症状包括头痛、困倦、疲劳、工作能力下降,有些极端情况下可能还会出现恶心和呕吐。罗希特成功地熬过了两天,但是拒绝彻底戒掉咖啡因。

咖啡因研究人员约翰·休斯(John Hughes)强调:"咖啡脱瘾综合征确实存在,就连每天只摄入 100 毫克(约一杯咖啡)的人,一旦停止摄入咖啡因,也会出现此症状。"休斯认为,咖啡、茶叶和可乐包装未标明咖啡因含量,是非常荒唐的。他建议含咖啡因的饮料罐上都应该有警示标签,标明:"咖啡因易上瘾,突然停用会导致头痛、困倦和疲劳。"

尽管咖啡因脱瘾症非常痛苦,但是只会持续一周左右,症状就会消除。一旦咖啡因瘾消除,对人就无害。咖啡因研究人员彼得·迪尤斯(Peter Dews)说:"瘾这个词已经失去了其一贯以来清晰的科学定义,因为大多数人对含咖啡因饮料的瘾,就像大部分人都习惯了洗澡和吃饭一样稀松平常。这并不是一件坏事。一辈子钟情于咖啡因,养成一种习惯,而这种习惯对身体也无害,何乐而不为呢?"⊖

也许的确如此。人正是习惯了咖啡因,才让咖啡铺天盖地地出现在网络上的各大门户、聊天室、博客和新闻讨论组里。但是否也有可能不是咖啡因的缘故呢?毕竟咖啡熟豆中含有 2000 多种化学成分,包括油脂、焦

⊖ 哈佛大学名誉教授彼得·迪尤斯管理着一个由杰克·詹姆斯赞助的组织,名为"咖啡因游说团",加入其中的组织包括国际生命科学学会(International Life Sciences Institute,ILSI)、国际食品信息委员会(International Food Information Council)和美国咖啡协会,它们将咖啡因描绘成是一种"令人享受的良药,甚至还是一种对身体有益的物质"。

糖、碳水化合物、蛋白质、磷酸盐、矿物质、挥发酸、非挥发性酸、化学灰分、葫芦巴碱、酚醛树脂、挥发性羰基、硫化物等，因此咖啡是一种成分非常复杂的食物。但是，我仍坚持认为，我们大多数人之所以爱喝咖啡，是咖啡因作祟。

哥斯达黎加的咖啡之旅

历史上，咖啡生产国最好的咖啡都用于出口，但是随着其国内市场日益复杂，越来越多的游客蜂拥到这片咖啡树繁茂的热带天堂，生产国内的优质咖啡需求量大增。全球 26% 的咖啡在原产国消费。埃塞俄比亚人和巴西人尤其钟爱自己的咖啡，因此约一半的埃塞俄比亚咖啡和巴西咖啡都在本国被消耗。

史蒂夫·阿伦森（Steve Aronson）在哥斯达黎加做布里特庄园出品的布里特咖啡（Café Britt）生意，布里特咖啡专做高海拔特硬（SHB）精品咖啡豆。阿伦森生于纽约布朗克斯区，一辈子做咖啡贸易和咖啡烘焙生意。20 世纪 90 年代初期，随着哥斯达黎加旅游业的兴盛，阿伦森看到了机会。多年来，哥斯达黎加法律规定，所有咖啡出口商必须拿出 10% 的咖啡豆在政府拍卖会上进行拍卖，以供哥斯达黎加国内饮用。然而，拍卖价格之低尚不如最差的咖啡豆在国外市场的售价。因此，咖啡出口商通常会只卖掉 2% 的咖啡豆，然后买回来，再重新卖出，如此循环，直到卖出所谓的总量 10% 的咖啡豆为止，而实际上远少于 10%。

为了对付出口商的这些雕虫小技，政府把用来拍卖的咖啡豆倒入蓝色染缸内，染上颜色以防重复卖出，如此一来，这些咖啡便难以入口了。法律禁止在哥斯达黎加出售高品质咖啡豆。然而，阿伦森成功说服哥斯达黎加政府修改法律，并且废除染色规定。然后，阿伦森便开始在哥斯达黎加的高级超市、宾馆、餐厅和政府机关销售其布里特咖啡。正因为如此，在哥斯达黎加找到一杯好喝的高品质咖啡才变得逐渐容易起来。经过实地考察，我可以证明哥斯达黎加的普通咖啡实在是难以下咽。一天早上，在哥斯达黎加咖啡业的中心地带——中央山谷，我喝了一杯咖啡，这恐怕是我一生中喝过的最难喝的咖啡，咖啡味淡，口感苦涩，而且似乎有一股氨水味。

阿伦森不仅首创哥斯达黎加精品咖啡，还率先采用单向阀包装袋对咖啡豆进行包装。他开通800免费订购电话，接受来自全球的订单，把烘焙好的咖啡豆用单向阀包装袋进行包装，然后采用航空快递，行销全球，连中间商也省掉了。美国消费者花大约11美元就能邮购1磅布里特精品咖啡豆。阿伦森在哥斯达黎加的埃雷迪亚有一个咖啡烘焙厂，而阿伦森则通过在烘焙厂上演的咖啡之旅演出吸引消费者购买布里特咖啡。在阿伦森的咖啡烘焙厂里，游客支付20美元，就能观看一场由活力四射的年轻演员们主演的浓缩版咖啡史，演出引人入胜，有英语和西班牙语配音。咖啡之旅结束后，买些布里特咖啡尝尝，当然再好不过了。每年大约有40 000人观看咖啡之旅演出，这场演出已经成为哥斯达黎加第三大旅游项目，其中10%的游客返回之后，会成为布里特咖啡的常客。

随着其他企业家在咖啡生产国烘焙和销售咖啡，咖啡的利润分布可能会日益平等。显然，咖啡文化本身也在走向世界，昔日完全被茶叶一统天下的太平洋沿岸各国，近年来也不断涌现出各式精品咖啡馆。

流芳百世

然而，关于咖啡，有一件事是毋庸置疑的，那就是：无论何处，只要牵扯到咖啡种植、买卖、冲煮和消费，就一定会同时存在激烈的争议、强烈的个人观点和愉快的交谈。1902年，曾有一位睿智的评论家写道："最精彩的故事都是喝着咖啡讲出来的，咖啡的芳香引出人物的灵魂，发展成故事情节，历经沧桑，流芳百世。"

在危地马拉的奥里弗拉马庄园,本书作者马克·彭德格拉斯特(左)和采摘师傅赫尔曼·加布里埃尔·卡姆尔(右)一起采摘咖啡果实,图中,作者看着自己只采得半满的采摘筐。

附录

完美咖啡冲煮之道

不管秘诀是什么,煮一杯上好的咖啡其实很简单。对刚刚烘焙好的高品质阿拉比卡拼配整豆咖啡进行研磨,将纯净水烧到快开,以两餐匙咖啡粉兑6盎司水的合适比例,冲泡研磨好的咖啡粉,萃取四五分钟,然后将过滤后的咖啡倒入杯中,按照自己喜欢的口味加入糖或者炼乳。搅拌均匀后,立即一饮而尽,真是令人相当满足。

这确实就是冲煮一杯完美咖啡的秘诀。如果非说还有什么高深莫测,我不得不承认还有无数细节,真正的咖啡迷永远也讨论不完。比如,什么样的咖啡豆的研磨度搭配什么样的冲煮方法?最好的冲煮器具是什么?咖啡烘焙到怎样的深度才最好?咖啡能否保存在冰箱里?晚饭之后喝一杯什么咖啡最惬意?纸质滤纸是否好用?冲泡一杯浓缩咖啡的建议恐怕就只有老天能帮你了,因为冲泡浓缩咖啡就像一门只有达·芬奇才懂的独门艺术一般,神秘莫测。

开始写这本书以后,我自己也开始品味好咖啡。在杯测时,我也会大口猛吸一口咖啡,然后在口中品味,再吐出来,既品尝过南美洲安提瓜的咖啡,也品尝过津巴布韦的咖啡,而且自己家里也有各种各样的冲煮器具。有时,我甚至会在家里,把厨房中的烤箱温度调到大约232℃,然后用一个专门从帕拉尼种植园买来的烘焙平底锅自己烘焙咖啡。这个平底锅就是一个铝制的饼盘,底部均匀地打了洞,当时,我买来这个锅和一些咖啡生豆,一共花了大约20美元。放入烤箱以后,大约7分钟,咖啡开始第一爆,我能清楚地听到咖啡豆爆裂和膨胀的声音。等到第11分钟时,咖啡豆达到中度烘焙，打开烤箱风扇后，将它们取出来，放入门外的滤锅中进行冷却。用吹风机对着咖啡豆吹，进行冷却的同时，也可以把咖啡豆烘焙过程中残留的豆皮吹走。咖啡烘焙的过程实在太神奇了，坚硬的咖啡生豆像花生一样，烘焙完从烤箱里拿出来，大小翻了一倍，变成了烘焙好的咖啡豆。

喝起来确实是一杯上好的咖啡。给咖啡生豆加热的过程拥有神奇的魔力，引起了咖啡豆内部的化学反应，使之焦糖化，产生出绿原酸，并且释放出芳香油。接着，我把亲手烘焙好的咖啡豆放入磨盘式研磨机中进行研磨。接着按比例取适量，放入提前温热过的法压壶中（提前把法压壶放在热水中晃动几下即可）。同时，把开水壶放在炉子上加热，直到烧开鸣叫。把开水壶拿下来，静置几秒钟，然后倒入法压壶。由于咖啡豆是新鲜烘焙出炉的，所以其中含有大量二氧化碳，倒入开水后会起泡。搅拌一下，再继续加水，然后盖上活塞，静置5分钟。接着，把活塞缓缓压入法压壶底，倒入杯中即可。

我喜欢法压壶，它是非常基本的咖啡冲泡器具，咖啡和水可以完全融合、萃取。当然也有缺点，那就是清洁很麻烦，而且咖啡很快就会变凉。除了采用合适的冲泡方法，最好在冲泡结束后就将咖啡倒入保温杯中。滤纸可以让咖啡冲泡器具的清洁变得容易。最好在精品店买一个虹吸壶。如果你用的是电动咖啡机，请注意只有某些型号的产品可以达到约90℃并且能够恰当萃取，建议别把咖啡放在加热板上，这样咖啡很容易变苦。只要掌握了时间、温度和合适的研磨细度，哪怕用渗滤壶也能做出一杯上好的咖啡。当然，我自己并不建议这种冲煮方法。

如果你不想让自家的厨房烟熏缭绕，想品尝到专业烘焙的咖啡，最好在当地找一家精品咖啡烘焙商。问问他们的专业建议，你就会了解到不同的拼配咖啡和烘焙方式。想要立马清醒，可以试试高地生长的危地马拉安提瓜咖啡，想在晚餐后品评一番，何不试试口味醇厚的苏门答腊咖啡？

我无法建议是否购买深度烘焙的咖啡豆，因为这完全依据个人喜好。我不喜欢将咖啡烘焙得太深，使之呈现出一股焦炭味，但是有很多人就喜欢这种味道。最重要的是，无论你选择的咖啡原产地和烘焙深度是什么，一定要新鲜烘焙的咖啡，多买少量，只买接下来一个星期要喝的量就够了。否则，咖啡放得不新鲜以后，一切都白费。

如果在当地找不到合适的烘焙商，可以邮购。我无法提供确切的建议，但是确实有很多不错的咖啡烘焙店。或者试试当地超市里的咖啡，选择也很多。如果你买散装咖啡，记得问问老板他们多久烘焙一次。你一定不会想买已经放了几个星期、已经不新鲜的咖啡吧。如果买袋装咖啡，务必确保都是阿拉比卡豆，并且采用单向阀包装。

如果想保存咖啡豆，可以放在完全密封的容器里，然后放入冰箱以后直接从冰箱里拿出来进行研磨和冲泡。最好买一个磨盘式咖啡研磨机，有一个大的研磨叶片即可。研磨时间越长，研磨度越细。一般而言，研磨细度取决于冲泡时咖啡粉和热水接触的时间。采用滴滤法，中度研磨可以让咖啡粉在 5 分钟之内，风味完全溶解于热水中，冲泡时间过长则会产生苦味。对于我用的法压壶而言，我会采用稍微粗一些的研磨方式，因为在整个冲泡过程中，水和咖啡始终完全接触，而对于意式冲泡法和虹吸法，由于接触时间很短，咖啡豆需要进行细研磨。

如果你对浓缩咖啡非常痴迷，有很多种非常昂贵的咖啡机。如果你真想喝上一杯意式浓缩咖啡，到你最爱的咖啡馆里买一杯吧。或者从克里格、Nespresso 或者意利咖啡等公司购买胶囊咖啡机吧。

如果想为咖啡调味，可以尝试一些容易找到的天然添加物。埃塞俄比亚和阿拉伯人用肉桂、豆蔻、肉豆蔻、柑橘皮和磨碎的坚果来调味。他们还不知道有巧克力和香草。其实各种各样的酒也适合调味咖啡，奶泡就更好了。如果你一定要调味，冲泡后加调味糖浆吧，或者直接买预先调味的咖啡豆也可以。记住，无论你喜欢什么，都没问题。

致　　谢

写本书第 1 版时我花了 3 年时间，其中花了很多精力在游历采访和文档研究上。一路上，很多朋友帮助过我，大部分人我都应该记下来了，如有遗漏，那一定是我的记性不好，而绝不是故意的。

首先，我要感谢一直耐心支持我的出版代理人 Lisa Bankoff。第 1 版的编辑是 Tim Bartlett 和他的助手 Caroline Sparrow。除此之外，还要感谢自由撰稿编辑 Regina Hersey，他帮我删减了 1/3 的原稿，并为第 2 版润色。文字编辑 Michael Wilde 也对本书内容给出了很多建设性的点评建议。Tim Sullivan 和他的助手 Adam Kahtib 承担了第 2 版的编辑工作。

还要感谢阅读过本书原稿的朋友们，他们提出了各种非常有帮助的建议，感谢 Betty Hannstein Adams、Rick Adams、Mané Alves、Irene Angelico、Mike Arms、Ian Bersten、Dan Cox、Kenneth Davids、Margaret Edwards、Max Friedman、David Galland、Roland Griffiths、Marylen Grigas、John Hughes、Jack James、Wade Kit、Russ Kramer、Liz Lasser、Ted Lingle、Jane McCabe、Chris and Penny Miller、Bill Mitchell、Betty Molnar、Alfred Peet、Britt and Nan Pendergrast、John and Docie Pendergrast、Scott Pendergrast、Marino Petracco、Joanne Ranney、Larry Ribbecke、Donald Schoenholt、Steve Schulman、Tom Stevens、David Stoll、Steve Streeter、Steven Topik、Blair Vickery、and K. K. Wilder。当然，我自己对本书的内容负责。

在此，我一定要感谢 Betty 和 Rick Adams。Betty 是书中出现的人物之一，主要在最后一章。她是原稿贴心的读者。在本书参考文献中，Rich 以人类学家的身份出现。在危地马拉，他不仅是我的向导，还是我的兼职司机，他对本书原稿中的部分简化内容提出了批评，让我能够坚持诚信。感谢 Betty 和 Rick 在我造访危地马拉奥里弗拉马庄园时热情的款待。

还有那些跟我邮件往来、帮我想书名的朋友，感谢你们。很是凑巧，"Uncommon Grounds" 也是佛蒙特州伯灵顿一家咖啡馆的名字。

如果没有以下这些研究人员的帮助，这本书根本无法完成，感谢 William Berger、Brady Crain、Jan DeSirey、Erica De Vos、Chris Dodge、Shad Emerson、Sherecce Fields、Meg Gandy、Denise Guyette、Margaret Jervis、John Kulsick、Liz Lasser 和 Dhamma Merion。十分感谢 Chris Dodge、Peter Freyd、Henry Lilienheim、我的父母和其他为我提供过"咖啡知识剪辑服务"的朋友。

感谢 Helena Pasquarella 帮我从过刊中收集图片作为本书的插图，还有 Greg Arbuckle、Brad Becker 和 Jerry Baldwin，他们提供了本书中的其他插图。偶然的机会，我认识了 David Ozier 和他拍摄的关于咖啡的电影，David 跟我分享了他存档的咖啡音乐和视频镜头。还要感谢《茶和咖啡贸易》的编辑 Jane McCabe，她慷慨地授权我采用其杂志中的插图。

感谢以下机构的图书馆管理员和档案保管员：杜克大学的哈特曼图书中心、纽约塔里敦的洛克菲勒档案、佛蒙特州的昂德希尔公共图书馆、佛蒙特州埃塞克斯路口的布劳内尔图书馆、佛蒙特大学的贝利-豪威图书馆、国家档案馆、美国国会图书馆、纽约公共图书馆、南街海港博物馆、美国历史国家博物馆档案中心、危地马拉安提瓜的中美洲区域文化和民主区域研究中心、雪城大学收藏馆、斯坦福大学珍藏馆和伦敦国际咖啡组织。特别感谢以下几位图书馆管理员、档案保管员和博物馆馆长：Anne Dornan、Ellen Gartrell、Bill Gill、Steven Jaffe、Tab Lewis、Ginny Powers、Tom Rosenbaum、Allison Ryley 和 Martin Wattam。

总体上，我发现咖啡界的人都对自己的产品充满热情，并且非常乐于促成此书。详情可以参考本书参考文献中很长的受访者列表，感谢他们奉献了自己的时间和回忆。在此，我想特别感谢几个人。唐纳德·舍恩豪特无私地分享了他渊博的咖啡历史知识，并且一丝不苟地审阅了我的手稿。1924 年就加入希尔斯兄弟咖啡的 T. 卡罗尔·威尔逊带我领略了他 80 多年的咖啡生涯。丹·考克斯花了数小时为我讲解咖啡专业知识。拉斯·克莱默分享了他的私人珍藏——惊人的咖啡文库。咖啡专家 Klaus Monkemüller 是危地马拉的咖啡出口商 Unicom 的老板，在我第一次到危地马拉时得到了他无私的帮助和款待。比尔·麦卡尔平为我提供了在拉米妮塔咖啡庄园的住宿，并且跟我分享了自己坚定的信念。道格·米切尔是咖啡之旅代理旅行社的老板，他精心策划了一场长达 3 周的美国精品咖啡协会之旅，先后到达洪都拉斯、萨尔瓦多和尼加拉瓜，我非常开心。特德·林格尔跟我分享了美国精品咖啡协会的知识和资源，还有罗伯特·纳尔逊，他允许我翻看美国咖啡协会的各种文件并提供各方面的帮助。还有星巴克总裁戴夫·奥尔森同意进行一次长时间的专访，所以，为了第 2 版，我才有机会采访星巴克首席执行官霍华德·舒尔茨和其他管理人员。感谢星巴克的 Sanja Gould 热情的帮助和鼓励。

感谢其他无私帮助我的咖啡专家，包括 Mane Alves、Jerry Baldwin、Ian Bersten、Kenneth Davids、George Howell、Fred Houk、Kevin Knox、Erna Knutsen、Sherri Miller、Alfred Peet、Rick Peyser 和 Gary Talboy。感谢绿山咖啡烘焙公司，让我有机会在该公司设在佛蒙特州沃特伯里的咖啡学校学习一天咖啡，感谢意利咖啡邀请我参观的里雅斯特的咖啡学校。

大部分作家在四处走访和研究过程中都无力承担基本的住宿费用，但幸运的是，我在走访过程中，体验了不同而有趣的招待。感谢以下朋友：弗吉尼亚州费尔法克斯县的 Sue Taylor；纽约市的 Dan McCracken、Roz Starr 和 Grace Brady；危地马拉城的 Esperanza "Chice" Chacón 和她的女儿

Andrea；在危地马拉，Rick 和 Betty Adams 在奥里弗拉马庄园和他们家帕纳哈撤都招待了我；哥斯达黎加拉米妮塔庄园的 Bill McAlpin；伦敦的 Philip 和 Jessica Christey；教堂山的 Sheila Flannery；奥克兰的 Brent and Janie Cohen；亚特兰大我的父母 Britt 和 Nan Pendergrast。

第 1 版中提到的 3 家最大的咖啡公司——菲利普·莫里斯（卡夫 - 麦斯威尔）、宝洁公司（福尔杰 - 磨石咖啡）和雀巢咖啡（希尔斯兄弟咖啡 - MJB - 蔡斯和桑伯恩 - 雀巢 - 品味之选 - 萨克斯），选择不参与此书的采访计划，所以我只能靠采访这些公司的前任员工获取资料。感谢卡夫公司档案处的 Becky Tousey 为我提供了大量麦斯威尔的资料，而位于瑞士韦威的雀巢总部则寄给我精致出版的公司历史。宝洁公司为我提供了 1962 年福尔杰斯咖啡的历史。麦斯威尔的广告公司——奥美广告和品味之选的广告公司——麦肯爱里克森广告公司里的员工也给我提供了很多帮助。

第 2 版，我依然要特别感谢吉利斯咖啡的咖啡行家唐纳德·舍恩豪特对我的帮助和鼓励，还有 Silvia Carboni、Tim Castle、Karen Cebreros、Dan Cox、Owen Dugan、Frank Elevitch、Moreno Faina、Brian Franklin、Kyle Freund、Sanja Gould、George Howell、Russ Kramer、Mausi Kühl、Ted Lingle、Bill McAlpin、Graham Mitchell、Laura Peterson、Marino Petracco、Rick Peyser、Ric Rhinehart、Paul Rice、Robert Rice、Rolf Sauerbier、Susie Spindler、Yesenia Villota、Geoff Watts、Sandy Wynne 和 Sandy Yusen。

参考文献

为了节省空间,我写了一个简短的书目论述,欲知详细注释和书目,请参见我的网站:markpendergrast.com。

——马克·彭德格拉斯特

General books on coffee history and cultivation: Among the first were Francis Thurber's *Coffee: From Plantation to Cup* (1881); Robert Hewitt Jr.'s *Coffee: Its History, Cultivation and Uses* (1872) and Edwin Lester Arnold's *Coffee: Its Cultivation and Profit* (1886). William H. Ukers's *All About Coffee* (2nd ed., 1935) is the classic text. Heinrich Eduard Jacob, a German journalist, offered *The Saga of Coffee* (1935), and Colombian Andrés C. Uribe wrote *Brown Gold* (1954). Frederick L. Wellman wrote the monumental, if technical, *Coffee: Botany, Cultivation and Utilization* (1961), followed by *Modern Coffee Production* (2nd ed., 1962), by A. E. Haarer. British expert Edward Bramah offered *Tea & Coffee* (1972) and *Coffee Makers* (1989). Ulla Heise contributed *Coffee and Coffeehouses* (1987), while Gordon Wrigley wrote *Coffee* (1988), a technical treatise. Two members of the Illy family, famed for Italian espresso, wrote the lavishly illustrated *The Book of Coffee* (1989). Philippe Jobin assembled the reference work *The Coffees Produced Throughout the World* (1992). Australian Ian Bersten has written the fine *Coffee Floats, Tea Sinks* (1993), and Alain Stella contributed the coffee-table *The Book of Coffee* (1997). Stewart Lee Allen penned the quirky and entertaining book *The Devil's Cup* (1999). Daniel and Linda Lorenzetti's *The Birth of Coffee* features photos of global coffee cultivation. Bennett Alan Weinberg and Bonnie K. Bealer's *The World of Caffeine* (2001) offers a well-researched, detailed history of coffee, tea, and chocolate, along with caffeine's cultural, physiological, and psychological effects. Antony Wild's *Coffee: A Dark History* (2004) is an intriguing but undocumented and sketchy history. Michaele Weissman's

God in a Cup (2008) features three young world-roaming specialty coffee men.

Film documentaries include *Santiago's Story* (1999), from TransFair USA; *Grounds for Hope* (2000), from Lutheran World Relief; *Grounds for Action* (2004), directed by Marco Tavanti from Jubilee Economics Ministries; *Coffee Crisis* (2003), from the Canadian Centre for International Studies and Cooperation; *Black Coffee* (2005), directed by Irene Angelico; *Coffee with the Taste of the Moon* (2005), produced by Michael Persinger; *Black Gold* (2006), directed by Nick and Marc Francis; *Birdsong & Coffee* (2006), directed by Anne Macsoud and John Ankele; *Buyer Be Fair* (2006), produced/written by John de Graaf; *From the Ground Up* (2009), directed by Su Friedrich.

There are numerous books about the **characteristics of coffee** from different origins, along with roasting and brewing information. Among the earliest and best was *The Story of Coffee and Tea* (2nd ed., 1996), by Joel, David, and Karl Schapira, along with Kenneth Davids's many excellent books, such as *Coffee: A Guide to Buying, Brewing & Enjoying* (in many editions), Timothy Castle's *The Perfect Cup* (1991), Claudia Roden's *Coffee* (1994), Corby Kummer's *The Joy of Coffee* (1995), Jon Thorn's *The Coffee Companion* (1995), *Coffee Basics*, by Kevin Knox and Julie Sheldon Huffaker (1996), and *Aroma of Coffee* (2nd ed., 2003), by Luis Norberto Pascoal. For tasters, there is Ted Lingle's *The Coffee Cuppers' Handbook* (3rd ed., 2001) and Paul Katzeff's English/Spanish *The Coffee Cuppers' Manifesto* (2001). Espresso lovers can consult David Schomer's *Espresso Coffee: Professional Techniques* (revised 2004) and Rinantonio Viani and Andrea Illy's *Espresso Coffee: The Science of Quality* (2nd ed., 2005).

I relied primarily on three books for information on **caffeine's health effects**: *Buzz: The Science and Lore of Alcohol and Caffeine* (1996), by Stephen Braun; the more comprehensive *Understanding Caffeine* (1997), by Jack James; and *The World of Caffeine* (2001), by Weinberg and Bealer. Professional articles on caffeine by Roland Griffiths and John Hughes were also invaluable. *Kicking the Coffee Habit* (1981), by Charles F. Wetherall, and *Caffeine Blues* (1998), by Stephen Cherniske, are typical of the anti-caffeine books.

Three **coffee organizations** have extensive resources and publications: the Specialty Coffee Association of America (SCAA) in Long Beach, California, the National Coffee Association (NCA) in New York City, and the International Coffee Organization (ICO) in London.

The first **coffee trade journal** was the *Spice Mill* (now defunct), but the *Tea & Coffee Trade Journal,* long edited by the renowned William Ukers, eventually superseded it and remains the standard in the field. There are many other fine coffee periodicals, notably *Barista, Coffee & Cocoa International, Coffee Talk, Fresh Cup, Roast,* and *Specialty Coffee Retailer.* The now-defunct *World Coffee & Tea* also offered good coverage. Three Internet-only magazines are available: *Comunicaffe International and Comunicaffe* (www.comunicaffe.com); *Virtual Coffee* (www.virtualcoffee.com); and *Café Culture Magazine* (www.cafeculturemagazine.co.uk). Coffee blogs and other sites: *Coffee Review* (www.coffeereview.com), by Kenneth Davids; *Coffee Geek* (www.coffeegeek.com), by Mark Prince; *Coffee Sage* (www.coffeesage.com), by Joe Sweeney; *Coffee Connaisseur* (www.coffeeconnaisseur.com), by Steve Gorth; *Coffeed.com* (www.coffeed.com), "for professionals and fanatics"; *Coffee Research* (www.coffeeresearch.org), by Coffee Research Institute; *Coffee Origins' Encyclopedia* (www.supremo.be), by Belgian importer Supremo Coffee.

Useful **histories/books on individual companies: A & P:** *A & P: A Study in Price-Cost Behavior and Public Policy* (1966), by M. A. Adelman; *That Wonderful A & P!* (1969), by Edwin P. Hoyt; *The Rise and Decline of the Great Atlantic & Pacific Tea Company* (1986), by William I. Walsh; **Alice Foote MacDougall:** *The Autobiography of a Business Woman* (1928), by Alice Foote MacDougall; **Arbuckles:** *Arbuckles: The Coffee That Won the West* (1994), by Francis L. Fugate; **CFS Continental:** *More Than a Coffee Company: The Story of CFS Continental* (1986), by Jim Bowman; **Claude Saks:** *Strong Brew* (1996), by Claude Saks; **Coca-Cola:** *For God, Country and Coca-Cola* (2d ed., 2000), by Mark Pendergrast; **Columbian Coffee:** *Juan Valdez: The Strategy Behind the Brand* (2008), by Mauricio Reina et al; **Douwe Egberts:** *Van Winkelnering Tot Weredlmerk: Douwe Egberts* (1987), by P. R. Van der Zee; **Folgers:** *The Folger Way* (1962), by Ruth Waldo Newhall; **Jacobs:** *100 Years of Jacobs Cafe* (1995), by Kraft Jacobs Suchard; **Jewel Tea:** *Sharing a Business* (Jewel Tea, 1951), by Franklin J. Lunding; *The Jewel Tea Company* (1994), by C. L. Miller; **La Minita:** *Hacienda La Minita* (1997), by William J. McAlpin; **Lavazza:** *Lavazza: 100 Years of Lavazza History* (1995), by Notizie Lavazza; **Maxwell House:** *Maxwell House Coffee: A Chronological History* (1996), by Kraft Foods; **MJB:** *Coffee, Martinis, and San Francisco* (MJB, 1978), by Ruth Bransten McDougall; **Nestle:** *Nestle: 125 Years* (1991), by Jean Heer; **Probat:** *The Heavenly Inferno* (1968), by Helmut Rotthauwe; **Procter & Gamble:** *Eyes on Tomorrow: The Evolution of Procter & Gamble* (1981), by Oscar

Schisgall; *Soap Opera: The Inside Story of Procter & Gamble* (1993), by Alecia Swasy; **Starbucks:** *It's Not About the Coffee: Leadership Principles for a Life at Starbucks* (2007), by Howard Behar; *Grande Expectations: A Year in the Life of Starbucks' Stock* (2008), by Karen Blumenthal; *Starbucked: A Double Tall Tale of Caffeine, Commerce, and Culture* (2007), by Taylor Clark; *Wrestling with Starbucks: Conscience, Capital, Cappuccino* (2008), by Kim Fellner; *How Starbucks Save My Life* (2007), by Michael Gates Gill; *Trade-Off* (2009), by Kevin Maney and Jim Collins; *The Starbucks Experience* (2006), by Joseph A. Michelli; *Tribal Knowledge: Business Wisdom Brewed from the Grounds of Starbucks Corporate Culture* (2006), by John Moore; *Pour Your Heart Into It* (Starbucks history, 1997), by Howard Schultz and Dori Jones Yang; *My Sister's a Barista* (2005), by John Simmons; *Everything But the Coffee: Learning About America from Starbucks* (2009), by Bryant Simon; *The Gospel According to Starbucks* (2007), by Leonard Sweet; **W. R. Grace:** *Grace: W. R. Grace & Company* (1985), by Lawrence A. Clayton.

Books on **coffee prices and international commodity schemes** include: *Open Economy Politics* (1997), by Robert H. Bates; *The Corner in Coffee* (fiction, 1904), by Cyrus Townsend Brady; *The Coffee Paradox* (2005), by Benoit Daviron and Stefano Ponte; *An Oligopoly: The World Coffee Economy and Stabilization* (1971), by Thomas Geer; *Trading Down* (2005), by Peter Gibbon and Stefano Ponte; *The Brazilian Coffee Valorization of 1906* (1975), by Thomas H. Holloway; *The International Political Economy of Coffee* (1988), by Richard L. Lucier; *Rise and Demise of Commodity Agreements* (1995), by Marcelo Raffaelli; *The Inter-American Coffee Agreement of 1940* (1981), by Mary Rohr; *Studies in the Artificial Control of Raw Material Supplies* (1932), by J. W. F. Rowe; *Grounds for Agreement* (2004), by John Talbot; *Coffee to 1995* (1990), by Michael Wheeler; *The World Coffee Economy* (1943), by V. D. Wickizer.

Books about Fair Trade and the coffee crisis of 1999–2004: Gregory Dicum and Nina Luttinger wrote *The Coffee Book* (1999, 2006), concentrating primarily on social and environmental issues. *Mugged: Poverty in Your Coffee Cup* (2002), by Charis Gresser and Sophia Tickell, is an Oxfam overview. John Talbot's *Grounds for Agreement* (2004) argues for a new quota system via an International Coffee Agreement. Daniel Jaffe's *Brewing Justice* (2007) is about the impact of Fair Trade on cooperatives in Oaxaca, Mexico. *Confronting the Coffee Crisis* (2008), edited by Christopher M. Bacon et al., is a collection of academic essays on Fair Trade in Central America and Mexico. Other books: *Fair Trade* (2005), by Charlotte Opal and Alex Nichols; *Organic Coffee* (2006), by Maria Elena Martinez-Torres; *Branded!* (2007), by Michael E. Conroy; *Fair Trade* (2007), edited by Laura T. Raynolds et al.; *Fair Trade Coffee* (2007), by Gavin Fridell; *50 Reasons to Buy Fair Trade Coffee* (2007), by Miles Litvinoff and John Madeley; *Fair Trade for All* (revised ed., 2007), Joseph E. Stiglitz; *The Handbook of Organic and Fair Trade Food Marketing* (2007), by Simon Wright and Diane McCrea.

Coffee history involves a great deal of Latin American, African, and Asian history and politics, and I consulted numerous volumes. Among the more useful were:

For **Latin America**: *Crucifixion by Power* (1970), by Richard N. Adams; *La Matanza* (1971) and *The War of the Dispossessed* (1981), by Thomas P. Anderson; *El Salvador: The Face of Revolution* (1982), by Robert Armstrong and Janet Shenk; *The Brazilian Economy* (1989), by Werner Baer; *Roots of Rebellion* (1987), by Tom Barry; *Bitter Grounds* (fiction, 1997), by Sandra Benitez; *The Colombian Coffee Industry* (1947), by Robert Carlyle Beyer; *Getulio Vargas of Brazil* (1974), by Richard Bourne; *Land, Power, and Poverty* (1991), by Charles D. Brockett; *Violent Neighbors* (1984), by Tom Buckley; *The Political Economy of Central America Since 1920* (1987), by Victor Bulwer-Thomas; three fine books by E. Bradford Burns: *Eadweard Muybridge in Guatemala* (1986), *A History of Brazil* (2nd ed., 1980), and *Latin America: A Concise Interpretive History* (1994); *Coffee and Peasants* (1985), by J. C. Cambranes; *Coffee, Society and Power in Latin America* (1995), edited by William Roseberry et al.; *Thy Will Be Done* (1995), by Gerald Colby and Charlotte Dennett; *With Broadax and Firebrand* (1995), by Warren Dean; *Vargas of Brazil* (1967), by John W. F. Dulles; *The Wine Is Bitter* (1963), by Milton S. Eisenhower; *Erwin Paul Dieseldorff* (1970), by Guillermo Nañez Falcón; *Massacres in the Jungle* (1994), by Ricardo Falla; *Coffee, Contention and Change in Modern Brazil* (1990), by Mauricio A. Font; *The Masters and the Slaves* (1933), by Gilberto Freyre; *Open Veins of Latin America* (1973), by Eduardo Galeano; *Gift of the Devil: A History of Guatemala* (1984) and *Revolution in the Countryside* (1994), by Jim Handy; *Early Twentieth-Century Life in Western Guatemala* (1995), by Walter B. Hannstein; *Written in Blood: The Story of the Haitian People* (1978), by Robert Deb Heinl Jr. and Nancy Gordon Heinl; *The CIA in Guatemala* (1982), by Richard H. Immerman; *Coban and the Verapaz* (1974), by Arden R. King; *Undue Process: The Untold Story of America's German Alien Internees* (1997), by Arnold Krammer; *Inevitable Revolutions: The United States in Central America* (1983), by Walter LaFeber; *Latin America in the 1940s* (1994), edited by David Rock; *Rural Guatemala* (1994), by David

McCreery; *Bitter Grounds: Roots of Revolt in El Salvador* (1985), by Lisa North; *Coffee and Power: Revolution and the Rise of Democracy in Central America* (1997), by Jeffrey M. Paige; *Coffee in Colombia* (1980), by Marco Palacios; *A Brief History of Central America* (1989), by Hector Perez-Brignoli; *Generations of Settlers* (1990), by Mario Samper; *A Winter in Central America and Mexico* (1885), by Helen J. Sanborn; *Bitter Fruit* (1983), by Stephen Schlesinger and Stephen Kinzer; *The Second Conquest of Latin America* (1998), edited by Steven C. Topik and Allen Wells; *Peasants of Costa Rica and the Development of Agrarian Capitalism* (1980), by Mitchell A. Seligson; *Coffee Planters, Workers and Wives* (1988), by Verena Stolcke; *I, Rigoberta Menchú* (1983), by Rigoberta Menchú; *Rigoberta Menchú and the Story of All Poor Guatemalans* (1999), by David Stoll; *Managing the Counterrevolution* (1994), by Stephen M. Streeter; *The Slave Trade* (1997), by Hugh Thomas; *Political Economy of the Brazilian State, 1889–1930* (1987), by Steven Topik; *Barbarous Mexico* (1910), by John Kenneth Turner; *El Salvador* (1973), by Alastair White; *Silence on the Mountain: Stories of Terror, Betrayal, and Forgetting in Guatemala* (2004), by Daniel Wilkinson; *States and Social Evolution* (1994), by Robert G. Williams; *Coffee and Democracy in Modern Costa Rica* (1989), by Anthony Winson; *Central America: A Nation Divided* (2nd ed., 1985), by Ralph Lee Woodward Jr.

For **Africa and Asia**: *The Decolonization of Africa* (1995), by David Birmingham; *The African Colonial State in Comparative Perspective* (1994), by Crawford Young; *Black Harvest* (film about Papua New Guinea coffee, 1992), by Bob Connolly and Robin Anderson; *Max Havelaar* (1860), by "Multatuli," Eduard Douwes Dekker; *Decolonization and African Independence* (1988), edited by Prosser Gifford; *Out of Africa* (1938), by Isak Dinesen; *Coffee and Coffeehouses: The Origins of a Social Beverage in the Medieval Near East* (1985), by Ralph S. Hattox; *Coffee, Co-operatives and Culture* (1992), by Hans Hedlund; *The Flame Trees of Thika* (1982), by Elspeth Huxley; *Coffee: The Political Economy of an Export Industry in Papua New Guinea* (1992), by Randal G. Stewart; *The Pioneers 1825–1900: The Early British Tea and Coffee Planters* (1986), by John Weatherstone; *In Bad Taste?* (2007), by Massimo Francesco Marcone, has a chapter on Kopi Luwak coffee; *Coffee: Authentic Ethiopia* (2010), by Majka Burhardt. **About the suppression of the Montagnards in Vietnam**, see Gerald Hickey's *Sons of the Mountains* (1982), *Free in the Forest* (1982), and *Window on a War* (2002), as well as Human Rights Watch's *Repression of Montagnards* (2002) and *No Sanctuary* (2006). Also see *Christianity and the State in Asia* (2009), ed. by Julius Bautista and Francis

Khek Gee Kim.

In the consuming countries, books on **advertising, marketing, and general business** were useful, such as *The Golden Web* (1968) and *A Tower in Babel* (1966) by Erik Barnouw; *Personality Not Included: Why Companies Lose Their Authenticity* (2008), by Rohit Bhargava; *The Age of Television* (3rd ed., 1972), by Leo Bogart; *The Golden Years of Broadcasting* (1976), by Robert Campbell; *Your Money's Worth* (1927), by Stuart Chase and F. J. Schlink; *Made in the USA* (1987), by Thomas V. DiBacco; *Captains of Consciousness* (1976), by Stuart Ewen; *The Mirror Makers* (1984), by Stephen Fox; *The Lives of William Benton* (1969), by Sidney Hyman; *International Directory of Company Histories* (1990), edited by Lisa Mirabile; *Chain Stores in America* (1963), by Godfrey M. Lebhar; *Madison Avenue* (1958), by Martin Mayer; *Trail Blazers in Advertising* (1926), by Chalmers Lowell Pancoast; *Scientific Marketing of Coffee* (1960), by James P. Quinn; *Our Master's Voice* (1934), by James Rorty; *22 Immutable Laws of Branding* (1998), by Al Ries and Laura Ries; *Victorian America* (1991), by Thomas J. Schlereth; *The Psychology of Advertising* (1913), by Walter Dill Scott; *The Manipulators* (1976), by Robert Sobel; *A Nation of Salesmen* (1994), by Earl Shorris; *Value Migration* (1996), by Adrian J. Slywotzky; *New and Improved* (1990), by Richard S. Tedlow; *Adcult* (1996), by James B. Twitchell; *Being Direct: Making Advertising Pay* (1996), by Lester Wunderman; *Adventures in Advertising* (1948), by John Orr Young.

General **books on food** included: *Food and Drink in History*, vol. 5 (1979), edited by Robert Forster; *The Taste of America* (1977), by John L. and Karen Hess; *Seeds of Change: Five Plants That Transformed Mankind* (1986), by Henry Hobhouse; *Food of the Gods* (1992), by Terence McKenna; *Sweetness and Power* (1985), by Sidney Mintz; *Pharmacotheon* (1993), by Jonathan Ott; *Tastes of Paradise* (1992), by Wolfgang Schivelbusch; *Food in History* (1973), by Reay Tannahill; *Much Depends On Dinner* (1986), by Margaret Visser.

On **C. W. Post**: *Cerealizing America* (1995), by Scott Bruce and Bill Crawford; *Cornflake Crusade* (1957), by Gerald Carson; *The New Nuts Among the Berries* (1977), by Ronald M. Deutsch; *Charles William Post* (1993), by Peyton Paxson.

On psychologist **John Watson**: *Mechanical Man* (1989), by Kerry W. Buckley.

Relevant **history books** of North America and the world included: *The Big Change* (1952) and *Only Yesterday* (1931), by Frederick Lewis Allen; *The Long Thirst: Prohibition in America* (1976), by Thomas M. Coffey; *The Americans: A Social History*

(1969), by J. C. Furnas; *Modern Times* (1983), by Paul Johnson; *American Policies Abroad* (1929), by Chester Lloyd Jones et al.; *Manias, Panics and Crashes* (1989), by Charles P. Kindleberger; *The Boston Tea Party* (1964), by Benjamin Woods Labaree; *The Fifties* (1977), by Douglas T. Miller and Marion Nowak; *The New Winter Soldiers* (1996), by Richard R. Moser; *The Sugar Trust* (1964), by Jack Simpson Mullins; *Fighting Liberal* (1945), by George W. Norris; *The Great Good Place* (1989), by Ray Oldenburg; *The Early English Coffee House* (1893), by Edward Robinson; *We Say No to Your War* (1994), by Jeff Richard Schutts; *Hard Times* (1970), by Studs Terkel; *History and Reminiscences of Lower Wall Street and Vicinity* (1914), by Abram Wakeman; *The Life of Billy Yank* (1952), by Bell Irvin Wiley.

On **shade-grown coffee and migratory birds**: *Birds Over Troubled Waters* (1991), by Russell Greenberg and Susan Lumpkin; *Proceedings, Memorias: 1st Sustainable Coffee Congress* (1997), edited by Robert A. Rice et al.; *Coffee, Conservation and Commerce in the Western Hemisphere* (1996), by Robert A. Rice and Justin R. Ward; *Silence of the Songbirds*, by Bridget Stutchbury (2007).

See the Acknowledgments for **collections and archives** used for this book. In addition, I consulted numerous **lawsuits and government documents**, including the *Congressional Record*, various hearings on coffee, FTC reports, the State Department's country study volumes, and the like. Articles from the business press and popular magazines rounded out the research, along with various Web sites.

访谈名单

以下访谈发生在 1995 年 12 月 1 日至 1999 年 3 月 15 日和 2008 年 7 月 1 日至 2009 年 12 月 1 日期间。

David Abedon
Betty Hannstein Adams
Richard N. Adams
Walter Adams
Pamela Aden
Mané Alves
Dominic Ammirati
Tommy Ammirati
Irene Angelico
Andrea Appelwick
Jose Julio Arivillaga
José Armado Cheves
Philip Aronson
Steve Aronson
Donald Atha
Peter Baer
Albert Baez
Lamar Bagby
Jerry Baldwin
Gonzalo Barillas
Jairo Alfonso Bautista
Stephen Bauer
Andrea Bass
Bert Beekman

Jack Binek
G. Barry "Skip" Blakely
Oren Bloostein
George Boecklin
Lindsey Bolger
Jim Bowe
Dennis Boyer
Kathy Brahimi
Edward Bramah
Don Breen
Anthony Bucalo
Ray Bustos
Monica Patricia Caceres
Gabriel Cadena Goméz
Jim Cannell
Anthony Caputo
Silvia Carboni
María del Carmén Cálix
Roger Castellon Orué
Tim Castle
Karen Cebreros
Andrea Chacón
Esperanza Chacón

Stephen Coats
Bob Cody
Major Cohen
Jerry Collins
Steve Colten
Paul Comey
Peter Condaxis
Ron Cortez
Neal Cowan
Dan Cox
Paul Crocetta
Joaquin Cuadra Lacayo
David Dallis
Kenneth Davids
Gwilym Davies
Stuart Daw
Martin Diedrich
David Donaldson
Herb Donaldson
Pablo Dubois
Owen Dugan
Kimberly Easson
Mike Ebert
Laura Edghill

Ed Behr	Tom Charleville	Craig Edwards
Frank Bendaña	Joe Charleville	Marty Elkin
Ian Bersten	Holly Chase	Rob Everts
Bernie Biedak	Michael Chu	Moreno Faina
Francis Miles Filleul	George Howell	Celcius Lodder
Myra Fiore	John Hughes	Peter Longo
Gary Fischer	Richard von Hunersdorff	Bill McAlpin
Bill Fishbein		Sandy McAlpine
Victoria Fisichelli	Andrea Illy	Joe McBratney
Jaime Fortuño	Ernesto Illy	Jane McCabe
Brian Franklin	Susan Irwin	Colin McClung
Hideko Furukawa	Jorge Isaac Mendez	Rella MacDougall
Paul Gallant	Jay Isais	Alton McEwen
Ryan Gamble	Roberta Jaffe	Becky McKinnon
Fred Gardner	Stephen Jaffe	Carrie MacKillop
Patrice Gautier	Michael Jimenez	Charlie Magill
Gianfranco Giotta	Phil Johnson	Ruth Magill
Peter Giuliano	Chuck Jones	Mitchell Margulis
Stephen Gliessman	Phil Jones	Oscar Marin
Miguel Gomez	Phyllis Jordan	John Martinez
Jorge Gonzalez	Julius Kahn	John Mastro
Jane Goodall	Jeanne Kail	Tom Matzen
Larry Gorchow	Elizabeth Kane	Scott McMartin
Sterling Gordon	Paul Katzeff	Ernesto Mendez
Angel Martin Granados Gonzales	Frederick S. M. Kawuma	Maritza Midence
		Sherri Miller
Sanja Gould	Jim Kharouf	Bruce Milletto
David Griswold	Trina Kleist	Doug Mitchell
Carolyn Hall	Kevin Knox	Graham Mitchell
Doug Hall	Erna Knutsen	Shirin Moayyad
Tom Harding	Suryakant Kothari	Melissa Maria Molina Icias
Jerry Harrington	Russ Kramer	
Barbara Hausner	Stanley Kuehn	Raul Molina Mejia
Dub Hay	Eddy Kühl	Klaus Monkemüller
Adalheidur Hedinsdottir	Edward Kvetko	Fernando Montes
	David Latimer	Dave Moran
Carmen Hernandez	David Latourelle	Steve Morris

Melendez
David Higgins
Eirikur Hilmarsson
Will Hobhouse
Don Holly
Fred Houk Jr.
John J. Hourihan
Toshi Okamoto
Kate Olgiati
Samuel Olivieri
Dave Olsen
Simeon Onchere
Nestor Osorio
Carlos Paniagua Zuñiga
Alfred Peet
Humberto Peña
Tony Pennachio
Alvaro Peralta Gedea
Hector Perez Brignoli
Laura Peterson
Price Peterson
Marino Petracco
Rick Peyser
Jon Phelps
Dawn Pinaud
Ruben Pineda Fagioli
Jaime Polit
Joanne Ranney
Paul Ralston
Alejandro Renijo
Luciano Repetto
Jim Reynolds
Ric Rhinehart
Dory Rice
Paul Rice

Gerardo Leon-York
Carl Leonard
Robert Letovsky
Eduardo Libreros
Earl Lingle
Jim Lingle
Ted Lingle
Edgar Rojas
Jonathan Rosenthal
Kris Rosentrater
Neil Rosser
Steve Sabol
Mario Samper
Marcus Samuelson
Luz Maria Sánchez
Grady Saunders
Matt Saurage
Donald Schoenholt
David Schomer
Steve Schulman
Howard Schultz
Mary Seggerman
Jo Shannon
Joanne Shaw
Elise Wolter Sherman
Roberio Silva
Michael Slater
Julio C. Solozano
Duane Sorenson
Susie Spindler
Jim Stewart
Bob Stiller
William Stixrud
David Stoll
Dana Stone

Steve Moynihan
Kerry Muir
Marsha Nagley-Moody
Donna Neal
Robert Nelson
Stanley Newkirk
Frank O'Dea
Josh Tewksbury
Dave Tilgner
Peter Torrebiarte
Steven Topik
Art Trotman
Timothy Tulloch
Jim Twiford
Mark Upson
Ricardo Valvidieso
Jerry Van Horne
Matt Vanek
Pablo Vargas Morales
Roland Veit
Rodrigo Veloso
Marcelo Vieira
Carter Vincent
Patty Vincent
Bill Walters
Irwin Warren
Geoff Watts
Craig Weicker
Jon Wettstein
Jonathan White
Robert L. White
Elizabeth Whitlow
T. Carroll Wilson
Randy Wirth
Guy Wood

Robert Rice
Stefano Ripamonti
Mark Ritchie
Claudia Roden
Connie Roderick
Oscar Rodriguez

David Stonehill
Norm Storkel
Mike Sullivan
Alecia Swasy
Gary Talboy
Karen Techeira

Jeremy Woods
Sandy Wynne
Sandy Yusen
Saul Zabar
Cecelia Zarate-Laum

插图引用源[1]

P Ⅳ : Ukers, *All About Coffee*.

P1: Ukers, *All About Coffee*.

P5: Ukers, *All About Coffee*.

P13: Ukers, *All About Coffee*.

P16: Ukers, *All About Coffee*.

P26: Knox and Huffaker, *Coffee Basics*, illustration by Steve Katagiri.

P35: CIRMA organization, Antigua, Guatemala.

P36: *Spice Mill*, December 1913, 1244.

P38: Stanford University Special Collections.

P47: Ukers, *All About Coffee*.

P58: Fugate, *Arbuckles*.

P66: Brady, *The Corner in Coffee*.

P70: Arbuckles' Coffee Museum, Cedar Rapids, Iowa.

P71: Arbuckles' Coffee Museum, Cedar Rapids, Iowa.

P72: *Tea & Coffee Trade Journal*, October 1921, 20a.

P82: *Tea & Coffee Trade Journal*, June 1911, 446.

P90: *Tea & Coffee Trade Journal*, April 1911, 277.

P93: Brad Becker Collection.

㊀ 本书英文原书的插图以若干插图集的形式穿插于正文中，为方便读者阅读，本书中文版根据正文提及插图的顺序，将插图在正文中分拆排列。

P98: *Tea & Coffee Trade Journal*, July 1910, 45.

P99: *Spice Mill*, November 1912, 949.

P102: Shannon Wheeler, Adhesive Comics.

P107: *Simmons Spice Mill*, June 1916, 597.

P112（左图）: *Tea & Coffee Trade Journal*, October 1933, 316.

P112（右图）: Miller, Jewel Tea Company.

P117: *Spice Mill*, April 1909, 231.

P123: *Tea & Coffee Trade Journal*, January 1905, 19.

P127: *Spice Mill*, September 1910, cover.

P131: MacDougall, *Autobiography*.

P138: *Tea & Coffee Trade Journal*, February 1920, 266.

P147: *Tea & Coffee Trade Journal*, February 1921, 205.

P149: MacDougall, *Autobiography*.

P151: *Tea & Coffee Trade Journal*, July 1905, 35.

P157: *Tea & Coffee Trade Journal*, May 1921, 611.

P174: *Tea & Coffee Trade Journal*, June 1937, 349.

P180: Hartman Center, Duke University.

P187: 1934 advertisement, author's collection.

P189: *Tea & Coffee Trade Journal*, May 1936, 390.

P199: 1939 World's Fair ad, author's collection.

P200: 1931 advertisement, author's collection.

P206: *Tea & Coffee Trade Journal*, September 1941, 16.

P208: *Coffee*, 1948.

P209: Bill Mauldin, *Up Front*.

P215: *Coffee* 5, no. 1（January 1947）: 2.

P217: *Holiday*, September 1949, 65.

P222: Hartman Collection, Duke University.

P224（右图）: *Wall Street Journal*.

P232: *Time*, March 1, 1954, 33.

P243: Quinn, *Scientific Marketing of Coffee*.

P244: Quinn, *Scientific Marketing of Coffee*.

P261: *Tea & Coffee Trade Journal*, January 1966, 38.

P262: *Tea & Coffee Trade Journal*, January 1960, 24.

P265: *Tea & Coffee Trade Journal*, August 1998.

P267: Jim Reynolds.

P275: *Madison Avenue*, May 1984, 83.

P280: *Tea & Coffee Trade Journal*, January 1970, 27.

P282: Jerry Baldwin's collection. Photo by Frank Denman.

P284: *Tea & Coffee Trade Journal*, November 1974, 18.

P289: *Tea & Coffee Trade Journal*, January 1979, 23.

P290: *Fortune*, July 17, 1978, 68, cartoon by Jack Davis.

P293: Robert Therrien, "Screaming Man on Caffeine," 1991.

P294: *Time*, January 17, 1977, 46–47.

P300: *Tea & Coffee Trade Journal*, August 1965, 28.

P310: Donald Schoenholt collection.

P312: The Far Side by Gary Larson.

P324（左图）: Equal Exchange.

P324（右图）: TransFair USA.

P334: McCann-Erickson.

P337: Rosanne Olson.

P339: Original mermaid, Jerry Baldwin, drawn by Terry Heckler.

P345: *In These Times*, November 11, 1996, cover.

P367: Coffee Kids.

P368: Jonas and Tobis, eds., Guatemala.

P372: Gold Valley Farms, West Chester, Pennsylvania.

P373: Russ Kramer.

P386: Photo by Betty Hannstein Adams.

推荐阅读

序号	中文书号	中文书名	定价
1	69645	敢于梦想：Tiger21创始人写给创业者的40堂必修课	79
2	69262	通向成功的交易心理学	79
3	68534	价值投资的五大关键	80
4	68207	比尔·米勒投资之道	80
5	67245	趋势跟踪（原书第5版）	159
6	67124	巴菲特的嘉年华：伯克希尔股东大会的故事	79
7	66880	巴菲特之道（原书第3版）（典藏版）	79
8	66784	短线交易秘诀（典藏版）	80
9	66522	21条颠扑不破的交易真理	59
10	66445	巴菲特的投资组合（典藏版）	59
11	66382	短线狙击手：高胜率短线交易秘诀	79
12	66200	格雷厄姆成长股投资策略	69
13	66178	行为投资原则	69
14	66022	炒掉你的股票分析师：证券分析从入门到实战（原书第2版）	79
15	65509	格雷厄姆精选集：演说、文章及纽约金融学院讲义实录	69
16	65413	与天为敌：一部人类风险探索史（典藏版）	89
17	65175	驾驭交易（原书第3版）	129
18	65140	大钱细思：优秀投资者如何思考和决断	89
19	64140	投资策略实战分析（原书第4版·典藏版）	159
20	64043	巴菲特的第一桶金	79
21	63530	股市奇才：华尔街50年市场智慧	69
22	63388	交易心理分析2.0：从交易训练到流程设计	99
23	63200	金融交易圣经II：交易心智修炼	49
24	63137	经典技术分析（原书第3版）（下）	89
25	63136	经典技术分析（原书第3版）（上）	89
26	62844	大熊市启示录：百年金融史中的超级恐慌与机会（原书第4版）	80
27	62684	市场永远是对的：顺势投资的十大准则	69
28	62120	行为金融与投资心理学（原书第6版）	59
29	61637	蜡烛图方法：从入门到精通（原书第2版）	60
30	61156	期货狙击手：交易赢家的21周操盘手记	80
31	61155	投资交易心理分析（典藏版）	69
32	61152	有效资产管理（典藏版）	59
33	61148	客户的游艇在哪里：华尔街奇谈（典藏版）	39
34	61075	跨市场交易策略（典藏版）	69
35	61044	对冲基金怪杰（典藏版）	80
36	61008	专业投机原理（典藏版）	99
37	60980	价值投资的秘密：小投资者战胜基金经理的长线方法	49
38	60649	投资思想史（典藏版）	99
39	60644	金融交易圣经：发现你的赚钱天才	69
40	60546	证券混沌操作法：股票、期货及外汇交易的低风险获利指南（典藏版）	59
41	60457	外汇交易的10堂必修课（典藏版）	49
42	60415	击败庄家：21点的有利策略	59
43	60383	超级强势股：如何投资小盘价值成长股（典藏版）	59
44	60332	金融怪杰：华尔街的顶级交易员（典藏版）	80
45	60298	彼得·林奇教你理财（典藏版）	59
46	60234	日本蜡烛图技术新解（典藏版）	60
47	60233	股市长线法宝（典藏版）	80
48	60232	股票投资的24堂必修课（典藏版）	45
49	60213	蜡烛图精解：股票和期货交易的永恒技术（典藏版）	88
50	60070	在股市大崩溃前抛出的人：巴鲁克自传（典藏版）	69
51	60024	约翰·聂夫的成功投资（典藏版）	69
52	59948	投资者的未来（典藏版）	80
53	59832	沃伦·巴菲特如是说	59
54	59766	笑傲股市（原书第4版.典藏版）	99

推荐阅读

序号	中文书号	中文书名	定价
55	59686	金钱传奇：科斯托拉尼的投资哲学	59
56	59592	证券投资课	59
57	59210	巴菲特致股东的信：投资者和公司高管教程（原书第4版）	99
58	59073	彼得·林奇的成功投资（典藏版）	80
59	59022	战胜华尔街（典藏版）	80
60	58971	市场真相：看不见的手与脱缰的马	69
61	58822	积极型资产配置指南：经济周期分析与六阶段投资时钟	69
62	58428	麦克米伦谈期权（原书第2版）	120
63	58427	漫步华尔街（原书第11版）	56
64	58249	股市趋势技术分析（原书第10版）	168
65	57882	赌神数学家：战胜拉斯维加斯和金融市场的财富公式	59
66	57801	华尔街之舞：图解金融市场的周期与趋势	69
67	57535	哈利·布朗的永久投资组合：无惧市场波动的不败投资法	69
68	57133	憨夺型投资者	39
69	57116	高胜算操盘：成功交易员完全教程	69
70	56972	以交易为生（原书第2版）	36
71	56618	证券投资心理学	49
72	55876	技术分析与股市盈利预测：技术分析科学之父沙巴克经典教程	80
73	55569	机械式交易系统：原理、构建与实战	80
74	54670	交易择时技术分析：RSI、波浪理论、斐波纳契预测及复合指标的综合运用（原书第2版）	59
75	54668	交易圣经	89
76	54560	证券投机的艺术	59
77	54332	择时与选股	45
78	52601	技术分析（原书第5版）	100
79	52433	缺口技术分析：让缺口变为股票的盈利	59
80	49893	现代证券分析	80
81	49646	查理·芒格的智慧：投资的格栅理论（原书第2版）	49
82	49259	实证技术分析	75
83	48856	期权投资策略（原书第5版）	169
84	48513	简易期权（原书第3版）	59
85	47906	赢得输家的游戏：精英投资者如何击败市场（原书第6版）	45
86	44995	走进我的交易室	55
87	44711	黄金屋：宏观对冲基金顶尖交易者的掘金之道（增订版）	59
88	44062	马丁·惠特曼的价值投资方法：回归基本面	49
89	44059	期权入门与精通：投机获利与风险管理（原书第2版）	49
90	43956	以交易为生II：卖出的艺术	55
91	42750	投资在第二个失去的十年	49
92	41474	逆向投资策略	59
93	33175	艾略特名著集（珍藏版）	32
94	32872	向格雷厄姆学思考，向巴菲特学投资	38
95	32473	向最伟大的股票作手学习	36
96	31377	解读华尔街（原书第5版）	48
97	31016	艾略特波浪理论：市场行为的关键（珍藏版）	38
98	30978	恐慌与机会：如何把握股市动荡中的风险和机遇	36
99	30633	超级金钱（珍藏版）	36
100	30630	华尔街50年（珍藏版）	38
101	30629	股市心理博弈（珍藏版）	58
102	30628	通向财务自由之路（珍藏版）	69
103	30604	投资新革命（珍藏版）	36
104	30250	江恩华尔街45年（修订版）	36
105	30248	如何从商品期货贸易中获利（修订版）	58
106	30244	股市晴雨表（珍藏版）	38
107	30243	投机与骗局（修订版）	36